W0063514

Richard Kieckhefer
Magie im Mittelalter

RICHARD KIECKHEFER

Magie im Mittelalter

Aus dem Englischen
von Peter Knecht

VERLAG C. H. BECK MÜNCHEN

Titel der Originalausgabe: Magic in the Middle Ages
Published by the Press Syndicate of the University of Cambridge
© Cambridge University Press 1990

Mit 19 Abbildungen im Text

Die Deutsche Bibliothek – CIP-Einheitsaufnahme

Kieckhefer, Richard:
Magie im Mittelalter / Richard Kieckhefer. Aus dem Engl. von
Peter Knecht. – München : Beck, 1992
Einheitssacht.: Magic in the Middle Ages <dt.>
ISBN 3-406-36625-2

ISBN 3 406 36625 2

Für die deutsche Ausgabe:
© C. H. Beck'sche Verlagsbuchhandlung (Oscar Beck), München 1992
Texterfassung des Übersetzers
Satz und Druck: Druckerei Wagner, Nördlingen
Gedruckt auf alterungsbeständigem (säurefreiem) Papier
Printed in Germany

Inhalt

Anhang

Vorwort

Es ist einige Jahre her, daß ich ein Buch über die Vorstellungen vom Hexenwesen, die das Denken im spätmittelalterlichen Europa bestimmten, geschrieben habe. Der wichtigste Mangel, der jenem Werk anhaftet, ist, wie mir im nachhinein deutlich wurde, der, daß dort der Versuch unternommen wird, das Phänomen der Hexerei allzu künstlich isoliert vom größeren Zusammenhang des Magischen überhaupt zu behandeln. Ich habe deswegen den Vorschlag, dieses Buch hier zu schreiben, desto lieber angenommen, weil sich mir nun die Gelegenheit bot, Versäumtes nachzuholen, nämlich, Theorien und Praxis des Magischen in ihrer ganzen Vielfalt und Breite zu studieren. Im Verlauf meiner Forschungen und der Arbeit an dem Buch wurde mir erst so recht klar, wie komplex die Zusammenhänge auf diesem Gebiet sind und wie wichtig es ist, immer wieder das Einzelne und Besondere im Licht des Ganzen zu betrachten.

Ich habe für den Vortrag vor Studenten geschrieben, hoffe aber doch, daß das Buch auch Interessierten, die über mehr Spezialwissen verfügen, nützlich sein kann. Bei dem Versuch, dem Leser einen Überblick zu verschaffen, hatte ich auf manchen Teilgebieten eine große Fülle von Sekundärliteratur zu verarbeiten, in anderen Bereichen dagegen lag so wenig Brauchbares vor, daß ich im wesentlichen auf unveröffentlichte handschriftliche Quellen zurückgreifen mußte. Die Arbeit gelangt in einigen Punkten zu einer durchaus neuen Betrachtung der Dinge. Ich habe, erstens und vor allem, versucht, die fundamentale Unterscheidung zwischen der natürlichen und der dämonistischen bzw. dämonischen Magie neu zu durchdenken. Zweitens habe ich versucht, das kulturelle Umfeld, den kulturellen Ort der Magier (als Mitglieder verschiedener Gruppen in der Gesellschaft) und der Magie (als eines Kulturphänomens, das mit der Religion auf der einen und der Wissenschaft auf der anderen Seite verwandt ist) zu bestimmen. Speziell bei der Darstellung der Nigromantie mußte ich mich auf weitgehend unerforschtes Gebiet begeben.

Nichtsdestoweniger bekenne ich doch, daß natürlich auch ich einer von jenen Zwergen bin, die auf den Schultern von Riesen stehen – hier ist besonders Lynn Thorndike zu nennen. Ich habe mich zwar bemüht, die Menge der Fußnoten auf das Notwendigste zu beschränken, bin jedoch zuversichtlich, daß Anmerkungen und Bibliographie zusammen hinreichend dokumentieren, in welch hohem Maß ich all diesen Gelehrten zu Dank verpflichtet bin.

Auch in meiner näheren Umgebung gibt es viele Menschen, denen ich zu danken habe. Mein Kollege Robert Lerner und meine Frau und Kollegin

Barbara Newman begleiteten das Buch bei seiner Entstehung; in Gesprächen und Diskussion lieferten sie zahlreiche wertvolle Beiträge zu Detailfragen und halfen mir, Probleme der Darstellung meines Stoffs zu bewältigen. Ihre Hilfe war mir von unschätzbarem Wert. Ich danke auch Robert Bartlett, Charles Burnett, Amelia J. Carr, John Leland, Virginia Leland und Steven Williams, die einzelne Teile des Manuskripts gelesen, Anregungen gegeben und Irrtümer korrigiert haben. David d'Avray, Timothy McFarland, W. F. Ryan und Studenten meiner Lehrveranstaltungen waren nicht allein aufmerksame Zuhörer, sondern auch Quellen von Informationen und weiterführenden Ideen. Dr. Rosemary Morris und die Mitarbeiter von Cambridge University Press haben mit ihrem Sachverstand viel zum Gelingen der Sache beigetragen. Für freundliche Auskunft danke ich Christine E. E. Jones vom Museum of London, für ihre wertvolle Hilfe bei der Zusammenstellung der Bibliographie Margaret Kieckhefer.

Bibliothekare bei verschiedenen Institutionen haben mich bei meiner Arbeit hilfsbereit und geduldig unterstützt. Ohne hier alle namentlich aufzuführen, will ich doch wenigstens denen an der North Western University und der University of Chicago, am Warburg Institute, an der Bodleian Library und an den Bibliotheken des Trinity und des St. John's College in Cambridge ausdrücklich Dank sagen. Der British Library und dem British Museum verdanke ich noch weit mehr, als es aus Anmerkungen und Bildnachweisen ersichtlich wird.

Auch dem National Endowment for the Humanities bin ich zu Dank verpflichtet, weil seine Unterstützung für ein fremdes Forschungsprojekt indirekt auch diesem hier bei vorbereitenden Arbeiten und bei der Revision des Texts zugute kam.

Schließlich und endlich danke ich T. William Heyck, ohne den dies Buch zwar möglich gewesen, vielleicht aber nie wirklichgeworden wäre.

Richard Kieckhefer

I
Einführung:
Magie, Schnittpunkt kultureller Linien

Dieses Buch begreift Magie als eine Art Kreuzung oder Knotenpunkt in der mittelalterlichen Welt, als einen Ort, an dem verschiedene Linien und Straßen dieser Kultur zusammenlaufen. Zum *ersten* und vor allen anderen sind hier die Linien von Religion und Wissenschaft zu nennen: „Schwarze", dämonistische Magie beschwört böse Geister, und sie hat religiöse Anschauungen und Praktiken zur Voraussetzung, die Naturmagie dagegen sucht „okkulte", aber nichtsdestoweniger *natürliche* Energien zu nutzen und ist ihrem Wesen nach ein Zweig der mittelalterlichen Naturwissenschaften. Allerdings sind die dämonistische und die Naturmagie in der Realität nicht immer so klar voneinander zu scheiden, wie die theoretische Begriffsbestimmung es vermuten läßt. Es finden sich in magischen Praktiken, die ihrem Charakter nach eindeutig als nicht-dämonistisch zu beschreiben sind, doch nicht selten auch religiöse Elemente. Bei der magischen Behandlung von Krankheiten etwa wird man Verfahren aus der im Volk tradierten Kräutermedizin begegnen und *gleichzeitig* Gebetsformeln, die aus christlichen Ritualen stammen. *Zweitens* ist die Magie ein Ort, wo die Kultur des einfachen Volks und die der gelehrten Welt aufeinandertreffen. Populäres magisches Wissen wird aufgenommen und gedeutet – oder umgedeutet – von den „Intellektuellen" – ein Terminus, der hier jene Männer bezeichnet, die philosophisch oder theologisch gebildet sind –, aber, in der Gegenrichtung sozusagen, werden auch gelehrte Anschauungen und Erkenntnisse von Dingen der Magie durch das Medium der Predigt im ganzen Land verbreitet und gelangen so zum Volk. Eine der wichtigsten Aufgaben der Kulturgeschichtsschreibung ist es, diese Prozesse des Austauschs und der Übermittlung von Wissen zu erforschen. *Drittens* ist die Magie ein höchst interessanter Kreuzungspunkt von Fiktion und Realität. Die fiktionale Literatur im mittelalterlichen Europa spiegelte manchmal das wirkliche Leben der Zeit wider, bisweilen aber verzerrte sie es, oder sie wandte sich anderen, besseren Wirklichkeiten zu, in einer Bewegung der Weltflucht oder aber um ideale Gegenbilder jener schlechten Wirklichkeit zu entwerfen. Wenn in der Literatur Zauberer, Feen und andere Wesen vorkommen, die mit magischen Kräften umgehen, so muß das nicht bedeuten, daß Autor und Zuhörer solche Beschreibungen in allen Einzelheiten für schlichte Abbildungen der Realität hielten. Das ändert aber nichts daran, daß die Zaubereien der Literatur doch in irgendeiner Weise magische

Praktiken des wirklichen mittelalterlichen Lebens reflektieren. Genau herauszufinden, *auf welche Weise* sie das tun, darin liegt die Schwierigkeit, aber auch der Reiz des Problems.

Noch einmal: Die Magie ist ein Ort, wo Religion und Wissenschaft aufeinandertreffen, wo populäre Anschauungen sich mit denen der gebildeten Klassen vereinigen, wo literarische Konventionen und die alltägliche Wirklichkeit zusammenfließen. Wenn wir an diesem Kreuzungspunkt stehen, so eröffnen sich uns Wege in verschiedene Richtungen: Wir können von hier aus die Theologie erforschen, die Alltagswirklichkeit der Gesellschaft, die Literatur oder die Politik des mittelalterlichen Europa. Wenn wir anderen Pfaden folgen, so gelangen wir zur bildenden Kunst, die nicht selten Themen aus dem Bereich der Magie bearbeitet, oder zur Musik, der man im Mittelalter magische Kräfte zuschreibt. Weil die Magie sowohl von der Kirche wie auch vom Staat mit Verboten umgeben wurde, führt uns die Beschäftigung mit ihr auch in das Dickicht der Rechtsordnung. Sie ist also wahrhaftig ein Forschungsgegenstand, der schon deswegen eine intensive Beschäftigung lohnt, weil er den Blick auf so viele bedeutsame Gebiete der mittelalterlichen Kultur eröffnet. Derart interdisziplinäre Forschung kann uns die Komplexität und Interdependenz all der verschiedenen Strömungen aufzeigen, die zusammen jene Kultur ausmachen.

Auch Scherz und Ernst treffen sich am Kreuzweg der Magie. Viele der magischen Vorschriften und Rezepte, denen wir in diesem Buch begegnen, müssen einem modernen Leser amüsant oder frivol erscheinen, in manchen Fällen ist es auch gut denkbar, daß schon ihre Verfasser sie mit einer gewissen Heiterkeit niedergeschrieben haben – allerdings ist es nicht leicht und nur selten mit Sicherheit zu entscheiden, ob ein mittelalterliches Publikum diese Texte amüsiert oder entsetzt zur Kenntnis genommen hätte. Manche magischen Praktiken des Mittelalters mögen uns heute lediglich albern erscheinen, aber für die Richter, die Magier zum Tod verurteilten, waren das keineswegs harmlose Spielereien.

Die Magie ist aber noch in einem anderen Sinn Kreuzungs- und Knotenpunkt: In den magischen Wissenschaften, die im mittelalterlichen Europa aufblühten, sind Ideen aus ganz verschiedenen Quellen zusammengeflossen. Vorstellungen und Praktiken der klassischen Antike im mediterranen Raum vermischten sich mit jenen der germanischen und keltischen Völker in Nordeuropa. Später entlehnten dann die Christen magisches Wissen von den Juden, die in ihrer Mitte lebten, oder von den fernen Moslems. Es ist im Einzelfall nicht immer möglich festzustellen, wo eine bestimmte Vorstellung letztlich herkommt, wo sie entstanden ist, aber wenn wir die wesentlichen Züge der mittelalterlichen Magie erfassen wollen, dürfen wir derartige Entlehnungen aus fremden Kulturen nicht außer acht lassen. Insofern können wir aus dem Studium der Magie auch etwas über die Beziehungen zwischen den Kulturen lernen.

Zwei Fallstudien

Was all dies konkret bedeutet, kann vielleicht am besten anhand von Beispielen erläutert werden. Wir betrachten zwei Handschriften aus dem
15. Jahrhundert, in denen die Magie eine wichtige Rolle spielt: Ein Lehrbuch
der Haushaltsführung aus der Burg Wolfsthurn in Tirol und ein Handbuch
dämonistischer, nigromantischer Magie, das heute zum Bestand der Bayeri-
schen Staatsbibliothek in München gehört.

Die Wolfsthurner Handschrift[1] macht deutlich, welchen Platz die Magie
im alltäglichen Leben einnehmen konnte. Der Name des Kompilators ist uns
unbekannt; es muß eine Person gewesen sein, die mit der Führung eines
großen Hauses vertraut war. Vielleicht lebte er oder sie in Wolfsthurn oder
kam aus der Umgebung. Jedenfalls ist das Buch in der Landessprache, auf
deutsch, geschrieben, nicht auf lateinisch. Der Kompilator war wahrscheinlich Laie, nicht Priester oder Mönch. Das Werk spricht über alle praktischen
Fragen und Probleme, die in einem großen Haushalt anfielen: Die Leute, die
zu diesem Gut gehörten, wurden oft Opfer von Krankheiten; die Felder
mußten bestellt werden, die Ernten waren ständig von widrigen Naturgewalten bedroht; Ratten mußten von den Vorratsräumen ferngehalten werden.
Vieles von dem, was man für die Erfüllung dieser Aufgaben wissen mußte,
konnte ein Mensch einfach im Kopf behalten; war aber der Verwalter des
Lesens und Schreibens mächtig, so mochte es ihm nützlich erscheinen, manche Details zu notieren, solange er sie noch frisch im Gedächtnis hatte, und
das Buch war ein bequemes Archiv für derartige Informationen. Es enthält
Instruktionen, die es erlauben, nahezu jedes denkbare Problem der Haushaltsführung zu meistern. Es lehrt, wie man Häute gerbt, wie man Tinte und
Seife macht, Kleider wäscht, Fische fängt. Neben derartigen Anweisungen
findet man Ratschläge zur Behandlung von Krankheiten bei Mensch und
Tier: Unter Berufung auf Aristoteles und andere Autoritäten der Antike teilt
der Kompilator mit, wie man Fieber, Augenleiden und andere Gebrechen
diagnostiziert und heilt. Weiter enthält dieses Potpourri eine Sammlung von
Gebeten, Segenssprüchen und Beschwörungen.

Die Menschen des Mittelalters, die solche und ähnliche Handbücher zu-
sammenstellten, hätten sich selbst vielleicht gar nicht als „Magier" bezeichnet, und doch finden wir in jener Handschrift Dinge, die wir durchaus der
Magie zurechnen können. Sie empfiehlt die Blätter einer bestimmten Pflanze
als Heilmittel gegen „Fieber aller Art". Für sich genommen ist daran noch
nichts Magisches, man könnte sagen, dergleichen gehöre in das Gebiet der
Naturwissenschaften oder der Volksmedizin. Bevor man jene Blätter verwendet, so wird gesagt, soll man einen lateinischen Segensspruch, der die Kraft
der Heiligen Dreifaltigkeit anruft, darauf schreiben, und außerdem soll man
noch ein Vaterunser und andere Gebete sprechen. Diese Vorschrift an sich
gehört ebenfalls nicht in den Bereich der Magie, sondern in den der Religion.
Wenn jedoch nun weiter empfohlen wird, daß man die ganze Prozedur an

drei aufeinanderfolgenden Tagen vor Sonnenaufgang wiederhole, so gibt es dafür weder medizinisch-naturwissenschaftliche noch religiöse Gründe. Der Autor bringt hier vielmehr eine neue Kraft des Magischen ins Spiel, die jene anderen Kräfte verstärken soll. Das Zusammenwirken von Religion und Magie können wir noch an einem anderen Beispiel beobachten, wo die Handschrift uns sagt, was man gegen „Augenflecken" (der Schreiber verwendet das Wort „mail", also „Makel") tun soll. Der Artikel erzählt zuerst eine Episode aus einer Heiligenlegende und gibt dann eine Beschwörungsformel vor, die man zum Augenfleck sprechen soll:

[Legende:] Sankt Nicasius, der heilige Märtyrer Gottes, hatte einen Makel in den Augen, und er bat Gott, er möge ihn davon befreien, und der Herr befreite ihn davon. Da betete er zu unserem Herrn, wer seinen Namen an sich nehme und behalte, der solle erlöst werden von allen Makeln und Gebrechen welcher Art auch immer, und unser Herr erhörte ihn.
[Beschwörung:] Also beschwöre ich dich, Makel, bei dem lebendigen Gott und bei dem heiligen Gott, daß du verschwindest von den Augen des Dieners Gottes N., du seist schwarz, rot oder weiß. Christus treibe dich hinweg. Im Namen des Vaters und des Sohnes und des Heiligen Geistes, Amen.

Die Legende gehört in den Bereich der Religion. Auch die Beschwörungsformel hat einiges mit einem christlichen Gebet gemeinsam – ihren magischen Charakter bekommt die Formel erst dadurch, daß sie die Krankheit direkt anredet, als wäre diese eine Person und könnte auf Befehle reagieren. Eine ähnliche Therapie wird in dem Buch gegen Zahnschmerzen empfohlen. Es erzählt zuerst eine Legende aus dem Leben des heiligen Petrus: Der Heilige, den ein Wurm in einem Zahn plagt, sitzt auf einem Stein und hält sich die schmerzende Backe. Da kommt Christus und heilt ihn, indem er den Wurm „im Namen des Vaters und des Sohnes und des Heiligen Geistes" austreibt. Dieser Akt der Heilung durch Christus wird zu einem *Archetyp* von Heilung. Man kann seine Kräfte zu Hilfe rufen, wenn man selber Zahnweh hat. Allerdings wird die Beschwörungsprozedur, die man ausführen soll, in der Wolfsthurner Handschrift nicht explizit beschrieben, im Anschluß an die Legende folgen lediglich einige religiös-rituell anmutende Wortschnipsel („Ayos, ayos, ayos tetragramaton") und – reichlich unvermittelt – der Rat, der Kranke solle auf seine schmerzende Backe eine Mischung aus Latein und Unsinn schreiben: „Rex, pax, nax in Cristo filio suo."[2]
    In einigen Fällen werden in diesem Handbuch liturgische Formeln für magische Zwecke umfunktioniert. Gegen Menstruationsbeschwerden etwa, so wird empfohlen, soll man die Worte aus der Heiligen Messe „Durch Ihn und mit Ihm und in Ihm" auf ein Stück Papier schreiben und dies der Patientin auf den Kopf legen. Noch klarer zeigt sich der magische Charakter der Therapie bei der Behandlung von Epileptikern: Man legt dem Kranken, wenn er einen Anfall erleidet, einen Riemen aus Hirschleder um den Hals und „bindet" dann „im Namen des Vaters und des Sohnes und des Heiligen Geistes" die Krankheit an diesen Riemen, den man schließlich beseitigt,

indem man ihn einem Toten mit ins Grab legt. Das Übel wird also auf das Leder „übertragen" und aus der Welt der Lebendigen ins Reich der Toten befördert und somit unschädlich gemacht.

Die Wolfsthurner Handschrift hält aber nicht allein christliche Gebete, sondern auch offenbar sinnlose Kombinationen von Wörtern und Buchstaben für tauglich, Krankheiten zu heilen. In einem Fall sagt sie, man solle die Buchstaben „p.n.b.c.p.x.a.o.p.i.l." aufschreiben und dahinter „in nomine Patris et Filii et Spiritus Sancti". Dämonen werden ausgetrieben, indem ein Priester dem Besessenen folgendes Kauderwelsch aus Latein, verballhorntem Griechisch und leerem Silbengeklingel ins Ohr flüstert:

Amara Tonta Tyra post hos firabis ficaliri Elypolis starras poly polyque lique linarras buccabor uel barton vel Titram celi massis Metumbor o priczoni Jordan Ciriacus Valentinus.

Als Alternative bei der Behandlung von Besessenen schlägt das Buch vor, drei Wacholderzweige zu nehmen, sie dreimal – zu Ehren der Heiligen Dreifaltigkeit – in Wein zu tauchen, sie zu kochen und sie schließlich dem Patienten, der aber nichts davon wissen darf, auf den Kopf zu legen.

Die Mehrzahl der Anleitungen für Heilungszeremonien enthält Sprüche und Formeln, die in irgendeiner Weise aus der christlichen Liturgie stammen, es werden aber auch Zeremonien beschrieben, die ohne das gesprochene Wort auskommen und die nichts Religiöses an sich haben. Gegen Hexerei aller Art beispielsweise schützt man sich, indem man Wermut bei sich trägt. Wer bei Nacht und Tag gut sehen will, muß sich die Augen mit Fledermausblut salben – ein Rezept, das sich vermutlich auf die Beobachtung gründet, daß Fledermäuse sich sogar in der Dunkelheit sehr gut orientieren können und also, so die Folgerung, besonders scharf „sehen". Wenn in solchen Fällen auf antike Autoritäten verwiesen wird, so ist dies nicht völlig aus der Luft gegriffen: ähnliche, wenn auch nicht genau die gleichen Heilverfahren sind uns von klassischen Schriftstellern wie etwa von Plinius durchaus bekannt. Es wäre allerdings ein hoffnungsloses Unterfangen, wenn man versuchen wollte, in das Labyrinth verworrener Traditionen hinabzusteigen, um genau festzustellen, woher und auf welche Weise jedes einzelne Rezept zu dem Kompilator von Wolfsthurn gelangt ist.

Der Wert dieser Sammlung liegt gewiß nicht in seiner Originalität: alles oder fast alles, was hier überliefert wird, stammt von fremden Autoren; viele der Formeln sind aus antiken Quellen geschöpft oder haben den Weg aus anderen mittelalterlichen Sammlungen hierher gefunden. Die Zahnweh-Therapie mit der Legende vom heiligen Petrus zum Beispiel ist geradezu ein Gemeinplatz; wir finden die Beschwörungsformel mit nur unwesentlichen Abweichungen noch in etlichen anderen mittelalterlichen Handschriften aus weit entfernten Gegenden Europas, unter anderem auch aus England.

Texte dieser Art wurden natürlich nicht von jedermann mit Wohlwollen betrachtet. Randbemerkungen von etwas späterer Hand im Wolfsthurner

Codex beweisen, daß dieses Buch mindestens einen überaus kritischen Leser gefunden hat. Eine der Passagen, die bei ihm Ärgernis erregten, war jene, die Therapien gegen Menstruationsbeschwerden mitteilte: „Das ist ganz verkehrt, abergläubisch und praktisch Ketzerei", schrieb ein Leser an den Rand. Und man hat festgestellt, daß sogar einige Seiten aus dem Buch herausgeschnitten wurden, möglicherweise von eben diesem Kritiker, der sich hier gar als Zensor betätigte. Dadurch sind manche Artikel teilweise – zum Beispiel derjenige, der davon handelt, wie man sich unsichtbar macht –, andere ganz verlorengegangen. An einer anderen Stelle hat das Buch nicht Abscheu, sondern nur Unglauben erregt: „Das wäre schon gut – wenn es nur wahr wäre!" so kommentiert ein Leser eine besonders dubiose Passage.

Das Wolfsthurner Handbuch wirft beim Betrachter, der sich für die Geschichte der Magie interessiert, eine Reihe von Fragen auf: In welcher Beziehung steht die Magie zur Religion, in welcher zur Wissenschaft, zur Volksmedizin? Welche Rolle spielt die antike Tradition in der mittelalterlichen Magie? Wie und warum werden liturgische Texte für magische Zwecke benutzt? Kann man sagen, daß die Magie im wesentlichen eine Wissenschaft der laikalen Welt war? Wie weit beteiligten sich Kleriker an magischen Ritualen – etwa im Fall des Exorzismus, wo die Hilfe eines Priesters nötig ist? Wie hätte ein Philosoph und Theologe, beispielsweise Thomas von Aquin, derartige magische Praktiken beurteilt? Antworten auf alle diese Fragen sollen in späteren Kapiteln gesucht werden. Die Wolfsthurner Handschrift sollte uns ja hier nur als Ausgangspunkt dienen, um zu zeigen, welche Wege von hier in welche Richtungen führen, das Beispiel sollte lediglich Magie als den Ort kenntlich machen, wo sich die Wege der mittelalterlichen Kultur kreuzen.

Die Fragen, die sich aus dem zweiten Manuskript ergeben, sind etwas anderer Art. Im Gegensatz zur Wolfsthurner stellt die Münchener Handschrift[3] unverhüllt dämonistische Praktiken vor, sie befaßt sich mit der *Schwarzen* Magie, mit dem, was auch Nigromantie genannt wird. Ein weiterer Unterschied ist der, daß dieses Buch auf lateinisch geschrieben ist (nur in einem Anhang finden sich auch einige deutsche Texte) und daß Autor und Besitzer wohl Kleriker waren. Das Buch enthält fast ausschließlich Anweisungen, wie man Geister mit Hilfe magischer Kreise und verschiedener Techniken beschwört, wie man sie dazu zwingt, Befehle auszuführen, wenn sie erschienen sind, und wie man sie wieder herbeizitiert, nachdem man sie entlassen hat. Die Zwecke, denen solche Künste dienen, sind vielfältig. Angeblich kann man damit eine Person in den Wahnsinn treiben, man kann leidenschaftliche Liebe erregen, die Gunst des Herrschers gewinnen, das Trugbild einer gewaltigen Burganlage erstehen zu lassen, der Magier kann ein Pferd herbeizaubern, das ihn an jeden beliebigen Ort der Welt trägt, er kann sich alle künftigen und sonst verborgenen Dinge zeigen lassen. Die Magie dieses Handbuchs erfordert allerlei Hilfsmittel und spezielles Zubehör. Abgesehen von den magischen Kreisen braucht der Magier zum Beispiel

Wachsbilder jener Personen, auf die er es abgesehen hat, auch Ringe, Schwerter und andere Dinge. In einigen Fällen verlangt das Buch, daß der Magier den bösen Geistern einen Wiedehopf opfere[4] oder daß er für ein magisches Räucheropfer bestimmte Kräuter verbrenne. Ähnlich wie das Wolfsthurner Manuskript, nur sehr viel gründlicher, plündert das Münchener Handbuch die Schatzkammern der christlichen Liturgie. Es begnügt sich nicht mit kurzen Fragmenten und allgemein üblichen Gebeten, sondern übernimmt umfangreiche Passagen aus liturgischen Texten, oder es erfindet auch eigene Liturgien nach christlichem Vorbild.

In einzelnen anderen Punkten bemerken wir Ähnlichkeiten mit der jüdischen und der moslemischen Magie. In manchen Beschwörungsformeln werden gewisse Gottesnamen verwendet, ganz ähnlich wie in magischen Praktiken des Judentums, allerdings mit dem Unterschied, daß hier statt Jahwes Christi Name im Mittelpunkt steht, aber das ändert nichts am Prinzip. Es scheint so, als konzentriere sich ein großer Teil der magischen Künste im Judentum und im Islam auf das grundlegende Problem, die Dämonen herbeizurufen und sie zu zwingen, Befehle auszuführen. Ein bedeutendes arabisches Werk über die Magie, das im späteren Mittelalter in Europa unter dem Namen *Picatrix* recht bekannt wurde, enthält einige Formeln, die denen der Münchener Handschrift ähneln. Gewisse Passagen in dieser Handschrift lassen auch vermuten, daß hier wenigstens grobe Kenntnisse jener astrologischen Wissenschaft eingeflossen sind, die im späteren Mittelalter aus der arabischen Kultur nach Europa gelangt war.

Die Magie, wie sie im Münchener Manuskript beschrieben wird, ist eine komplizierte Sache. In einem Abschnitt beispielsweise wird erzählt, wie man die Liebe einer Frau gewinnt. Der Magier nimmt das Blut einer Taube und malt damit das Bild einer nackten Frau auf das Fell einer Hündin, dabei hat er unablässig Beschwörungen zu sprechen. Er schreibt die Namen von Dämonen auf verschiedene Partien des gemalten Frauenleibs und befiehlt den Geistern, den wirklichen Körper in Besitz zu nehmen, damit er in Liebe entflamme. Er beräuchert das Bild mit Rauch von Myrrhe und Safran und beschwört dabei immerfort die Dämonen, sie möchten die Frau zwingen, bei Tag und Nacht an nichts anderes als an ihn zu denken. Er hängt sich das Bild um den Hals, geht allein oder in Begleitung von drei Eingeweihten hinaus zu einem geheimen Ort. Dort zeichnet er mit einem Schwert einen Kreis auf den Boden und schreibt rundherum die Namen von Dämonen. Er stellt sich mitten in den Kreis und ruft die Dämonen herbei. Sie kommen (so jedenfalls behauptet das Buch) in Gestalt von sechs Dienern, bereit, die Befehle des Magiers entgegenzunehmen. Er befiehlt ihnen, zu gehen und die Frau herzubringen, ihr aber nichts zuleide zu tun. Sie führen den Befehl aus. Sie erscheint, ist ein bißchen verwirrt, aber gern dem Magier zu Willen. Solange sie von zu Hause fort ist, nimmt einer der Dämonen ihre Gestalt an und spielt dort ihre Rolle, damit niemand ihre Abwesenheit bemerke.

Der Kompilator dieses Handbuchs hat aber noch weitere böse Späße in seinem Repertoire. Er teilt uns beispielsweise mit, wie man Haß zwischen zwei Freunden sät. Dieses ziemlich verwickelte Ritual beginnt damit, daß man zwei Steine unter den Türschwellen jener Freunde vergräbt. Später gräbt man sie wieder aus, wirft sie ins Feuer, beräuchert sie mit Schwefel und legt sie sodann in ein Gefäß mit Wasser. Nach drei Tagen nimmt man sie heraus und schlägt sie mit Gewalt aneinander. Während der Magier sie beräuchert, zitiert er – im Namen Gottes – „alle bösartigen Dämonen, die feindlichen, neidischen, streitsüchtigen" herbei. Er befiehlt ihnen, all den Haß, der bösen Geistern zu Gebote steht, in die zwei Freunde zu tragen, damit sie einander hassen wie Kain den Abel. Während er die Steine gegeneinanderschlägt, spricht er: „Nicht diese Steine schlage ich, ich schlage den X. und den Y., deren Namen darauf geschrieben sind." Schließlich vergräbt er die Steine an getrennten Orten. Das Buch schärft dem Leser ein, die Einzelheiten der Zeremonie unbedingt geheim zu halten, weil sie entsetzliche Gewalten entfeßle. Falls der Magier sich später einmal dazu entschließen sollte, den Fluch aufzuheben, so muß er die Steine wieder ausgraben, sie im Feuer erhitzen, dann zerschlagen und die Trümmer in einen Fluß werfen.

An einer anderen Stelle lehrt das Buch die Kunst, sich unsichtbar zu machen. Der Magier geht aus der Stadt hinaus aufs freie Feld und zeichnet einen Kreis auf die Erde. Er beräuchert ihn und besprengt ihn und sich selbst mit Weihwasser, dabei rezitiert er Psalm 51,7. Er kniet nieder und beschwört verschiedene Geister, im Namen Gottes zwingt er sie, zu erscheinen und ihm zu gehorchen. Die Geister finden sich sogleich in dem Kreis ein und fragen nach den Wünschen des Meisters. Er verlangt eine „Tarnkappe". Einer der Geister geht fort, besorgt eine solche Kopfbedeckung und händigt sie dem Magier aus, der ihm dafür seinen weißen Umhang geben muß. Das Unternehmen ist nicht ohne Risiken: Wenn der Magier nicht binnen drei Tagen zu diesem Platz zurückkehrt, seinen Umhang abholt und ihn ins Feuer wirft, so stirbt er spätestens sieben Tage darauf.

Der Verfasser kennt keine Berührungsängste im Umgang mit „Dämonen" oder „bösen Geistern". Bisweilen ruft er sie ungescheut mit Namen wie Satan, Lucifer, Berich etc. Auch in den Zeremonien, in denen Geister, die gebannt werden sollen, nicht ausdrücklich als Dämonen bezeichnet werden, ist doch der häretische Charakter der Rituale nicht im mindesten fraglich, und kein Inquisitor hätte darüber lange im Zweifel sein können.

Ähnlich wie die Texte aus Wolfsthurn sind auch die der Münchener Handschrift keineswegs immer Originalbeiträge. Parallelen finden sich in anderen Manuskripten aus verschiedenen Teilen Europas, aber auch in der arabischen und der jüdischen Überlieferung. Allerdings sind Texte dieser Art in Europa nicht gerade häufig erhalten geblieben, weil Inquisitoren und andere feindliche Gewalten solche Schriften, wo immer sie ihrer habhaft wurden, den Flammen übergaben. Es sind aber doch genügend Exemplare diesem Schicksal entkommen, um uns eine Vorstellung von dieser Literatur zu vermitteln.

Auch das zweite unserer Beispiele wirft eine Reihe wichtiger Fragen auf: In welcher Beziehung steht diese Art der Magie zur Religion? (Und die Antwort auf diese Frage ist gewiß eine ganz andere als im Fall von Wolfsthurn!) Wie und in welchen Einzelheiten ähnelt das Münchener Material dem, das wir in der jüdischen und islamischen Tradition vorfinden, und wo liegen die Unterschiede? Welche historischen Prozesse vermittelten den Zusammenhang mit jenen fremden Traditionen? In welchem Personenkreis können wir den Besitzer eines derartigen Buchs vermuten? Wurden die Rituale, die dort beschrieben sind, jemals wirklich ausgeführt, oder sind das bloße Phantastereien, gelehrte Gedankenspiele? Wenn aber Besitzer des Buchs wirklich nach solchen Anleitungen Magie trieben, wie hat man sich diese Leute vorzustellen? Ähnelten sie den Magiern, die wir aus mittelalterlichen Predigtsammlungen kennen, oder eher den Zauberern der schönen Literatur? Noch einmal: Alle diese Fragen werden uns erst im späteren Verlauf der Untersuchung beschäftigen – hier kommt es lediglich darauf an, eine Ahnung davon zu vermitteln, wie weit das Gebiet ist, in das unser Interesse für die Magie uns führen wird.

Was ist Magie?

Die fundamentale Frage, mit der wir uns zuerst einmal beschäftigen müssen, ist die nach der Definition unseres Gegenstandes: Was ist eigentlich Magie? Ist es ein Fall von Magie, wenn ein Mensch sich Fledermausblut in die Augen reibt, oder handelt es sich dabei vielmehr um eine primitive Form von medizinischer Wissenschaft? Wo sollen wir die Grenze ziehen zwischen Magie und Wissenschaft? Sogar dann, wenn wir einen Fall nicht zuordnen können und behaupten, er läge unentscheidbar auf der Grenze, so müssen wir doch eine Vorstellung davon haben, wo wir diese Grenze ziehen. In ähnlicher Weise müssen wir auch sagen können, wie sich Magie und Religion zueinander verhalten, obwohl wir viele Fälle kennen, in denen es sehr schwer ist, die beiden Gebiete auseinanderzuhalten. Es erheben sich aber noch weitere Schwierigkeiten. Es gibt beispielsweise Leute, die sagen würden, man könne noch nicht von Magie sprechen, wenn jemand Dämonen lediglich zu dem Zweck beschwöre, von ihnen die Zukunft zu erfahren, Magie sei nämlich eine Kunst, die auf praktische Wirkungen in der Welt abziele – eine verhaßte Person wird krank, jemand verschafft sich Einfluß bei Hof usf. –, und sie sei nicht bloß ein Mittel, etwas über vorherbestimmte und darum unabänderliche Ereignisse zu erfahren.

Wie hätte wohl ein mittelalterlicher Europäer diese Probleme gelöst? Die meisten hätten sich vermutlich sehr wenig dafür interessiert. Es gab damals Menschen, die solche Künste, wie sie das Wolfsthurner und das Münchener Handbuch lehrt, für sich zu nutzen versuchten, andere, die sich Sorgen machten, es könnte gegen sie verwendet werden, und wieder andere, die es

sich zur Aufgabe machten, zu verhindern, daß es benutzt würde – kaum
einer von all diesen Menschen aber hätte sich gefragt, ob dergleichen „magisch" genannt werden dürfe oder nicht. Wenn man sie gefragt hätte, was der
Inhalt der Wolfsthurner Handschrift sei, hätten sie vielleicht gesagt „Schutzzauber", „Segenssprüche", „Besprechen von Krankheiten" oder auch nur
einfach „Rezepte und Heilmittel", das Stichwort „Magie" wäre wohl gar
nicht gefallen. Das Münchener Manuskript hätte man vermutlich eher ein
Handbuch der „Nigromantie" oder der „Hexerei" genannt als eines der
Magie. Nur die Crème der philosophisch und theologisch Gebildeten interessierte sich für Definitionsfragen. Wenn jedoch die Intellektuellen sich mit
diesem Gegenstand befaßten, so bezogen sie Stellung zu damals üblichen
und gängigen Praktiken, und daher kommen in ihren Schriften oft Dinge zur
Sprache, die andere Leute deswegen verschweigen, weil sie ihnen selbstverständlich sind. Wenn wir also Ansichten über die Magie, wie sie in der
philosophischen und theologischen Diskussion geäußert werden, zur Kenntnis nehmen, so auch deshalb, weil es uns hilft zu verstehen, wie die Menschen des Mittelalters ganz allgemein über diesen Gegenstand dachten.

Etwas vereinfachend kann man sagen, daß die Intellektuellen im europäischen Mittelalter zwei Formen der Magie unterschieden: die eine ging mit
natürlichen, die andere mit dämonischen Kräften um. Naturmagie war Teil
der Wissenschaft, und nicht etwas ihr Entgegengesetztes. Sie war jener Zweig
der Wissenschaft, der sich mit den „okkulten", den verborgenen Kräften
(„virtutes") in der Natur beschäftigte. Die dämonistische Magie war nicht
prinzipiell vom Bereich des Religiösen abgegrenzt, sie galt vielmehr als pervertierte Religion, die sich von Gott abgewandt hatte und von den bösen
Geistern Hilfe für alle menschlichen Nöte erhoffte.

Die Versuchung liegt nahe, nun kurzerhand die Schrift aus Wolfsthurn als
Beispiel für Naturmagie, die aus München als Vertreterin der dämonistischen Magie zu klassifizieren. Aus der Sicht der Benutzer dieser Bücher wäre
eine derartige Beurteilung vielleicht im wesentlichen korrekt. Für die mittelalterlichen Theologen, Philosophen, Prediger und Inquisitoren wäre jedoch
die Sache nicht ganz so einfach gewesen. Viele dieser Leute hätten auch die
Wolfsthurner Handschrift des Dämonismus verdächtig gefunden. In den un-
verständlichen Wörtern mancher Formeln könnten sich die Namen von Dämonen verstecken. Wenn jemand einem Epileptiker einen Riemen aus
Hirschhaut um den Hals legt, so könnte man darin irgendein geheimes Zeichen an die Dämonen oder eine symbolische Opferhandlung vermuten.
Wenn im Wermut die Kraft liegt, Hexerei abzuwehren, liegt dann nicht die
Vermutung nahe, daß das Wissen um diese verborgene Eigenschaft von Dämonen herstammt? Ob bewußt oder unbewußt, jeder, der das Wolfsthurner
Buch benutzte, konnte in dämonische Machenschaften verstrickt sein. Die
Menschen, die hinauszogen, um scheinbar harmlose Kräuter zu sammeln,
die Hebamme, deren Tätigkeit man für unverdächtig, ja für segensreich halten konnte, sie alle waren vielleicht mit bösen Geistern im Bunde (Abb. 1). Es

ist in der Tat so, daß vielen mittelalterlichen Autoren Magie generell und ohne weiteres, nämlich *per Definition*, als dämonisch gilt; daß es auch eine „weiße", natürliche Magie gebe, wurde keineswegs überall anerkannt. Wenn solche Autoren also die Lehren jener Handschrift als „magisch" bezeichneten, so drückten sie damit bereits aus, daß ihrer Meinung nach die dort empfohlenen Praktiken in irgendeiner Weise böse Geister ins Spiel brachten. Aber der Begriff „Magie" hat eine lange Geschichte, und wenn wir verstehen wollen, was er zu einem bestimmten Zeitpunkt bedeutet hat, müssen wir diese Geschichte näher kennenlernen.

In der klassischen Antike bezeichnete das Wort ursprünglich alle Künste der *magi*, jener persischen Priester des Zoroaster, mit denen die Griechen im 5. Jahrhundert v. Chr. oder früher in Berührung kamen. Einige dieser Priester gelangten, so scheint es, damals in den Mittelmeerraum. Was genau taten diese *magi*? Die Griechen und Römer hatten im allgemeinen nur recht wenig präzise Vorstellungen davon; es wird berichtet, daß die Priester sich mit Astrologie beschäftigten, daß sie sich als Ärzte betätigten und hochkomplizierte, aber schwindlerische Heilungsrituale vollführten und daß sie ganz allgemein nach „Wissen von verborgenen Dingen" strebten. Man nannte das, was sie trieben, was immer es im einzelnen auch gewesen ist, die „Künste der *magi*" oder die „magischen Künste" oder eben einfach „Magie". Schon von Beginn an also war es einigermaßen unklar, was der Inhalt dieses Begriffs ist. Die fremden *magi* und ihre exotischen Künste beschäftigten die Phantasie der Menschen und erregten mancherlei Mißfallen und Verdacht. An den Begriff der Magie hefteten sich starke Emotionen, er war schon früh von zahlreichen dunklen Nebenbedeutungen umgeben: Magie war etwas Verdächtiges, etwas Bedrohliches. Wenn in der Folge Griechen oder Römer Praktiken trieben, die denen der persischen *magi* ähnlich waren, so schien etwas von jener furchteinflößenden Fremdheit auf sie überzugehen. Der Begriff erweiterte sich und umfaßte nun alle „dunklen Machenschaften" von Okkultisten, gleichgültig, ob es Ausländer oder Einheimische waren.

Die frühchristlichen Autoren, die den Begriff benutzten, legten besonderes Gewicht in jene Untertöne. Wenn die griechischen und römischen Heiden die Zukunft vorhersagen oder Kranke heilen konnten, so offenbar nur mit Hilfe ihrer Götter. Aus der Sicht der Christen aber waren das keine wirklichen Gottheiten, sondern teuflische Dämonen. Jede Art von Wunderheilung, wie es sie im griechisch-römischen Heidentum gab, war demnach offensichtlich Schwarze Magie. Wenn auch die Heiden selber gar nicht wissen, daß sie die Hilfe von bösen Geistern in Anspruch nehmen, selbst dann, wenn sie lediglich die Kräfte von Heilkräutern und von Edelsteinen, die in Amuletten getragen werden, für die Behandlung von Krankheiten nutzen, so die Meinung des Augustinus von Hippo (354–430) und anderer christlicher Autoren, sind sie mit den Dämonen im Bunde: Jene Dinge nämlich sind nichts anderes als Zeichen, Signale, um die Geister zur Arbeit zu rufen. Es waren die Dämonen, die einst den Grund der magischen Wissenschaft legten und die ersten Ma-

Abb. 1: Eine Gruppe von Zauberinnen mit Dämonen;
aus: Lydgate, Pilgrimage of the Life of Man.

gier in dieser Kunst ausbildeten, und es sind immer Dämonen die wirkende Kraft in jeder magischen Handlung. Auch die Erkenntnis künftiger Dinge ist nur mit dämonischer Hilfe möglich. Dieses Thema spielt in der *Civitas Dei* des Augustinus eine bedeutsame Rolle, und die Autorität des Kirchenvaters war in der Kultur des Mittelalters so gewaltig, daß seine Auffassungen hier wie auch auf anderen Gebieten für viele unverändert gültige Lehre blieben.

Noch das ganze 12. Jahrhundert hindurch hätte man von einem Theologen auf die Frage, was Magie sei, mit einiger Wahrscheinlichkeit die Antwort erhalten, das sei in seinem Ursprung und immerdar Dämonenwerk. Dann wäre einem wahrscheinlich eine Liste der verschiedenen Erscheinungsformen der Magie präsentiert worden, die meisten davon Techniken der *Divination*, Wahrsagerei also.[5] Isidor von Sevilla (ca. 560–636), der klassische Autoren – etwa Varro (ca. 116–ca. 27 v. Chr.) – ausbeutete, nennt unter dem Stichwort *Magie* die Künste der Geomantie, Hydromantie, Pyromantie und Aeromantie (Weissagungstechniken, die ihre Informationen den Elementen Erde, Wasser, Feuer, Luft entnehmen) und diskutiert im Anschluß daran die Möglichkeiten, die Zukunft aus dem Flug und dem Gezwitscher der Vögel zu erkennen, aus den Eingeweiden von Opfertieren, aus den Bewegungen von Sternen und Planeten (Astrologie). Erst nachdem er diese und andere Techniken der Wahrsagerei aufgezählt hat, erwähnt er auch noch etliche weitere Künste wie die „Beschwörung" (Rezitation magischer Formeln) oder die „Ligatur" (eine Heiltechnik, bei der magische Objekte auf den Körper des Kranken gebunden werden). „Alle diese Handlungen", so sagt er, „bedürfen dämonischer Kunst, die aus dem teuflischen Bund zwischen Menschen und bösen Engeln erwächst."[6] Jahrhunderte hindurch haben die Autoren diese Lehren immer wiederholt und zum Ausgangspunkt aller Diskussion über die Magie gemacht. Noch weit ins 12. Jahrhundert hinein waren die Kategorien Isidors wissenschaftlicher Standard, und alle Autoren übernahmen und wiederholten sie, wenn sie über Magie sprachen, obwohl im Hochmittelalter längst kein Mensch mehr die Zukunft aus den Eingeweiden von Opfertieren zu lesen versuchte. Nicht alle Gelehrten aber folgten Isidor so treu: In der Mitte des 13. Jahrhunderts verwendet der Theologe Alexander von Hales (ca. 1185–1245) den Begriff der „Weissagungskunst" *(divinatio)* in erweitertem Sinn als Gattungsnamen und er faßt darunter verschiedene okkulte Künste einschließlich der Hexerei und der Gaukelei mit Trugbildern. In dieser oder in anderer Weise jedoch neigten die mittelalterlichen Autoren auch weiterhin dazu, den Begriff der Magie eng mit dem der Wahrsagerei zu verbinden.[7]

Um das 13. Jahrhundert herum begannen zwei neue Entwicklungen das Denken über die Magie zu verändern. Erstens traten nun Autoren auf, die einen Unterschied postulierten zwischen einer Natur-Magie und einer anderen, die dämonischen Ursprungs sei. Zweitens wurde es üblich, unter dem Begriff der Magie neben den Weissagungskünsten mehr und mehr auch jene Praktiken zu fassen, die nicht auf Erkenntnis, sondern auf eine materielle Wirkung, etwa auf Heilung, abzielen. Wilhelm von Auvergne (ca. 1180–1249), ein einflußreicher Theologe und später Bischof von Paris, unterscheidet zwischen einer dämonistischen und einer natürlichen Magie und widmete der letzteren ein beachtliches Maß an Aufmerksamkeit. Auch Albertus Magnus (ca. 1200–1280) erkennt in seinen naturwissenschaftlichen Schriften die Möglichkeit einer natürlichen Magie an, allerdings äußert er sich in seinem theologischen Werk sehr vorsichtig zu der Frage, ob und wie man das Natürliche vom Dämonischen unterscheiden könne.

Viele Menschen freilich blieben bei der alten Ansicht, daß Magie immer Dämonenwerk sei und daß im Mittelpunkt ihres Interesses die Erkenntnis des Zukünftigen stehe. Sogar diejenigen, die ausdrücklich von „verborgenen Kräften" *(virtutes occultae)* in der Natur reden, verwenden in diesem Zusammenhang keineswegs immer den Begriff „Magie". Thomas von Aquin (ca. 1225–1274) machte für gewisse Phänomene in der Natur okkulte Kräfte verantwortlich, die seiner Meinung nach von den Sternen und Planeten ausgingen, aber er hielt doch an der Lehre des Augustinus fest und nannte „magisch" nur jene Vorgänge, in denen Dämonen am Werk waren. Roger Bacon (ca. 1214–ca. 1292) glaubte an geheimnisvolle und schreckliche Naturmächte, benutzte aber das Wort „Magie" nur, um allerlei Schwindel, Betrug und Mystifikation zu bezeichnen. Im Verlauf des 14. und 15. Jahrhunderts jedoch konnte in der europäischen Kultur die Vorstellung magischer Naturkräfte fest Fuß fassen, wenn diese Idee auch nicht ausnahmslos anerkannt wurde und uns in der Literatur keineswegs in uniformer Gestalt entgegentritt.

Was genau sollte es bedeuten, wenn die Gelehrten davon sprachen, daß die natürliche Magie „okkulte" Kräfte in der Natur erforsche? Wie unterscheiden sich die „verborgenen" von den ganz normalen, sinnlich wahrnehmbaren Kräften? In manchen Fällen könnte man meinen, das sei ein bloß subjektiver Unterschied: eine Kraft, die wir nicht kennen und die uns angst macht, ist „okkult", im Gegensatz zu den Kräften, die uns wohlbekannt sind und die wir als selbstverständlich hinnehmen. Im *Picatrix* beispielsweise wird an einer Stelle gesagt, die Magie befasse sich mit Prozessen, die „vor den Sinnen verborgen sind, so daß die meisten Menschen nicht begreifen, wie sie vor sich gehen und welche Ursachen sie haben".[8] Es ist aber doch auch etwas Objektives gemeint: der Begriff sagt nicht allein etwas aus über das Wahrnehmungsvermögen des Betrachters, sondern er will durchaus auch eine Qualität des Gegenstandes bezeichnen. Die meisten Eigenschaften von Pflanzen, Steinen oder Tieren werden erklärt, indem man ihre physische Beschaffenheit benennt. Eine Pflanze, die „kalt" ist oder „feucht", eignet sich als Heilmittel gegen Krankheiten, deren Ursache übergroße „Hitze" oder „Trockenheit" ist. (Dieses System, Dinge zu klassifizieren, leitet sich von Aristoteles her; eine Pflanze kann *ihrer Natur nach* „kalt" oder „heiß" sein, ganz unabhängig von der Temperatur, die in einem bestimmten Augenblick gemessen wird.) Andere Eigenschaften jedoch können auf solche Weise nicht erklärt werden. Wenn eine Pflanze gewisse Gebrechen kuriert, wenn ein Edelstein gewisse schädliche Einflüsse abwehrt, so sind möglicherweise Potenzen wirksam, die gar nichts mit der Beschaffenheit dieser Dinge zu tun haben, die vielmehr von außen, von den Gestirnen her kommen. Derartige Kräfte bezeichnete man als „okkult", und die natürliche Magie war die Wissenschaft, die sich mit ihnen befaßte. Die Eigenschaften, um die es hier geht, sind nicht im mindesten über- oder außernatürlich, aber die Natur ist ein sehr weites Feld: um jene Wirkungen zu erklären, mußte man Einflüsse annehmen, die aus fernen Regionen des Kosmos kamen, es genügte nicht, die innere Struktur eines Dings, etwa einer Pflanze, zu erforschen.

In einem erweiterten Sinn konnte auch die Kraft, die einem Objekt eigen war, als okkult gelten, nämlich dann, wenn sie sich weniger auf die innere Struktur des Dings gründete als vielmehr auf eine symbolische Qualität, die sich beispielsweise in seiner Form äußerte. Pflanzen, deren Blätter die Form einer Leber haben, konnten vielleicht eine kranke Leber heilen; der Geier sieht sehr gut, also hilft sein Auge gegen Augenleiden, wenn man es in ein Stück Wolfshaut wickelt, das man sich um den Hals hängt. Es sind dies Beispiele für etwas, was James G. Frazer „sympathetische Magie" genannt hat: Magie, die deswegen funktioniert, weil eine „geheime Sympathie" zwischen den Dingen besteht, eine symbolische „Ähnlichkeit" zwischen Ursache und Wirkung.[9] Eine medizinische Schrift aus der Zeit um 1100 empfiehlt das Kraut *Dracontium*, so genannt, weil seine Blätter an Drachen erinnern, als Mittel gegen Schlangenbiß und gegen Würmer.[10] Auch das gegenläufige Prinzip, das der „Antipathie", spielt in der Magie eine bedeutende Rolle: Der Wolf steht in einem Verhältnis der Antipathie zum Schaf; aus diesem Grund

Abb. 2: Ein Hund zieht eine Alraune aus der Erde; Kräuterbuch, 12. Jh.

wird eine Trommel, die mit Wolfshaut überzogen ist, eine mit Schafshaut übertönen. Für die meisten antiken und mittelalterlichen Autoren sind die Prinzipien von Sympathie und Antipathie ganz normale Denkfiguren in der Wissenschaft und keineswegs auf die Magie beschränkt, aber jene Gelehrten des späteren Mittelalters, die das Konzept der natürlichen Magie erarbeiteten, rechneten viele jener Phänomene, die mit Hilfe dieser Prinzipien zu erklären waren, zum Bereich des Magischen.

In anderen Fällen sind es „animistische" Vorstellungen, die das Denken über magische Effekte regieren. Hier wird vorausgesetzt, daß alle Dinge der Natur von je besonderen individuellen Geistern bewohnt und „beseelt" sind. Eine Pflanze, der man besonders starke magische Kräfte zuschrieb, war Mandragora (Alraune), deren Wurzel entfernt einer menschlichen Gestalt ähnelt, die mit dem Kopf nach unten im Boden steckt. Aus diesem Grund behandelte man die Wurzel, als wäre sie eine Person, und jeder, der sie ausgrub, um von ihren Kräften Gebrauch zu machen, fürchtete, daß sie an ihm Rache nehmen könnte. Um ihren Zorn abzulenken, holte man die Wurzel nicht selbst aus der Erde, sondern band eine Schnur darum, deren anderes Ende man an einem hungrigen Hund festmachte. Dann lockte man den Hund mit Fleisch und ließ ihn so die Wurzel herausziehen. Es war also das Tier, das die Mandragora ausgegraben hatte, und folglich würde sich die Pflanze an ihm und nicht am Menschen rächen (Abb. 2).

Einer Denkweise, die sich sehr stark an symbolischen Beziehungen orientiert, werden wir noch in zahlreichen Fällen, die in diesem Buch behandelt werden, begegnen. Auch dort aber, wo magischen Wirkungen symbolische Zusammenhänge der Ähnlichkeit zugrunde lagen, neigten speziell die Intellektuellen, die okkulte Kräfte zu verstehen suchten, eher dazu, Einflüsse von Sternen und Planeten anzunehmen, als sich auf Prinzipien der Sympathie und Antipathie zu berufen oder sich mit animistischen Erklärungen zufriedenzugeben.

In diesem Buch sollen „magisch" jene Phänomene genannt werden, die von den mittelalterlichen Gelehrten entweder als naturmagisch oder als dämonisch betrachtet worden wären. Ob eine Handlung als magisch angesehen wird, hängt davon ab, welche Art von Kraft zu Hilfe gerufen wird: Wenn jemand sich von Gott oder von einer bekannten, „unverborgenen" Naturkraft die Wirkung erhofft, so haben wir es nicht mit Magie zu tun, eine Handlung dagegen, die auf dämonische Mächte oder auf okkulte Naturkräfte vertraut, ist magisch.

Es gibt noch eine andere Methode, den Begriff der Magie zu definieren, die nicht so sehr jene Kraft, die zu Hilfe gerufen wird, ins Zentrum ihrer Überlegungen stellt als vielmehr die Gewalt, die der Akteur mit seiner Handlung auszuüben hofft. Diese Auffassung hat ihre wichtigsten Wurzeln in der theologischen Diskussion des 16. Jahrhunderts und erlangte in der anthropologischen Literatur des späten 19. und frühen 20. Jahrhunderts einige Geltung.[11] Ihr zufolge besteht der wesentliche Unterschied zwischen Religion und Magie darin, daß der Gläubige Gott oder die Götter um etwas *bittet*, während der Magier Geisterwesen oder -mächte *zwingt*. Die Götter der Religion sind in ihrem Handeln frei, ihr Wohlwollen muß man durch Unterwerfung und Anbetung zu gewinnen suchen. Die Magie versucht, die Geister – oder auch unpersönliche spirituelle Mächte in der Natur – zu *benutzen*, etwa so, wie man auch den elektrischen Strom benutzt, den man nach Bedarf ein- oder ausschaltet. Wenn man es so betrachtet, wird freilich die Grenze zwischen Religion und Magie sehr unscharf: Von einem Menschen, der Gott zu etwas zu zwingen hofft, indem er mechanisch die vorgeschriebenen Rituale ausführt, könnte man dann sagen, er treibe Magie, und tatsächlich war es genau das, was die Protestanten des 16. Jahrhunderts den Katholiken zum Vorwurf machten. In jüngerer Zeit sind sogar die Anthropologen mehr und mehr von dieser unfruchtbaren Unterscheidung abgerückt, aber beim großen Lesepublikum ist sie doch so tief eingedrungen, daß viele Leute auch heute noch meinen, jene Begriffsbestimmung wäre die einzig mögliche und natürliche.

Leider ist sie aber wenig hilfreich im Umgang mit mittelalterlichen Quellen. Erstens und vor allem deswegen, weil wir kaum je etwas darüber erfahren, wie mittelalterliche Menschen die Macht ihrer Beschwörungen beurteilten. Wollte der Benutzer der Wolfsthurner Handschrift Gott zwingen, indem er liturgische Formeln in Heilungszeremonien verwendete, oder verraten vielmehr diese Zeremonien einen tiefen, wenn auch recht naiven Glauben? Das Handbuch sagt uns nichts darüber, und ebensowenig teilen andere Quellen mit. Zweitens haben die Menschen im Mittelalter üblicherweise nicht streng zwischen Zwang und Bitte unterschieden. Wenn sie Heilungs- oder Segenszauber trieben, wie er im Wolfsthurner Manuskript beschrieben ist, so erwarteten sie gewiß, daß ihre Anstrengungen eine Wirkung hatten. Manchmal mag man sich den Erfolg mehr als zwangsläufig, manchmal mehr als Erfüllung einer Bitte erklärt haben, aber es blieb doch wahrhaftig Raum genug für Zweifel. Auch der Charakter des christlichen Gebets war ja keineswegs eindeutig. Christus hatte versprochen (Joh. 14,14), daß die Gläubigen alles bekommen sollen, worum sie in seinem Namen baten, aber Christi Namen konnte doch in sehr verschiedener Weise angerufen werden: die Spanne der Möglichkeiten reicht von der magischen Beschwörung bis zur mystisch frommen Versenkung, und der ungebildete Christ hat wohl kaum präzise analysiert, an welcher Stelle in diesem Spektrum sein Gebet einzuordnen war. Die Menschen im vormodernen Europa waren, so scheint es, überhaupt in solchen Dingen wenig sicher, zum Beispiel in der Medizin: auch dann, wenn eine Therapie „bewährt und erprobt" war, konnte man im voraus immer nur schwer einschätzen, wie gut sie wirken werde. Speziell im Fall der dämonischen Magie gibt es noch einen dritten Grund, weshalb es wenig weiterhilft, die beschwörende Kraft ins Zentrum der Betrachtung zu stellen: Es gab Magier, die glaubten, sie könnten Dämonen bannen und zwingen, aber nur deswegen, weil sie vorher zu Gott gebetet hatten und weil ihnen Gott Macht über diese bösen Geister gegeben hatte. Wenn wir unserer Untersuchung eine Definition der Magie zugrunde legen wollten, die in der beschriebenen Weise Zwang und Bitte zu trennen sucht, könnten wir mit solchen komplizierten Sachverhalten nichts anfangen.

Einige der Fälle, die wir betrachten werden, legen tatsächlich die Annahme nahe, daß jene Leute, die Magie trieben, versuchten, Dämonen oder Naturkräfte oder Gott zu zwingen. Diese Absicht ist ein Charakteristikum dieser speziellen magischen Praktiken. Aber Absichten sind so vieldeutig, komplex und veränderlich, daß es nicht weiterführt, wenn wir sie zum entscheidenden Kriterium von Magie im allgemeinen machen.

Jene Definitionen der natürlichen und der dämonistischen Magie, die wir oben formuliert haben, bleiben also unsere Ausgangsbasis; hier soll das Unternehmen, die Rolle der Magie in der mittelalterlichen Kultur zu erforschen, beginnen. Wir müssen uns allerdings immer der Tatsache bewußt bleiben, daß diese Definitionen von Leuten einer ganz bestimmten Klasse in der Gesellschaft ihrer Zeit stammen, der Klasse der philosophisch und theologisch Gebildeten. Wenn wir, indem wir ihre Definitionen benutzen, unseren Gegenstand vom Standpunkt dieser Intellektuellen her betrachten, so müssen wir darauf achten, daß wir dabei nicht das, was die Ungebildeten jener Zeit sahen, aus dem Auge verlieren. Es ist ein altvertrautes Problem: Alle unsere Quellen der mittelalterlichen Kultur kommen aus einem kleinen Segment der

Gesellschaft; sie stammen von den Leuten, die lesen und schreiben konnten, und es gibt keine *direkte* Verbindung, die von ihrer geistigen Welt in die der ungebildeten Massen führte. Wir können nichts anderes tun, als diese Quellen aufmerksam zu studieren und die richtigen Fragen an sie zu stellen. Wo und inwiefern gibt es Gemeinsames in der Mentalität der Gebildeten und der des einfachen Volks? Gibt es Schriften, die mehr und Genaueres über die Verhältnisse, so wie sie sich in der Sicht des Volks darstellen, berichten als andere? Können wir populäre Ansichten und Meinungen mit einiger Präzision aus Widerlegungsversuchen von Intellektuellen rekonstruieren? Reflektieren oder verzerren die gelehrten Definitionen der Magie populäre Meinungen zu diesem Gegenstand? Die Gebildeten stehen uns in gewisser Weise näher, weil sie Theorien und Definitionen ausformuliert haben, die wir nur zu lesen brauchen und die wir uns zu eigen machen können. Der Rest der Gesellschaft hatte gewiß auch seine eigenen Formen, über die Welt nachzudenken, aber es ist für uns sehr viel schwieriger, diese Gedanken zu rekonstruieren. Die Mentalität des Volks und die der Gebildeten waren in manchem gleich, in manchem verschieden; wenn wir herausfinden wollen, wie es sich im einzelnen und genau verhält, bleibt uns nichts anderes übrig, als die Zeugnisse sorgfältig, Fall für Fall zu studieren.

Gerade der Vergleich zwischen populären und gelehrten Erkenntnissen wird uns zeigen, daß die Geschichte der Magie auch und besonders deswegen bedeutsam ist, weil hier neben zahlreichen anderen Traditionslinien die der Nutzung oder Ausbeutung von Naturkräften und die der Beschwörung dämonischer Kräfte sich schneiden. Wenn man versuchen wollte, die Geschichte der mittelalterlichen Magie in gedrängter Form zusammenzufassen, könnte man sagen, daß sie auf der Ebene des Volks zunehmend als etwas Natürliches aufgefaßt wurde, während es unter den Intellektuellen drei konkurrierende Auffassungen gab: Die eine, die im frühen Christentum entstand, behauptete, daß alle Magie die Hilfe von Dämonen in Anspruch nehme, selbst dann, wenn dies dem Magier nicht bewußt sei; eine andere, die besonders im 12. Jahrhundert erstarkte, als die arabischen Wissenschaften nach Europa vordrangen, und die – sozusagen zähneknirschend – zugab, daß vieles in der Magie natürlich war; drittens eine, die mit Schrecken, genährt durch ganz reale nigromantische Praktiken im späteren Mittelalter, konstatierte, daß die Magie nur allzu offensichtlich mit Dämonen paktiere, auch dort, wo sie sich harmlos gab. Aber hier greifen wir der Entwicklung voraus.

Plan des Buchs

Eines der deutlichsten Merkmale der „Hoch"-Kultur des mittelalterlichen Europa, im Gegensatz zur Kultur des einfachen Volks, ist es, daß die Intellektuellen viele ihrer Theorien und Gedanken über die Magie den Schriften antiker Autoren entnommen hatten. Bevor wir uns klar machen, in welcher Weise das magische Wissen des Mittelalters von der antiken Literatur beeinflußt war und wie es kam, daß im 13. Jahrhundert Autoren sich offen von der Autorität des Altertums emanzipierten oder doch zumindest anders als früher üblich mit dieser Tradition umgingen, müssen wir dieses klassische Erbe näher untersuchen. Das wird im 2. Kapitel geschehen, das sich mit der Epoche bis zum Jahr 500 n. Chr. beschäftigt. Die anderen Teile des Buchs handeln von der magischen Wissenschaft in West- und Mitteleuropa in der Zeit etwa vom Jahr 500 bis 1500.

Die klassische Kultur der griechisch-römischen Welt war nicht die einzige Quelle, aus der die mittelalterliche Magie schöpfte; eine zweite wichtige Traditionslinie ist jene, die sich von der Kultur der germanischen und keltischen Völker herleitet; ihr werden wir uns im 3. Kapitel zuwenden. Weil wir nur recht spärliche Kenntnisse von der Magie dieser nordeuropäischen Völkerschaften haben, muß dieses Kapitel relativ kurz ausfallen.

Das 4. Kapitel wird zeigen, daß bestimmte Formen der Magie so weit verbreitet sind, daß man von einer alle Schichten umfassenden „Volkstradition" sprechen kann. Elemente daraus finden sich im späteren europäischen Mittelalter bei Klerikern und Laien, bei Adeligen und Gemeinen, bei Männern und Frauen, und auch – mit gewissen Besonderheiten – bei Städtern und auf dem Land. Das soll nicht heißen, daß diese Formen der Magie ganz genau so allezeit und überall existiert hätten, aber es gibt doch Grundtypen, die einander in ihren wesentlichen Merkmalen ähnlich sind und die uns immer wieder an ganz verschiedenen Orten begegnen.

Im 5. Kapitel betrachten wir das magische Wissen, das in der höfischen Kultur des späteren Mittelalters umging. Wir konzentrieren uns auf die Zeit vom 12. bis zum Ende des 15. Jahrhunderts, auf die Epoche also, in der sich die Herrscherhöfe in vielen Teilen Europas als kulturelle Zentren etabliert hatten. Der geographische Mittelpunkt dieser Untersuchung ist Frankreich mit jenen Ländern, die in besonderem Maße von der französischen Kultur beeinflußt wurden. Trotzdem kommt es uns nicht so sehr darauf an, die Verhältnisse dieses geographischen Raums zu beschreiben, wichtig ist uns vielmehr, eine ganz bestimmte Haltung zur Magie zu analysieren, eine Haltung, die im 12. Jahrhundert herrschend wird und die von „romantischen" und bisweilen phantastischen Vorstellungen geprägt ist.

Und noch etwas anderes passiert in der Zeit des 12. Jahrhunderts: Die Überführung arabischer Gelehrsamkeit nach Westeuropa; damit gelangen neue Konzeptionen der okkulten Wissenschaften, etwa der Astrologie und der Alchimie, aber auch verwandter Gebiete der natürlichen Magie, ins Abendland. Im 13. Jahrhundert sind jene arabischen Ideen schon so weit verbreitet und einflußreich, daß die Intellektuellen sich zu einer grundsätzlichen Revision ihrer Ansichten zur Magie veranlaßt sehen. Von dieser Entwicklung handelt das 6. Kapitel.

Ebenfalls zu dieser Zeit nistet sich in manchen dunklen Winkeln eine ziemlich sinistre Form der Magie ein: die „schwarze" Nigromantie, die sich eingestandenermaßen den dämonischen Mächten zuwendet und die, so scheint es, in einer klerikalen Unterwelt blüht. Mit diesem Phänomen befaßt sich das 7. Kapitel. Wir werden sehen, daß ein Zusammenhang zwischen dieser Entwicklung und dem Erfolg der islamischen Gelehrsamkeit nicht zu leugnen ist, daß aber die Nigromantie nicht einfach als Ableger der arabischen Magie erklärt werden kann.

In jedem Stadium der Untersuchung wollen wir versuchen, Theorie und Praxis der Magie in ihrem jeweiligen kulturellen Kontext zu sehen. Es ist nicht zu vermeiden, daß dadurch bisweilen etwas Künstliches in die Sache kommt, weil die Gesellschaft in Wirklichkeit eben nicht streng in einzelne, abgeschlossene „Kulturkreise" geschieden ist. Ein und dasselbe Individuum kann Höfling und Edelmann und gleichzeitig Mitglied jener intellektuellen Avantgarde sein, die gelehrte arabische Schriften über die Magie rezipiert. Ein solcher Adeliger könnte außerdem auch noch Zutritt zu der klerikalen Unterwelt haben, in der man Nigromantie betreibt. Die Historiker können zum Zweck der Klassifizierung so viele theoretische Trennwände errichten, wie sie für nötig halten, sie sollten sich aber nicht wundern, wenn Personen des Mittelalters frei wie Gespenster durch diese Mauern hindurchschreiten. Nichtsdestoweniger können solche ordnenden Kategorien uns durchaus nützlich sein, selbst dann, wenn sie zulassen, daß ein Element in mehreren verschiedenen Klassen präsent ist.

Schließlich, im 8. Kapitel, untersuchen wir, wie sich Kirche und Staat zur Magie in ihren verschiedenen Formen verhalten. Wir betrachten die moralische Verdammung durch Theologen und Prediger, die Verbotspraxis der Gesetzgeber und die gerichtliche Verfolgung der Magie durch kirchliche und weltliche Richter. Es wäre sicher interessant gewesen, diesen Aspekt innerhalb der einzelnen Kapitel zu beleuchten und zu zeigen, wie alle diese Mächte sich zu frühen magischen Praktiken der „Volkstradition" verhielten und wie sie auf die verschiedenen Entwicklungen des 12. Jahrhunderts und späterer Zeiten reagierten. Aber die Gewalten, die Magier verdammten und verurteilten, neigten dazu, die verschiedenen Formen der Magie über einen Kamm zu scheren, die Richter, die solche Delikte verfolgten, erhoben in ein und demselben Verfahren oft ganz verschiedener magischer Praktiken wegen Anklage. Da es somit einigermaßen kompliziert ist, vorzuführen, wie sich die verschiedenen Typen der Magie in den Verdammungsschriften, in der Gesetzgebung und in der Verbotspraxis vermischen, müssen wir diesem Problem ein besonderes Kapitel widmen, das zugleich der Ort ist, an dem wir die Ergebnisse der Arbeit zusammenfassend darstellen.

II
Das klassische Erbe

Die Archäologie hat sehr lebensnahe Zeugnisse von der antiken Magie zutage gefördert. So hat man beispielsweise im Jahr 1934 in London eine
Bleitafel ausgegraben, die aus römischer Zeit stammt. Irgend jemand hat
sich die Mühe gemacht, diese Tafel, die ursprünglich an einer Hauswand
gehangen hatte, abzureißen, eine Inschrift einzuritzen und sieben Nägel hin-
einzuschlagen. Die Inschrift lautet:

Ich verfluche Tretia Maria und ihr Leben und ihren Geist und ihr Gedächtnis und
Leber und Lunge und alles dies zusammen und ihre Worte und Gedanken und ihr
Gedächtnis; nie mehr soll sie aussprechen können, was verborgen ist...[1]

Man kann nur Vermutungen anstellen darüber, was diesen schreckenerre-
genden Fluch herausgefordert haben mag. Wir wissen aber immerhin, daß
wir hier kein einzigartiges Dokument vor uns haben. In vielen Teilen des
Römischen Reichs haben Leute persönliche Feinde zu beseitigen versucht,
indem sie einen Fluch auf irgendein Ding, in der Regel ein Bleitäfelchen,
schrieben. Um die magische Wirkung zu erhöhen, schlug man oft einen
Nagel in das Objekt und vergrub es oder warf es in einen Brunnen, damit es
möglichst nahe bei den Mächten der Unterwelt ruhe.

Archäologen fanden auch Amulette, vor allem in Ägypten, die aus Edelsteinen verfertigt sind. Wir haben es hier mit einer weniger bedrohlichen Form der
Magie zu tun: Von solchen Amuletten versprach man sich Schutz oder Heilung, sie wurden aber auch zu anderen Zwecken verwendet. Auf einem dieser
geschnittenen Steine sehen wir das Bild einer Mumie und die Inschrift: „Phi-
lippas Kind Antipater schläft". Die Person, die diese Gemme benutzte, wollte
offensichtlich, daß ein gewisser Antipater „schlafe wie eine Mumie", was keine besonders raffiniert verschleiernde Umschreibung für den Wunsch ist, jener
Antipater wäre tot. Eine andere Gemme zeigt eine weibliche Figur, vielleicht
die Göttin Isis, und drumherum in einer Spirale viele Buchstaben, die keinen
Sinn ergeben. Eine Inschrift auf der Rückseite bittet, Achillas möge einer gewissen Dionysias zurückgegeben werden. Eine Frau namens Dionysias also
benutzte diese Gemme für einen Liebeszauber und hoffte dadurch den Achillas zurückzugewinnen. Offensichtlich jedoch wurde die Frau enttäuscht;
denn eine weitere Inschrift von gröberer Hand lautet: „Bring ihn zurück oder
leg ihn um!" Wenn der Stein auch nicht für den Liebeszauber taugte, vielleicht
war er als Mordinstrument besser zu verwenden.[2]

Während wir auf solchen Steinen immer nur kurze Formeln finden, kön-

Abb. 3(a und b): Antike Gemmen, die zu magischen Zwecken verwendet wurden.

nen wir in magischen Papyri ausführliche Texte lesen. Es handelt sich um einzelne Blätter, die auf griechisch oder altägyptisch beschrieben sind. An Ausführlichkeit und Genauigkeit kommen nur wenige Quellen zur antiken Magie diesen Texten gleich. Aus dem 4. und 5. Jahrhundert gibt es sehr viele derartige Papyri, aber auch ältere Stücke sind erhalten, das früheste Exemplar, das wir kennen, stammt aus dem 1. Jahrhundert v. Chr. Ein Beispiel für einen Liebeszauber mag eine Vorstellung vom allgemeinen Charakter solcher Texte geben:

Ich beschwöre dich, Dämon des Todes ..., laß Sarapion sich winden, laß ihn vergehen vor Sehnsucht nach Dioskorous, den Tikoi gebar. Entflamme sein Herz, laß es dahinschmelzen, sauge ihm das Blut aus den Adern, damit er nichts mehr fühlt als Liebe und Leidenschaft und Sehnsucht nach mir ... Und mach, daß er alles tut, was ich im Sinn habe, mach, daß er mich immerfort liebt, bis er hinab zum Hades geht.[3]

Es folgt dann eine Liste mit magischen Namen und Zeichen. Andere Papyri wiederholen manchmal lange magische Wörter, die sie bei jeder Wiederholung kürzen, etwa so:

ablanathanablanamacharamaracharamarach
ablanathanablanamacharamaracharamara
ablanathanablanamacharamaracharamar
ablanathanablanamacharamaracharama

Und so weiter, bis am Ende nur mehr der Anfangsbuchstabe „a" übrig ist. In dieser Epoche verwendeten die Magier der mediterranen Welt auch magische Wörter wie „abracadabra" und „abraxas", die wir auf Amuletten und in Papyri finden. Wieder andere Papyri teilen mit, wie man mit Hilfe einer Muschelschale, auf die man einen Spruch schreibt, Schlaflosigkeit von einer Person auf eine andere übertragen kann oder wie man eine Frau dazu bringt, einem im Schlaf ihre Geheimnisse zu offenbaren: Man nehme einen Streifen Papyrus der Sorte, die man für religiöse Schriften verwendet, schreibe verschiedene machtvolle Namen und Zeichen darauf, wickle das Herz eines Wiedehopfs darin ein, das vorher in Myrrhenbalsam eingelegt war, und lege das Ganze auf den Körper der schlafenden Frau. Es ist erstaunlich, daß solche Schriften überhaupt erhalten geblieben sind, denn die römischen Besatzer sahen diese Dinge mit großem Mißtrauen; angeblich hat Kaiser Augustus (63 v. Chr.–14 n. Chr.) in einem einzigen Jahr 2000 solcher Schriftrollen verbrennen lassen.

Es wäre schwierig, in diesen Fällen genaue Unterscheidungen zwischen Magie und Religion zu treffen. Die Menschen, die solche Amulette und Beschwörungsformeln benutzten, riefen sämtliche Mächte zu Hilfe, die sie kannten, und dazu gehörten auch überirdische Gewalten. In den magischen Papyri und anderen Quellen erscheinen Gottheiten nicht nur als Adressaten von Bitten und Anrufungen, sondern auch als diejenigen Institutionen, denen die Menschen ihr magisches Wissen verdanken: Es waren freundliche Götter, die Sterblichen in diesen Künsten Unterricht erteilten.

Die Hüter der Christenheit warnten unaufhörlich vor okkulten Praktiken, aber ihre Mahnungen blieben weithin, selbst beim Kirchenvolk, unbeachtet. Die Papyri verwenden nicht selten jüdische und christliche Namen für Gott und für Christus in ihren Sprüchen. Auf einer magischen Gemme finden wir die griechischen Worte „ho on" („der Seiende") geschrieben, sicher ein Verweis auf den Namen Gottes aus dem Buch Exodus 3,14, und eine sonst sinnlose Buchstabenkombination auf diesem Amulett (Abb. 3a) ist als Variante des hebräischen Tetragrammaton „YHWH" zu deuten, das ebenfalls einen Namen Gottes bezeichnet. Eine noch klarere Sprache spricht eine Gemme aus der Zeit um das 3. Jahrhundert (Abb. 3b): Sie zeigt einen gekreuzigten Christus, links und rechts davon kniende Beter, dazu die Inschrift „Jesus M[essias]" auf aramäisch; auf der Rückseite stehen magische Zeichen. Zwar kann man nicht ausschließen, daß ein heidnischer Magier hier an die Kraft des christlichen Gottes appelliert, aber sehr viel einleuchtender ist doch wohl die Annahme, daß wir es mit einem Fall zu tun haben, in dem ein Christ auf dem Gebiet der Magie dilettierte.

Die genannten antiken Quellen sind uns heute dank der Bemühungen von Archäologen und Archivaren leicht zugänglich, im mittelalterlichen Europa jedoch war nur sehr wenig davon bekannt. *Sekundär*literatur griechischen, ägyptischen und römischen Ursprungs zur Magie gab es aber damals im Überfluß, und dieses Schrifttum hatte einen bedeutsamen Einfluß in der mittelalterlichen Kultur. Naturwissenschaftliche und philosophische Schriften der Antike, und zwar auch diejenigen, die nicht explizit von der Magie handeln, formten nicht unwesentlich die Vorstellung davon, was in der physischen Welt möglich oder unmöglich ist, und leisteten so einen wichtigen Beitrag zum mittelalterlichen Verständnis des Magischen. Die fiktionale Literatur des griechischen und römischen Altertums überliefert Geschichten magischen Inhalts, die oft, und zwar so, als handle es sich um Tatsachenberichte, von den Autoren des Mittelalters zitiert werden. Selbst die Bibel und die „apokryphen" Schriften, jene Bücher also, die nur dem Anspruch nach „biblisch" sind, waren Quellen magischen Wissens. Schließlich lieferten auch die frühchristlichen Autoren mit ihren Verdammungsschriften, ihren Kommentaren und Verbotsschreiben reiches Material für das Studium der Magie und sorgten auf ihre Weise dafür, daß die Tradition magischer Gelehrsamkeit in der Kirche das ganze Mittelalter hindurch lebendig blieb. Das mittelalterliche Europa konnte also auf ein überaus reiches Schrifttum zum Thema der Magie zurückgreifen, es kam nur darauf an, in welcher Weise man von dieser ungeheuren, bunt gemischten Masse an oft problematischem Material Gebrauch machte.

Naturwissenschaftliche und philosophische Literatur

Wenn auch manche antike Intellektuelle die Magie mit einiger Reserve betrachteten, so war doch ihre Haltung dazu in der Regel nicht eindeutig ablehnend. Eines der besten Beispiele hierfür ist die *Historia naturalis* von Plinius dem Älteren (ca. 23–79 n. Chr.), ein enzyklopädisches Werk, das Erkenntnisse aus allen Zweigen der Wissenschaft verarbeitet. Plinius beschreibt Himmel und Erde, die verschiedenen Völker, die Tiere und Pflanzen, Heilmittel, Mineralien und Metalle, wie er sie aus eigener Erfahrung und aus zahlreichen Werken früherer Autoren kennt. In den Teilen des Werks, die von den Pflanzen und ihrer Verwendung in der Medizin handeln (Buch 20–27), spricht er selten von magischen Heilverfahren, nur gelegentlich und nebenbei erwähnt er solche Dinge, etwa wenn er anmerkt, daß das Volk dieses oder jenes Kraut für Amulette benutze. Bei der Diskussion der Heilkräfte, die in Tieren und Tierprodukten (Buch 28–30) stecken, gibt er seine Zurückhaltung auf. In seiner einleitenden Rede dazu sagt er, daß das folgende die Leser oft mit Abscheu erfüllen werde, daß er aber darauf keine Rücksicht nehmen könne, denn ihm komme es einzig und allein darauf an, nützliche und segensreiche Kenntnisse zu übermitteln. Er zählt dann die verschiedenen Kräfte auf, die im Körper von Tieren stecken und die man in der medizinischen Therapie und zu anderen Zwecken nutzen könne. Viele von den Rezepten, die er überliefert, muten ebenso exotisch wie unsinnig an. Gefleckte Eidechsen einer bestimmten Art, die man in fernen Ländern findet, helfen beispielsweise, wenn man sie gekocht ißt, gegen Ruhr. Die Heilwirkung der Therapien scheint in vielen Fällen auf verborgenen Symbolkräften zu beruhen: Plinius selbst nennt diese Energien nicht ausdrücklich „magisch", aber es handelt sich doch um Phänomene, die spätere Autoren als Beispiele für naturmagische Effekte anführen werden. Einmal erwähnt er eine Prozedur, bei der man eine Froschzunge, die man dem Tier bei lebendigem Leib ausgerissen hat, einer schlafenden Frau über die Herzgegend legt und sie so zwingt, alle Fragen, die man ihr stellt, wahrheitsgemäß zu beantworten. Dreck aus einer Wagenspur hilft gegen den Biß der Spitzmaus, weil die üble Kraft des Bisses – wie vermutlich auch die Spitzmaus selbst – „eine natürliche Hemmung hat, quer über eine Wagenspur zu gehen". Plinius hat ganz offensichtlich nicht zu allen Verfahren, die er mitteilt, gleiches Zutrauen. Oft distanziert er sich von einzelnen Aussagen, indem er Meinungen und Praktiken den *magi* oder „den Leuten" zuschreibt: „es wird behauptet, daß…", „man" tut dies oder das. Er erzählt, die „Hyänen-Steine", die man in den Augen dieser Tiere findet, flößten dem, der sie sich unter die Zunge legt, seherische Kräfte ein, und fügt an: „wenn wir es über uns bringen, an solche Dinge zu glauben." Man könnte sogar den *gesamten* Abschnitt über die tierischen Heilkräfte so lesen, als bestünde sein Wesen darin, in kritischer Absicht möglichst abstruse Meinungen vorzustellen. Und doch behauptet der Autor, er habe sich, um den Menschen zu helfen, die Mühe gemacht, alle diese Volksmeinungen zu sammeln, und es scheint so, als wolle er nicht einmal auf die Erwähnung jener Praktiken verzichten, denen er selbst mißtraute. Was auch immer seine Absicht gewesen sein mag, so haben doch seine späteren Leser ihn nicht im mindesten für einen Skeptiker gehalten, sie haben ihn im Gegenteil zum Kronzeugen erklärt, wo immer es darum ging, die Existenz wunderbarer Kräfte zu beweisen.

Als besonders großzügig erweist sich Plinius in dem Buch, das von den Edelsteinen und ihren Kräften handelt (37. Buch). Der Diamant ist so hart, daß er selbst den „stärksten Gewalten" in der Natur, nämlich Eisen und Feuer, widersteht, er kann nur zerstört werden, wenn man ihn vorher in warmes Bocksblut legt. Hier könne man, sagt der Autor, besser als irgendwo sonst die Wirkung von Sympathie und Antipathie studieren, der wichtigsten Prinzipien aller Naturwissenschaft. Der ordinäre, unedle Charakter des Ziegenbocks steht in einem Verhältnis der Antipathie zum edlen Diamanten, und daraus fließe, so glaubt Plinius wohl, die Kraft, die den Stein zerstört.

Welcher Kopf hat dies erfunden? Welcher Zufall hat uns damit bekannt gemacht? Welche Mutmaßung hat auf ein so unermeßlich wertvolles Faktum und bei einem der stinkendsten Tiere geleitet? Gewiß, alle solche Erfindungen sind ein Geschenk der Götter.[4]

Wenn Plinius *ausdrücklich* von „Magie" spricht, so meint er damit nicht seine eigenen Forschungen, sondern die der *magi*, und für diese orientalischen Scharlatane hat er nichts als Verachtung übrig. Wenn das, was diese Leute zusammenbrauten, so argumentiert er, irgendeine Kraft in sich hätte, so hätte der Kaiser Nero ein Mann von phantastischen Fähigkeiten werden müssen, denn er hat sich von den besten Lehrern in dieser Kunst unterrichten lassen; er blieb aber ein kleiner Geist und hat es nicht weit gebracht. Einen dunklen Schein von Wahrheit gewinnt die Magie lediglich dadurch, daß sie mit Giften arbeitet. Der Magier macht in seinen Beschwörungsritualen allerlei Hokuspokus um das Gift, aber er tut damit dessen eigentlicher Wirkkraft nichts hinzu. Kaum hat jedoch Plinius den Gegenstand der Magie verlassen, so lesen wir: „Es gibt niemanden, der keine Angst vor Zaubersprüchen und Bannflüchen hätte" – offenbar also fühlen sich selbst Naturwissenschaftler und Philosophen nicht völlig sicher.

Ein ähnlich ambivalentes Verhältnis zur Magie zeigt sich auch bei anderen wissenschaftlichen Autoren. Dioscorides (1. Jahrhundert n. Chr.), dessen Werk über tierische, pflanzliche und mineralische Heilmittel ein Klassiker der frühen Pharmakologie wurde, konnte sein ehrfürchtiges Staunen über die wunderbaren Kräfte mancher Steine nicht verbergen. Der berühmte Arzt Galenus (ca. 130–ca. 200 n. Chr.) hat sich deswegen über ihn lustig gemacht, ein Mann, der zwar die Magie verächtlich zu machen suchte, der aber doch auch wieder seinen Schülern empfahl, Heilkräuter der besseren Wirkung wegen grundsätzlich mit der linken Hand und vor Sonnenaufgang zu sammeln. Bedeutsamer als solche Ratschläge war in der weiteren Entwicklung der Medizin Galens Theorie über die wunderbare Wirkungsweise gewisser Drogen: Er behauptete, daß nicht ein bestimmter Bestandteil oder eine einzelne Eigenschaft die Wirkung von Heilmitteln hervorbringe, sondern vielmehr die Kraft der „Substanz als Ganzes". Er sprach in diesem Zusammenhang nicht expressis verbis von *okkulten* Kräften, aber eine solche Vorstellung ist doch bei ihm angelegt, wenn er sagt, gewisse wunderhafte Heilenergien von Pflanzen und Tieren könnten nicht auf ganz bestimmte Eigenschaften zurückgeführt werden. Seneca (ca. 4 v. Chr.–65 n. Chr.) berichtet in seinen naturwissenschaftlichen Schriften von erstaunlichen Naturphänomenen, ähnlich wie Plinius, in der Weise, daß er, ohne ein eigenes Urteil abzugeben, nur referiert, was „man" allgemein zu wissen glaubt. Allerdings hat er selbst einiges Vertrauen in die Künste der Zukunftsdeuterei: Die Bewegungen der Planeten, das Erscheinen von Meteoren, der Vogelflug und besonders Donner und Blitz verraten seiner Überzeugung nach künftige Ereignisse. Für diese Männer hatten okkulte Kräfte und Zeichen in der Natur nichts eigentlich Magisches an sich. Für sie war Magie das, was die berüchtigten *magi* trieben: eine Art blasphemischer Parodie auf die Wissenschaft. Trotzdem überliefern sie in ihren Schriften viele Phänomene, die spätere Autoren als magisch begriffen. Ähnliches gilt für die sogenannten „Herbarien", Werke über Pflanzen zum medizinischen Gebrauch; diese Bücher versorgten die Nachwelt mit zahlreichen Berichten von wundertätigen Pflanzen.

Die wichtigsten antiken Schriften aus diesem Gebiet, die einen bedeutenden Einfluß auf die okkulten Wissenschaften ihrer und der folgenden Zeit ausübten, sind astrologische Werke. Die naturwissenschaftliche Astronomie entstand um das 5. Jahrhundert v. Chr. in Mesopotamien und machte in der griechischen Kultur große Fortschritte. Die Astrologie entwickelte sich etwas später, sie stand sozusagen auf den Schultern der Astronomie: das älteste babylonische Horoskop, das wir kennen, stammt aus dem Jahr 410 v. Chr. Zu einer eigenständigen Wissenschaft wurde die Astrologie allerdings erst später und im griechischen Kulturraum. Von besonderer Bedeutung hierfür waren die Schriften des Aristoteles (384–322 v. Chr.), und zwar nicht deswegen, weil sie etwa bereits explizit von der Astrologie gehandelt hätten, sondern insofern, als die Philosophie dieses Denkers die Fundamente der späteren astrologischen Wissenschaft legten. Aristoteles war der Meinung, die Gestirne bestünden aus einem *fünften* Element, der „Quint-Essenz", das von höherem Wesen als die vier irdischen Elemente (Feuer, Wasser, Luft und Erde) sei. Er behauptete, die Bewegungen der Himmelskörper seien die Ursache für alles Leben und Gedeihen auf der Erde. Und die „erste bewegende Ursache", das höchste göttliche Wesen, stellte er sich fern der Erde entrückt vor, als ein Wesen, das einen Einfluß auf die irdischen Dinge allein durch das Medium jener Himmelskörper ausübte. Das bedeutet nicht, daß Aristoteles etwa geglaubt hätte, man könne Ereignisse der irdischen Welt voraussehen, indem man den Sternenhimmel beobachtete. Er vertrat allerdings sehr wohl die Ansicht, daß die Bewegungen am Himmel Einfluß auf die Geschehnisse der unteren Welt hätten, und er legte damit das philosophische Fundament, auf dem eine astrologische Wissenschaft aufbauen konnte.

Der Arbeit des ägyptischen Astronomen Ptolemäus (2. Jh. n. Chr.) verdankt die Astrologie eine bedeutende Verfeinerung ihrer Methoden und Festigung ihres Anspruchs. Der Einfluß dieses Forschers auf die mittelalterlichen Wissenschaften war enorm. Bis ins 16. Jahrhundert hinein, als das heliozentrische Weltbild des Kopernikus sich durchzusetzen begann, bestimmte sein Modell des Kosmos unangefochten das astronomische Denken aller Gebildeten: Im Zentrum des Universums stand die Erde, um sie herum bewegten sich auf höchst komplizierten Bahnen Planeten und Sterne. In seinem *Tetrabiblos* erklärte er im Detail, auf welche Weise die Himmelskörper ins Leben der Menschen eingreifen. In vollem Bewußtsein der Argumente, die man gegen die Astrologie ins Feld führen kann, bemüht er sich, die Kritiker zu widerlegen. Ptolemäus behauptete keineswegs, daß die Sterne das Handeln der Menschen absolut bestimmten; seiner Meinung nach war es durchaus möglich, sich ihrer Kraft zu widersetzen. (In dieser Beziehung unterschied sich der Astronom von gewissen Vertretern der stoischen Philosophie, die das Schicksal der Menschen für ganz und gar vorherbestimmt hielten und in deren Betrachtungsweise Astrologie und andere prophetische Künste nur insofern nützlich waren, als sie dem Menschen halfen, sich sehenden Auges auf das Kommende vorzubereiten.) Das Werk des Ptolemäus war bis zum 12. Jahrhundert nicht auf Latein greifbar und deswegen in Westeuropa nur vermittelt durch andere Autoren bekannt. Als es endlich übersetzt wurde, war dies ein mächtiger und belebender Anstoß für das neu erwachende Interesse jener Zeit an der Astrologie.

Indirekt wurden die mittelalterlichen Autoren auch durch antike Kritiker wie etwa Carneades (219–126 v. Chr) und Cicero (106–43 v. Chr.) beeinflußt, die astrologische und andere Künste der Zukunftsdeuterei angegriffen hatten. In seiner Abhandlung *De divinatione*[5] macht Cicero die Vorstellung lächerlich, Träume seien Botschaften von den Göttern. In Wirklichkeit seien sie nichts anderes als bloß verworrene und undeutliche Erinnerungen aus dem wachen Leben des Träumers. Im übrigen aber könnten die Götter, wenn sie den Sterblichen etwas mitzuteilen hätten, leicht bessere und ihrer Würde eher angemessene Wege finden, als in den Schlafzimmern der Leute umherzuschleichen und, „wenn sie merken, daß da einer schnarcht, ihn mit dunklen, verdrehten Visionen einzudecken", die er am Morgen dann zu irgendeinem Traum-Dolmetscher tragen muß. Die Deuter glaubten, Jupiter warne mit Blitz und Donnerschlägen die Menschen. Warum aber, so müsse man fragen, verschwende der Gott so viele wertvolle Blitze, die er auf hoher See oder in der Wüste oder bei Menschen, die keine Notiz davon nehmen, einschlagen lasse? Die Verteidiger der Zukunftsdeuterei verweisen darauf, daß diese Wissenschaft auf langer, sorgfältiger Beobachtung beruhe – Cicero bezweifelt auch das. Wann und wo hätten denn welche Völker, so fragt er, systematisch Daten gesammelt über die Eingeweide von Opfertieren, den

Vogelflug, die Bewegung der Gestirne? Andere Kritiker, etwa Sextus Empiricus, wendeten einige Sorgfalt und Mühe an den Versuch, präzise zwischen vorherbestimmten Ereignissen und denen zu unterscheiden, die vom Zufall oder vom freien Willen abhängen, und argumentierten dann: Jene geschehen auf jeden Fall, gleichgültig ob jemand sie vorhergesehen hat oder nicht, diese können per Definition nicht vorhergesehen werden – ergo: Welchen praktischen Nutzen sollte die Zukunftsdeuterei haben?

Skeptiker wie Cicero und Sextus mochten noch so prachtvoll poltern – die Kunden der Magier und Wahrsager wurden deshalb nicht weniger, und den Intellektuellen fiel es auch weiterhin nicht schwer, ihre okkulten Praktiken mit allerlei Gründen zu rechtfertigen. Alexandria in Ägypten, eine der größten Städte des Römischen Reichs und von extremer ethnischer Vielfalt, war ein Brennpunkt der magischen Künste; von dort nahmen neue Praktiken ihren Ausgang, dort entwickelten die Theoretiker dieser Wissenschaft ihre Konzepte. So war denn im wesentlichen Alexandria das Zentrum jener neuen literarischen Gattung, die sich damals auszubreiten begann. Es handelte sich dabei um kryptisch allegorische Schriften über gewisse handwerkliche Künste – Künste wie die der Metallbearbeitung oder der Glasmacherei, deren technische Details man von jeher vor der Außenwelt geheimhielt –, und es waren diese Schriften, die den Grund für das legten, was man später *Alchimie* nennen sollte. Ebenfalls mit Alexandria bringt man ein Corpus von griechischen Schriften in Verbindung – dessen Herkunft freilich, bei Licht betrachtet, durchaus zweifelhaft ist –, die im 2. und 3. Jahrhundert entstanden und sich mit Dingen der Philosophie, Astrologie, Alchimie und Magie befassen. Spätere Zeiten schrieben das Werk dem „Hermes Trismegistus", Hermes dem „dreimal Großen" also, zu. Hermes war aber eigentlich ein griechischer Gott, der sich durch besondere Schlauheit und Erfindungsgabe auszeichnete und der oft mit Thot, seinem Äquivalent in der ägyptischen Götterwelt, identifiziert wird. In der Folgezeit, als die Werke dieses Autors Berühmtheit erlangt hatten, wurden noch weitere Schriften dem Kanon einverleibt, und das ganze Werk erfuhr im Lauf der Jahrhunderte zahlreiche Veränderungen durch immer neue Revisionen und Übersetzungen. Die Leser jüngerer Epochen mochten nicht mehr so recht glauben, daß ein wirklicher Gott der Verfasser des Werks war, und sie übertrugen die Autorschaft deswegen drei „Philosophen", nämlich den biblischen Figuren Enoch und Noah und dazu einem ägyptischen König.

Einen bedeutenden Einfluß auf die *theoretische* Entwicklung der Wissenschaft damals übte der Philosoph Plotin (ca. 205–ca. 270) aus, der Gründer der neoplatonischen Schule. Sein Biograph berichtet, daß ein neidischer Kollege einmal versucht habe, feindliche kosmische Strahlung auf den großen Mann zu lenken; Plotin habe aber nicht allein diesen magischen Gewalten widerstanden, sondern es sei ihm außerdem gelungen, die Strahlen so umzudirigieren, daß sie jenen Zauberer trafen. Mag die Geschichte auch erfunden sein, so paßt sie doch gut zu den Ideen des Philosophen. Wie Plotin in

seinen *Enneaden* erklärt, wirken Magie und Gebet auf ein und dieselbe
Weise mittels natürlicher sympathetischer Verbindungen im Universum. Alle
irdischen Wesen sind untereinander und mit den Himmelskörpern durch ein
höchst kompliziertes Gespinst unaufhörlich pulsierender Einflüsse verbunden. Ob wir es wissen oder nicht, so sind wir ständig magischen Strömungen
aus dem Weltall ausgesetzt: Allem Handeln liegen magische Ursachen zugrunde, das ganze praktische Leben des Menschen ist Zauberwerk. Wenn es
dem Menschen gelingt, diese Kräfte zu verstehen, so kann er sie seinen
Zwecken nutzbar machen. Wenn jemand zu den Göttern oder auch zu den
Gestirnen – denn diese sind göttlich – betet, so hat dies eine unmittelbare
Wirkung: „Der Erfolg des Gebets beruht auf der Sympathie, in welcher ein
Teil zum andern steht; es ist das ähnlich wie bei einer angespannten Saite,
denn wenn sie unten angeschlagen wird, so teilt sich die Bewegung auch dem
oberen Ende mit."[6] Die Menschen, die es zu wirklicher Weisheit bringen,
können durch Kontemplation ihre höheren Seelenkräfte so weit veredeln,
daß ihnen feindliche magische Einflüsse nichts anhaben können. Zwar haben Zaubersprüche und Beschwörungen Macht über die niedrigen, ver-
nunftlosen Kräfte auch des wahrhaft Weisen, sie können ihm Krankheit und
allerlei Unglück, ja sogar den Tod bringen, aber sie können sein eigentliches
und wahres Selbst nicht beschädigen. Diese Lehren waren ohne Zweifel ein
großer Trost für eine kleine Elite philosophisch Gebildeter.

Porphyrius (ca. 233–ca. 304) und Iamblichus (gest. um 330), Schüler des
Plotin, entwickelten diese Theorien weiter. In der neoplatonischen Schule
bildeten sich in der Folge extravagante Beschwörungsrituale aus, von denen
sich die Anhänger der Lehre eine Steigerung ihrer magischen Potenzen erhofften. Diese in der Philosophie wurzelnde magische Praxis wurde „The-
urgie" genannt, und die Vertreter dieser Richtung dünkten sich hoch erhaben
über die Adepten der niederen Magie, der „Goetie". Viele frühchristliche
Denker, beispielsweise Augustinus, setzten sich intensiv mit der neoplatonischen Philosophie auseinander und ließen sich von ihr anregen, sie konnten
jedoch mit deren magischer Theorie und Praxis nichts anfangen. Manche
Neuplatoniker des europäischen Mittelalters waren fasziniert von der Vorstellung des Kosmos als eines riesigen lebendigen und harmonischen Organismus, aber keineswegs von Plotins Theorie über Gebet und Magie. Erst im
15. Jahrhundert, als Humanisten die Philosophie des Plotin neu für sich
entdeckten, erlangte auch seine Konzeption der Magie wieder Geltung.

Der Einfluß der klassischen Autoren auf die mittelalterliche Geisteswelt
war öfter indirekt als direkt. Manche Schriften der Antike verdankten ihre
Bekanntheit in der gelehrten Welt im wesentlichen späteren Werken, die aus
diesen Schriften zitierten oder sich in anderer Weise auf sie bezogen. Oft kam
es vor, daß ein antiker Wissenschaftler oder Philosoph bei den Gelehrten
späterer Zeit in derart hohem Ansehen stand, daß auch fremde Werke von
seiner Autorität profitieren wollten und ihn als ihren Verfasser ausgaben. So
haben wir etliche Werke, die Hunderte von Jahren nach dem Tod des Ari-

stoteles verfaßt wurden, die aber nichtsdestoweniger diesen berühmten Philosophen als ihren Autor nennen, daneben gibt es Bücher, die fälschlich dem Plinius oder anderen Autoritäten zugeschrieben werden. Diese Tradition der falschen Zuschreibung erhielt sich über Jahrhunderte, weswegen sich in so mancher mittelalterlicher Bibliothek ein recht ansehnlicher Bestand an Schriften des Pseudo-Aristoteles und anderen literarischen Kuckuckseiern ansammelte. Unter den Werken, die man Aristoteles zuschrieb, waren solche, die von magischen und alchimistischen Experimenten berichteten, astrologische Abhandlungen, Bücher über verborgene Kräfte in Pflanzen und Steinen, über Chiromantie und Physiognomie. Manche dieser Werke waren tatsächlich antik, andere stammten aus dem Mittelalter. Manchmal stützte sich die Behauptung, ein Buch sei von Aristoteles verfaßt, auf irgendeine Stelle in den echten Schriften, die eine solche Annahme nahelegen konnte, aber oft genug fehlten selbst derartige Verbindungen.[7] Eines der medizinischen Werke des Mittelalters, die am häufigsten abgeschrieben wurden, war ein *Herbarium*, als dessen Autor man „Apuleius den Neuplatoniker" aus Madaura (2. Jh.) ansah. Das Werk wurde oft mit Darstellungen von Pflanzen illustriert, darunter sehr häufig eine Abbildung der Mandragora, die ein Hund aus der Erde zieht. Auch wenn der Autor korrekt angegeben war, kam es doch vor, daß man Bücher tiefgreifenden Bearbeitungen unterzog. So beispielsweise waren dem mittelalterlichen Leser aus dem Werk des Dioscorides ausschließlich die Teile bekannt, die sich mit den Pflanzen befaßten, und dieser Ausschnitt wurde in einer Fassung präsentiert, die Dioscorides wohl schwerlich wiedererkannt hätte. Eine mittelalterliche medizinische Schrift empfiehlt einmal eine bestimmte Vorgehensweise mit der alberntreuherzigen Versicherung: „So haben wir es immer gemacht, Plato und ich."[8]

Unter den Büchern, die den stärksten Einfluß auf die mittelalterliche Kultur hatten, sind einige spätantike Werke, die im Vergleich mit denen des Ptolemäus, Plotin oder Plinius dem modernen Leser einigermaßen naiv und unbedarft erscheinen müssen. Ein wichtiger Autor war etwa Marcellus Empiricus von Bordeaux (um 400), der Bruchstücke aus der antiken Medizin und aus der gallischen Volkstradition miteinander vermischte. In manchen Heilprozeduren, die er empfiehlt, werden lateinische Segens- und Beschwörungsformeln verwendet, andere sind reinstes Kauderwelsch *(crissi crasi cancrasi*, oder: *sicy, cuma cucuma ucuma cuma uma maa)*, wieder andere sind griechisch oder doch wenigstens in griechischen Buchstaben geschrieben. Er teilt mit, wie man sich von Zahnschmerzen befreit, indem man sie auf einen Frosch überträgt, und wie man mit dem Blut verschiedener Vögel allerlei Krankheiten heilt.

Die Versuchung ist groß, nun einfach zu folgern, daß die Standards der Wissenschaft im klassischen Altertum niedrig und in der Spätantike noch niedriger gewesen seien. Das wäre aus vielen Gründen ungerecht, vor allem aber deshalb, weil die hier angeführten Werke ja nicht repräsentativ für die antike Wissenschaft sein können, sie wurden vielmehr deswegen ausgewählt,

weil von ihnen besonders starke Impulse für die mittelalterliche Magie ausgingen. Die Autoren des Mittelalters waren immer bemüht, sich von der
Weisheit ihrer antiken Vorfahren inspirieren zu lassen, aber sie sahen oft
genug die Kultur des Altertums wie durch geschwärztes Glas, und die Werke,
die sie benutzten, waren nicht selten schwache Imitationen guter Bücher. Die
Aufgabe dieser Gelehrten bestand nicht einfach nur darin, die klassische
Kultur zu bewahren, sondern sie mußten sie oft erst einmal wiederentdek-
ken, um über sie hinauszugelangen.

Die fiktionale Literatur

Wenn hier zwischen fiktionaler und nicht-fiktionaler Literatur unterschieden
wird, so könnte das leicht zu Mißverständnissen führen: Selbst wenn man
von Grenzfällen absieht, in denen Erfundenes auf Fakten aufbaut oder wo
Fiktion und Wirklichkeit sich vermischen, ist es doch immer ein heikles
Problem, festzustellen, wie ein Publikum ein Werk verstanden hat. Viele
Werke der Schönen Literatur wurden von späteren Generationen oder sogar
von Zeitgenossen als Tatsachenberichte aufgenommen. Besonders die mittelalterlichen Leser antiker Texte neigten sehr dazu, Dichtern mit ähnlich großem Respekt gegenüberzutreten wie den großen Autoritäten der Wissenschaft. Es ist keineswegs ungewöhnlich, wenn wir in historischen Werken
jener Zeit Berichte finden, die sich auf Homer oder auf Apuleius berufen;
ganz offensichtlich haben also Geschichtsschreiber die Geschichten, die in
diesen poetischen Texten erzählt werden, für bare Münze genommen. Das
heißt nicht, daß *alle* mittelalterlichen Leser *immer* so naiv gelesen hätten:
manche vermischten Dichtung und Wahrheit, andere nicht, und auch jene
waren nicht einfach zu unbedarft, um den Unterschied zu sehen, sie hatten
vielmehr oft *moralische* Gründe, erfundene Geschichten als reale Ereignisse
zu nehmen. Wie auch immer, die klassische Schöne Literatur mit ihren Geschichten von magischen Dingen hat das mittelalterliche Verständnis von
Magie sehr stark beeinflußt. Man muß sogar sagen, daß ihr Einfluß auf das
wissenschaftliche Denken über die Magie weit bedeutender war als der auf
die fiktionale Literatur dieser Zeit: Die Gelehrten und sehr viel weniger die
Geschichtenerzähler waren die Erben der klassischen Tradition.

Wenn ein mittelalterlicher Autor nach einem klassischen Beispiel für das
Wirken der Magie suchte, so bot sich ihm vor allen anderen Quellen die
Odyssee des Homer (8. Jh. v. Chr.) an. Auf seinen Irrfahrten landet Odysseus
auf der Insel der verführerischen Zauberin Circe. Sie möchte den Helden für
sich alleine haben und verwandelt deswegen seine Gefährten in Schweine
(Abb. 4). Odysseus schützt sich vor ihrer Macht mit Hilfe eines magischen
Krauts, das ihm der Gott Hermes gegeben hat. Während seines Aufenthalts
auf der Insel veranstaltet Circe eine Vorführung ihrer magischen Fähigkeiten: Sie beschwört die Schatten der Toten. Was sie hier treibt, ist *Nekroman-*

Abb. 4: *Circe mit Odysseus und seinen Gefährten;*
aus einer Handschrift des 15.Jh.

tie im eigentlichen Sinn des Wortes. Sie ruft die Geister der Abgeschiedenen zu einem Trog mit Schafsblut und lädt sie ein, sich zu erquicken. Sie finden sich ein, um von dem lebensspendenden Blut zu trinken, und werden von der Zauberin gezwungen, die Zukunft zu weissagen. Diese Geschichte war im mittelalterlichen Europa überall bekannt, und zwar in der Fassung des Ovid (43 v. Chr.–ca. 17 n. Chr.), der sie nacherzählt. Hrabanus Maurus (ca. 780–856) vertritt in seiner Interpretation die Ansicht, es müsse sich um eine erfundene Geschichte handeln, weil, so argumentiert er, nur Gott allein die Macht habe, einem Wesen eine andere als seine natürliche Gestalt zu geben. Der Punkt, auf den es ankommt, ist aber: Hrabanus mußte *argumentieren*, er mußte Gründe für sein Urteil anführen, es verstand sich keineswegs von selbst. Tatsächlich hatte ein bedeutender Kollege aus früherer Zeit, nämlich Isidor von Sevilla (ca. 560–636), offenbar keine Probleme, die Erzählung als Tatsachenbericht zu verstehen; dieser Autor überliefert sie ohne jeden kritischen Kommentar zusammen mit biblischen Geschichten und Berichten von historischen Ereignissen. Die meisten Theologen hatten, anders als Hrabanus, Hemmungen, den Bericht als Produkt der Phantasie abzutun, und sie behalfen sich damit, daß sie erklärten, bei derartigen „Verwandlungen" sei immer Sinnestäuschung im Spiel. Zu einer ganz neuen Interpretation gelangte Johannes von Frankfurt (gest. 1440): Wenn die Dichter davon sprechen, Menschen seien in Schweine verwandelt worden, so sei das metaphorisch gemeint, in dem Sinn, wie man etwa einen gierigen Fresser „Schwein" nenne.

In der griechischen und römischen Literatur wird oft von magischen Praktiken erzählt, mit deren Hilfe Frauen ihre untreuen Liebhaber zurückzugewinnen oder zu bestrafen versuchen. In manchen dieser Fälle nehmen die Frauen die Dienste erfahrener Fachleute in Anspruch. Vergil (70–19 v. Chr.) zum Beispiel führt uns in seiner *Aeneis* vor, wie Dido eine berühmte Priesterin engagiert, die Aeneas, der sie verlassen hat, um die Stadt Rom zu gründen, mit magischen Künsten bannen soll. In einem Theaterstück des Seneca (ca. 4 v. Chr.–65 n. Chr.) läßt die Gemahlin des Herakles von einer Hexe einen Liebeszauber veranstalten; die Frau glaubt, sie hätte das Geheimnis verstanden und könnte nun auch ohne fremde Hilfe magische Kräuter anwenden – in fataler Selbstüberschätzung vergiftet sie ihren Mann. *Die Hexe* von Theokrit (3. Jh. v. Chr.) ist eine lyrische Dichtung, deren Heldin, eine junge Frau aus Alexandria, Magie treibt, um die Liebe eines Mannes, der sie verlassen hat, zurückzugewinnen. Sie erzählt die Geschichte ihrer Liebschaft, sehr lebendig wird geschildert, wie sie sich in fiebernder Erwartung die Hände reibt, als sie das ganze Arsenal magischer Hilfsmittel vor sich ausbreitet. Leider nützen – in der Fassung des Theokrit jedenfalls – die Trankopfer, die Kräuter, die pulverisierten Eidechsen und die magischen Kreise gar nichts, ebensowenig Wirkung zeitigt die Beschwörung des Mondes und der Göttin Hekate. Nur bei Vergil, der diesen Stoff in seiner 8. *Ekloge* bearbeitet hat, führen die magischen Anstrengungen schließlich zum ersehnten Erfolg.

Während alle diese verlassenen Frauen durchaus sympathisch anmuten, vertritt eine andere Gattung weiblicher Magier das schlechthin Böse in Menschengestalt. Die Dichter beschreiben bis in alle Einzelheiten das Äußere dieser schrecklichen Erscheinungen, ihr widerwärtiges Wesen, ihre unaussprechlich scheußlichen Taten. Lukan (39–65 n. Chr.) schildert die Hexe Erictho, deren Beschwörungen von so grauenhafter Gewalt sind, daß selbst die Götter sich ihr beugen müssen:

Mager und scheußlich anzuschauen ist das vermoderte Gesicht der verruchten thessalischen Hexe, und die grauenerregenden Züge, auf denen die Blässe des Styx liegt, die von schwerem, ungekämmtem Haar umgeben sind, kennt der heitere Himmel nicht; doch wenn Stürme und schwarze Wolken die Sterne auslöschen, dann kommt sie aus den Gräbern hervor, die sie geplündert hat, und hascht nächtliche Blitze.

Sie haucht Toten Leben ein, die ihr dienen müssen, frißt mit Lust Kinder und vergnügt sich damit, Leichen aus den Gräbern zu stehlen:

... da läßt die Hexe ihre gierige Wut am ganzen Leichnam aus. Sie stößt ihm die Finger in die Augen, kratzt emsig die starren Augäpfel heraus und nagt an den gelben Fingernägeln einer vertrockneten Hand.[9]

Sie ermordet sogar Kinder im Mutterleib, „um sie auf einem Brandaltar zu opfern". Höchstens Medea kann es an Grausamkeit mit ihr aufnehmen. Selbst die Hexe Canidia von Horaz, die ein Kind bei lebendigem Leib begräbt und aus seiner Leber einen Liebestrank zubereitet, ist weniger monumental böse als Erictho.

Aber die römische Literatur kann auch, wenn sie in anderer Stimmung ist, die Magie vom Standpunkt der Satire aus betrachten. Horaz (65–8 v. Chr.) schildert in seinen *Satiren* das abscheuliche nächtliche Treiben zweier Hexen. Sie beschwören Totengeister und führen Sympathiezaubereien mit Wachsfiguren aus. Der Gott Priapus, in Gestalt einer hölzernen Statue, muß ihr widerwärtiges Tun mitansehen, bis er schließlich einen gewaltig krachenden Wind fahren läßt und damit dem Spektakel ein Ende setzt. Die Hexen fliehen in solcher Panik, daß die eine unterwegs ihre falschen Zähne, die andere ihre Perücke verliert. Ein noch bissigerer Satiriker war Lukian von Samosata (117–ca. 180 n. Chr.), der in seinen Schriften einen erbitterten Kreuzzug gegen den Aberglauben führte. Er erzählt uns von einem Magier, der – gegen gutes Geld, versteht sich – den Mond vom Himmel herabbeschwört und der einer irdenen Statue des Cupido Leben einhaucht, damit dieser für einen Klienten die Liebe einer Frau gewinne. Der Zauber ist auch durchaus erfolgreich – allerdings entdeckt der Leser, daß der schmachtende Liebhaber zum selben Resultat gelangt wäre, wenn er das Geld nicht dem Magier, sondern der Dame gegeben hätte. In einer anderen Erzählung schafft Lukian den ersten Zauberlehrling der Literaturgeschichte: Der Gehilfe eines Magiers macht den Stößel eines Mörsers lebendig und merkt dann sehr schnell, daß sein Geschöpf außer Kontrolle gerät. Der Lehrling nimmt ein Beil und hackt den Stößel in der Mitte durch – mit dem Ergebnis, daß es nun *zwei* wildgewordene Stößel sind.

Apuleius von Madaura (2. Jh.) – eben jener „Apuleius der Platoniker", den man in späteren Jahrhunderten als Autor eines Herbariums ausgab – wurde als Magier vor Gericht gestellt und verteidigte sich in diesem Prozeß, indem er magische Riten, an denen er, wie man ihm vorwarf, teilgenommen hatte, lächerlich machte. In seinem teilweise autobiographischen Buch *Der goldene Esel* spielt freilich die Magie eine wichtige Rolle. Die Hauptperson ist ein junger Mann, der eine verführerische junge Hexe und deren Lehrmeisterin trifft. Die beiden Frauen treiben Zauberei mit Kräutern und Salben, mit Teilen von Leichen, die sie aus Gräbern und vom Galgen stehlen, sie benutzen auch Metalltäfelchen mit Inschriften drauf, kurz: es ist alles da, was zu einer rechten Hexe gehört. Der Held läßt sich in seiner Naivität mit den beiden ein und findet sich unversehens in einen Esel verwandelt. Erst die Göttin Isis erlöst ihn wieder aus dieser peinlichen Lage. Die Geschichte läßt sich als unterhaltsame Satire lesen, man kann sie aber auch symbolisch deuten: Ein nichtsnutziger junger Mann wird zu einem wahrhaft menschlichen Wesen durch die Gnade der Göttin Isis. Für die mittelalterlichen Gelehrten war Apuleius eine bedeutende Autorität, deren Zeugnis nicht zu bezweifeln war; sie mußten sich also mit der überlieferten Tatsache, daß Magier einen Menschen in ein Tier verwandeln konnten, ernstlich auseinandersetzen. Handelte es sich hier um eine wirkliche Verwandlung oder um eine bloß scheinbare? Augustinus, der sich recht eingehend mit dem Phänomen befaßt, wollte sich im speziellen Fall des Apuleius nicht festlegen, er zuckte sozusagen die Achseln und bemerkte, die Geschichte könne wahr sein, vielleicht aber auch bloße Erfindung. Späteren Theologen aber ließ das Problem keine Ruhe. Sie bestanden darauf, daß es sich bei den geschilderten Verwandlungen keinesfalls um wirkliche Geschehnisse handeln könne, nahmen aber das Zeugnis des Apuleius durchaus ernst und fühlten sich verpflichtet, sich damit auseinanderzusetzen. Johannes Vincentii (ca. 1475) beispielsweise vertrat die Ansicht, der Dichter – und ähnlich auch die Gefährten des Odysseus – sei teuflischen Machenschaften zum Opfer gefallen, der Teufel habe ihn eingeschläfert und ihm im Traum Bilder jener Verwandlung vorgegaukelt.

Ohne Zweifel war solche Literatur dazu bestimmt, nicht allein zu unterhalten, sondern auch zu belehren. Wenn sie Parodien auf magische Handlungen vorführte, hatte sie den Effekt anti-magischer Propaganda. Die Autoren unterstützten so, freiwillig oder unfreiwillig, die Politik der römischen Behörden, die sich gegen die Magie richtete. Besonders im Fall des Horaz, der eng mit dem Kaiser Augustus verbunden war, ist eine derartige Motivation wohl ohne weiteres einleuchtend.

Was den Einfluß dieser Schriften auf die abendländische Kultur überhaupt betrifft, so sind sie in erster Linie deswegen bedeutsam, weil hier zuerst die Verbindung des Weiblichen mit dem Magischen in der stereotypen Figur der *Hexe* hergestellt wird. Diese frühen Werke und ebenso die Hexenprozesse späterer Zeiten neigen dazu, die Hexe entweder als eine laszive, junge Verführerin darzustellen, die zauberische Kräfte ihren Lüsten dienstbar macht, oder als häßliche Alte mit schrecklichen und unheimlichen Fähigkeiten. Weder die eine noch die andere dieser stereotypen Vorstellungen, die über die Jahrhunderte hinweg fortdauerten, ist geeignet, den Frauen im allgemeinen besonders zu schmeicheln, wenngleich das Bild der Verführerin zumindest manchmal auch mit weniger feindlichen Gefühlen betrachtet wurde. Wenn es im mittelalterlichen Europa nicht ohnehin genügend frauenfeindliche Traditionen gegeben hätte, so hätten diese Texte eine solche Geisteshaltung begründen können.

Die Bibel und die Apokryphen

In der Bibel finden sich sehr viele Erzählungen, die von wundersamen Ereignissen berichten. Zum größten Teil handeln sie von Wundern, die göttliche Kraft bewirkt: Befreiung aus Gefangenschaft, Heilung, Auferstehung vom Tod. An einigen Stellen jedoch gibt es auch Wunder magischen Charakters, also Zaubereien, in denen andere Kräfte als die Gottes am Werk sind. Außerdem ist in manchen Geschichten zu bemerken, daß göttliche Wunder äußerlich magischen Zaubereien sehr ähnlich sind, obwohl sie keinerlei magische Ursachen haben.

Wenn das Alte Testament ausdrücklich von Magie spricht, dann nur, um sie zu verdammen. Die biblischen Autoren kleiden ihre Kritik bisweilen in strengste Befehlsform, etwa in der vielzitierten Stelle Exodus 22,18: „Die Zauberinnen sollst du nicht am Leben lassen." Anderswo wird die Lehre indirekt durch Geschichten vermittelt, die von der Bestrafung magischen Treibens berichten. König Saul, der alle Anhänger okkulter Wissenschaften aus seinem Reich „vertilget" hat, wendet sich nichtsdestoweniger vor der Schlacht gegen die Philister an die „Hexe" von Endor um Rat (1. Samuel 28). Diese Frau beschwört den toten Propheten Samuel herbei, der kommt auch wirklich – allerdings unwillig über die Störung – und verkündet, der König werde zur Strafe für seine Missetaten in der Schlacht besiegt und getötet werden. Frühchristliche Kommentatoren wie Hippolyt (ca. 170–ca. 236) waren überzeugt davon, daß es nicht wirklich der Geist des Samuel gewesen sein könne, vielmehr sei bloß ein Dämon in der Rolle des Propheten vor Saul erschienen.

Die größte Bedeutung in der biblischen und der religiösen Literatur überhaupt gewann aber das Motiv des „Zauber-Wettkampfs" zwischen den Dienern Gottes und heidnischen Magiern. Im Buch Exodus 7,8–13 beeindruckt Aaron den Pharao, indem er seinen Stab auf die Erde wirft und ihn in eine Schlange verwandelt. Die ägyptischen Zauberer tun es ihm nach „mit ihren geheimen Künsten": sie werfen alle ihre Stäbe hin, und die verwandeln sich ebenfalls in Schlangen. Dann aber erweist sich die überlegene Macht des jüdischen Gottes: Aarons Stab verschlingt alle anderen Stäbe. In einem anderen biblischen Zauberturnier tritt der Prophet Elias auf dem Berg Karmel gegen heidnische Baalspriester an und besiegt sie (1. Könige 18). In der mittelalterlichen Literatur zur Magie sollte aber vor allem die Episode von den Magiern des Pharao Bedeutung erlangen; Isidor von Sevilla und andere Autoren führen sie immer wieder zum Beweis der Überlegenheit göttlicher Wunder über teuflische Zauberei an.

Das klassische Beispiel für einen bösen Zauberer im Neuen Testament ist Simon Magus aus Samaria (Apostelgeschichte 8,9–24). Simon hatte mit seinen magischen Kunststücken großen Eindruck auf das Volk gemacht. Als er aber sieht, welch große Wunder und Zeichen die Apostel wirken, bietet er ihnen Geld und bittet sie, ihn an ihrer Macht teilhaben zu lassen. Der Apostel Petrus belehrt ihn dann voller Empörung, daß diese Macht nicht käuflich sei. Im Lauf des 2. und 3. Jahrhunderts bauten christliche Autoren diese kurze Episode zu einer ziemlich komplexen und detaillierten Geschichte aus, in der die Figur des Simon Magus in den Rang eines Erzhäretikers und Rivalen des heiligen Petrus aufstieg – nicht zuletzt deswegen, weil dieser denselben Namen trug, lag es nahe, die beiden Figuren gewissermaßen als feindliche Brüder aufeinander zu beziehen: Simon Petrus versus Simon Magus. In den apokryphen Petrusakten, einem Legendenwerk, das über die Erzählungen der biblischen Bücher hinaus von Taten des Apostels berichtet, finden wir eine ausführliche Beschreibung eines Wunder-Wettkampfs. Simon Magus täuscht dort eine Totenerweckung vor, indem er durch faule Tricks eine Leiche einige schwächliche Bewegungen ausführen läßt. Aber erst Simon Petrus gelingt es tatsächlich, den Mann zum Leben zu erwecken. Frustriert und von seinen Anhängern im Stich gelassen, kündigt der Magier an, er werde jetzt empor zu Gott fliegen. Er hebt auch tatsächlich ab – da betet Petrus, der Zauberer stürzt zur Erde und stirbt bald danach. Eine Variante dieser Geschichte, die in der mittelalterlichen Welt weithin bekannt war und auch in die vielgelesene *Legenda Aurea* des 13. Jahrhunderts aufgenommen wurde, macht unmißverständlich klar, daß Simon Magus nur mit Hilfe von Dämonen fliegen konnte und daß Petrus mit seinem Gebet nichts anderes tat, als diese Geister zu vertreiben.

Die Magier, denen wir an einer anderen Stelle des Neuen Testaments begegnen, haben mit jenem Zauberer so gut wie gar nichts gemeinsam: Die *magi*, die nach Bethlehem kommen, um den neugeborenen Heiland anzubeten (Matthäus 2,1–12), sind durchaus ehrenwerte Personen, die mittelalterliche Legende hat sie gar in den Rang von Königen erhoben. Die Verteidiger der Magie konnten jene Bibelstelle als Argument für die höhere Würde ihrer Wissenschaft anführen, da doch Magier zu den Personen gehörten, die als erste Christus Verehrung erwiesen. Dem entgegnete man – der früheste Beleg stammt aus dem 2. Jahrhundert – mit folgender Argumentation: Gewisse Formen der Magie seien unter dem Gesetz des Alten Bundes noch erlaubt gewesen, mit dem Neuen Bund aber habe sich das geändert; wenn sich die Magier der Herrschaft Christi unterwerfen, so bedeute dies symbolisch, daß die Magie besiegt und vernichtet sei von der Macht Gottes.

Man könnte nun natürlich noch einwenden, daß auch Christus selbst und seine Jünger Magie betrieben hätten. Es war dies tatsächlich ein Argument, das in den Diskussionen des 2. Jahrhunderts zwischen Christen und Heiden häufig verwendet wurde. Der heidnische Schriftsteller Celsus stellte damals die Behauptung auf, Jesus sei bei den ägyptischen Magiern in die Lehre gegangen, er habe dort gelernt, wie man Krankheit „fortbläst", wie man bei den Leuten die Illusion einer wunderbaren Brotvermehrung erzeugt und wie man es anstellen muß, damit unbelebte Dinge sich scheinbar lebendig bewegen. Um eine solche Theorie zu stützen, kann man sich auf gewisse Stellen in den Evangelien berufen. Wenn beispielsweise die Kraft Jesu eine Frau heilt, die lediglich den Saum seines Gewands berührt hat, und er daraufhin ausruft: „Es hat mich jemand angerührt, denn ich fühle, daß eine Kraft von mir gegangen ist" (Lukas 8,46), dann kann man sich mit einigem Recht fragen, welcher Art denn wohl diese Kraft sein mag. Wenn er einen Taubstummen heilt, indem er seine Finger in dessen Ohren legt und dessen Zunge mit Speichel berührt (Markus 7,32 ff.), wenn er einen Blinden sehend macht, indem er Erde mit Speichel vermischt dem Kranken auf die Augen legt (Johannes 9,6 ff.), so haben diese Prozeduren durchaus einiges mit magischen Heilverfahren gemeinsam. In anderen Fällen, vor allem bei Matthäus, sehen wir Christus Heilungen ohne derartiges Beiwerk, allein mit der Kraft seines Worts vollbringen; er spricht ganz einfache Befehle aus: „sei rein", „steh auf", „steh auf, nimm dein Bett und geh". Aber auch dieser Verzicht auf alles Zeremonielle schien manchen Beobachtern verdächtig: Manche jüdische Gegner des Christentums, die Jesus für einen Zauberer hielten, folgerten dies eben aus der Tatsache, daß seine bloßen Worte eine derartige Macht besaßen.

Für die frühen Christen waren Christi Wundertaten nicht allein an sich, sondern auch wegen ihrer weiteren religiösen Bedeutung wichtig. Manchmal heilte Jesus Leute und sagte dazu, er tue es um ihres Glaubens willen. Es kommt auch vor, daß die Heilung von Krankheit verbunden ist mit spiritueller Reinigung: Christus heilt Leib und Seele. Die Wundererzählungen sind somit wesentlicher Bestandteil der Evangelien, sie sollen den Glauben anfachen und zur Buße aufrufen. Und sie haben auch eschatologische Bedeutung; denn sie sind Episoden aus jenem Krieg um die Seelen, den das Reich Gottes mit dem Reich Satans führt. Das zeigt sich besonders deutlich an den Fällen von Teufelsaustreibungen, so wie sie von den Synoptikern geschildert werden, man kann aber auch die Heilung von physischen Krankheiten durchaus als Sieg über die Mächte des Bösen oder über Dämonen interpretieren. Wenn Jesus Dämonen austreibt oder unschädlich macht, führt er als Streiter Gottes einen Schlag gegen das Böse in der Welt, oder, um es mit den Worten des Evangelisten (Matthäus 12,28) zu sagen: „So ich aber die Teufel durch den Geist Gottes austreibe, so ist das Reich Gottes zu euch gekommen." Freilich, einen Juden oder Heiden mußte all das nicht überzeugen, er konnte sehr leicht sagen, Magie bleibe nun einmal Magie, gleichgültig welche tieferen oder symbolischen Bedeutungen man auch hineinlegen wolle.

Auch der Bericht von der Verwandlung des Apuleius in einen Esel konnte ja über den prosaischen Wortsinn hinaus symbolisch gedeutet werden, aber das nimmt dem Vorgang nicht den Charakter des Magischen.

Die frühen christlichen Autoren waren sich völlig klar darüber, daß aus dem technischen Ablauf der Wunderheilungen oder aus ihrer symbolischen Bedeutung keine Begriffsbestimmung zu gewinnen war – jedenfalls keine, die Andersgläubige überzeugen mußte –, und sie konzentrierten sich bei der Diskussion in aller Regel auch gar nicht auf diese Punkte, sie führten vielmehr eine ganz andere Überlegung ins Feld: Ihre Argumentation ging von der Grundannahme aus, daß Magie Dämonenwerk sei, während Wunder aus der Kraft Gottes kämen. Zu Ende gedacht, bedeutet dies natürlich, daß der christliche Gott der wahre ist, die heidnischen Götter sind dagegen bloße Götzen – und genau das war es auch, worauf die Christen hinauswollten. Ihr Anspruch hatte für das soziale Leben einige Relevanz: Im Gegensatz zu den Heiden und den Juden hatten die Christen untereinander keinerlei ethnischen Zusammenhalt; was ihre Identität als Gruppe gewährleistete, das waren zum einen ihre mysteriösen Rituale (hierin ähnelte das Christentum anderen Mysterienreligionen) und zum andern das starke Bewußtsein dessen, daß ihr Gott etwas Einzigartiges und etwas ganz Anderes als die übrigen Götter war, eine Lehre, die sie nach außen offensiv vertraten. Auch die Juden hatten immer schon Wert darauf gelegt, daß ihr Gott nicht einfach einer von vielen Göttern sei, aber die Christen waren die ersten, die daraus ein Argument für den Kampf mit anderen Meinungen machten. Für sie war das die allein gültige Wahrheit, und außerdem war es auch die Basis, auf der die Gemeinschaft sich als Gruppe definieren konnte. Und als Konsequenz aus dieser Wahrheit ergab sich die klare Unterscheidung: Die Heiden treiben *Magie*, die Christen dagegen wirken *Wunder*. Die beiden Dinge konnten ganz ähnlich aussehen, so ähnlich aber der Hund dem Wolf oder die zahme der wilden Taube auch sein mag, so verschieden sind sie doch ihrem Wesen nach, und „so hat auch das durch die Kraft Gottes Vollbrachte mit dem, was durch Zauberei geschieht, nichts gemein".[10]

Ist schon der Bericht der Evangelien problematisch, so erst recht die Apostelgeschichte. An mehr als einer Stelle dieses biblischen Buchs wird von Wundern erzählt, die viel Magisches an sich haben. Da brechen Leute, die sich gegen Gebote der christlichen Gemeinde vergangen haben, wie vom Blitz getroffen tot zusammen (4,32–5; 11); dem Schatten des Petrus werden heilende Kräfte zugeschrieben (5,12–16), ähnlich auch Taschentüchern und Gürteln, die er berührt hat (19,11). Öfters besiegen die Apostel gegnerische Magier; als die Zauberer von Ephesus sich bekehren, schaffen sie ihre Zauberbücher herbei und verbrennen sie (19,13–19). Die Apostelgeschichte zeigt uns, daß die Apostel offenbar einen systematischen Feldzug gegen alles führten, was sie für Magie hielten. Vom Standpunkt der Juden oder Heiden freilich mußte es so aussehen, als verfügten diese Leute lediglich über stärkere magische Kräfte als sie selbst. Dieser Betrachtung der Dinge gegenüber behaupteten die Christen, ihr Gott sei der einzig wahre Gott; wenn auch das, was die Apostel taten, vielleicht äußerlich eine gewisse Ähnlichkeit mit magischen Praktiken habe, so sei es in Wirklichkeit doch etwas ganz anderes, die Kraft Gottes nämlich offenbare sich in solchen Wundern.

Magie, frühes Christentum und die graeco-romanische Welt

Auch spätere christliche Generationen mußten sich mit diesen Vorwürfen, die man Jesus und seinen Aposteln machte, auseinandersetzen. Schon die Tatsache, daß sie einem Hingerichteten und dem Kreuz, an dem man ihn gehenkt hatte, eine besondere Macht zuschrieben, reichte aus, um sie wegen Zauberei anzuklagen. Die Vorstellung, daß von Menschen, die eines gewaltsamen oder doch vorzeitigen Todes gestorben waren, geheimnisvolle Kräfte ausgingen, war in der römischen Welt weit verbreitet, in nekromantischen Zeremonien suchte man der Seelen solcher Menschen habhaft zu werden. Apuleius erwähnt an einer Stelle, die Finger und Nasen von Gekreuzigten hätten besondere Kraft, ebenso die Kreuzesnägel, ein Glaube, von dem auch Lukian berichtet. Christliche Rituale und Symbole konnten sehr leicht Argwohn erregen. Tertullian (ca. 160–ca. 225) warnt christliche Frauen vor der Ehe mit heidnischen Männern, das sei eine sehr gefährliche Sache: „Glaubt ja nicht, es werde unbemerkt bleiben, wenn ihr euer Bett segnet oder euch bekreuzigt, wenn ihr ein Stäubchen wegblast, wenn ihr gar in der Nacht zum Beten aufsteht! Wird man nicht daraus schließen, ihr wolltet irgendwelche magischen Machenschaften treiben?"[11] Christliche Exorzisten hatten Gewalt über die Dämonen, und sie benutzten bei ihrem Geschäft geheime, machtvolle Namen. Speziell der Name Jesu jagte den Dämonen einen solchen Schrecken ein, daß, so behauptet jedenfalls ein christlicher Autor, Fälle bekannt seien, in denen selbst Bösewichter, die diesen Namen aussprachen, Teufel austreiben konnten.[12] Es verwundert nach alledem nicht, daß die Verfolgung der Christen immer wieder auch mit der Behauptung begründet wurde, sie trieben Zauberei. Diese wiederum wurden nicht müde, darauf hinzuweisen, nicht sie, sondern die Heiden seien in Wahrheit Schwarzkünstler.

Der Streit zwischen Christen und Heiden beruht im Grund darauf, daß die beiden Gruppen unterschiedliche Vorstellungen von dem hatten, was Magie oder Zauberei eigentlich und in Beziehung zur Gesellschaft sei. Jene Heiden, die alle Beschäftigung mit magischen Dingen verdammten, taten dies hauptsächlich deswegen, weil sie die *Geheimbündelei* fürchteten, für sie war Magie etwas, was die Gesellschaftsordnung unterminierte und von innen her bedrohte, und aus diesem Grund mußte sie ausgerottet werden. Es war den Heiden gleichgültig, welche Götter man verehrte, aber es mußte öffentlich geschehen, und man durfte die Götter nicht dazu benutzen, der Allgemeinheit Schaden zuzufügen. Wenn jemand mit Hilfe seiner Götter Verbrechen

beging, so war das Zauberei, aber es war zugleich auch religiöse Praxis. Man
unterschied also nicht zwischen der Religion einerseits und der Magie andererseits, da ja alle Zauberei mit Hilfe und auf Anweisung jener Götter ausgeführt wurde. Die Christen verurteilten die Magie deswegen, weil sie das
Werk von Dämonen war, böser Geister also, die eigentlich Gott Gehorsam
schuldeten, die jedoch abtrünnig geworden waren, sich zu Göttern aufgeworfen hatten und Verehrung genossen. Die Christen konnten schwerlich
Geheimbündelei besonders kritikwürdig finden, da ja ihre eigene Religions-
gemeinschaft sich streng gegen die Öffentlichkeit hin abschloß. Für sie war
die Anbetung falscher Götter ein Verbrechen, gleichgültig ob öffentlich oder
geheim, gleichgültig auch zu welchen Zwecken. Wer die falschen Götter
verehrte, konnte nicht die einzig wahre Religion haben, sondern er trieb
Zauberei. Indem die christlichen Autoren eine scharfe Trennungslinie zwischen dem Christentum (dem einzig wahren Glauben) und dem Heidentum
(das immer mit Dämonen im Bund ist) zogen, trennten sie gleichzeitig Religion und Magie auf eine Art und Weise, die bis dahin unbekannt war und die
nur in der christlichen Perspektive überhaupt Sinn machte. Wenn man einmal festgestellt hatte, alle Heiden hätten die falsche Religion, so war es nur
mehr ein kleiner Schritt bis zu der Behauptung, sie hätten *gar keine* Religion,
sondern trieben Götzendienst und Zauberei. Diese neue Betrachtungsweise,
in der Magie und Religion als voneinander getrennte und sogar einander
entgegengesetzte Dinge erschienen, blieb in den folgenden Jahrhunderten
fester Bestandteil des christlichen Denkens. Erst um das 13. Jahrhundert
herum wurde dieser starre Gegensatz durch die Vorstellung „naturmagi-
scher" Kräfte, die sich damals durchzusetzen begann und die in gewisser
Weise vermittelnd wirkte, aufgebrochen.

Die heidnische Betrachtungsweise hatte moralische und theologische Implikationen, sie wurzelte aber in einer bestimmten Vorstellung von der Gesellschaft. Die christliche Betrachtungsweise hatte moralische und sozial-
politische Implikationen, wurzelte aber in der Theologie. Zwischen den beiden Modellen war wenig Raum für eine sinnvolle Diskussion. Allenfalls
konnte man sich über moralische Prinzipien verständigen, da sowohl Heiden
wie Christen den Gebrauch der Magie zu üblen Zwecken verurteilten, aber
die Moral war nicht das, worauf es ankam, sie war für beide Kontrahenten
lediglich ein Randproblem.

Die frühchristlichen Autoren neigten dazu, alle Formen der Magie, auch
die offensichtlich harmlosen, als dämonisch zu verdammen. Tatian (2. Jh.)
lehrte, daß die Dinge, die in magischen Zeremonien verwendet wurden, etwa
Kräuter und Amulette, an sich gar keine Kraft besäßen, vielmehr seien sie
nur *Zeichen*, mit deren Hilfe die Menschen ihre Wünsche den Dämonen
übermittelten. Die bösen Geister *lesen* diese Botschaften und handeln dann
entsprechend. Ähnlich ist auch alle Wahrsagerei Dämonenwerk. Die Geister
gaukeln dem Zauberer vor, sie wären seine gehorsamen Diener, in Wirklichkeit aber machen sie ihn zu ihrem willfährigen Sklaven. Für Clemens von

Alexandria (ca. 150–ca. 215) sind nicht zuletzt die heidnischen Dichter dafür verantwortlich, daß so viele Menschen dieser Sklaverei verfallen, denn sie behexen mit ihren Gesängen die Leute. Aus alledem wird verständlich, weshalb für die Christen jener Zeit die Bekehrung eines Heiden zum Glauben immer als Sieg über die Mächte der Hölle aufgefaßt wurde. Der heilige Antonius von Ägypten (ca. 251–356), ein überaus populärer Kirchenmann, der in einem der bedeutenden Zentren der magischen Wissenschaften wirkte, soll verkündet haben: „Wo das Zeichen des Kreuzes gemacht wird, ist die Zauberei machtlos und vergeblich ihre Mittel." Und an die Adresse der Heiden soll er dann nach dem Zeugnis seines Biographen die folgenden Schmähungen gerichtet haben:

Sagt doch, wo sind jetzt eure Orakel, wo die Zaubersprüche der Ägypter, wo die Blendwerke der Magier? Wann anders hat all dies aufgehört und ist wirkungslos geworden, als da das Kreuz Christi erschienen ist?[13]

Um die Wirkung dieser Argumentation recht zu verstehen, muß man sich klarmachen, daß Christen und Heiden mit dem Begriff der „Dämonen" sehr verschiedene Vorstellungen verbanden. Für die Heiden waren *daimones* (lateinisch: *daemones*) einfach Geisterwesen, die sich zwischen den Menschen und den Göttern bewegten und die moralisch neutral waren, die also sowohl guten wie bösen Zwecken dienstbar gemacht werden konnten. Für die Christen dagegen, und auch für die meisten Juden, waren sie Engel, die sich gegen den Schöpfer empört hatten und ganz dem Bösen zugewandt waren.

Unter den verschiedenen Theoretikern, die diese Lehre weiterentwickelten, hatte Augustinus den größten Einfluß auf das Geistesleben des Mittelalters, und zwar vor allem mit seinem klassischen Werk *Civitas Dei*.[14] Augustinus schrieb dieses Buch als Antwort auf den Vorwurf, das Christentum sei schuld am Niedergang des Römischen Reiches. Die römische Staatsreligion, und nicht etwa der christliche Glaube, so behauptet er dort, gründe sich auf die nigromantische und andere magische Künste. Wie bereits frühere christliche Autoren vertritt Augustinus die Ansicht, daß alle Magie Dämonenwerk sei. Die bösen Geister unterrichteten zuerst ihre Opfer in der magischen Kunst, sie brächten ihnen bei, welche Zeremonien auszuführen sind, wie man magische Steine, Pflanzen, Tiere, Zaubersprüche benutzt, und immer wenn dann die Magier Gebrauch von diesem Wissen machten, so kämen die Dämonen und führten aus, was die Magier verlangten. Augustinus leugnet nicht, daß es gewisse wunderbare Kräfte gebe, die *natürlichen* Ursprungs seien; da sind etwa die geheimnisvollen Eigenschaften des Magneten, des Bocksbluts, das den sonst unzerstörbaren Diamanten zerstört, des Salamanders, der im Feuer lebt. Er gibt auch zu, daß manche Substanzen, beispielsweise die in gewissen Kräutern, die man über dem Bett von Kranken aufhängt oder die man ihnen auf den Leib bindet, Heilkraft haben können. Wenn er aber derartige Wirkungen anerkennt – eben jene, die man in späteren Zeiten dem Bereich der natürlichen Magie zurechnen wird –, so tut er es immer sozusagen zähneknirschend und voller Argwohn, ob nicht doch auf irgendeine Weise Dämonen hier zugange sind. Wenn dann noch Bilder, Worte oder Beschwörungsformeln ins Spiel kommen, sieht er seinen Verdacht sofort bestätigt.

Die Feindschaft der Magie gegenüber hat auch damit zu tun, daß man hier Konkurrenz zum christlichen Gebet witterte: Vor dem Bösen kann man sich durch das Gebet oder aber durch einen Zauber zu schützen versuchen. Johannes Chrysostomus (ca. 347–407) predigt deswegen gegen jene Frauen, die magische Mittel anwenden, wenn eines ihrer Kinder krank ist, statt zur einzig wahren Medizin des Christen zu greifen, zum Zeichen des Kreuzes. Diese Frauen würden niemals auf die Idee kommen, ihre Kinder in einen heidnischen Tempel zu bringen und dort eines der Götzenbilder um Heilung anzuflehen. Darum greift der Teufel zu einer List; er redet ihnen ein, es hätte nichts mit Götzendienerei zu tun, wenn sie im eigenen Haus Magie trieben. Sie setzen ihre Hoffnung auf Amulette und Beschwörungen, sie schreiben die Namen von Flüssen und magische Formeln auf, meist auf ein Stück Pergament, das sie den Kindern auf den Leib binden. Statt sich zu benehmen wie anständige Christenmenschen, rufen sie unwissende Heiler zu Hilfe, die einen Sack voll Zaubertricks mitbringen. „Christus wird verworfen und ein altes Weib herbeigeholt, das im Rausche Hokuspokus treibt ..."[15]

Obwohl es sonst keinen Grund für die Annahme gibt, nur Frauen hätten sich mit Dingen der Magie befaßt, erscheint diese Kunst bei christlichen wie heidnischen Autoren doch eindeutig als weibliche Domäne. Tertullian wirft den Frauen ganz allgemein vor, sie seien besonders empfänglich für dieses Übel, und er behauptet, die gefallenen Engel hätten ihre Lehren über geheime Kräfte in gewissen Pflanzen deswegen Frauen anvertraut, weil das weibliche Geschlecht sehr viel leichter als das männliche mit teuflischen Listen zu betrügen sei.

Für einige Autoren ist Magie mehr als bloß ein raffiniertes Zeichensystem für die Kommunikation mit Dämonen. Ihnen zufolge handelt es sich um eine Wissenschaft von wirklichen, objektiven Kräften; die Dämonen kennen und beherrschen diese Kräfte, und sie geben ihr Wissen an den Zauberer weiter. In diese Richtung geht schon Tertullians Bemerkung, die Dämonen hätten Frauen in der Kräutermedizin unterrichtet: Es sind *wirkliche* Heilkräfte in den Pflanzen, die Geister lehren nur, wie man sie anwendet. Der ägyptische Autor Origenes (ca. 185–ca. 254) meint, die magischen Kräfte lägen in den Worten und speziell in bestimmten Namen. Wenn man die Namen der Dämonen in der richtigen Weise ausspricht, gewinnt man Macht über die Geister, man kann sie herbeirufen, ihnen Befehle erteilen, und man kann sie auch austreiben. Die Namen müssen in ihrer ursprünglichen Form benutzt werden – man kann sie nicht einfach in eine andere Sprache übersetzen, sonst verlieren sie ihre Macht. Besonders mächtig sind auch verschiedene Namen Gottes und Christi, das wußten selbst die heidnischen Landsleute des Origenes, die in Beschwörungen den „Gott Abrahams" anriefen.

Während für die meisten Autoren der Zeit Magie eine genuin heidnische Angelegenheit war, gab es einige andere, die sie als Wissenschaft der Häretiker betrachteten. Simon Magus war der Prototyp des häretischen Zauberers; als Irenäus (ca. 130–ca. 200) seine gewaltige Offensive gegen die verschiedenen abweichlerischen Glaubensrichtungen seiner Zeit schrieb, erinnerte er daran, wie Simon Magus alle magischen Künste erlernt habe, um es den Aposteln gleichzutun, und daß er und seine Schüler in dem Bestreben, Anhänger zu werben, Beschwörungen und Dämonenaustreibungen veranstaltet hätten. Gelegentlich erfahren wir aus solchen Angriffen auf Häretiker einiges über verschiedene Tricks, mit deren Hilfe man den Leuten Wunder oder doch magische Kräfte vorgaukelte. So verwendeten jene Irrgläubigen angeblich Chemikalien, um Flüssigkeiten zu verfärben, oder sprachen durch verborgene Röhren und ließen so geheimnisvolle Stimmen scheinbar aus dem Nichts ertönen. Aber auch dann, wenn wirklich Dämonen im Spiel sind, geht es keineswegs immer ohne Betrug zu: diese nämlich täuschen die Sinne der Menschen, indem sie ihnen beispielsweise ein riesiges Festmahl vorspiegeln, obwohl in Wirklichkeit gar nichts zu essen da ist, oder machen die Zuschauer glauben, leblose Dinge bewegten sich. Die Dämonen reden den Menschen auch ein, sie sähen die Zukunft voraus, während sie in Wahrheit nur eine gewisse Schlauheit besitzen, die sie befähigt, einigermaßen plausible Vermutungen zu äußern.

In diesen Bahnen etwa bewegte sich im allgemeinen das Denken der frühen Christen über die Magie, jedoch gab es einige Ausnahmen. Julius Africanus (ca. 160–ca. 240) befürwortete die Anwendung magischer Verfahren in der Heilkunst und im Ackerbau, und er war sogar der Meinung, daß man sich dieser Künste auch in der Liebe und im Krieg bedienen dürfe. Er sah offenbar nichts Dämonisches darin. Julius war ein christlicher Laie, und er schrieb mehr für ein Publikum der feinen Leute im kaiserlichen Rom als zur Erbauung seiner Glaubensgenossen. Dennoch durften seine Schriften wohl kaum mit der Billigung von seiten der Kirche rechnen – vorausgesetzt, daß sie überhaupt je von den Kirchenoberen zur Kenntnis genommen wurden. Andere Autoren betrachteten das Okkulte fein differenzierend: Firmicus Maternus (4. Jh.) war zwar der Meinung, daß die staatliche Gewalt alles tun solle, das Heidentum und mit ihm auch die Wahrsagerei und andere Formen der Magie, die zum Kult gehörten, auszurotten, er scheint aber speziell die Astrologie für eine seriöse und erlaubte Wissenschaft gehalten zu haben. Man könnte natürlich behaupten, dies seien bloß vereinzelte Ausnahmen, die nichts bewiesen, aber die plausiblere Annahme scheint uns doch die zu sein, daß diese Autoren stellvertretend für eine unbekannte Zahl von Anhängern einer gemäßigten Richtung sprechen, die nichts Schriftliches hinterlassen haben oder deren Schriften uns nicht erhalten sind.

Die gebildete römische Welt des 4. und 5. Jahrhunderts war noch keineswegs vollständig christianisiert. Neuplatoniker wie Martianus Capella (4. Jh.) beschäftigten sich noch immer mit der philosophischen Deutung

heidnischer Mythologie und damit auch mit jenen in Göttern und anderen
übersinnlichen Wesen personifizierten Mächten, auf die Wahrsager und Magier vertrauten. Macrobius (5. Jh.), dessen Hauptwerk wohl noch aus der
Zeit, bevor der Autor zum Christentum übertrat, stammt, ist überzeugt von
der geheimen Macht der Zahlen, er glaubt an prophetische Träume und an
verborgene Naturkräfte. Die Werke dieser Autoren haben bisweilen den Weg
in die Klosterbibliotheken des Mittelalters gefunden und standen dort friedlich neben Büchern von Augustinus und anderen Feinden der Magie in den
Regalen. Trotz solcher Widersprüche ist doch die Richtung, in die der breite
Strom des Denkens ging, eindeutig: Als das Christentum herrschend wurde,
verfiel die Magie mehr und mehr der allgemeinen Ächtung.

Die Kirche beschränkte sich nicht darauf, gegen die Magie zu predigen,
sondern sie griff bald auch zu juristischen Maßnahmen. Aus einzelnen
Rechtsvorschriften („canones"), die von regionalen Versammlungen („Syn-
oden") beschlossen wurden, entwickelte sich im Lauf der Zeit ein systematisch durchgebildetes Kirchenrecht, das „kanonische Recht", das bereits in
seinen frühen Ausprägungen die Magie verdammt. Im Jahr 306 beschloß
eine Synode in der spanischen Stadt Elvira, daß einem Verbrecher, der mit
Hilfe von Zauberei *(maleficium)* einen Mord begangen hatte, die Sterbesak-
ramente verweigert werden sollten, und zwar deswegen, weil eine solche
Missetat notwendigerweise mit „Götzendienst", und das heißt: mit der Beschwörung böser Geister, verbunden sei. Die Synode von Ancyra 314 sah
eine fünfjährige Buße für all jene vor, die magische Heilpraktiken oder
Wahrsagerei trieben, zehn Jahre sollte büßen, wer eine Abtreibung mit magischen Mitteln vorgenommen hatte. Das Konzil von Laodicea verbot speziell dem Klerus, sich mit Zauberei und verwandten Künsten zu befassen
oder Amulette anzufertigen; jeder, der ein solches Amulett trug, sollte ex-
kommuniziert werden.

Im Verlauf des 4. Jahrhunderts gewann die Kirche gewaltig an Einfluß,
weil von dieser Zeit an meist christliche Kaiser herrschten, die den Wünschen
des Klerus mit einigem Wohlwollen begegneten. Die römischen Gesetze früherer Jahrhunderte hatten magische Praktiken nur für den Fall mit Strafe
bedroht, daß dadurch irgendein Schaden angerichtet würde. Die Gesetze aus
republikanischer Zeit sahen schwere Strafen bis hin zur Todesstrafe für Zauberer vor, die Wirbelstürme verursachten, Feldfrüchte stahlen oder die Seelen der Abgeschiedenen heraufriefen. Unter Kaiser Tiberius (Reg. 14–37)
dehnte man Strafbestimmungen gegen Giftmischer auf Magier aus: mit
Todesstrafe drohte man jedem, der durch Zauberei das Leben anderer Menschen in Gefahr brachte. Später bestrafte das Gesetz ebenso auch den Liebeszauber. Erst in der Zeit nach der Bekehrung der Kaiser jedoch wurde
Zauberei überhaupt und generell zum Kapitalverbrechen erklärt: Constan-
tius setzte 357 als Strafe für jede Form von Magie und Zukunftsdeuterei den
Tod durch Enthauptung fest, der Kodex des Kaisers Theodosius II. aus dem
Jahr 438 und der Justinians 529 bestätigten diese strengen Bestimmungen.

Sogar Leuten, die lediglich magische Amulette zum Schutz gegen Krankheit trugen, drohte nun die Todesstrafe. Der heidnische Autor Ammianus Marcellinus (ca. 330–ca. 398) beklagte, daß jeder, der einen Wahrsager aufsuche oder sich „von irgendeinem alten Weib" ein Zaubermittel geben lasse, um seine Leiden zu behandeln, wie ein Schwerverbrecher bestraft werde. Nach einem Dekret des Kaisers Valentinian I. (Reg. 364–375) sollten auch die hingerichtet werden, die bei Nacht aus dem Haus gingen, um an „bösen Verwünschungszeremonien, magischen Riten oder nigromantischen Opferhandlungen" teilzunehmen, eine Formulierung, die dem Richter reichlich viel Freiraum für die Interpretation ließ. Im Jahr 371 wurden einige Leute, denen ein Orakel den Tod des Valentinian und den Namen seines Nachfolgers geweissagt hatte, in einem aufsehenerregenden Prozeß verurteilt und später hingerichtet. Bald danach ließen die Behörden öffentlich stapelweise magische Literatur verbrennen, und viele Menschen, die der Magie auch nur entfernt verdächtige Bücher besaßen, verbrannten diese vorsorglich selbst, um jedem Skandal aus dem Weg zu gehen.[16]

Etwa im 6. Jahrhundert hatte sich in Europa eine ganz neue Gesellschaft und eine neue Kultur etabliert, die das Bedürfnis verspürte, das Erbe der antiken Welt einer kritischen Bestandsaufnahme zu unterwerfen. Im Römischen Reich war das Christentum Staatsreligion geworden, jedoch war dieses Reich keineswegs mehr allmächtig: Im 5. Jahrhundert waren germanische Völker aus dem Norden weit nach Westen und Süden vorgedrungen und hatten England, Gallien, Italien, Spanien und sogar Nordafrika erobert. Diese Länder waren damit de facto nicht länger Teil des Römischen Reichs; nur dessen östliche Hälfte blieb als Staatsgebiet intakt. Der Zusammenbruch der Zentralmacht im Westen zog auch einen kulturellen Wandel nach sich. Immer weniger Menschen sprachen griechisch, Kenntnisse der griechischen Literatur wurden im Westen selten. Es entwickelten sich verschiedene Landessprachen, Latein wurde zur Sprache einer elitären Klasse, der Kleriker. In dem Maß, in dem jene Schichten, die Träger der römischen Kultur gewesen waren, christianisiert wurden, verloren sie ihren alten Rang in der Gesellschaft. Neue Herrscher, denen römische Traditionen wenig oder gar nichts bedeuteten, regierten im Westen. Die Kirche stand vor der Aufgabe, diese Herrscher und ihre Untertanen zum christlichen und katholischen Glauben zu bekehren. Im Verlauf des Bekehrungsprozesses aber veränderte sich nicht allein das Bekenntnis der Bekehrten, sondern auch die christliche Religion selbst wandelte sich, indem sie Elemente der fremden, vorchristlichen Kulturen aufnahm und sich zu eigen machte: Es entstand das *mittelalterliche* Christentum. Die kirchlichen Autoritäten mochten noch so oft ihre Bannflüche der Frühzeit wiederholen, so hatten sie es doch nun mit neuen Formen der Magie, mit neuen Praktiken und Überzeugungen zu tun, die tief in der christlichen Kultur Wurzeln schlagen sollten.

III

Götterdämmerung:
Magie in der nordischen und irischen Kultur

Eine nordische Erzählung berichtet von einer Fehde zwischen zwei Adeligen des 10. Jahrhunderts, in deren Verlauf die beiden, sie heißen Hakon und Thorleif, sich der Magie bedienen. Thorleif verkleidet sich als Bettler und geht an den Hof seines Feindes. Er behauptet, er wolle ein Lied zu Ehren Hakons vortragen, in Wirklichkeit aber rezitiert er einen Fluch, der bewirkt, daß Hakon die Haupt- und Barthaare ausgehen, daß ein unstillbarer Juckreiz zwischen den Beinen ihn quält und daß er langsam dahinsiecht. Hakon, der sich rächen will, ruft die Göttinnen Thorgerd und Irpa, die ihm mit ihren seherischen und dämonischen „Troll"-Kräften zu Hilfe kommen. Sie schnitzen aus einem Stück Treibholz eine menschliche Figur, der sie ein Herz einsetzen. Dieses Bildnis senden sie Thorleif, der auf der Stelle stirbt.[1]

Unsere Quelle ist ein literarischer Text, es handelt sich nicht um einen einfachen Tatsachenbericht. Wir haben außerdem zu bedenken, daß die Fassung, die uns überliefert ist, erst im 14. Jahrhundert niedergeschrieben wurde; die Quelle bietet also keineswegs eine zeitgenössische Schilderung vorchristlicher magischer Praktiken in Skandinavien, sondern vielmehr eine Erzählung schon damals längst vergangener Dinge, die bei ihren Zuhörern oder Lesern ein aus Schrecken und Amüsement gemischtes Gefühl erregt haben mag. Die Geschichte demonstriert sehr schön die Probleme, vor denen man steht, wenn man sich für die vorchristlichen magischen Praktiken in Nordeuropa interessiert: Die meisten Informationen, die uns zugänglich sind, stammen aus der Zeit *nach der* Bekehrung, und die reichsten Quellen sind fiktionale Erzählungen, in denen sich nüchterner Bericht und phantastische Ausschmückung vermischen. Wir können allgemein sagen, daß das magische Wissen des Mittelalters in Europa verschiedene Einflüsse aufgenommen und verarbeitet hat, nämlich die der griechisch-römischen Antike und solche aus der frühen germanischen und keltischen Kultur. Wenn wir aber etwas über diese nordeuropäischen Völker erfahren wollen, haben wir es fast ausschließlich mit schwierigen und relativ jungen Quellen zu tun.

Elemente heidnischer Kultur in der bekehrten Gesellschaft

Die Völker die nach Süd- und Mitteleuropa eingewandert waren und sich dort niedergelassen hatten, bekehrten sich zum Christentum, teils bedingt durch Prozesse der Assimilation an die bereits christliche Kultur im Römischen Reich, teils auch dank den Anstrengungen fremder Missionare. Diese Entwicklungen dauerten jeweils mehrere Generationen lang und fanden etwa vom 5. bis ins 10. Jahrhundert hinein statt: Gallien und das angelsächsische England wurden im Verlauf des 6. und 7. Jahrhunderts christlich (dort wirkten auch Missionare aus Irland, das selbst erst kurze Zeit zuvor bekehrt worden war); im 7. und 8. Jahrhundert predigten Mönche von den britischen Inseln den germanischen Völkern auf dem Kontinent das Evangelium; schließlich nahmen auch die Slawen in Osteuropa und, etwa im 10. Jahrhundert, die nordischen Völker Skandinaviens den neuen Glauben an.

Alle diese Zeitangaben sind als mehr oder weniger grobe Näherungswerte zu verstehen. Wenn die Geschichtsschreiber von der Bekehrung eines Volks berichten, so verlegen sie dieses „Ereignis" normalerweise kurzerhand in das Jahr, in dem der Herrscher sich taufen ließ. Wenn man genauer hinschaut, so stellt man erstens fest, daß es fast immer schon vorher Christen in diesen Ländern gegeben hatte, beispielsweise die Ehefrau des Herrschers, die aus einem christlichen Land stammte und die ihren Kaplan von dort mitgebracht hatte, oder auch ausländische Kaufleute; zweitens aber ist es keineswegs so, daß etwa mit der Taufe des Landesherrn automatisch das ganze Volk christlich geworden wäre, es erforderte vielmehr einen mehrere Generationen dauernden Prozeß der Durchdringung, bis sich der neue Glaube auch tatsächlich im ganzen Land durchgesetzt hatte. Die Bekehrung des Herrschers war also nicht der Beginn noch der krönende Abschluß der Mission eines Volkes, aber sie war nichtsdestoweniger doch ein entscheidender Schritt auf diesem Weg, weil es dadurch der Kirche möglich wurde, mit ihren Institutionen Fuß zu fassen. Nach der Taufe eines Königs wurden überall im Land Klöster und Diözesankirchen gegründet, die Kirchen der verschiedenen Gemeinden verdrängten bald die heidnischen Kultstätten, der Klerus trat an die Stelle der heidnischen Priesterschaft. Wenn die althergebrachten Strukturen erst einmal zerstört waren, wandten sich die Leute sozusagen von selbst mit ihren religiösen Bedürfnissen an das Christentum. Natürlich nahm diese Entwicklung einige Zeit in Anspruch, und selbst der größte Eifer der Missionare konnte nicht verhindern, daß vereinzelte Relikte aus der früheren Kultur überlebten.

Es war in der Missionspraxis des frühen Mittelalters durchaus üblich – freilich nicht überall –, daß man bis zu einem gewissen Maß christliche Glaubensinhalte der heidnischen Geisteswelt anpaßte. Papst Gregor der Große (Pont. 590–604) wies seine Missionare in England an, heidnische Tempel nicht zu zerstören, sondern sie neu zu weihen und als Kirchen zu benutzen. Sie sollten auch heidnische Feste nicht einfach verbieten, sondern statt dessen versuchen, ihnen einen christlichen Sinn zu geben. In ähnlicher Weise verfuhren die Missionare auch mit Praktiken, die wir heute magisch nennen würden, und verleibten sie ihrem eigenen Kult ein, sie verschmolzen Elemente aus zwei Kulten und Kulturen und schufen so etwas Neues. Die

Mönche begegneten bei ihrer Missionstätigkeit oft Zauber- oder Segenssprüchen, in denen vermutlich germanische Gottheiten angerufen wurden. Sie schrieben solche Formeln auf, damit spätere Missionare wüßten, was sie erwartete, und vielleicht erfanden sie manchmal auch christianisierte Varianten dazu. So erzählt etwa ein berühmter althochdeutscher Zauberspruch davon, wie Wodan durch die Wälder ritt, daß sich sein Pferd ein Bein brach und daß der Gott es wieder heilte. In späteren Versionen ist Wodan durch Figuren des christlichen Kults oder durch Christus ersetzt, der auf einem Pferd in Jerusalem einzieht. Den heidnischen Priestern konnte man die Ausübung ihrer Riten einfach verbieten, aber es war sehr viel schwieriger oder gar unmöglich, alte Überzeugungen und Denkgewohnheiten heidnischen Ursprungs auszutreiben, etwa die Meinung, daß der Herrscher von den Göttern abstamme und daß ihm deswegen magische Kräfte eigen seien, die über Wohl und Wehe seines Reichs entschieden. Ein christlicher Priester konnte nur sehr wenig gegen solche Relikte aus der früheren Kultur tun.

Aber die Toleranz hatte doch ihre Grenzen. Mönche und andere Kirchenmänner schritten normalerweise sofort ein, wenn explizit alte Gottheiten verehrt wurden, und sie verboten auch schon jene Praktiken, bei denen der Verdacht nahelag, sie könnten etwas mit dem heidnischen Kult zu tun haben. So poltert etwa ein anonymer Prediger des frühen Mittelalters in heiligem Zorn: „Alle die, die glauben, Bleiplättchen mit irgendwelchen Inschriften oder Zauberhörner könnten vor Hagelschlag schützen, sind keine echten Christen, sie sind Heiden!" In der Tradition der Kirchenväter betrachtete man die einheimischen Götter als Dämonen und folglich alle Zauberei, die mit diesen Göttern im Bunde war, als Schwarze, teuflische Magie.

Für die heidnischen Kulturen in Nordeuropa, ähnlich wie im Römischen Reich, bildeten Religion und Magie eine Einheit und wurden nicht streng unterschieden. In der germanischen Mythologie war beispielsweise Wodan (auch Odin genannt) selbst ein Meister der Zauberkunst, er hatte Macht über das Runenalphabet und konnte mit Hilfe der Runenzeichen allerlei Wunder vollbringen. Ein angelsächsischer Heilzauber wendet sich an diesen Gott; auch in einem englischen Zauberbuch aus der Zeit lange nach der Bekehrung hat sich ein Spruch erhalten, in dem Wodan um Hilfe gebeten wird. Die Kirche wurde somit im frühmittelalterlichen Europa gezwungen, den Kampf, den sie im Römischen Reich aufgenommen hatte, fortzusetzen, und ihre Argumente waren die gleichen wie eh und je. Jetzt wie früher hieß es, der heidnische Glaube sei nicht die wahre und darum eigentlich gar keine Religion, sondern bloßer Dämonendienst, und die Zauberei sei Bestandteil dieses Teufelskults.

Es kam vor, daß Leute, die Magie getrieben hatten, ihre Sünden bereuten und sie einem Priester beichteten. Für solche Fälle hatte der Priester manchmal ein „Pönitentiale", ein Handbuch, in dem aufgeführt war, welche Bußen ein Beichtiger seinen Beichtkindern für die verschiedenen Sünden auferlegen mußte. In den frühmittelalterlichen Beichtbüchern finden wir Belege für all

die verschiedenen magischen Praktiken, von denen angenommen wurde, daß
sie einem Priester bei den bekehrten Völkern begegnen würden. Eines dieser
Bücher führt in einem Kapitel über den Götzendienst die Bußen für diejenigen Sünder auf, die sich der „Dämonenbeschwörung oder der Wahrsagerei"
schuldig gemacht haben. Der Autor schreibt, zum Teil in Anlehnung an einen
Beschluß der Synode von Ancyra:

> Wer Wahrsagerei treibt, wer also aus dem Flug der Vögel oder aus Träumen oder mit
> Hilfe anderer Künste, die bei den Heiden Sitte sind, etwas über künftige Ereignisse zu
> erfahren sucht, oder wer solche Leute in sein Haus einlädt, um von den Zauberern
> ihre Kniffe zu lernen – wenn jemand solche Sünden in der Beichte gesteht, so soll er,
> wenn es ein Kleriker ist, aus der Gemeinschaft verstoßen werden, weltliche Personen
> aber sollen fünf Jahre Buße tun.

Manchmal gingen die Beichtbücher mehr ins Detail; sie erwähnen Sünden
wie den Gebrauch von magischen Tränken zur Empfängnisverhütung und
Abtreibung, um einen Menschen zu töten oder ihn verliebt zu machen, sie
verdammen ernstlich den Diebstahl von Milch, Honig und anderen Dingen
mittels magischer Machenschaften und die Tötung von Tieren durch Blicke
oder Worte. Diesen Schriften zufolge sollen alle jene Frauen aus der Gemeinde ausgestoßen werden, die von sich behaupten, sie könnten Liebe oder
Haß erregen oder könnten sich mit magischen Methoden anderer Leute
Besitz aneignen. Ein Pönitentiale sagt, daß der Beichtvater einer Person, die
„spitze Pflöcke in den Leib eines Menschen steckt" – gemeint ist vermutlich:
in das *Bild* eines Feindes –, ein dreijähriges Bußfasten auferlegen soll.[2]
Kirchliche Autoritäten hatten bisweilen Anlaß, nicht allein heidnische
Praktiken, sondern auch heidnische Überzeugungen zu verurteilen. Um 820
verdammt Bischof Agobard von Lyon in einer Schrift den Aberglauben,
Magier könnten Hagelschlag und Stürme herbeihexen; nur Gott allein, so
sagt er, habe Macht über das Wetter. Einmal hätten Leute aus seiner Diözese
vier arme Delinquenten beschuldigt, sie wären in Zauberschiffen über den
Himmel gefahren und hätten die Ernten vom Feld weg gestohlen. Es sei
traurig, so klagt Agobard, wie verblendet doch die Welt sei: Christen halten
heutzutage Dinge für möglich, die in besseren Zeiten selbst die Heiden als
unsinnig erkannt hätten. Ein anonymes Beichtbuch, das um das Jahr 1020 in
die bedeutende Sammlung kanonischer Rechtsvorschriften des Burchard von
Worms aufgenommen wurde und deswegen weit verbreitet war, lehnte den
Glauben ab, jemand könne das Wetter ändern, auf die Gedanken der Menschen Einfluß nehmen und Liebe oder Haß erzeugen. Dieselbe Quelle erklärt
es auch für unmöglich, daß Menschen in Tiere verwandelt würden. Der
Autor war offenbar der Meinung, daß die Vorstellung solcher Fähigkeiten
nicht mit dem Gedanken einer einzigartigen und allmächtigen Schöpferkraft
Gottes verträglich sei. Der Kanon *Episcopi*, der vermutlich von einer frän-
kischen Synode im 9. Jahrhundert beschlossen wurde, verurteilt die Überzeugung mancher Frauen, sie ritten nachts in Begleitung der Göttin Diana auf

Tieren durch die Lüfte. Wer an so etwas glaubt – und nicht: wer so etwas tut –, soll mit Kirchenbuße bestraft werden. Das ist freilich die Ausnahme – die meisten Rechtsquellen und Beichtbücher befassen sich mit dem, was die Leute tun, und nicht mit ihrem Glauben, die meisten kirchlichen Gebote und Verbote, die erlassen werden, richten sich gegen die Zauberei und nicht gegen den Glauben an Zauberei.

Wenn wir versuchen, die magische Praxis der nordeuropäischen Völker in vorchristlicher Zeit zu analysieren, bewegen wir uns auf unsicherem Boden. Außer gelegentlichen Bemerkungen bei römischen Geschichtsschreibern wie etwa Tacitus, die von Bräuchen einer sehr frühen Zeit berichten, und abgesehen von einigen Verdammungsflüchen frühmittelalterlicher Mönche besitzen wir nur sehr wenige schriftliche Quellen. Die Archäologie kann ebenfalls nur wenig Erhellendes zu unserem Thema beitragen: Wenn man beispielsweise bei der Freilegung eines Grabes einen Pferdezahn findet, der so durchbohrt ist, daß man ihn an einem Faden um den Hals tragen konnte, kann man dann daraus schließen, daß dieser Zahn als magisches Amulett gedient hat? Und wenn ja, zu welchem Zweck? Und warum wurde er einem Toten ins Grab gelegt? Jede Antwort auf diese und ähnliche Fragen wäre bloße Spekulation und würde keinerlei Fortschritt bringen.

Gleichwohl eröffnen sich dem Historiker doch zwei Felder, die mit einigem Gewinn zu beackern sind. Wenn die nordeuropäischen Kulturen auch im wesentlichen ohne die Schrift auskamen, so waren sie doch nicht vollkommen analphabetisch. Sie hatten eine eigene Form der Schrift, die sie zwar nicht dazu benutzten, ihre Dichtungen aufzuschreiben, wohl aber zu kultisch-magischen Zwecken. Besonders interessant für uns sind die Runeninschriften aus der nordischen Kultur, die in Skandinavien und Island daheim war, die auch in England Fuß faßte und an vielen anderen Orten in ganz Europa, wo Handelsgeist oder Beutegier diese Völker hinverschlagen hatte, Spuren hinterließ. Diese Nordländer waren Germanen, und weil sie länger heidnisch blieben als die Völker weiter im Süden, sind uns von ihnen mehr Zeugnisse heidnischer Kultur überliefert. Neben den Runeninschriften sind es vor allem die Erzählungen, die uns von den Sitten und Vorstellungen der Germanen jener vorchristlichen Ära Kunde geben. Die bedeutendsten dieser Quellen sind die nordischen Sagas, vor allem die aus Island. Heidnische Motive finden sich aber auch anderswo, sogar in Schriften aus Irland, obwohl die Insel schon sehr viel früher christianisiert wurde. Es ist sicher unmöglich, aus den vereinzelten Zeugnissen, die wir besitzen, ein vollständiges Bild der heidnischen Kultur zu rekonstruieren, aber sie werfen doch Schlaglichter auf jene Welt, die uns eine Ahnung davon vermitteln, wie es gewesen sein muß.

Runeninschriften

In einer Kultur, in der Schreiben und Lesen nicht üblich ist, kann die Schrift an sich schon als etwas Magisches erscheinen. Man vermutet in jedem Schriftstück irgendwelche geheimnisvollen Kräfte, und es ist nur natürlich, wenn die Menschen auf der Suche nach magischen Angriffs- oder Verteidigungswaffen einige Zuversicht auf das geschriebene Wort setzen. Der englische Gelehrte Beda Venerabilis (ca. 673–735) berichtet in einer Chronik von einem Gefangenen aus Northumberland, dessen Bruder, der ihn tot glaubte, für ihn Seelenmessen lesen ließ. Da wirkten die Gebete ein Wunder: Die Fesseln des Gefangenen lösten sich und fielen von ihm ab. Seine Kerkermeister, die den wahren Grund dafür nicht kannten, fragten ihn sogleich, ob er vielleicht eine magische Schrift bei sich trage. Für diese Leute muß also die Vorstellung des Zauberns sehr eng mit der des Schreibens verknüpft gewesen sein.

Eine derartige Denkweise zeigt sich sehr klar in der Verwendung von Runen. Diese Schrift wurde in der nordischen Kultur Skandinaviens und Islands benutzt; die frühesten Runen, die wir kennen, stammen aus dem 3. Jahrhundert. Man findet dieses Alphabet auch bei anderen germanischen Völkern, aber nur im Norden hat sich sein Gebrauch bis in die Zeit des Mittelalters hinein erhalten. Es ist nicht eindeutig zu klären, ob es sich bei dieser Schrift ursprünglich und eigentlich um ein Werkzeug zum Zaubern handelte, aber es besteht doch kein Zweifel daran, daß schon sehr früh Assoziationen mit magischen Dingen sich an sie banden. Wir erfahren aus den Sagas von Leuten, die mit Hilfe von Runeninschriften allerlei Zauberei treiben: Die Magie läßt den Krieger im Kampf siegen, sie spürt Gift auf und zersprengt das Trinkhorn, wenn ein vergiftetes Getränk eingeschenkt wird, sie sorgt für Kindersegen, flößt Liebe ein, manipuliert das Wetter. Eine Quelle behauptet gar, daß die Macht von Runen einen Erhängten zum Leben erwecken könne. In der *Egils saga* werden Runen in Fischbein eingeritzt, um eine kranke Frau zu heilen – leider sind es die falschen Runen, und als Egil sie sieht, bemerkt er sarkastisch, daß Leute, die nichts davon verstehen, besser die Finger von dem Geschäft lassen sollten. Er ritzt dann die richtigen Runen, und sofort kommt wieder neues Leben in die Frau.

In Skandinavien, Island und jenen Teilen von England, die von Dänen besiedelt waren, hat man verschiedene Dinge mit Runeninschriften gefunden. Man kann nicht immer mit Sicherheit behaupten, daß sie magischen Zwecken gedient haben, aber in einigen Fällen ist dies doch eindeutig. Ein Fischbeinamulett, das aus dem 6. Jahrhundert stammt und in dem schwedischen Ort Lindholm gefunden wurde, trägt den Namen des Gottes Týr und außerdem Kombinationen von Zeichen, die als Text gelesen keinen Sinn ergeben und wohl irgendwelche magischen Kräfte entfesseln sollen (Abb. 5). Eine Sequenz dieser Zeichen etwa wäre als „*aaaaaaaaRRRnnn*" zu deuten; derartige Aneinanderreihungen scheinen nicht ungewöhnlich gewesen zu

Abb. 5: Stabamulett von Lindholm; 6. Jh.

sein. Wir finden ähnliche Inschriften auch auf magischen Objekten bei Gräbern oder in den Gräbern selbst, auf Steinen, die vielleicht böse Geister
abschrecken oder den Toten an dem Ort festhalten und ihn hindern sollten
umherzugeistern.

Die Sagas

In verschiedenen Gattungen und Werken der mittelalterlichen Literatur gibt
es hin und wieder Hinweise auf magische Praktiken. Im *Beowulf* zum Beispiel kommt einmal ein Krieger vor, der einen Schutzzauber auf seinem
Helm trägt. Wenn wir aber ausführliche und realistische Beschreibungen
germanischer Zauberei suchen, so gibt es nur wenige Quellen, die ähnlich
ergiebig sind wie die nordischen Sagas. Wenn wir hier von „realistischen"
Beschreibungen reden, so ist damit nicht gemeint, daß diese Berichte etwa in
jeder Einzelheit wahrheitsgetreu Dinge und Ereignisse des wirklichen Lebens
erzählten oder daß sie zu ihrer Zeit in diesem Sinn verstanden worden wären; indes führen sie uns doch mehr als andere mittelalterliche Quellen Magie in sozusagen natürlicher Umgebung vor, sie erscheint als Teil des realistisch geschilderten Alltagslebens: Wir begegnen ihr im Getümmel der
Privatkriege verfeindeter Familien, in der Rechtspflege, im ganz normalen
Getriebe des Lebens, nicht in einer Märchenwelt oder in einem idealisierten
oder verzauberten Königreich.

Die Sagas wurden um das 13. Jahrhundert herum in Island aufgeschrieben, sind aber nach allgemeiner Ansicht sehr viel früher entstanden, etwa in
der Zeit um das Jahr 1000, kurz nach der Bekehrung Islands. Aus vielem,
was die Dichter erzählen, geht klar hervor, daß ihr Land zumindest dem
Namen nach bereits christlich ist, die Personen in den Sagas handeln aber

immer noch nach heidnischen Überzeugungen und Bräuchen. Die Epen sind somit überaus ergiebige Informationsquellen – freilich verraten sie uns mehr darüber, was die Christen von den frühen magischen Praktiken dachten, als über diese Praktiken selbst.

Die Bedeutung der Zauberei in diesen Erzählungen ist unverkennbar, so etwa in der *Grettirs saga*, die im 14. Jahrhundert niedergeschrieben wurde, die jedoch Verhältnisse und Geschehnisse des 11. Jahrhunderts schildert.[3] Wie die meisten Sagas ist auch diese im wesentlichen eine Schilderung von erbarmungslosen Gewalttaten zwischen verfeindeten Sippen. Der Held, Grettir, beschließt seine Tage in der Verbannung auf der einsamen Insel Drang, einer felsigen Erhebung im Meer vor der Küste von Island. Bevor er ins Exil geht, nimmt er Abschied von seiner Mutter. Sie warnt ihn:

Passe gut auf dich auf, aber du wirst trotzdem durch Waffen getötet werden, denn ich hatte sonderbare Träume. Hütet euch vor Zauberei, denn nur wenig ist mächtiger als die alten Zaubersprüche.

Es stellt sich heraus, daß diese Warnungen nur allzu begründet sind. Grettirs Erzfeind muß einsehen, daß er den Helden auf seiner Insel nicht offen angreifen kann, und er bittet deswegen seine alte Amme um Hilfe, die in heidnischer Zeit Hexerei getrieben und ihre Künste noch nicht vergessen hat. Die alte, gebrechliche Frau sträubt sich zuerst, läßt sich aber schließlich überreden. Sie fährt mit einigen Leuten in einem Boot nach Drang hinüber, aber Grettir erkennt sie und zerschmettert ihr mit einem Stein einen Schenkel. Sobald ihre Verletzung ausgeheilt ist, unternimmt sie einen weiteren hexerischen Anschlag auf Grettir. In Begleitung einiger Männer geht sie an den Strand und sucht nach Treibholz. Sie findet einen mächtigen Baumstamm, sie befiehlt den Männern, dessen Oberfläche zu glätten, und schnitzt dann Runen hinein. In die Kerben reibt sie etwas von ihrem Blut, sie rezitiert Beschwörungen, geht rückwärts gegen den Uhrzeigersinn („links") um den Baumstamm herum und läßt ihn dann von ihren Leuten zurück ins Meer stoßen. Sie spricht noch eine Zauberformel, die den Stamm – obwohl der Wind landwärts bläst – hinaus in die See und zielstrebig zur Insel Drang treiben läßt. Am nächsten Tag kommt Grettir an den Strand, um Feuerholz zu suchen. Er sieht den Baum, aber nimmt ihn nicht, denn er weiß: es ist ein „übler Baum, Übel hat ihn gesandt". Dasselbe passiert am nächsten Tag noch einmal. Am dritten Tag aber geht ein Sklave Grettirs Feuerholz suchen, und er nimmt nichtsahnend den verfluchten Baum mit nach Hause, wo der Held, der ebenfalls nichts gemerkt hat, nun anfängt, den Kloben kleinzuhakken. Die Axt aber prallt ab, trifft ihn am Bein und verletzt ihn schwer. Als die Wunde immer schlimmer wird, merkt er, daß ein Zauber ihn geschlagen hat. Er ist so geschwächt, daß er sich nicht mehr wehren kann, als seine Feinde auf der Insel einfallen, und sie töten ihn mit einem Hieb auf den Kopf. Als die Isländer erfahren, was passiert ist, halten sie Gericht über Grettirs Feind, nicht etwa deswegen, weil er Grettir umgebracht, sondern weil er sich der

Magie bedient hat, und sie verbannen ihn aus Island. „Seit dieser Zeit", sagt die Saga, „ist es Gesetz, daß alle Zauberer der Acht verfallen sollen."
Das Verfahren, das hier gegen Grettir angewandt wird, ist in mehrerlei Hinsicht typisch für die Magie der Sagas. Die Magierin ist eine Spezialistin, deren Dienste von Laien in Anspruch genommen werden. Sie arbeitet mit Zeremonien und mit Objekten, doch sind diese lediglich *Medien*, Transportmittel oder Werkzeuge also, die eigentliche *Quelle* der magischen Kraft aber ist das gesprochene oder geschriebene Wort: die Formeln, die sie über den Baumstamm spricht, und die Runen, die sie einritzt. Die Gesellschaft, in der die Zauberin lebt, bestraft Zauberei nicht deswegen, weil sie gewalttätig ist, sondern weil sie ein *unfaires* Mittel der Kriegführung ist. Die Isländer sind der Ansicht, daß man seine Feinde in ehrlichem, offenem Kampf töten darf und soll, nicht aber durch heimtückische Zauberei. Eine weitere und besonders bedeutsame Beobachtung, die man hier und in anderen Sagas machen kann, ist die, daß die Magie als Teil des „ganz normalen" Lebens erscheint: Die Hexe ist eine alte Frau, die über spezielle Kenntnisse verfügt, es ist nicht einmal andeutungsweise die Rede davon, daß diese Frau etwas anderes als ein menschliches Wesen wäre oder daß sie abseits der Gesellschaft stünde. Auch die Situation, aus der heraus die magische Handlung in Gang gesetzt wird, erscheint in der Erzählung nicht als besonders ungewöhnlich.
Die Wirkungen, die durch Zauberei in den Sagas erzielt werden, sind von unterschiedlicher Art. Sie kann zu offensiven und zu defensiven Zwecken eingesetzt werden, aber fast immer im Zusammenhang von Krieg und Fehde: Man will einen Feind vernichten oder sich gegen einen Feind schützen. Zauberei kann einen Menschen töten, indem sie dafür sorgt, daß er im entscheidenden Moment der Schlacht wehrlos ist, oder dadurch, daß sie einen Sturm erregt, der sein Schiff auf hoher See kentern läßt. Der Zauberer kann, wenn man ihn vor Gericht stellt, seine Kunst benutzen, um den Ankläger zu töten. Statt den Feind umzubringen, kann der Magier oder die Hexe ihm das Leben zur Hölle machen. Mit Hilfe der Zauberei kann man einen Mann seiner sexuellen Potenz berauben. Man kann Leute in Tiere verwandeln und sie auf diese Weise vor Feinden in Sicherheit bringen, oder man kann Finsternis oder Nebel niedersenken und so den Verfolger verwirren. In der Schlacht macht ein zauberischer Blick die Waffen des Gegners stumpf, eine magische Formel lähmt ihn, so daß er wehrlos ist, ein Zauberhemd kann den Angreifer unverwundbar und unbesiegbar machen. Wenn man einen Magier gefangennimmt, muß man sich ganz besonders vor der Macht des Bösen Blicks in acht nehmen; darum stülpt man dem Zauberer oft einen Sack über den Kopf. Gelegentlich erwähnen die Sagas auch magische Heilungen, aber auch dann, wenn eine Hexe behauptet, sie übe einen Heilzauber, ist es keineswegs sicher, daß sie nicht in Wirklichkeit irgendwelche bösen Hintergedanken hat: Die *Saga von Droplaugs Söhnen* erzählt von einem Krieger namens Grim, der im Kampf am Bein verwundet wird. Die Wunde fängt an zu eitern. Es kommt eine angeblich heilkundige Frau, die ihm einen Verband macht, aber

die Wunde wird immer schlimmer, und schließlich stirbt der Mann. Es stellt sich heraus, daß die Frau eine Hexe war, die Freundin eines Mannes, den Grim getötet hatte, und die mit magischen Mitteln die alte Blutrache vollstreckte.

Die Zauberkundigen in den Sagas sind fast immer ziemlich finstere Gestalten, mürrisch und einzelgängerisch, und manchmal werden sie ausdrücklich mit dem alten heidnischen Kult in Verbindung gebracht. Alle sind sich darüber einig, daß sie für ihre Missetaten mit dem Tod oder mit Verbannung bestraft werden müssen. Gelegentlich erfährt man, daß sie ihr Handwerk von diesem oder jenem Meister gelernt haben, manchmal treten sie in Begleitung von Hilfskräften auf, die bei den Zeremonien assistieren. Eine Saga erwähnt einmal sogar eine ganze Familie von Zauberern, alle „sehr geschickt in den magischen Künsten", die aus ihrer Heimat vertrieben wurde, vermutlich eben dieser Reputation wegen. Meistens jedoch arbeiten die Magier alleine, entweder im Auftrag von Kunden oder in eigenem Interesse. Oft stehen sie mit Tier-Geistern im Bund, manche halten auch wirkliche Haustiere: Von einem Zauberer wird gesagt, er habe zwanzig große, schwarze Katzen, die ihn beschützten, und er habe sie so behext, daß sie mit ihren unheimlichen Blicken und mit ihrem Fauchen jeden in Schrecken versetzten. Die Magier brauchen für ihr Handwerk keine besondere Ausrüstung, ein Stab, ein Stück Tuch oder Fell, ein „Troll-Mantel", eine Arbeitsplatte, das genügt.

Die Bedeutung gesprochener oder rezitierter Formeln in der Magie der Sagas ist überaus groß. Eine Episode in der *Laxdaelasaga* demonstriert, auf welche Weise eine Beschwörung wirkt: Eine Familie von Zauberern nähert sich bei Nacht dem Haus ihres Feindes und beginnt mit der Rezitation von Zaubersprüchen. Am Anfang reagieren die Opfer mit Verwirrung, obwohl der Gesang an sich durchaus angenehm klingt. Schon bald aber merkt der Hausherr, daß ein Zauber gegen jemanden aus seiner Familie im Gange ist, er warnt alle und ermahnt sie, wach zu bleiben und nicht hinauszuschauen. Aber es hilft nicht: alle bis auf den zwölfjährigen Buben, auf den es die Zauberer abgesehen haben, schlafen ein. Der Bub wird von Unruhe befallen, er geht zur Tür hinaus und auf die Magier zu und fällt sogleich tot zu Boden.

Die Beziehungen, die vielleicht zwischen der Zauberei und dem heidnischen Kult im Norden bestanden, sind kaum jemals zu fassen. Für die Feinde des Zauberwesens ist die Magie eine Kunst, die im christlichen Island eigentlich nicht mehr praktiziert werden darf. Sie ist Teil einer Kultur, der man in der Taufe abgeschworen hatte, als man dem Teufel die Gefolgschaft aufkündigte. In diesem Sinn ist sie also ein Überbleibsel aus heidnischer Zeit. Und doch gibt es keinerlei Hinweise dafür, daß magische Praktiken Teil eines irgendwie organisierten heidnischen Kults wären; nichts spricht dafür, daß irgendwelche Zirkel im Untergrund weiterhin die religiösen Bräuche des Heidentums gepflegt hätten. Und in der Darstellung der nordischen Sagas erscheint die Magie auch nicht sehr eng verbunden mit der Verehrung germanischer Götter. Zwar werden manchmal bei magischen Handlungen Götter erwähnt, bisweilen scheinen die Zauberer auch magische Handlungen der Götter zum Vorbild zu nehmen, sie also zu imitieren, aber nur selten werden göttliche Wesen angesprochen. In Island wie auch sonst in Skandinavien war man offenbar der Meinung, daß es zwischen dem heidnischen Götterkult und der Magie zwar Berührungspunkte gebe, daß es sich aber im wesentlichen um zwei ganz verschiedene Dinge handle. Es waren die christlichen Gelehrten, die diese Grenze aufhoben, indem sie ständig davon redeten, daß heidnische Gottheiten mit ihren „Troll-Kräften" den Zauberern zu Hilfe kämen, und es waren die Prediger, die solche Theorien unters Volk brachten.

Vieles aus dem Bereich der Magie, was uns in den Sagas begegnet, kann in die altgermanische Zeit hinein zurückverfolgt werden; manchmal finden wir Reflexe jener Zauberkräfte, die einst dem Gott Odin zugeschrieben wurden, bisweilen stoßen wir aber auch auf Phänomene, die uns außergermanische Einflüsse anzeigen. In gewissen Einzelheiten ähnelt die isländische Magie der verschiedener Völkerschaften des Polarkreises, etwa der Lappen. Wie die Schamanen des hohen Nordens entwickeln die isländischen Zauberer im Schlaf und in Trance besondere psychische Fähigkeiten. Wie die sibirischen Magier sind sie sehr erfindungsreich, wenn es darum geht, ihre Freunde durch Verwandlung in allerlei Gestalten vor Entdeckung zu schützen. Mit den lappländischen Magiern verbindet sie die Neigung, die Gestalt eines Tiers, etwa die eines Walrosses, anzunehmen, wenn das beim Angriff auf einen Feind Vorteile verspricht. In isländischen wie in anderen Traditionen des Nordens werden bisweilen solche Zauberer in Tiergestalt mit den Tier-Geistern verwechselt, die den Zauberer beschützen. Es gibt sogar Parallelen zu den Eskimo-Schamanen, die sich auf einem erhöhten Platz mit Fellen zugedeckt hinlegen und sich in Ekstase versetzen: ähnliches wird auch in den Sagas beschrieben oder doch wenigstens angedeutet.[4] Wir sehen also, daß zu den zahlreichen Linien, die in der Magie zusammenlaufen, auch eine gehört, die von der Kultur des Polarkreises herkommt.

Andererseits sind es freilich auch wieder besondere, speziell isländische Verhältnisse, welche die Sagas geprägt haben. Man lebt von extensiver Landwirtschaft und vom Fischfang, die Gesellschaft ist in weit höherem Maß als vor der Christianisierung befriedet. Trotz der isolierten Lage gab es doch kulturelle und durch Religion und Kirche bedingte Verbindungen mit Nordeuropa und Europa überhaupt. Lateinische Literatur wurde in die Landessprache übersetzt. Vielleicht gerade wegen der geographischen Isolation verspürten die Intellektuellen ein starkes Bedürfnis, die Leute daran zu erinnern, daß sie die Verbindung mit der zivilisierten Welt nicht abreißen lassen durften. Die Sagas, die aufgeschrieben wurden, nachdem sie etliche Generationen lang mündlich tradiert worden waren, riefen den Menschen eine heroische, aber keineswegs romantische Vergangenheit in Erinnerung. Sie entwarfen ein dunkles Bild von manchen Teilen der alten nordischen Tradition. Aus ähnlichen Gründen wie Horaz und Lukian, die sich in der Literatur über Hexen lustig gemacht hatten in einer Ära, da der römische Staat einen Feldzug gegen die Hexerei eröffnete, zeichneten auch die nordischen Dichter ein abschreckendes Bild von der Magie und von der schlechten alten Zeit, in die – Gott behüte – Island nicht zurückfallen sollte. Die Autoren liefern uns viele höchst lebhafte Beschreibungen magischer Praktiken, so wie sie als Außenseiter sich die Zauberei vorstellten. Ihre Geschichten behandelten eine ganz bestimmte Art von gewalttätigen Kämpfen in der Gesellschaft, und die Magie, die sie darstellten, war eines von mehreren Mitteln, jenen düsteren Ton, den sie dem Bild zu geben wünschten, über die Leinwand zu legen.

Ganz anders verhält es sich mit der Zauberei, wie sie in der eddischen Überlieferung erscheint. In diesen Liedern hat sich sehr viel mehr von der nordischen Mythologie erhalten als in den Sagas: Mit einigen Einschränkungen könnte man sagen, daß die Sagas von menschlichen Wesen berichten, die Edda dagegen ist die wichtigste Quelle unseres Wissens von der Götterwelt. Für eine Geschichte der Magie, wie sie in der menschlichen Gesellschaft praktiziert wurde, sind die Eddalieder als Quelle weniger bedeutend, allerdings berichten auch sie von magischen Praktiken, die sich nicht völlig von denen, die wir aus den Sagas kennen, unterscheiden. Die wohl berühmteste und für unsere Zwecke wichtigste Erzählung aus der Edda ist die von Odin, der sich an einem Baum aufhängt, ohne Nahrung und den Elementen ausgesetzt, harrt er aus, bis er schließlich zum Lohn Macht über die Runen und ihre magischen Potenzen gewinnt. Für den göttlichen wie für den menschlichen Zauberer ist die Schrift der Schlüssel zur Magie. Was dieser Mythos lebhafter als die Sagas vor Augen führt, ist die Lehre, daß jeder, der Zugang zu magischer Macht gewinnen möchte, sich zuvor strenger Askese unterwerfen muß: Hier wie auch in anderen frühen Kulturen Europas wird angenommen, daß Zauberkräfte nur dem zuteil werden, der eine sehr harte Lehrzeit hinter sich gebracht hat; er muß seinen Körper vollkommen beherrschen lernen und seine Seele stark machen, erst dann kann er es mit äußerster Willensanstrengung schaffen, auch zu anderen verborgenen Energien vorzustoßen.[5]

Irische Literatur

Auch in der keltischen Dichtung finden sich Motive des Magischen. Ihrem Charakter nach stehen sie im allgemeinen denen der Edda näher als denen, die uns in den Sagas begegnen. Ähnlich wie die nordische Dichtung ist uns die irische, wie die keltische überhaupt, fast ausschließlich in relativ späten mittelalterlichen Redaktionen überliefert, in Handschriften, die aus dem 12. Jahrhundert oder aus noch jüngerer Zeit stammen. Alles Heidnische war schon damals Relikt einer vergangenen Epoche, und speziell in Irland lag die vorchristliche Kultur besonders weit zurück. Außerdem ist festzustellen, daß die Spuren heidnischer Magie in der irischen Tradition eher in die Mythologie als in die magische Praxis der Menschen hineinführen; insofern also sind diese Quellen mehr der Edda als den Sagas vergleichbar.

Ein herausragendes Thema der irischen Literatur ist das der Verbindung zwischen Feenwesen und Menschen. In einer Erzählung des 12. Jahrhunderts beispielsweise kommen Jäger zu einem Feenhügel; dort wohnen achtundzwanzig Krieger, jeder mit einer zauberhaft schönen Frau. Die Jäger werden freundlich aufgenommen und bleiben über Nacht in dem Berg. Eine ältere Quelle berichtet, wie Conle der Rothaarige die Stimme einer verliebten, verführerisch schönen Fee hört. Sie lädt ihn ein in ihren Zauberhügel zu einem immerwährenden Fest, es gebe dort kein Leid und keine Sorgen, und selbst der Tod sei unbekannt. Conle, der fürchtet, in ihren Bann zu geraten, läßt sich von einem Druiden einen musikalischen Gegenzauber geben, der ihn schützen soll. Sie geht für eine Weile fort, läßt ihm aber einen Apfel da, von dem er sich einen Monat lang ernährt. Als sie zurückkehrt, warnt sie Conle vor der dämonischen Macht der Druiden, sie prophezeit ihm, daß der heilige Patrick kommen werde, um die Iren zu bekehren, und lockt Conle in ein kristallenes Boot. Er gibt schließlich der Verführung nach, sie nimmt ihn mit sich fort – und er ward nie mehr gesehen unter den Menschen. Es handelt sich bei dieser Geschichte offensichtlich um die christianisierte Version eines alten Stoffs. Feen werden im christlichen Mittelalter nicht selten als dämonische Wesen aufgefaßt, aber hier verbündet sich einmal eine Fee mit den Mächten des Guten und des wahren Glaubens gegen die heidnischen Druiden.[6] Wie wir (im 5. Kapitel) noch sehen werden, ist eine ähnliche Ambivalenz des Charakters von Zauberwesen auch in kontinentaleuropäischen Romanen festzustellen: Feen haben eine gute und eine böse Seite, sie können als Repräsentanten eines archaischen Heidentums auftreten, aber auch als Freundinnen der christlichen Religion.

Motive der keltischen Märchenliteratur kehren oft in Heiligenlegenden wieder. Diese Texte sind uns normalerweise in hochmittelalterlichen Versionen, aus einer Epoche lange nach der Bekehrung also, erhalten. Die Helden sowohl weltlicher wie religiöser Erzählungen können beispielsweise lange Zeit unter Wasser bleiben. Der heilige Koloman mac Luachain blieb einmal einen ganzen Tag und eine Nacht hindurch untergetaucht und vergnügte sich damit, den Tieren dort zuzusehen, die zu seiner Unterhaltung Schwimmwettkämpfe veranstalteten. Die Biographen irischer Heiliger borgten wohl nicht selten von frühen keltischen Helden- und Götterepen, wenn sie ihren Protagonisten wunderbare Gewalt über Feuer und Wasser zuschrieben. Die Heiligen konnten Feuer aus ihren Fingerspitzen springen lassen und Glut in den Händen tragen. Sie konnten Feinde mit ihrem Fluch treffen, und sie setzten diese Waffe auch oft gegen Diebe und Druiden und andere Bösewichter ein.[7] Einen Druiden etwa, der es wagte, St. Patrick (ca. 390–ca. 460?) entgegenzutreten, hob der Heilige hoch in die Lüfte und schmetterte ihn auf die Felsen nieder – es erging ihm genauso wie einst Simon Magus. Patrick forderte auch die Druiden zu Wettkämpfen im Wunderwirken heraus: In einer Erzählung verbrennt ein Druide in einer Hütte aus grünem Holz, Patrick dagegen bleibt unversehrt, obwohl seine Hütte aus trockenem Holz gebaut ist. Ohne Zweifel kann man solche Geschichten als Illustrationen zum Thema der göttlichen Allmacht und Gerechtigkeit interpretieren. Wenn wir versucht sind, diese Heiligen, die da Flüche gegen ihre Feinde schmettern, für Zauberer zu halten, so müssen wir uns doch immer klar machen, daß sie für die Autoren und die zeitgenössischen Leser eben *keine* Magier waren, und zwar deswegen, weil Gottes Macht die Wunder wirkte. In den Texten wird immer wieder gesagt, daß Patricks Wunder zu seinem und zu Gottes Ruhm geschahen. Die Druiden wie die Baalspriester und wie Simon Magus sind dagegen Zauberer, weil ihre Macht nicht von Gott kommt, sondern von Dämonen.

Die nordische und die irische Literatur – und auch generell die germanische und keltische Tradition – führen uns vor, wie mächtig der Einfluß der frühchristlichen Autoren im mittelalterlichen Europa blieb. Wenn Gelehrte des Mittelalters alle Magie als Dämonenwerk verdammen, so wurzelten diese Anschauungen in Erfahrungen der Missionare und anderer früher Propagandisten des Christentums. In einigen Fällen wenden sich magische Praktiken germanischer und keltischer Völker ausdrücklich an heidnische Gottheiten. Selbst dort aber, wo sie es nicht tun, neigt die christliche Kritik dazu, der Magie eine Verbindung mit dem traditionellen Kult zu unterstellen und sie als eine Form der Dämonenverehrung zu brandmarken, und zwar einfach deswegen, weil die Zauberei in der vorchristlichen Kultur wurzelte und weil in eben dieser Kultur auch die alten Götter verehrt wurden. Wer schlicht behauptete, alle Magie sei Dämonenwerk, hatte von seiten der Missionare gewiß keinen Widerspruch zu befürchten.

IV

Magie in der Volkstradition des Mittelalters

Aus der klassischen Antike ist in die mittelalterliche und in die moderne Kultur des Westens hinein die Vorstellung tradiert worden, daß Magie eine esoterische Kunst sei, eine, die nur ganz besonderen Leuten offenstehe. Im Altertum sind es die *magi*, später dann die *Zauberer* oder die *Magier*, die sich damit befassen. Die Verrichtungen dieser Leute mögen noch so viele Gemeinsamkeiten mit dem Tun der übrigen Menschen haben, so heften sich an den Begriff der Magie doch immer Assoziationen von einer abgeschlossenen Klasse verdächtiger Individuen, die irgendwelche dunklen Machenschaften treiben.

Wenn wir aber etwas näher hinsehen und die Menschen betrachten, die im Mittelalter wirklich Magie in der einen oder anderen Form praktizierten, so fällt es uns schwer, an jenem stereotypen Bild festzuhalten. Wir finden keineswegs eine einzelne, abgegrenzte Klasse von „Magiern", sondern vielmehr Menschen recht verschiedener Art, die verschiedene Tätigkeiten magischen Charakters ausüben: Mönche, Weltgeistliche, Ärzte, „Chirurgen" – das heißt: nichtstudierte Wundärzte, die zugleich als Barbiere arbeiteten –, Hebammen, Heilkundige und Wahrsager ohne irgend eine formelle Ausbildung, und auch Leute, Frauen wie Männer, die gar keinen besonderen Grund hatten, sich spezieller Kenntnisse oder Fähigkeiten auf diesem Gebiet zu rühmen, trieben Magie, so gut sie es eben verstanden, wenn sich zufällig die Gelegenheit ergab. Aus den schriftlichen Quellen erfahren wir mehr über magische Praktiken von Mönchen und Priestern als von Laien, aber daraus ist nicht zu folgern, daß Geistliche sich mehr für magische Dinge interessiert haben, vielmehr ist es einfach so, daß die Laien in aller Regel Analphabeten waren und darum keine schriftlichen Zeugnisse hinterließen.

Es gibt aber auch keinen Grund zu der Annahme, daß es, so verschieden all diese Leute waren, die Magie trieben, überhaupt keine Gemeinsamkeiten und Verbindungen zwischen ihnen gegeben hätte. Es gibt viele Hinweise darauf, daß Mönche ihre Kenntnisse über die Verwendung von Kräutern in Medizin und Magie nicht allein klassischen Autoren, sondern auch heilkundigen Laien verdankten, umgekehrt lernten Laien von Geistlichen wohltätige Segens- und Zaubersprüche. Im übrigen aber ist auch zu bedenken, daß in der Zeit, bevor die Medizin eine akademische Wissenschaft wurde, der Unterschied zwischen einem Arzt und einem Heiler sehr gering war. Wir sprechen im folgenden von einer „Volks-Tradition" der mittelalterlichen Magie und meinen damit jenes Wissen von magischen Dingen, das „Allgemeingut" war, das, wenn man so sagen will, in der Gesellschaft „frei zirkulierte". Damit soll nicht gesagt werden, daß bestimmte Formen der Magie ausnahmslos überall in der Gesellschaft jener Zeit anzutreffen wären und daß sie sich im Verlauf der Jahrhunderte nicht geändert hätten. Es scheint uns aber doch richtig zu betonen, daß viel magisches Wissen im mittelalterlichen Europa sehr weit verbreitet und in aller Regel nicht auf spezifische Gruppen in der Gesellschaft beschränkt war: Es war also nicht Privileg etwa „der Mönche" oder „der Frauen" oder „der Ärzte". In späteren Kapiteln werden wir anderen Formen der Magie begegnen, die sehr viel mehr als Sache von Spezialisten und von abgeschlossenen Zirkeln erscheinen.

Dieses Kapitel wird sich im wesentlichen mit Quellen aus der Zeit vom 12. bis zum 15. Jahrhundert befassen, aus einer Epoche, in der das Christentum, durchdrungen von je besonderen folkloristischen Elementen, sich überall in Europa durchgesetzt hatte. Zahlreiche Handschriften, besonders viele aus dem 15. Jahrhundert, sind uns erhalten geblieben und vermitteln uns eine recht genaue Vorstellung von der Magie in dieser Epoche. Wir werden auch einige frühere Zeugnisse betrachten, um zu erfahren, wie sich Theorie und Praxis der Magie aus älterer Zeit weiterentwickelten und sich in die Kultur des mittelalterlichen Europa einfügten.

Praktizierte Magie: Heilkunst und Wahrsagerei

Wir wissen aus vielen Zeugnissen, daß Mönche in ihren Klöstern sich intensiv mit der medizinischen Wissenschaft befaßten und insbesondere versuchten, sich das Wissen der Antike auf diesem Gebiet anzueignen und es weiterzutragen. Als Cassiodor (487–583) seinen exemplarischen Bildungs- und Studienplan für Mönche vorlegte, empfahl er auch jenes *Herbarium*, als dessen Verfasser Dioscorides galt, außerdem die Schriften von Hippokrates und Galenus sowie anderer griechischer und lateinischer Autoren zur Lektüre. Das ganze Frühmittelalter hindurch waren es ausschließlich Mönche, die diese und andere antike Schriften immer wieder kopierten und exzerpierten. Das bedeutet nicht, daß diese Männer etwa „Medizin studiert" hätten, in dem Sinn, daß sie sich für den Beruf des Arztes wissenschaftlich ausgebildet hätten. Es war vielmehr so, daß die Mönche eine alle Gebiete des Wissens umfassende Bildung anstrebten, und die Medizin war ein kleiner Teil des geistigen Erbes der Antike. Zu einem Kloster gehörte in der Regel eine Krankenstation, in der Kranke und Gebrechliche versorgt wurden. Hier nun hatten die Mönche Gelegenheit, das, was sie in ihrem Studium gelernt hatten, in die Praxis umzusetzen. Die Klöster boten nicht allein den Mitgliedern des Konvents medizinische Hilfe, sondern auch den Armen, den Reisenden und den Pilgern. In vielen Fällen richtete man eigens für Klosterfremde neben der Krankenstation ein besonderes „Hospiz" ein. Ein Beispiel für ein solches frühes Krankenhaus, in dem ausschließlich Personen aus dem

Laienstand behandelt wurden, ist das von Flixton in Yorkshire, das um 940 gegründet wurde. Manche Mönche gewannen solches Renommee als Heilkundige, daß sie auch von Kranken außerhalb des Klosters und sogar von Mitgliedern des königlichen Hauses um Hilfe gebeten wurden.[1]

Die Mönche wandten magische Heilverfahren an, die sie teils aus der Volksmedizin der einheimischen Kultur, teils aus der antiken Medizin kannten, die ja ebenfalls Elemente des Magischen enthielt. Vielleicht sollte man aber besser sagen: Die Mönche praktizierten etwas, was von späteren Autoren „Magie" genannt werden sollte, denn die frühmittelalterlichen Heilkundigen selbst hatten keineswegs das Gefühl, irgendeine Art von Zauberei zu treiben. In aller Unschuld bedienten sie sich der geheimnisvollen Heilkräfte der Alraune, und mit ebenso reinem Gewissen wandten sie allerlei Sprüche an, um die „Elfen" zu verscheuchen, die für Krankheiten verantwortlich waren.

Nicht allein Mönche übten im frühmittelalterlichen Europa den Beruf des Heilers aus. Es gab auch weltliche Ärzte, in England „leeches"[2] genannt, von denen wir freilich wenig wissen. Offenbar zogen manche von ihnen im Land umher. Sie hatten eine Art von Ausbildung genossen, die wohl einer Handwerkerlehre ähnelte und mehr praktischen als theoretischen Charakters war. Möglicherweise waren diesen Leuten Kenntnisse der antiken Medizin nicht ganz fremd, obwohl sie gewiß nicht den Bildungsweg der Klosterschulen durchlaufen hatten. In der Hauptsache gründete sich ihre Kunst wohl auf Traditionen der Volksmedizin und auf eigene Beobachtung und Erfahrung. Es scheint – soweit man das angesichts der einseitigen Überlieferung beurteilen kann –, als hätten diese Heiler noch mehr als die Mönche Verfahren angewandt, die später als magisch bezeichnet wurden.

Ähnliches wie für die Mönche galt für die Weltpriester, jedenfalls für diejenigen unter ihnen, die eine gewisse Schulbildung genossen hatten. Hrabanus Maurus vertritt die Ansicht, daß eigentlich alle Kleriker etwas von Medizin verstehen sollten, aber das blieb ein reines Wunschbild, das nie realisiert wurde, da doch in Wirklichkeit nur eine Minderheit der Priesterschaft sich überhaupt nennenswerter wissenschaftlicher Kenntnisse rühmen konnte. Mindestens bis ins 13. Jahrhundert hinein scheinen die Priester auf dem Land in der Regel Männer gewesen zu sein, die nicht wesentlich mehr Bildung besaßen als ihre Pfarrkinder, deren kultische Bedürfnisse sie zu befriedigen hatten; diese Kleriker hatten ganz einfach die vorgeschriebenen Riten und Zeremonien auszuführen, mehr wurde nicht von ihnen erwartet und konnte auch nicht erwartet werden. Normalerweise stammten sie aus der dörflichen Bevölkerung und konnten ein bißchen Latein, ansonsten hatten sie fast gar keinen Unterricht erhalten. Ihre Ausbildung, ganz ähnlich wie die der Heiler aus dem Volk, war eine Art Handwerkerlehre. Bischöfe des 13. Jahrhunderts und später bemühten sich, diese Verhältnisse zu verbessern. Man stellte höhere Ansprüche an die Schulbildung der Dorfpfarrer und versuchte, alles Magische und Abergläubische, das sich an die christlichen

Riten heftete, auszurotten, aber es erwies sich doch als überaus schwierig, tief eingewurzelte Gewohnheiten zu ändern.

Es ist also unwahrscheinlich, daß die Dorfpfarrer auf dem Gebiet der Heilkunst besondere Kompetenz entwickelt haben. Wir können aber sehr wohl annehmen, daß sie Magie anderer Art praktizierten. Welche Amtspflichten auf einen Pfarrer zukommen konnten, ersehen wir beispielsweise aus einer Quelle des 12. Jahrhunderts, die ein zeremonielles Verfahren zur Steigerung der Bodenfruchtbarkeit beschreibt. Die Handlung nimmt einen ganzen Tag in Anspruch: Vor Sonnenaufgang werden vier Erdklumpen von vier Seiten des Ackers, der nicht genügend Ertrag bringt, ausgegraben. Dann muß jemand, vermutlich der Priester des Dorfs, diese Erdschollen mit einer Mischung aus Weihwasser, Öl, Milch und Honig sowie verschiedenen Teilen von Pflanzen besprengen und bestreuen und dazu auf Latein die Worte rezitieren, die Gott zu Adam und Eva sprach: „Seid fruchtbar und mehret euch und füllet die Erde" (Genesis 1,28), außerdem noch andere Segenssprüche. Die Erdklumpen werden anschließend in die Kirche getragen, wo der Priester vier Messen lesen muß. Vor Sonnenuntergang bringt man die Erde zurück aufs Feld, wo sie den Segen, den sie den ganzen Tag lang angesammelt hat, an den Acker weitergibt, der daraufhin wieder fruchtbar wird.[3] „Hausgemachte" Zeremonien dieser Art können durchaus im Rahmen des Religiösen bleiben und müssen nicht unbedingt ins Gebiet der Magie hinüberspielen, aber die Versuchung, Elemente des Magischen einzumischen, war doch bei solchen Riten immer gegeben.

Es gab in der mittelalterlichen Gesellschaft noch andere Leute, die Magie praktizierten und die noch weniger Schulbildung besaßen als Heiler und Pfarrer. In den meisten Gesellschaften findet man Menschen, die bei ihren Klienten in dem Ruf stehen, über seherische oder heilende Fähigkeiten zu verfügen, deren Kompetenz aber weder von staatlichen noch von irgendwelchen anderen Autoritäten anerkannt wird und die sich auf keine anerkannten „Lehrer" welcher Art auch immer berufen. Das können ganz verschiedene Leute sein. Volkskundliche Untersuchungen aus unserer Zeit haben gezeigt, daß die Gesetzmäßigkeiten, die man im Zusammenhang mit solchen Heilpraktiken beobachtet, von Ort zu Ort in Europa stark variieren. In manchen Gegenden sind fast ausschließlich Frauen, anderswo vorwiegend Männer mit solch wunderbaren Kräften begabt. Mancherorts geben die Heilkundigen ihr Wissen immer an einen Nachfolger des gleichen Geschlechts weiter, man findet aber auch die Regel, daß ein Lehrer nur Schülerinnen, eine Lehrerin nur Schüler unterrichtet. Hier hält man die Begabung zu heilen für erblich und glaubt, daß diese Fähigkeit nicht erlernbar sei, dort dagegen kennt man verschiedene Methoden, die Kraft zu erwerben.[4] Zwar gibt es keine vergleichbaren wissenschaftlichen Erkenntnisse über die Heiler des Mittelalters, aber es spricht doch alles dafür, daß die Verhältnisse ähnlich gewesen sind.

So verschieden die Personen, so vielfältig sind auch die Praktiken und

Techniken, deren sie sich bei ihrer Tätigkeit bedienten. Von einigen der möglichen Verfahrensweisen berichtet uns die Geschichte der Matteuccia Francisci, einer Frau aus Todi, die 1428 wegen Zauberei vor Gericht gestellt wurde. Sie verordnete Patienten eine Kur, in deren Verlauf ein Knochen eines ungetauften Säuglings an einem Kreuzweg vergraben wurde, über diese Stelle mußten dann neun Tage lang verschiedene Gebete und Zauberformeln gesprochen werden. Sie wußte auch Mittel gegen fremden Zauber. Wenn jemand am Morgen auf seinem Kopfkissen eine verdächtige Feder fand, die darauf hindeutete, daß in der Nacht ein magischer Anschlag auf ihn durchgeführt worden war, brachte er das verzauberte Objekt zu Matteuccia, die den Fluch in einer Beschwörungszeremonie zerstörte und dann dem Kunden die Feder mit dem Rat, sie zu Hause zu verbrennen, zurückgab. Matteuccia konnte Krankheiten von einer Person auf eine andere „übertragen". In einem Fall heilte sie einen Lahmen auf diese Weise: Sie braute einen Trank mit dreißig verschiedenen Kräutern, sprach Beschwörungen darüber, um seine Kraft zu erhöhen, und schüttete ihn auf die Straße, was zur Folge hatte, daß der nächste Passant, der zufällig des Wegs kam, das Gebrechen auf sich zog. Der Geliebten eines Priesters gab sie ein Rezept zur Empfängnisverhütung: Sie sollte den Huf einer Mauleselin verbrennen und die Asche mit Wein gemischt trinken. Die eigentliche Spezialität dieser Magierin aber war der Liebeszauber. Sie besprach Kräuter mit Zauberformeln und machte daraus Liebestränke für Frauen. Sie stellte auch Salben her, die, wenn eine Frau sich damit Gesicht und Hände einrieb, die Begierde der Männer anstachelten. Als einmal die Mätresse eines Priesters sich beklagte, daß ihr Liebhaber schon seit langer Zeit nicht mehr mit ihr schlafe, sondern sie immer nur prügle, nahm Matteuccia ein Bildnis aus Wachs und stellte es übers Feuer. Die Kundin mußte dazu Sprüche sagen, in denen das Wachs mit dem Herz des Priesters gleichgesetzt wurde. Die Folge dieser Zeremonie war, daß der Mann wieder anfing, seine Mätresse leidenschaftlich zu lieben und zu begehren.[5]

Matteuccia war offensichtlich eine professionelle Magierin. Ihre Klienten, darunter auch Auswärtige, kamen zu ihr und kauften regelrecht verschiedene magische Mittel und Dienstleistungen. Nicht alle Zauberer werden bei der Ausübung ihres Berufs derart kühn gewesen sein; manche werden sich gescheut haben, unverdeckt magische Techniken anzuwenden, manche mögen auch was die Zwecke ihrer Kundschaft angeht etwas skrupulöser gewesen sein. Es kann aber auch Kollegen gegeben haben, die noch weniger Furcht kannten: weltliche Exorzisten etwa, die Krankheiten heilten, indem sie deren dämonische Verursacher austrieben. Der Theologe Johannes von Frankfurt hatte wenig Verständnis für derartige Teufelsbeschwörer. Exorzisten aus dem Volk, so klagt er, behandelten Leute, deren Krankheiten ganz natürliche Ursachen hätten, sie versuchten ihre Patienten mit barbarischen Zeremonien zu heilen, quälten sie mit kaltem Wasser, würgten sie und schlügen sie mit Ruten. Wenn die Opfer nicht bereits verrückt wären, so müßten sie es im Verlauf der Kur werden.[6] Wir wissen von einem solchen Dämo-

nenaustreiber, der dem Klerus von Florenz Konkurrenz machte. Er voll-
führte mit einer Kerze und seltsamen Beschwörungen eine Zeremonie und
schaffte es tatsächlich, ein zehnjähriges Mädchen gesund zu machen, wenn
es auch durch die Strapazen, die ihm von dem Exorzisten auferlegt wurden,
sehr geschwächt wurde.[7]
   Neben den Heilern gab es noch Leute, die Wahrsagerei trieben – die beiden Professionen wurden aber nicht immer streng geschieden, sondern ver-
einigten sich bisweilen in *einer* Person. Ohne Zweifel versuchten sich auch
Mönche und Priester als Zukunftsdeuter. Es sind uns Handbücher dieser
Kunst erhalten, die von Mönchen verfaßt wurden, vielleicht für andere Mönche, vielleicht für Laien, wir wissen weder über die Autoren noch über die
Leserschaft etwas Näheres. Die Herzogin von Gloucester, die gerne eine
Bestätigung dafür haben wollte, daß es ihrem Mann im Jahr 1441 wohlergehen würde, suchte mehrere Spezialisten auf, darunter auch Margery Jourdemayne, die als „Hexe" galt, ein Ruf, den sie wohl vor allem ihren prophetischen Gaben verdankte. Zusammen mit zwei Gelehrten aus Oxford, der
eine ein Astrologe von Rang, der andere ein sehr angesehener Mediziner,
sagte Margery der Herzogin das Schicksal ihres Ehemanns voraus und veranstaltete außerdem einen Bilderzauber, der dem Herrscher einen männ-
lichen Erben bescheren sollte. Diese Handlungen jedenfalls wurden später
von den Angeklagten eingestanden, als die Sache vor Gericht kam; es ist
unklar, ob noch weitere magische Zeremonien stattgefunden haben.
   Das Geschäft der Magier aus dem Volk muß einigen Schaden erlitten
haben – zumindest im medizinischen Zweig des Gewerbes –, als um das
12. Jahrhundert herum die akademisch gebildeten Ärzte aufkamen.[8] Bereits
vorher hatte es einige Hohe Schulen gegeben, in denen Medizin gelehrt
wurde; in Salerno konnte man schon im 10. Jahrhundert dieses Fach studieren. Der Aufschwung der Universitäten im 13. Jahrhundert brachte es mit
sich, daß auch die Medizin mit mehr System gelehrt und studiert wurde,
zuerst im Rahmen des umfassenden scholastischen Bildungsprogramms,
später dann als Wissenschaft eigenen Rechts. Erst wenn er mehrere Jahre
lang die Universität besucht und Prüfungen abgelegt hatte, wurde nun ein
Mann als Arzt offiziell anerkannt. Man könnte vielleicht denken, daß mit
dem Aufstieg des Medizinerberufs die magischen Praktiken mehr und mehr
verschwunden wären, dies ist aber nicht der Fall: Da immer noch die Schriften der Klassiker die Grundlage der akademischen Ausbildung waren, kam
es zu keiner strengen Trennung zwischen Medizin und Magie, die einen
Fortschritt gegenüber dem, was in der Antike galt, gebracht hätte.
   Es bestand auch weiterhin Nachfrage nach den Künsten der nichtstudier-
ten Heiler, vor allem bei den armen Leuten, die sich einen akademisch ausgebildeten Arzt gar nicht leisten konnten. Es dauerte aber nicht lang, bis die
diplomierten Mediziner anfingen, das Recht jener Heilkundigen, Kranke zu
behandeln, in Frage zu stellen. Mediziner, die in allen theoretischen Dingen
ihrer Wissenschaft sehr gebildet waren, zogen nun in ihren Schriften gegen

jene Heilkundigen, die über „bloßes" Erfahrungswissen verfügten, zu Felde. Päpste im zweiten Viertel des 14. Jahrhunderts unterstützten die Forderung der Ärzteschaft, medizinische Behandlung durch Ungebildete zu unterbinden. Englische Ärzte versuchten, allerdings erfolglos, in den zwanziger Jahren des 15. Jahrhunderts das Parlament zu veranlassen, ein entsprechendes Gesetz zu beschließen; ihnen war es ein besonderes Ärgernis, daß auch Frauen den Heilberuf ausübten.

In der mittelalterlichen Kultur entstand in kurzer Zeit eine neue Unterscheidung zwischen dem Arzt auf der einen und dem „Chirurgus" oder Feldscher auf der anderen Seite. Bis zu einem gewissen Zeitpunkt sind die beiden Begriffe austauschbar. Als aber die Medizin akademisch wurde, konnte man sich an vielen Universitäten nicht dazu entschließen, das blutige, „schmutzige" Handwerk des Chirurgen in den Lehrplan aufzunehmen, und daraus ergab sich in der Folge eine klare Berufstrennung: Ärzte waren Akademiker und arbeiteten mit unblutigen Methoden, Chirurgen, deren Beruf minderen Rangs war, arbeiteten mit dem Messer. Die Ärzte im 13. Jahrhundert und später versuchten immer, die Zunft der Chirurgen (und übrigens auch der Apotheker) unter ihrer Kontrolle zu halten. Die Chirurgen setzten diesen Bestrebungen Widerstand entgegen; sie gründeten Schulen, um den Nachwuchs auszubilden, und kämpften um Anerkennung ihres Berufs als einer Zunft eigenen Rechts.

Noch weiter unten auf der sozialen Leiter der Heilberufe standen die Barbiere oder Bader, die nicht allein Haare schnitten und rasierten, sondern auch zur Ader ließen und andere Behandlungen durchführten. Die Theorie von einer „Balance der Körpersäfte" spielte eine bedeutende Rolle in der mittelalterlichen Medizin. Es war üblich, sich regelmäßig Blut abnehmen zu lassen, um einem Blutüberschuß, der jene Balance gestört hätte, vorzubeugen. Das Verfahren war an sich recht unkompliziert, aber es erforderte doch einiges Wissen: Wo durchsticht man am besten die Haut, wieviel Blut soll man abzapfen, wie stillt man hinterher die Blutung? Wie man freilich Infektionen vermeidet, das war nicht Gegenstand der Ausbildung, aber dafür wußte ein rechter Bader genau, an welchen Tagen des Monats und zu welchen Zeiten des Jahres er seinen Patienten nicht zur Ader lassen durfte, und er hielt sich strikt an diese Vorschriften.

Chirurgen und Bader hatten wohl relativ wenig Neigung zur Magie. Ihr Beruf war mehr handwerklicher Natur, und die geheimnisvoll exotischen Verfahren waren meist den Ärzten vorbehalten. Indes waren doch auch sie nicht ganz immun gegen den Reiz des Magischen. Die Biographie des Antoninus Pierozzi (gest. 1459), Erzbischof von Florenz, berichtet von einem Besuch bei einem Barbier: Während der Bader sich um den Kirchenfürsten kümmerte, fragte ihn dieser, wie er denn sein medizinisches Wissen erworben habe, da er doch nicht Latein könne. Er antwortete in aller Unschuld, das habe er alles aus einem Buch gelernt, das ihm ein Mönch gegeben habe. Der Bader war sehr geschmeichelt, als der Erzbischof nun das Buch zu sehen verlangte, und er brachte es herbei. Zu seinem Erstaunen fand Antoninus darin lauter Beschwörungsformeln und „Dinge, und Zeichen, wie man sie in den bösen und magischen Künsten verwendet". Die Beschreibung könnte ohne weiteres auf ein Sammelwerk, wie es die Münchener Handschrift ist, passen, allerdings hätte es dann der Barbier wohl kaum so unschuldsvoll für ein medizinisches Lehrbuch halten können. Wahrscheinlicher ist, daß es Rezepte ähnlich denen der Wolfsthurner Handschrift enthielt und daß die Empörung des Erzbischofs ein wenig übertrieben war.[9]

Medizinische Handbücher im mittelalterlichen Europa boten neben Informationen zu anderen Gebieten oft auch solche, die zum Fach der Gynäkologie und der Geburtshilfe gehörten, woraus wir schließen, daß ein Allgemeinmediziner (um in der modernen Terminologie zu reden) damals auch Frauenleiden behandelte. Bei Geburten wurden allerdings meist nicht Ärzte, sondern Hebammen gerufen. Diese Frauen kannten allerlei Praktiken, die man magisch nennen könnte; wir wissen zum Beispiel aus vielen Quellen, daß bei Geburten oft Amulette verwendet wurden, und darum nehmen wir an, daß die Hebammen üblicherweise mit derartigen Mitteln arbeiteten. Im späteren Mittelalter, als mit zunehmender Professionalisierung der Heilkunst staatliche Autoritäten eine gewisse Kontrolle auszuüben begannen, mußten Hebammen in manchen Teilen Europas ihr Gewerbe offiziell genehmigen lassen. Indes wurde ihr Beruf nicht akademisch, ihre Ausbildung blieb mehr praktisch als theoretisch orientiert, und ohne Zweifel wurde ihre Tätigkeit von den Gebildeten als bloßes Handwerk etwas von oben herab betrachtet. Nicht zuletzt deswegen, weil man es auf diesem Feld ohnehin nicht sehr weit bringen konnte, überließ man es neidlos den Frauen: Die Geburtshilfe war in jener Zeit der einzige Zweig der Medizin, in dem Frauen mit dem Segen der Obrigkeiten ungehindert arbeiten konnten.

Hebammen konnten bisweilen in sehr zwielichtige magische Praktiken verstrickt werden. Im frühen 15. Jahrhundert arbeitete eine Frau namens Perrette mit Genehmigung der Behörden in diesem Beruf; sie war eine recht angesehene Person, Frauen aus der Aristokratie gehörten zu ihrer Klientel. Wider besseres Wissen ließ sie sich ein ziemlich obskures Unternehmen hineinziehen: Ein Adeliger sollte mit Hilfe der Magie vom Aussatz geheilt werden; dazu brauchte man ein totgeborenes Kind, aus dessen Fett man eine Salbe zubereiten wollte. Nach langem Zögern erklärte sich die Frau dazu bereit, eine solche Kindsleiche zu besorgen, mit dem Ergebnis, daß man sie der Hexerei anklagte. Die Sache ging noch relativ glimpflich für sie aus, da ihre Freunde schließlich einen Gnadenerlaß beim König erwirken konnten.[10]

Es gab auch wirkliche Quacksalber, die als Ärzte auftraten, obwohl sie keine Ahnung von medizinischen Dingen hatten. In London versuchte 1382 einer, eine Frau mit Hilfe eines Stücks Pergament zu heilen, auf das ein Gebet geschrieben war und das angeblich besondere Kräfte besaß. Davor war ein anderer aufgetreten, der verdorbenes Wolfsfleisch als besonders potentes Medikament anpries. In beiden Fällen legten die Behörden großen Wert auf

die Feststellung, daß die Angeklagten weder wirkliche Ärzte noch Chirurgen
seien. Ihr Vergehen bestand nicht allein in der Anwendung unerlaubter Heilverfahren, sondern auch darin, daß sie sich für etwas ausgaben, was sie nicht
waren.[11]

Dem Ärztestand, der gegen die unstudierten Heiler des alten Typs anzu-
kämpfen hatte, erwuchs aber noch eine neue Konkurrenz, nämlich in den
Bettelorden der Franziskaner und Dominikaner, die im 13. Jahrhundert sehr
erfolgreich waren, und zwar ganz besonders in den Städten, wo ihre Prediger
schnell großen Einfluß gewannen. Viele dieser Mönche waren akademisch
gebildet, und etliche konnten sich schon bald als Gelehrte einen Namen
machen. Wer damals die *artes liberales* studierte, kam im Rahmen seiner
Ausbildung auch mit der Medizin in Berührung; manche beschäftigten sich
intensiver mit dieser Wissenschaft, wenn es auch den Mönchen verboten
war, akademische Grade in dieser Fakultät zu erwerben. Wir wissen aber,
daß Dominikaner und Franziskaner dennoch medizinische Hilfe anboten;
sie behandelten vor allem Kranke, die zu arm waren, um die Dienste pro-
fessioneller Ärzte in Anspruch zu nehmen. Eine medizinische Abhandlung,
die einem gewissen Bruder Randolf (manchmal auch: Bruder Roland) zugeschrieben wird, versteht sich ausdrücklich als Ratgeber für jene, die „kranken Leuten aus dem Volk helfen, welche zu unwissend sind, sich selbst zu
helfen, und zu arm, um einen Arzt zu bezahlen". Dieser Autor bietet in
seinem Traktat einen systematischen Grundriß der medizinischen Wissenschaft, geschöpft aus den Quellen der großen Autoritäten.

Schließlich betätigten sich auf diesem Gebiet noch zahlreiche Amateure
und Dilettanten, Leute wie etwa der Kompilator des Wolfsthurner Handbuchs, die wohl kein besonderes Spezialwissen besaßen, die aber gern von
magischen Rezepten und Techniken Gebrauch machten, wenn sie sich davon
eine Hilfe bei der Bewältigung alltäglicher Probleme und Aufgaben versprachen. Im 14. und 15. Jahrhundert wurden die Städte Europas förmlich über-
schwemmt von populärwissenschaftlichen Schriften aller Art. Diese Entwicklung hat nicht zuletzt damit zu tun, daß damals größere Teile der Laien-
schaft alphabetisiert wurden und daß zunehmend Papier das sehr teure
Pergament ersetzte und Bücher für neue Käuferschichten erschwinglich wurden. Medizinische Traktate lehrten die Leute, sich selbst zu heilen: Wie man
sich zur Ader läßt, wie man zu diagnostischen Zwecken den Urin „be-
schaut", welche Kräuter gegen welche Krankheiten helfen. Auch Bücher, die
Heilsprüche enthielten, hatten Konjunktur. Lehrbücher jener Weissagungskünste, die man schon seit altersher in monastischen und klerikalen Zirkeln
kannte, gelangten nun auch häufig in die Hände von Laien. Alle diese und
ähnliche Schriften waren früher nur dem zugänglich gewesen, der Latein
konnte – sie wurden jetzt mehr und mehr in die verschiedenen Volksspra-
chen übersetzt. Das späte Mittelalter erlebte ein Aufblühen allgemeiner Bildung, und es wurde gleichzeitig das Goldene Zeitalter der Magie. Diese
Wissenschaft war nun nicht länger Privileg einiger weniger Spezialisten. Je-

der konnte die magischen Künste studieren, und viele Menschen taten dies offenbar auch. Wir haben hier die handelnden Personen des Stücks vorgestellt, die Typen und Charaktere also, die auf der Bühne der mittelalterlichen Magie auftreten werden. Es ist, wie wir gesehen haben, eine recht bunt gemischte Truppe, innerhalb derer mancherlei schwer voraussagbare Wechselwirkungen zu erwarten sind. Die einzelnen Akteure dieser Szene handeln ja nicht streng voneinander geschieden. Es gibt praktisch keine bestimmte Form der Magie, die einzig und allein einer dieser Gruppen vorbehalten wäre: Es war ein Mönch, der dem Barbier das Zauberbuch gab; Margery Jourdemayne arbeitete mit Klerikern von der Universität zusammen. Sicher sahen es die Leute vom Fach nicht gern, wenn Amateure ihnen ins Handwerk pfuschten, aber das hinderte diese nicht, das professionelle Wissen jener nach Kräften zu plündern, und das wurde in dem Augenblick möglich, da populärwissenschaftliche Literatur diese Kenntnisse jedem Interessierten zugänglich machte. Die Kultur jener Zeit war keineswegs „demokratisch" uniform, aber die Grenzen und die sozialen Barrieren, welche die Gesellschaft gliederten, waren doch bemerkenswert durchlässig.

Magie in der Medizin: Kräuter und Tiere

Eine erste Ahnung von der Vielzahl verschiedenster ärztlicher Therapieverfahren, die im mittelalterlichen Europa üblich waren, geben uns zwei angelsächsische Handbücher. An beiden Beispielen läßt sich sehr schön zeigen, in welcher Weise Elemente der vorchristlichen Kultur Nordeuropas in die Tradition der griechisch-römischen Antike eingeschmolzen wurden.[12] Es handelt sich erstens um das sogenannte *Leechbook des Bald*: Ein Mann mit Namen Bald soll nach dem Zeugnis der Handschrift das Buch für seinen eigenen Gebrauch abgeschrieben haben. Das Manuskript stammt aus einer Zeit lang vor dem Aufkommen der Universitäten – wir müssen uns Bald als einen Arzt ohne regelrechte wissenschaftliche Ausbildung vorstellen. Die Tatsache, daß das Buch in der angelsächsischen Vulgärsprache geschrieben ist, legt die Vermutung nahe, daß Bald kein Geistlicher war. Allerdings deuten gelegentliche lateinische Einschübe darauf hin, daß er nicht ohne jede Bildung war. Einige Rezepte schreiben vor, daß über Heilkräuter eine Messe gelesen werde, woraus wir schließen, daß zumindest manche Passagen des Werks aus einer klösterlichen oder sonst klerikalen Tradition herstammen. Die Handschrift ist im 10. Jahrhundert entstanden, manche Inhalte sind jedoch wesentlich älter, zum Teil auch antiker Herkunft. Es finden sich Therapievorschläge, für die „der große Mediziner Plinius" mit seiner Autorität einsteht, eine Abhandlung des Alexander von Tralleis (ca. 525–ca. 605) wird komplett übernommen, Marcellus Empiricus in Auszügen. Am Anfang macht das Werk einen sehr ordentlich-systematischen Eindruck: Zuerst werden die „äußeren" Krankheiten besprochen, und zwar von oben nach unten, vom Kopf zu den Füßen also, sodann die inneren Leiden. Dann allerdings folgt ein recht wildes Durcheinander von Rezepten und Therapien, die großzügigen Gebrauch von Elementen christlicher Riten machen: Weihwasser, Weihrauch und Gebete spielen im dritten Teil des Buchs eine wichtige Rolle.

Es ist schwer, das *Leechbook* zusammenfassend zu charakterisieren, da es sich um eine Sammlung von Stoffen aus ganz weit auseinanderliegenden Quellen handelt. Man könnte sagen, es sei ein relativ nüchterner Extrakt antiker Medizin, aber doch nicht ohne Beimischung von Elementen einer Wissenschaft, die man später als natürliche Magie bezeichnen sollte. Als Beispiel soll ein Rezept zitiert werden, das bei Hautkrankheiten anzuwenden ist:

Nimm Gänseschmalz, dazu die unteren Teile von Elecampane und Vipernzunge, Bischofswurz und Kletten. Stampfe die vier Kräuter im Mörser, presse den Saft aus und tu einen Löffel alte Seife dazu. Wenn du ein bißchen Öl hast, mische es darunter und streich es am Abend auf. Nach Sonnenuntergang ritze die Haut am Hals, laß schweigend das Blut in ein rinnendes Wasser laufen, spucke dreimal hinein, dann sprich: „Nimm diese Krankheit und nimm sie mit dir fort." Geh heim auf offener Straße, geh schweigend hin und zurück.[13]

Im ersten Teil des Rezepts haben wir es mit ganz normaler Kräutermedizin zu tun, aber die Handlung, in deren Verlauf die Krankheit ins Wasser „geworfen" wird, mit ihrem rituellen Beiwerk und ihren Tabuvorschriften ist eindeutig magischen Charakters.

Das zweite Sammelwerk, das wir betrachten wollen, ist unter dem Namen *Lacnunga* bekannt, stammt aus dem 11. Jahrhundert und enthält noch weit mehr Magisches. Viele Rezepte, die hier überliefert sind, gehören in die Tradition nordeuropäischer Völker, die auf den Britischen Inseln heimisch waren, Angelsachsen, Kelten und Normannen. Dazwischen verstreut finden sich immer wieder auch Heilmittel griechischen, römischen und jüdischen Ursprungs. Das Werk ist alles andere als eine systematische Abhandlung zu medizinischen Fragen, aber wir können doch aus immerwiederkehrenden Motiven und Themen auf die generelle Betrachtungsweise des Kompilators schließen und uns ein Bild davon machen, wie er sich die Entstehung von Krankheiten dachte und nach welchen Prinzipien sie seiner Meinung nach zu behandeln waren. Eine der bedeutendsten Ursachen von körperlichen Leiden ist die Bosheit von Kobold- und Elfen-Wesen, in christlicher Terminologie und Anschauungsweise „Dämonen". Das Buch teilt uns mit, wie man Krankheiten, die auf einen geheimen, aber doch sehr fühlbaren Anschlag solcher teuflischer Wesen zurückzuführen sind, heilt. Mehr als andere Medizinbücher aus ungelehrter Tradition verwendet das *Lacnunga* christliche Gebete auf Latein, die im Verlauf der Zeremonien gesprochen werden müssen. Grundstoff für eine bestimmte Heilsalbe zum Beispiel ist Butter, die von einer ganz roten oder ganz weißen Kuh stammt, dazu werden 57 verschiedene Kräuter gemischt. Umgerührt wird mit einem Stock, auf den die Namen der vier Evangelisten – in lateinischer Fassung – geschrieben sind. Außerdem sind etliche Sprüche und Beschwörungen zu rezitieren, die meisten davon auf lateinisch, eine aber in einem seltsamen Kauderwelsch, das aus irgendeiner anderen fremden Sprache abgeleitet sein mag: „Acre arcre arnem nona aernem beodor aernem nidrem acrun cunad ele harassan fidine." Auch dieses Werk ist vermutlich von einem Heilkundigen aus dem Laienstand zusammengestellt worden, die große Bedeutung der christlichen Liturgie könnte freilich auch auf monastische Einflüsse hindeuten.

Rezepte, wie wir sie in diesen zwei Werken finden, sind auch in Handschriften späteren Datums überliefert, und zwar sowohl in englischen wie in kontinentaleuropäischen Quellen. Die Ingredienzien, die verwendet werden, sind in der Regel recht simpel und wenig exotisch, kompliziert ist allenfalls das Verfahren der Zubereitung und Komposition von Drogen. Die wichtigsten Bestandteile von Heilmitteln stammen von Kräutern und anderen Pflanzen oder von Tieren. Es gibt Mittel, die nur gegen sehr genau spezifizierte Leiden verschrieben werden, in der Regel aber nimmt man an, daß eine Pflanze eine Vielzahl von Potenzen in sich trägt, denen verschiedene Anwendungsmöglichkeiten entsprechen. Die Alraune oder Mandragora wird zum Beispiel gegen Augenkrankheiten eingesetzt, aber auch bei der Behandlung von Wunden, Schlangenbissen, Ohrenschmerzen, Gicht, Haarausfall und etlichen anderen Gebrechen.[14] Die Eiche und das Eisenkraut finden ebenfalls in vielfältiger Weise in der Magie Verwendung, ihre wunderhaften Potenzen sind in besonderen Abhandlungen gewürdigt worden.[15] Wenn man sich jener Heilkräfte bedienen wollte, die im Körper von Tieren steckten, so ging man davon aus, daß in den einzelnen Organen oder Körperteilen je spezifische Heileigenschaften verborgen lagen. Ein kurzer Traktat, der uns in einem französischen Manuskript aus der Zeit um das Jahr 800 und mit Varianten in etlichen anderen Handschriften erhalten ist, beschreibt minuziös, wie und zu welchen Zwecken man den Körper des Geiers verwenden kann. Der Schädel wird in Hirschhaut gewickelt und hilft gegen Kopfschmerzen. Das Gehirn rührt man in eine Salbe ein, die man sich in die Nasenlöcher streicht; das ist gut gegen Krankheiten am und im Kopf. Die Nieren und die Geschlechtsteile, getrocknet, fein gemahlen und in Wein aufgelöst, kurieren Impotenz.[16]

Die Autoren solcher Werke äußern keinerlei theoretische und prinzipielle Überlegungen zum Verhältnis von Medizin und Magie, und sie reden auch nicht andeutungsweise davon, daß in den verschiedenen Therapien „okkulte" Kräfte, die etwas wesentlich anderes als gewöhnliche Naturkräfte wären, nutzbar gemacht würden. Sie waren zweifellos der Meinung, daß der Wert und die Wirkung eines Heilmittels immer durch die Erfahrung beurteilt werden könne. Auch die moderne Pharmakologie verläßt sich oft mehr auf das Prinzip von *trial and error* als auf theoretisch begründete Voraussagen über die Wirkung von Chemikalien auf den Organismus. Es scheint so, als hätten mittelalterliche Heilkundige nach ganz ähnlichen Prinzipien gearbeitet. Wenn sie behaupteten, Katzenkot sei gut gegen Kahlköpfigkeit oder gegen das Quartan-Fieber[17], so stützten sie diese Behauptung nicht so sehr auf theoretische Erklärungen als vielmehr auf praktische Erfahrung. „Eine erfahrene Frau hat mir erzählt", so sagt der Kompilator eines medizinischen Werks, „sie sei durch häufige Geburten sehr geschwächt gewesen; sie habe dann einmal eine Biene gegessen und sei von da an nie mehr schwanger geworden."[18] Der Grund, weshalb dieses oder jenes Mittel wirkte, brauchte den Heilkundigen nicht zu interessieren. Wenn ihm aber die Ursachen generell gleichgültig waren, so machte auch eine Unterscheidung zwischen „okkulten" und sinnlich wahrnehmbaren Kräften wenig Sinn: *Ob*, nicht *wie* ein Mittel wirkte, darauf kam es ihm an.

Ohne den Überzeugungen jener Heilkundigen Gewalt anzutun, können wir doch gewisse Eigenheiten ihrer Verfahrensweise benennen, die etwas mit dem gemeinsam haben, was spätere Autoren als „Magie" bezeichnen.

Erstens stellen wir fest, daß bei der Zubereitung von Medikamenten oft Tabus beachtet werden müssen. Es handelt sich dabei um Verbote, die in keinem ersichtlichen Zusammenhang mit dem eigentlichen Heilverfahren stehen, ihre Funktion scheint vielmehr die zu sein, die „Reinheit" des Medikaments zu garantieren oder die Macht des Heilers zu stärken. Die Asche, die man erhält, wenn man einen Raben verbrennt, hilft gegen Gicht und Epilepsie, aber nur dann, wenn man den Vogel lebend aus seinem Nest hebt, wenn man achtgibt, daß er nicht auf irgendeine Weise den Boden berührt, wenn man, solange man ihn trägt, kein Haus betritt und wenn man ihn in einem ganz neuen Topf verbrennt.[19] Wer Kräuter sammeln geht, so sagen andere Vorschriften, darf keine Schuhe tragen oder muß schweigen oder muß vorher sexuelle Enthaltsamkeit üben. Man darf zum Ausgraben von Pflanzen kein Werkzeug aus Eisen benutzen – ein Tabu, dem man häufig begegnet und das darauf hindeuten könnte, daß magische Praktiken oft aus Zeiten stammen, als der Gebrauch des Eisens in Europa unbekannt oder doch unüblich war. Auch beim Töten von Tieren zu magischen Zwecken sind nicht selten Tabus zu beachten: Der Geier muß mit einem scharfen Schilfblatt getötet werden, nicht mit einem Messer, und bevor man ihm den Kopf abschneidet, muß man sprechen: „Engel Adonai Abraham, in deinem Namen wird das Werk vollbracht."

Zweitens kann man beobachten, daß manchmal symbolische Beziehungen die Wahl der Mittel bestimmen, daß also Sympathie-Zauber betrieben wird. Man zieht Tiere, die sich durch Kraft, Schnelligkeit, Wildheit auszeichnen, „sanften" Geschöpfen vor, und oft wird ausdrücklich ein männliches Tier, ein Bulle, Hirsch, Widder, vorgeschrieben, weil es stärker ist als das weibliche und weil, so die Folgerung, darum auch die Heilwirkung „stärker" sein muß. Patienten mit Gelbsucht gibt man Regenwürmer mit abgestandenem Bier zu trinken, aber es müssen Würmer sein „mit gelben Ringen", weil ja auch die Krankheit gelb ist. In diesem speziellen Fall wird dringend empfohlen, die Würmer so klein zu hacken, daß der Patient sie nicht mehr erkennt – „es ekelt ihn sonst", bemerkt der Autor zartfühlend –, aber dieses Gebot gesunden Menschenverstands ändert nichts daran, daß das Rezept im übrigen magischen Charakters ist.[20]

Drittens wird in Rezepten oft ausdrücklich oder implizit auf Himmelskörper Bezug genommen, und zwar in einer Weise, die mit der Astrologie als einer systematischen Wissenschaft nichts zu tun hat. Gewisse Pflanzen helfen gegen jene Geisteskrankheiten und Nervenleiden, die unter dem Begriff „Mondsucht" gefaßt werden: Man muß die Kräuter in ein rotes Tuch wickeln und dieses dem Mondsüchtigen zu einer Zeit, da bestimmte Konstellationen am Himmel herrschen und der Mond zunimmt, um den Kopf binden. Kräuter müssen vor Sonnenaufgang gepflückt werden. Rinde von der nach Osten gewandten Seite eines Baums hat besonders viel Kraft, weil sie von der aufgehenden Sonne beschienen wird.

Viertens geben uns die Heiler, wenn sie Geheimsprachen benutzen, doch zu verstehen, daß die Mittel und Verfahren etwas Mysteriöses an sich haben. Ein Rezept für Ischias und andere Leiden lautet kurz und bündig: „Dialanga dracumino diazinsebri, zu gleichen Teilen." Der moderne Herausgeber meint, das könnten Begriffe aus der Alchimie sein, aber wahrscheinlicher ist doch, daß es sich um verballhornte Wörter aus einer fremden Sprache oder vielleicht einfach um chiffrierte Wörter handelt.[21]

Alle die hier genannten Phänomene begegnen uns in der Praxis von Heilern jeder Provenienz, bei Mönchen und Priestern, bei Laienärzten und ebenso bei Heilkundigen anderer Art. Es mag sein, daß solche Verfahrensweisen in der akademischen Medizin eine weniger bedeutende Rolle spielten als anderswo, aber auch dort wurden sie nie völlig ausgerottet: In einem späteren Kapitel werden wir sehen, daß speziell astrologische Überlegungen sogar einen zunehmend großen Raum in der medizinischen Wissenschaft einnahmen. Die Menschen, die derartige magische Heilverfahren anwandten, machten sich selbst vielleicht wenig Gedanken über die Kausalzusammenhänge, die ihren Verfahren zugrunde liegen mußten, oder gar darüber, wie diese Prinzipien philosophisch einzuordnen und zu deuten waren, wenn jedoch andere Autoren späterer Zeit erklärten, es seien „okkulte Kräfte" der Natur, die hier zur Wirkung gebracht werden sollten, so interpretierten sie zwar etwas in jene Praxis hinein, verfälschten oder verfehlten aber keineswegs das Wesen der Sache.

Ein besonderes Problem bereitet die Kräutermagie, die weder von der Naturwissenschaft auf der einen noch von der Religion auf der anderen Seite streng zu trennen ist. Bei der Herstellung von Kräutermischungen und Salben wurde oft Weihwasser verwendet, und es wäre ein überaus künstliches Unterfangen, wenn man versuchen wollte, die Funktion des „Wassers" getrennt von jener der „Weihe", die ihm eigen ist, zu bestimmen. Bücher weltlicher wie geistlicher Herkunft fordern den Benutzer nicht selten dazu auf, Gebete über die Kräuter zu sprechen. Ein Gebet, das eigens zu diesem Zweck verfaßt wurde, hat offenbar im wesentlichen religiösen Charakter, das Magische tritt in den Hintergrund:

Dir, Gott, der du am Anfang der Welt den grünenden Pflanzen befahlst ..., zu wachsen und zu gedeihen, bringen wir in Demut flehend unsere Bitte: Segne und weihe diese Heilkräuter, die wir gesammelt haben, damit die Tränke und Salben oder die Wundpflaster, die daraus bereitet werden, der Seele und dem Leib Gesundheit bringen.[22]

Ganz ähnliche Vorstellungen, nur diesmal bildlich gefaßt, treten uns in einer Miniatur eines Herbariums entgegen: Christus und Maria stehen bei einem Haufen von belaubten Zweigen, Christus hat die rechte Hand zu einer Segensgeste ausgestreckt (Abb. 6). Die Bedeutung dieses Bildes war jedem mittelalterlichen Leser klar: Es ist der Segen Christi, der die Kräuter mit Heilkraft erfüllt oder deren Kraft verstärkt.[23]

Praktiken des „Besprechens" – Gebete, Segenssprüche und Beschwörungen

Wenn die Grenze zwischen Naturmagie und Religion im Fall der Kräutermedizin fließend ist, so scheint es vollends unmöglich, das Magische vom Religiösen in den Heilsprüchen sauber zu trennen. Wir unterscheiden folgende drei Grundtypen: Erstens die *Gebete*; sie haben die Form von Bitten und richten sich an Gott oder an Christus, die heilige Maria oder an andere Heilige. Zweitens gibt es die *Segenssprüche*; sie haben die Form von Wünschen und werden zum Kranken gesprochen. Drittens sind da die *Beschwörungen* oder *Exorzismen*, die Befehlsform haben und zur Krankheit selbst oder zum Verursacher der Krankheit gesprochen werden, zum Wurm, zum Dämon, zum Kobold etc. Der Terminus „Exorzismus" bezeichnet normalerweise eine religiöse Austreibungszeremonie, die über das bloße Sprechen einer Formel hinausgeht, aber die Grenze zur Beschwörung ist fließend.[24]

Bereits im Fall des Wolfsthurner Handbuchs konnten wir sehen, daß Gebete als Elemente sonst eindeutig magischer Handlungen erschienen. Oft begegnen wir dort Versatzstücken aus der christlichen Liturgie, die aus dem Zusammenhang gerissen ohne Rücksicht auf Sinn und Bedeutung gebraucht werden. Auch die überall in der Christenheit gebräuchlichen Alltagsgebete, etwa das Vaterunser, das Ave Maria, bisweilen auch das Credo, werden verwendet. Man bewahrt das Vieh vor Schaden, indem man jeden Abend über die Tiere das liturgische „Agios, Agios, Agios" singt. Für sich genommen hat der Gebrauch solcher Gebete nichts Magisches. Wenn ein Zauber gegen Zahnweh mit einer Anrufung der „Dame Luna" beginnt, so handelt es sich offensichtlich um ein Ritual, das zumindest Reste heidnischen Kults enthält – aber das ist der Ausnahmefall, meistens werden eindeutig christliche Gebetsformeln gesprochen. Oft schreiben die Bücher vor, daß die Formeln dreimal aufzusagen sind. Man könnte versucht sein, dies als Kennzeichen des Magischen zu deuten, aber natürlich ist die Drei auch eine christliche Zahl und kann bei Heilungszeremonien ebensogut wie in der Liturgie zu Ehren der Trinität Anwendung finden. Bisweilen begegnet man Gebeten

Abb. 6: Christus segnet Kräuter, daneben Maria;
aus einem Kräuterbuch des 14. Jh.

in Verbindung mit magischen Riten oder Tabus, beispielsweise in einer Handschrift aus dem 12. Jahrhundert, die offenbar aus Deutschland stammt. Hier ist ein Gebet überliefert, das man auf fünf Oblaten schreiben soll. Der Patient, der barfuß sein muß, nimmt die Oblaten und ißt sie, dann spricht er ein anderes Gebet.[25] Wenn Gebete auf diese oder ähnliche Weise mit offensichtlich magischem Beiwerk umgeben werden, scheinen sie selbst magischen Charakter anzunehmen; dieser liegt nicht etwa in der Absicht zu *zwingen* statt zu *bitten* (ob eine solche Absicht vorliegt, vermögen wir gar nicht zu beurteilen), sondern in der übergroßen Sorgfalt, die hier auf Umstände gelegt wird, die mit dem eigentlichen Gebet gar nichts zu tun haben und also vom Standpunkt der Religion aus betrachtet irrelevant sind.

Das gleiche gilt von Segenssprüchen der Form „Gott möge dich behüten ..." oder „Gott heile dich ...". Auch diese sind für sich genommen fromme Bitten und keine Zauberhandlungen. Besonders klar wird dies in jenen Fällen, wo die Handbücher weitere Gebete anführen, die man *nach* der Heilung sprechen soll; diese können und sollen ganz offensichtlich keine praktische Wirkung herbeiführen, sondern lediglich den Dank des Patienten ausdrücken. Zusammenfassend können wir feststellen, daß Gebete und Segenssprüche in bloßer Nachbarschaft mit magischen Handlungen wie auch als Elemente solcher Handlungen vorkommen, daß sie aber in sich selbst nichts Magisches haben.[26]

Problematischer sind die Beschwörungen, die nun genauer betrachtet werden sollen. Bisweilen handelt es sich dabei um schlichte Befehle, die einmal oder auch dreimal ausgesprochen werden. Ein kurzer Zauber aus dem angelsächsischen England lautet: „Flieg fort, Teufel; Christus treibt dich aus. Christ ist geboren, der Schmerz muß gehen." Ein deutscher Spruch redet zum Wurm: „Geh hinaus ... vom Mark in die Adern, von den Adern ins Fleisch" und so weiter und schließlich zum Körper hinaus. In ähnlicher Weise Schritt für Schritt schwächt ein anderer Zauber ein Geschwür:

Aufzehren sollst du dich wie die Kohle im Herd. Einschrumpfen sollst du wie ein Kuhfladen an der Wand. Wie das Wasser im Eimer verdunste! So klein wie Leinsamen sollst du werden und noch kleiner als der Hüftknochen einer Krätzmilbe, und so klein sollst du werden, daß nichts mehr von dir übrigbleibt.[27]

Oft wird versucht, die Macht der Beschwörung dadurch zu verstärken, daß man zusätzlich Kräfte heiliger Personen, Dinge oder Ereignisse aufbietet. Die Krankheit oder der Dämon wird „beim" Blut oder beim Kreuz Christi beschworen, beim Grab des Herrn oder beim Jüngsten Gericht. In dieser Variante ändert sich nicht der Adressat, sondern gewissermaßen der Absender der Beschwörung: Der Krankheit oder deren Verursacher werden „im Namen" Gottes oder „aus der Kraft" des Heiligen heraus Befehle erteilt. Mit diesem Verfahren ist nicht notwendigerweise die Vorstellung verbunden, daß hier ein unwiderstehlicher *Zwang* auf die Krankheit oder auf das Heilige ausgeübt würde oder daß die Zeremonie mechanisch die erhoffte Wirkung nach sich zöge. Einem Befehl kann man sich auch widersetzen, der Dämon *muß* nicht ausfahren. Der Heiler fordert sozusagen die Krankheit zum Duell, und die Mächte des Heiligen sollen ihm in diesem Kampf beistehen.

Sowohl in Segenssprüchen wie auch in Beschwörungen werden Ereignisse aus der Bibel oder den Heiligenlegenden nicht allein als Quellen abstrakter heiliger Kräfte angesprochen, sondern sie spielen oft auch die Rolle von Archetypen, von wirkmächtigen Vor- oder Urbildern. In und kraft der Analogie zum Longinus-Speer, der Christi Seite durchbohrte und dann wieder herausgezogen wurde, kann irgendein eiserner Fremdkörper, der im Körper eines Patienten steckt, entfernt werden. Genauso wie Maria litt, als sie Christus am Kreuz hängen sah, genauso „sollst auch du leiden, Wurm". Ein sehr weit verbreiteter Analogie-Zauber dieser Art ist folgender, dem man bereits in Quellen des 9./10. Jahrhunderts begegnet. In der ältesten Fassung wird erzählt, wie Christus und der heilige Johannes zum Jordan gingen und wie Christus den Wassern befahl stillzustehen. Spätere Versionen schweifen zur Taufe im Jordan ab oder greifen einen Legendenstoff auf, der davon erzählt, daß Christus und Johannes (oder Maria) einen reißenden Strom, den sie überqueren mußten, stillstehen hießen. Das, worauf es ankommt, ist aber dies: Das Anhalten des Wassers wird zum Archetyp für das Stillen von blutenden Wunden. Die Erzählung kann zum Segen umfunktioniert werden nach der Logik: So wie der Jordan stillstand, so kann und soll auch das Blut zu fließen aufhören. Sie kann aber auch in eine Beschwörung eingehen, in einen Befehl also, der an das Blut gerichtet ist. Es gibt jüngere Fassungen dieses Zaubers, in denen die Bedeutung des Fließens bzw. des Stillstehens übertragen und verallgemeinert wird; sie gebieten nicht mehr nur dem Blut, sondern Krankheiten, Waffen, dem Feuer, Tieren, ja sogar Dieben „Einhalt".

Bisweilen verleiht man einem Spruch dadurch besondere Autorität, daß man ihn in Verbindung zu einem Heiligen bringt. Der „Segen des heiligen Wilhelm" wurde angeblich von Christus dem frommen Mann geschenkt, der mit seiner Hilfe Würmer, Krebs- und andere Geschwüre und Gicht bekämpfte. Einen anderen Segen soll der heilige Eustachius erfunden haben, um einer Frau zu helfen, die heftige Schmerzen litt. Als Varianten dieses Typs begegnen uns häufig Fälle, wo Segenssprüche oder Beschwörungen in den Rahmen von Legenden eingebettet sind und dort handelnden Personen in den Mund gelegt werden. Es wird dann die gesamte Erzählung zum Zaubermittel, und der Spruch, auf den es ankommt, ist darin enthalten wie der Wirkstoff in der Tablette. Der Zahnweh-Segen aus dem Wolfsthurner Handbuch arbeitet nach diesem Prinzip: Christus sieht auf einem Felsen den Petrus sitzen, der sich die Backe hält, weil ein Wurm an einem Zahn nagt; Christus selbst treibt dann den Wurm aus. Ein anderer Segen, der aus alten jüdischen und byzantinischen Quellen stammt, erzählt von drei Engeln, die bei einem Spaziergang auf dem Sinai einen Dämon treffen. Sie fragen ihn, wohin er gehe, und er sagt ihnen, er sei unterwegs zu einem Menschen, den er quälen wolle. Sie beschwören den Unhold im Namen des Vaters und des Sohnes und des Heiligen Geistes, bei Abraham, Isaak und Jakob, bei allen Patriarchen, Propheten, Aposteln, Märtyrern, Bekennern, Jungfrauen und allen Heiligen Gottes, diesem Menschen nichts Böses zu tun. Im Westen begegnet uns dieser Segen zuerst in einer lateinischen Fassung aus der Zeit des 10. Jahrhunderts. In späteren Versionen haben es die Engel mit einer Vielzahl von Dämonen zu tun, die in einer langen Litanei all jene Körperteile herzählen, die sie zu befallen wünschen.

Wie wir gesehen haben, gab es bei den Heiden im Norden Europas alte Segensformeln, die in christlicher Zeit aufgeschrieben und der neuen Religion angepaßt wurden. In einer späteren Phase nun, etwa seit dem 11. Jahrhundert, begannen Mönche und Priester damit, auch neue Sprüche aufzuschreiben, die nicht der heidnischen Kultur entstammten. Wir finden immer wieder die gleichen Texte mit nur geringfügigen Abweichungen in fast allen Teilen Europas; offenbar wurden sie von einem Kloster zum anderen weitergegeben. Sie waren ursprünglich lateinisch, wurden aber schon bald in verschiedene Vulgärsprachen übersetzt. Eine weitere Stufe in der Entwicklung der Besprechungspraktiken war dann im 14. und 15. Jahrhundert erreicht, als die Laien sich dieser Kunst bemächtigten. Es entstanden jetzt erstmals Sprüche in den Landessprachen, oder aber – wenn man nämlich annimmt, es habe auch vorher schon solche Texte in mündlicher Tradition gegeben –, es gewannen erstmals vulgärsprachliche Segenssprüche, die nicht bloß Übersetzungen waren, literarische Gestalt. In diese Zeit gehört etwa der „Segen von den drei Blumen", der in einer französisch-schweizerischen Handschrift des Jahres 1429 zuerst überliefert ist. Er berichtet von drei Rosen, die in einem Garten gepflanzt wurden, vielleicht auch über dem Grab Christi. In einigen Fassungen beginnt der Text in der ersten Person Singular: „Ich ging in einen Garten ..." Die Namen der drei Rosen sind uns erhalten; die dritte heißt „Blut-steh-still" oder – je nach Überlieferung – ähnlich.

Die Methode, Krankheiten zu „besprechen", wurzelte in der Kultur des einfachen Volks und wurde von Mönchen weiterentwickelt, sie wurde jedoch auch von studierten Ärzten angewendet. Johannes von Gaddesden (ca. 1280–1361), Arzt am Hof Edwards II. und von Chaucer seiner Fähigkeiten wegen sehr gerühmt, empfahl solche Heilverfahren ausdrücklich. Ein Kollege, Johannes von Mirfeld, der am St. Bartholomew's Hospital wirkte, äußerte sich zwar einigermaßen skeptisch zu diesen Dingen, das hinderte ihn jedoch nicht, etliche solcher Formeln – zu welchem Zweck auch immer – abzuschreiben und aufzubewahren.[28]

Prozeduren von der Art des Exorzismus sind normalerweise umfangreicher und komplizierter als andere Praktiken des Besprechens, und sie enthalten oft in ausgeklügelter Mischung sowohl liturgische wie folkloristische Elemente. Es gab keine genaue Trennungslinie zwischen einem sozusagen kirchenoffiziellen Exorzismus, der von der höheren Geistlichkeit zelebriert wurde, und eher volkstümlichen Formen, in denen niedere Kleriker oder gar Laien auftraten. Die Kirche hatte damals noch keine festen liturgischen Rituale für die Austreibung von Dämonen entwickelt; es war mehr oder weniger der Erfindungsgabe oder Improvisationskunst des Zelebranten überlassen, wie er die Zeremonie gestaltete. In manchen Fällen richtete man einfach unspezifische christliche Riten dem Zweck und den Umständen entsprechend zu und ließ auch folkloristische Elemente einfließen:

Im Namen des Vaters und des Sohnes und des Heiligen Geistes, Amen. Ich beschwöre euch, Unholde und Dämonen, wer ihr auch sein mögt, ob Tag- oder Nachtdämonen, im Namen des Vaters und des Sohnes und des Heiligen Geistes und der unteilbaren Dreieinigkeit, mit der Fürsprache der allerseligsten, glorreichen Jungfrau Maria, bei der Kraft der Gebete der Propheten, bei den verdienstlichen Werken der Patriarchen, den Bitten der Engel und Erzengel, der Fürsprache der Apostel, beim Glauben der Bekenner, bei der Keuschheit der Jungfrauen, der Fürsprache aller Heiligen und bei den Sieben Schläfern, deren Namen sind: Malchus, Maximianus, Dionysius, Johann, Konstantin, Seraphion, Martimanus, und im Namen des Herrn + A + G + L + A, dessen Segen ewig währt, daß du nicht weiter Schaden tust und Übel diesem Diener Gottes N., ob er schlafe oder wache. + Christus siegt + Christus herrscht + Christus gebietet + Christus segne uns + [und] bewahre uns vor allem Übel + Amen.

Die Kreuze im Manuskript bezeichnen jene Stellen, an denen der Exorzist das Kreuzzeichen über dem Besessenen machen soll. Andere Texte enthalten sehr viel folkloristische, kirchenfremde Elemente. Einer dieser Texte beginnt damit, daß er die Unholde und teuflischen Feinde „beschwört" und ihnen „befiehlt", den Patienten aus ihrer Macht zu entlassen. Der Exorzist ruft Gottes Heilige dazu auf, die „verfluchten Unholde" ins ewige Höllenfeuer zu stoßen, das für sie bereitet ist. Er bittet Jesus, seinen Segen zu senden, auf daß diese elenden Schufte nicht länger den Kranken quälten, sei es im Kopf oder Hirn, in Nase, Hals, Mund, Hände und so weiter durch alle Teile und Organe des Körpers. Er befiehlt Heradiana, der „taubstummen Mutter aller bösen Kobolde", auszufahren. Im Verlauf des Exorzismus wird dann die Strategie ein wenig unstet und wechselt öfters die Richtung: mal wendet sich der Exorzist an den Kranken, mal an die Unholde, dann wieder an himmlische Mächte.[29]

Nach diesen Beispielen, in denen das Magische nur Zutat zum Religiösen ist, kommen wir nun zu einem Exorzismus, der ganz eindeutig in das Gebiet der Zauberei gehört. Wenn man mit einem Menschen zu tun hat, der von einem Dämon besessen ist, so erfahren wir aus einer Handschrift, soll man ein Stückchen Pergament nehmen und darauf das Kreuzzeichen sowie den Anfang des Johannesevangeliums schreiben. Dann soll man die Schrift fein säuberlich wieder abschaben und das Radiermehl dem Kranken mit Weihwasser zu trinken geben. Wenn die Kur beim ersten Versuch keine Wirkung zeitigt, so muß man das Ganze einmal oder gar zweimal wiederholen. Das Rezept für diesen „Segen" stammt aus höchst berufener Quelle: Ein Dämon hat es einem Besessenen verraten, und es ist erprobt und bewährt.[30]

Beschwörungen werden in der Regel angewendet, um körperlich und geistig Kranke von ihrem Leiden zu befreien. Indes kann dieses Instrument auch anderen Zwecken dienen; so werden etwa Diebe oder feindliche Soldaten „gebannt" und auch Dämonen, die nicht für Krankheiten, sondern für andere Übel verantwortlich sind. Ein Zauber aus dem 11. Jahrhundert wendet sich an jene Unholde, die den Hagel machen: „Ich beschwöre dich, Satan, samt deinen Engeln ... ich beschwöre dich, Mermeut, mit deinen Kumpanen, die ihr Gewalt habt über die Unwetter." Das Mittel der Beschwörung konnte aber nicht nur dazu benutzt werden, böse Geister fortzujagen, sondern es wurden bisweilen in dieser Form auch freundliche oder nützliche Wesen zum Bleiben aufgefordert. So beispielsweise – in einer Handschrift des 14. Jahrhunderts – die Bienen: „Ich beschwöre euch im Namen des Vaters und des Sohnes und des Heiligen Geistes, ihr Mägde Gottes, die ihr Wachs bereitet für seinen Altar, nicht fortzuschwärmen und zu fliehen von mir..."[31]

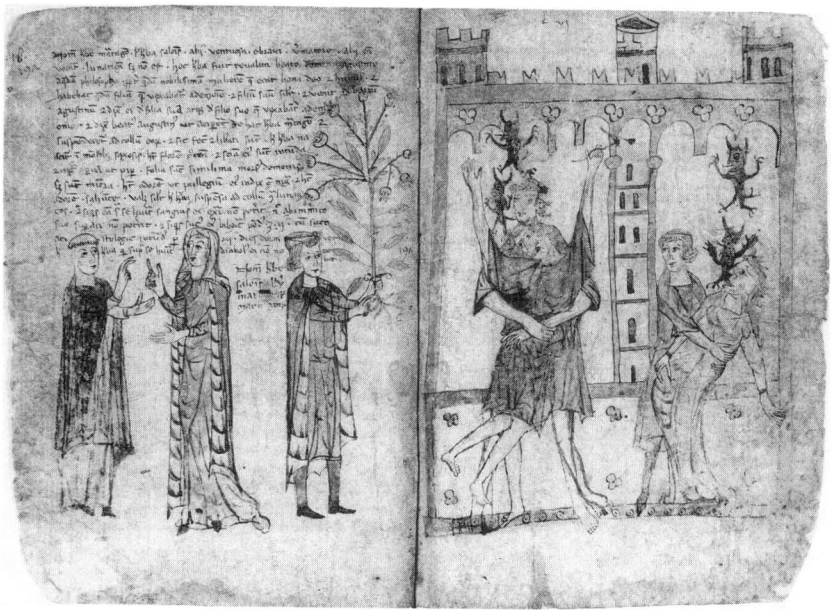

Abb. 7: Augustinus empfiehlt ein Kraut, mit dessen Hilfe böse Geister ausgetrieben werden; aus einem Kräuterbuch des 14. Jh.

Neben den drei genannten Formen von Praktiken des Besprechens gibt es noch einen Typ, der relativ selten vorkommt, der jedoch von besonderem Interesse ist, weil hier der magische Charakter stärker als irgendwo sonst ausgeprägt ist: Es sind dies Sprüche, die mit Sympathie-Zauber verbunden sind. Um Fehlgeburten oder Mißbildungen im Mutterleib vorzubeugen, wird schwangeren Frauen geraten, dreimal über ein Grab zu gehen. Diese Zeremonie allein ist noch nicht besonders spezifisch und wäre auch einfach als symbolisches Triumphieren über den Tod und somit als sympathetischer Lebenszauber zu deuten. Der spezifische Zweck der Handlung wird erst aus dem Spruch deutlich, den die Schwangere aufsagt: „Dies soll mir helfen gegen das Übel der verzögerten Geburt, dies gegen eine schlimme Fehlgeburt, dies gegen übel bresthafte Geburt."[32]

Wenn wir die Sprüche der ersten drei Kategorien betrachten und uns fragen, ob und inwiefern sie wohl dem mittelalterlichen Verständnis als magisch galten, so stellen wir meistens fest, daß es sich um Grenzfälle handelt, die so oder so beurteilt werden konnten. Als spekulative Geister des späteren Mittelalters anfingen, über natürliche Magie nachzudenken, setzten sie sich auch mit der Frage auseinander, ob Worte in sich, ähnlich wie Kräuter oder Dinge in der Natur, besondere Kräfte haben könnten. Viele Leute glaubten das, ganz allgemein und speziell wohl auch von jenen Formeln, die wir hier behandelt haben. Es gab also im Mittelalter Menschen, die in solchen Segensssprüchen magische Kräfte am Werk sahen. Andere hätten aber großen Wert darauf gelegt, sie genau vom eigentlichen frommen Gebet zu unterscheiden. Die große Mehrheit freilich hätte wohl ganz einfach nicht über dies Problem nachgedacht: Wichtig war, *ob* die Sprüche die erhoffte Wirkung hatten, und nicht, *auf welche Weise* sie zustande kam.

Schützende Amulette und Talismane

Kräuter, Mittel tierischen Ursprungs und Sprüche wurden in der Regel dann angewendet, wenn eine Krankheit, die bereits manifest war, bekämpft werden sollte. Amulette dagegen sollten vor Übel schützen. Während die bisher erwähnten Formen der Magie hauptsächlich physischen Übeln zu Leibe rückten, ist das eigentliche Operationsgebiet des Amuletts der Bereich des Nicht-Materiellen; es ist mehr für den Schutz der Seele und des Geistes als für den des Körpers zuständig. Es konnte bisweilen auch Krankheiten verscheuchen, aber meistens besteht seine Aufgabe darin, den Träger vor Anschlägen sichtbarer und unsichtbarer Feinde zu bewahren. Während Heilmittel pflanzlichen und tierischen Ursprungs eingenommen werden oder in direkte Berührung mit dem Körper kommen müssen, um ihre Wirkkraft zu entfalten, genügt bei Amuletten schon die bloße Nähe: Eine Medizin wird geschluckt, eine Salbe auf der Haut verrieben – ein Amulett dagegen wird bloß am Körper oder an der Kleidung getragen; es kann lange Zeit hindurch oder immer wieder verwendet werden, es wird nicht „aufgebraucht".

Trotz all dieser Unterschiede ist doch klar, daß das Amulett seinem Wesen nach nicht etwas vollkommen anderes ist als jene Formen der Magie. Es werden zum Beispiel die gleichen Materialien verwendet: Hier wie dort arbeitet man in der Hauptsache mit Teilen oder Produkten von Pflanzen und Tieren, nur die Art und Weise, wie man die Mittel einsetzt oder verabreicht, ist verschieden. Und an den Praktiken, die sich der Hilfe von Amuletten bedienen, ist zu erkennen, daß man die Wirkung von okkulten Kräften erwartet, die in den magischen Objekten liegen: Eine Hasenpfote, die einem Menschen an den linken Arm gebunden wird, sorgt dafür, daß dieser Person nirgends Gefahr droht. Die rechte Pfote eines Hasen oder das Herz eines Hundes hält Hunde vom Bellen ab. Ein Zweiglein Rosmarin an der Haustür schreckt Giftschlangen ab. Wenn ein Mensch ein solches Zweiglein trägt, können ihm böse Geister nichts anhaben. Ein Löffel aus dem Holz der Pflanze hilft gegen Gift. Wer fünf Nesselblätter in der Hand hält, den befällt keine Furcht und er bleibt bei kühlem Verstand. Borretsch, unter dem Sternbild Jungfrau gesammelt und zusammen mit einem Wolfszahn in Lorbeerblätter gewickelt, garantiert, daß die Leute über den, der sie bei sich trägt, nichts Böses reden. Ein Mistelzweig bewirkt, daß man vor Gericht nicht schuldig gesprochen wird. Wenn man unter dem Sternbild Jungfrau vor Sonnenaufgang verschiedene Kräuter pflückt und dazu drei Vaterunser und drei

Ave Maria spricht, dann kann niemand, solange man die Kräuter bei sich trägt, Schlechtes über einen sprechen – wenn aber doch, so wird das böse Maul bald gestopft werden. Wenn man Borretschblüten auf die Schwelle einer Kirche legt, in der sich Ehebrecherinnen befinden, so können die nicht mehr zur Türe hinaus, bis jemand die Blüten wegnimmt. Die Liste könnte bis ins Unendliche verlängert werden.[33]

Aber auch in der Art der Anwendung und ihren Zwecken unterscheiden sich Amulette nicht ganz und gar von anderen magischen Gebrauchsgegenständen. Salben können zum Beispiel in ähnlicher Weise wie Amulette als Schutzmittel gegen Gefahren dienen: Wenn man sich mit Löwenblut einreibt, ist man vor wilden Tieren sicher, Löwenfett schreckt giftige Schlangen ab.[34] Kräuter werden manchmal auf den Körper gebunden oder an einer Schnur um den Hals getragen und wirken dann offenbar ähnlich wie Amulette. In einem magischen Rezept, das in Fällen von Besessenheit anzuwenden ist, bricht die Unterscheidung zwischen Kräuterdroge und Amulett gar vollständig zusammen: In einem Kräuterbuch wird von einer Pflanze gesprochen, die unter verschiedenen Namen bekannt ist – einer davon lautet „Salomonskraut" –; der Leser erfährt, wie der heilige Augustinus lernte, diese Pflanze als Waffe gegen die Dämonen einzusetzen: Der Kirchenvater verdankte seine Kenntnisse von der besonderen Kraft des Krauts einem Philosophen, dessen Name nicht genannt wird. Es ergab sich eine Gelegenheit, dieses Wissen in die Praxis umzusetzen, als eine vornehme, fromme Dame zu ihm kam und ihm ihr Leid klagte: Ihre Tochter und ihr Sohn wurden beide von Dämonen heimgesucht. Er gab ihr den Rat, den Kindern Büschel dieses Krauts um den Hals zu hängen – und das Mittel wirkte. Eine Zeichnung (Abb. 7) in dem Herbarium setzt die Geschichte sehr dramatisch in ein Bild um. Wir sehen das Kraut – imposant vergrößert, damit man es in allen Einzelheiten erkennen kann –, das den Besessenen vorgehalten wird. Diese befinden sich in einem Zustand wilder Raserei – Helfer halten sie fest, um sie zu bändigen. Aber das Kraut tut seine Wirkung: Aus den Mündern der Kranken fliegen kleine Teufel.

Talismane ähneln in Zweck und Verwendungsweise den Amuletten, trotzdem werden sie bisweilen von Wissenschaftlern als eine besondere Klasse von magischen Hilfsmitteln behandelt. Der wesentliche Unterschied zu den Amuletten wird darin gesehen, daß Talismane sich der Schrift bedienen; ihre Kraft kommt aus Wörtern oder wenigstens einzelnen Buchstaben. Die magische Potenz solcher Inschriften wird als mindestens ebensogroß eingeschätzt wie die in Pflanzen und Tieren. Viele Menschen des Mittelalters, darunter auch der hochangesehene Mediziner Bernard Gordon (gest. ca. 1320), glaubten, epileptische Anfälle könnten dadurch verhindert werden, daß man die Namen der biblischen *magi*, der Heiligen Drei Könige also, auf ein Stück Pergament geschrieben bei sich trage. Eine Handschrift überliefert Reihen von Buchstaben, scheinbar willkürlich aus dem Alphabet herausgegriffen, die, wenn man sie abschreibt und am Körper trägt, wunderbare

Wirkungen haben: Eine Reihe, die man unter der rechten Fußsohle versteckt, verschließt allen, die schlecht von einem reden, den Mund; eine andere, man hält sie in der linken Hand, stimmt die Herzen potentieller Wohltäter günstig. Ein Manuskript lehrt verschiedene Gottesnamen, die vor Feuer, Wasser, Waffen und Gift schützen; Frauen bewahrt dieser Zauber davor, im Kindbett zu sterben, behauptet der Autor – allerdings, so fügt er vorsichtig hinzu, könne man der Wirkung jener Schriftzeichen nur dann ganz sicher sein, wenn man *jeden Tag* einen Blick darauf werfe.[35]

Vermutlich die bekannteste aller Inschriften, die bei der Herstellung von Talismanen Verwendung fand, ist die SATOR-AREPO-Formel, die ein „magisches Quadrat" bildet:

S A T O R
A R E P O
T E N E T
O P E R A
R O T A S

Die Wörter selber machen nicht eben viel Sinn. Der Clou der Sache ist der, daß man diese Figur auf vier Arten lesen kann und jedesmal dasselbe Ergebnis bekommt: Zeile für Zeile – von oben nach unten und rückwärts von unten nach oben; Spalte für Spalte – von links nach rechts und, jeweils unten beginnend, von rechts nach links. Während die Herkunft der Quadratform umstritten ist, scheint der „Sinn" der Buchstaben geklärt zu sein: Es handelt sich um ein Anagramm der lateinischen Vaterunser-Worte PATER NOSTER, die zusammen mit einem zweifachen A und O – für Christus, das Alpha und das Omega (Offenbarung 1,8) – in Kreuzform geschrieben werden:

```
              P
      A       T       O
              E
              R
P A T E R N O S T E R
              O
              S
      A       T       O
              E
              R
```

Das älteste bekannte Zeugnis für jenes Quadrat stammt aus dem 1. Jahrhundert und findet sich im Haus eines Christen in Pompeji. Im mittelalterlichen Europa wurde die Figur zu verschiedenen magischen Zwecken verwendet. Sie wurde zum Beispiel auf ein Stück Stoff geschrieben, das man Frauen im Kindbett über den Leib legte. Ein solcher Talisman garantierte auch, so hoffte man wenigstens, daß alle Menschen dem, der ihn trug, mit Wohlwollen begegneten.[36]

Wie ist aber nun das Verhältnis zwischen solchen Talismanen und Amuletten einerseits und kirchlichen Heilsinstrumenten andererseits zu beschreiben? Die Frage ist nicht leicht zu beantworten. Sicher, manche Gegenstände, die im offiziellen Kult oder an dessen Rändern verwendet werden, haben sehr viel Ähnlichkeit mit Amuletten. Wachskerzen, die am Fest Mariä Reinigung geweiht worden waren, schützten angeblich vor Blitzschlag. Um Unwetter von der Gemeinde fernzuhalten, wurden die Kirchenglocken geläutet. Das *Regimen Salernitanum*, eine Sammlung von Rezepten und Verfahren aus der Volksmedizin, empfiehlt das „Agnus Dei" (die Figur eines Lamms aus Wachs, die – im Idealfall wenigstens – vom Papst geweiht war) als Mittel gegen verschiedene Übel. Lange Pergament- oder Papierstreifen mit Gebeten und Formeln beschrieben und zusammengerollt, wurden am Körper getragen und machten dann unverwundbar, sicherten eine leichte und gefahrlose Niederkunft, schützten vor plötzlichem Tod, vor Verleumdung, bösen Geistern, Krankheit und allerlei Widrigkeiten.[37]

Auch Reliquien scheinen bisweilen als Amulette verwendet worden zu sein. Graf Rudolf von Pfullendorf brachte aus dem Heiligen Land Reliquien biblischer Patriarchen mit und erhoffte sich davon Frieden, Fruchtbarkeit und gutes Wetter. Wachs vom Grab des heiligen Martin von Tours wurde hoch oben in einem Baum befestigt und hielt dann Hagelschlag von den Weingärten in der Umgebung fern. Auch auf Kriegszügen führte man Reliquien mit, die den Sieg über alle Feinde erringen halfen. Man darf nun allerdings nicht in den Fehler verfallen, solche Einzelheiten isoliert vom Kontext der Heiligenverehrung allgemein zu betrachten. Gewiß, Dinge, die in einem Zusammenhang mit dem Körper der Heiligen standen, konnten auf Erden Wirkungen erzeugen, aber die Gläubigen wußten ganz genau, daß die Seelen dieser Heiligen bei Gott im Himmel Fürsprache einlegten. Jeder Heilige hatte im Kirchenjahr seinen Festtag, der ihm besonders gewidmet war, und konnte in Form von Gebeten angesprochen werden. Ihre Wundertaten auf Erden waren in Legenden festgehalten und wurden in Predigten immer wieder erzählt. Sie waren *Personen* mit ganz individuellen Eigenheiten und Vorlieben – wer sie etwa beleidigte, mußte damit rechnen, daß sie Rache nahmen. Es wäre irreführend anzunehmen, die Reliquien wären als bloße Dinge begriffen worden, denen bestimmte Kräfte *innewohnten*, und die spirituelle Verbindung mit der Sphäre des Religiösen wäre bloß äußerlich und akzidentiell. Auch das ungelehrte Volk im europäischen Mittelalter hatte eine sehr lebendige Vorstellung von den Heiligen, sie waren wirkliche Personen, denen man nacheiferte, die aber auch Ehrfurcht einflößten. In Einzelfällen mag es trotz alledem vorgekommen sein, daß Reliquien als bloße Amulette verwendet wurden, aber es gibt doch höchst selten konkrete Beweise für einen solchen Gebrauch. Der Historiker muß sich vor der Versuchung hüten, in einem Prozeß der Abstraktion den religiösen Kontext ganz einfach auszublenden, um dann das, was von der „Volksfrömmigkeit" übrigbleibt, das Magische also, zum Wesentlichen und Eigentlichen zu erklären.

Ähnliche Schwierigkeiten ergeben sich bei der Betrachtung der Phänomene, die im Zusammenhang mit der Eucharistie stehen. Im 12. und 13. Jahrhundert erlebt die Verehrung der Hostie, die der Priester in der Meßfeier konsekriert, einen bedeutenden Aufschwung. Es war das Zeitalter, in dem die theologische Wissenschaft die Lehre von der Transsubstantiation ausbaute und verfeinerte. Man gab sich nicht mehr mit der vagen Versicherung zufrieden, Christus sei „irgendwie" in der konsekrierten Hostie „anwesend", sondern man bemühte sich, dieses Anwesendsein genau zu bestimmen: Die Worte, die der Priester bei der Wandlung spricht, so lautet nun die Lehre, bewirken auf wunderbare Weise, daß die „Substanz" Christi an die Stelle der „Substanz" des Brotes tritt, vom Brot bleiben nur die „Akzidenzien", das sinnlich Erfahrbare, das aber unwesentlich ist. Es entsteht in der Folge bei den Gläubigen ein Bedürfnis, diese Hostie, die durch ein Wunder zum Leib Christi geworden ist, auch zu *sehen*: es wird üblich, daß der Priester nach der Wandlung die Hostie emporhebt und sie der Gemeinde zeigt. Es entwickelt sich bald im Volk der Glaube, ein Mensch, der die konsekrierte Hostie während der Messe angeschaut habe, sei den ganzen Tag lang vor allem Übel sicher. Ein besonderes Fest, Fronleichnam, wurde eingeführt, an diesem Tag trug man den Leib Christi in einer Prozession durch die Stadt und dann hinaus in die Felder. Es liegt in der Logik dieser Entwicklung, daß bald auch Laien, so jedenfalls wird behauptet, sich durch Diebstahl oder auf andere Weise konsekrierte Hostien zu verschaffen versuchten, weil sie sich davon Unverwundbarkeit, Schutz vor dem Ertrinken, Heilung von Krankheiten, gute Ernten, Reichtum erhofften. Bisweilen schreibt man Bibelverse oder magische Formeln auf die Oblaten, um deren Kraft zu steigern. Aus einer Quelle des 12. Jahrhunderts erfahren wir, daß Bauern geweihte Hostien benutzten, um ihr Vieh vor Übel zu bewahren. Eine Nonne berichtet dort, wie Christus ihr im Traum erschien und sich beklagte: „Sie haben mich zum Schweinehirten gemacht und meinen Leib im Stall versteckt, damit ihr Vieh nicht an der Pest erkranke."[38]

Kurz und gut: Man kann feststellen, daß auch die Eucharistie als magisches Amulett benutzt wurde. Diese Art des Mißbrauchs lag sogar noch näher als im Fall der Reliquien, weil die Verbindung zwischen der Hostie und Christus, zwischen dem Ding und der Person also, viel weniger evident war, was die Vorstellung begünstigte, wunderhafte Wirkungen seien dem Ding selber zuzuschreiben. Reformatoren des 15. Jahrhunderts beklagten sich darüber, daß zwar die Menschen der Hostie große Verehrung entgegenbrächten, daß sie aber offenbar wenig Interesse zeigten, diese Hostie in der Kommunion zu sich zu nehmen. Es wird damit noch nicht gesagt, daß diese Leute die Hostie als magisches Amulett auffaßten, aber ihr Verhalten weist durchaus schon in diese Richtung: Die Leute verkennen die *eigentliche* Bedeutung der Eucharistie.

Mittelalterliche Autoren, die solche Mißbräuche vermerken und anprangern, verwenden dabei in der Regel nicht den Terminus „Magie", sondern eher den der „superstitio", ein Ausdruck, der allgemein den „Aberglauben" und in diesem Kontext speziell den Mißbrauch des Heiligen bezeichnet. Die Kategorien und Definitionen des Magischen und die Begrifflichkeit, die sich unter den Intellektuellen durchgesetzt hatte, verstellten ihnen den Blick für die Ähnlichkeiten zwischen dem, was sie „Magie" nannten, und dem „Abergläubischen". Man konnte ja nicht gut behaupten, bei Praktiken, die einen unrechten Gebrauch von der Eucharistie und von Reliquien machten, handle es sich Fälle von *dämonistischer* Magie. Dämonen konnten vielleicht Menschen zu solchem Mißbrauch verführen, aber an der eigentlichen Handlung waren böse Geister weder direkt noch indirekt beteiligt. Ebensowenig Sinn machte es, Kräfte, die doch offensichtlich von Gott und den Heiligen herrührten, als „naturmagisch" zu bezeichnen. In der Sicht von Theologen und Predigern waren Hostien und Reliquien etwas grundsätzlich anderes als etwa Rosmarinzweiglein oder die Innereien eines Geiers, sie waren eben *nicht* einfach *Dinge*, in denen geheime *Natur*kräfte schlummerten.

Die gelehrte Betrachtungsweise stand keineswegs im Widerspruch zum Empfinden der Ungebildeten. Nicht allein die Akademiker betrachteten die Heiligen als personenhafte Wesen, und nicht nur sie wußten, daß jener Christus, der in Gestalt einer Oblate zu den Gläubigen kam, mit dem identisch war, der am Jüngsten Tag Gericht halten würde. Der Unterschied zwischen den Intellektuellen und vielen Menschen aus dem Volk war wohl eher der, daß diese in der Praxis weniger streng als jene die Konsequenzen, die sich aus ihren Überzeugungen ergaben, beachteten. Die Dinge des kultischen Lebens waren nun einmal – was immer ihre religiöse Bedeutung sonst sein mochte – *auch* Objekte, in denen Kraft verborgen lag. Wenn man einen Bauern gefragt hätte, ob die Hostie, die er in seinem Stall vergraben hatte, um seine Pferde vor Krankheiten zu schützen, ähnlich wie irgendein Zauberkraut „wirke", das man zum selben Zweck verwende, so hätte er antworten können, das sei selbstverständlich etwas ganz anderes: die Hostie besaß sehr viel höhere Macht, und eben deswegen verwendete er sie. Ein solcher Bauer benutzte die Hostie auf die genau gleiche Weise wie irgendein Amulett, hält aber in der Theorie daran fest, daß das eine mit dem anderen nichts zu tun habe. Der prinzipielle Unterschied zwischen den Objekten wird zwar anerkannt, aber er ist im praktischen Leben nicht mehr sichtbar.

Zauberei: Magie zu bösen Zwecken

Wenn es oft schwierig ist, das Gebiet der Magie nach außen von dem der Wissenschaft und dem der Religion abzugrenzen, so ist es doch noch weit problematischer, eine genaue Unterscheidung zwischen „weißer" und „schwarzer" Magie zu treffen, zwischen jenen magischen Praktiken, die menschenfreundlichen Zwecken wie Heilung oder Schutz vor Übel dienen, und der bösen Zauberei. Man kann dabei, je nach Standpunkt und Perspektive, zu recht verschiedenen Ergebnissen kommen, außerdem ist hier die Zahl der uneindeutigen Fälle, die irgendwo zwischen den Extremen liegen, sehr hoch: Man ist versucht, gegen allen Sprachgebrauch den Terminus der „grauen" Magie einzuführen. Wie etwa soll man es beurteilen, wenn die Bemühungen eines Heilers dazu führen, daß der Zustand seines Patienten sich verschlechtert? Man könnte in einem solchen Fall etwa vermuten, daß dieser Heiler *mit Absicht* dem Kranken schadet. Jemand, der viel von Heilkräutern versteht, kennt auch andere Kräuter, mit denen man Menschen krank machen oder gar umbringen kann – so jedenfalls scheint man im vormodernen Europa oft gefolgert zu haben. Aber auch wenn man die guten Absichten des Heilers gar nicht in Zweifel zieht, kann es vorkommen, daß ein Patient falsch oder doch mit schlechtem Erfolg behandelt wird, und in einem solchen Fall beurteilt man dann zuweilen eine Kur von ihrem Resultat her als Zauberei. Andere, aber nicht weniger gravierende Probleme ergeben sich dort, wo man die Magie benutzt, um Liebeszauber zu treiben. Wenn ein Magier sich etwa dazu hergibt, jemanden mit Hilfe seiner Kunst zum Ehebruch anzustiften, könnte nicht ein gottesfürchtiger Christenmensch behaupten, dies sei ein böser Zweck und folglich das Mittel als Zauberei zu verfolgen? Was aber, wenn dasselbe Mittel einer Frau dazu dient, die Liebe ihres Ehemanns wiederzugewinnen? Handelt es sich dann auch um böse Zauberei? Nicht wenige Leute in der mittelalterlichen Gesellschaft hätten diese Frage wohl bejaht.

Einen großen Teil unserer Informationen über Zauberei verdanken wir den Akten zu Strafprozessen: Wir erfahren da beispielsweise von einem Bauern, der eine alte Frau aus seiner Nachbarschaft anklagt, weil sie seine Kühe oder seine Kinder verhext habe. In den meisten Fällen, in denen über Verbrechen verhandelt wird, die mit Hilfe der Zauberei begangen wurden, geht es um Körperverletzung oder um Totschlag. In manchen Regionen, besonders in Italien, wird auch häufig der Liebeszauber verfolgt. Theologen und Rechtsgelehrte scheinen der Ansicht gewesen zu sein, daß diese Art Magie immer und per se strafwürdige Zauberei sei, selbst dort, wo die eheliche Liebe gefördert werden sollte; der Versuch, über den Willen des anderen Macht zu gewinnen, wurde bereits als Verbrechen geahndet. Anderswo, besonders in der Schweiz und den angrenzenden Ländern, erfahren wir aus Prozeßakten von Leuten, die Unwetter entfesselten, um ihren Nachbarn die Felder zu zerstören. Ein deutscher Spruch aus dem 10. Jahrhundert verbietet dem Teufel in Christi Namen, Schaden anzurichten, sei es „durch Regen und Hagelschlag, durch Frost, durch Sturm oder durch Fluch und Beschwörung von Zauberern". Zauberei muß den Menschen damals wie eine Naturgewalt erschienen sein, die bestimmten Individuen zur Verfügung stand, die jedoch ihrem Ursprung nach eine kosmische Gewalt war. In selteneren Fällen wurde auch bei Eigentumsdelikten der Vorwurf der Zauberei erhoben, wenn man

annahm, ein Dieb oder Einbrecher habe sich bei seiner Tat magischer Kräfte
bedient.

Die Mittel der Zauberer unterschieden sich nicht wesentlich von denen
der gutartigen Magie: Tränke, Sprüche und Amulette fanden Verwendung,
bestimmte Rituale mußten beachtet werden. Der Unterschied zwischen guter
und böser Magie lag nicht in ihrer Arbeitsweise oder ihren Prinzipien, sondern einzig und allein in den Zwecken, die angestrebt wurden. Ein Zauberer,
der jemandem zu essen und zu trinken gab, konnte angeklagt werden, er
hätte versucht, sein Opfer zu „vergiften"; es war ja eben per Definition
unmöglich festzustellen, wo okkulte Kräfte, die einem Menschen Schaden
zufügen konnten, verborgen waren und wo nicht. Im 15. Jahrhundert tötete
angeblich eine Frau in der Schweiz ihren Mann, indem sie ihm einen „ver-
gifteten" Apfel zu essen gab, aber diese Frau wurde wegen Zauberei verurteilt und nicht einfach wegen Mordes. Liebestränken wurden Kräuter, Asche
und allerlei andere Dinge beigemischt. Ähnlich wie die Frau des Herakles in
dem Drama des Seneca sollen Frauen zuweilen ein tödliches Gift mit einem
Aphrodisiakum verwechselt haben. Dieser Fehler unterlief in der Mitte des
15. Jahrhunderts einmal einer Frau aus Luzern; sie wurde angeklagt und aus
der Stadt verbannt. Eine andere Frau gab zu, ihrem Mann etwas Menstrua-
tionsblut in einem Liebestrank verabreicht zu haben, aber sie weigerte sich
zu glauben, daß dies an seinem Tod kurze Zeit später schuld gewesen sei.

Sprüche, die einem Menschen Schaden bringen sollen, werden normalerweise „Flüche" genannt. Bei solchen Flüchen handelte es sich oft ganz einfach um ins Negative gewendete Segensformeln und Beschwörungen.
Ebenso wie diese kann auch ein Fluch sich auf ein Ereignis aus der Heils-
geschichte oder aus einer Legende berufen. In Innsbruck wurde 1485 eine
getaufte Jüdin angeklagt, weil sie angeblich einen blasphemischen Spruch
aufgesagt hatte, der einem verhaßten Feind so viel Schmerz in den Kopf
hinein wünschte, wie Maria empfand, als sie Jesus gebar. Besser bezeugt ist
der Gebrauch einer Formel für einen Liebeszauber: „N. N. soll mich so
lieben, wie Maria ihren Sohn liebte, als sie ihn gebar."

Da eine Verfluchung normalerweise nicht in der Öffentlichkeit ausgesprochen wurde, konnte das Opfer nichts Näheres darüber wissen. Wahrscheinlich kam das Delikt weit häufiger vor, als man aus der Zahl der in Prozeßakten überlieferten Fälle schließen würde; denn es ist ja davon auszugehen,
daß nur relativ selten einmal ein solches Verbrechen bekannt und justitiabel
wurde. Ähnlich schwierig, wenn auch aus anderen Gründen, war die Beweis-
lage in den Fällen, wo Personen durch Zaubertränke „vergiftet" worden
waren. Es war kaum jemals möglich, dem Gericht ein *corpus delicti* zu
präsentieren. Wenn die Ankläger überhaupt etwas Handfestes vorzulegen
hatten, so waren es meist magische Amulette, die der Zauberer irgendwo im
Haus seines Opfers versteckt hatte, unter der Türschwelle etwa oder unter
dem Bett, um so Schaden zu stiften. Bei diesen Amuletten handelte es sich oft
Beutel mit Mischungen aus irgendwelchen pulverisierten „Giften", mensch-

lichen Exkrementen, Holz von einem Galgen und ähnlichen Substanzen. Eine kranke Frau, die Verdacht geschöpft hatte, fand unter der Schwelle ihres Hauses die Leichen von drei kleinen, schwarzen Tieren, vielleicht Mäusen, in ein Tuch eingewickelt.

Das rituelle Beiwerk zum Schadenszauber verrät typischerweise den mehr oder weniger starken Einfluß sympathetischen Denkens. Eine Zeugin, die 1486 in Luzern bei einem Prozeß auftrat, sagte aus, sie habe zwei Nachbarinnen am Brunnen folgende seltsame Handlung vollführen sehen: Die eine habe, mit dem Rücken zum Brunnen stehend, dreimal Wasser geschöpft und es über ihren Kopf hinweg gespritzt – und kurze Zeit später habe es angefangen zu hageln. Wenn Zauberinnen Milch von den Kühen stahlen, so war eine verbreitete Methode die, ein Messer in die Wand zu stecken und es zu „melken". Um einer Person zu schaden, konnte man einen Bilderzauber veranstalten, die wohl bekannteste Variante des Sympathiezaubers: Man tut der Abbildung einer Person symbolisch etwas Böses an, etwa indem man sie mit Nadeln durchbohrt, und erhofft sich davon, daß das Opfer dieses Übel in Wirklichkeit erleiden wird. Ein Zauberer des 14. Jahrhunderts in Coventry arbeitete mit dieser Technik: Er fertigte ein Wachsbildnis eines Nachbarn an und steckte dieser Figur ein spitziges Stückchen Blei in die Stirn. Der Nachbar wurde daraufhin tobsüchtig und raste vor Schmerzen. Der Zauberer ließ sein Opfer einige Wochen lang leiden, dann stieß er den Dorn der Figur ins Herz, und der Mann starb.

Natürlich wurden Zauberer oft auch blasphemischer Neigungen verdächtigt, man nahm an, daß sie in ihrer Gier, sich übernatürliche Kräfte nutzbar zu machen, keine Skrupel hätten, Gegenstände oder Rituale des religiösen Kults zu mißbrauchen. Die Furcht vor solcher Lästerung spielte in der antisemitischen Propaganda eine bedeutende Rolle. Als 1321 in Aquitanien eine Seuche ausbrach, entstand das Gerücht, Aussätzige und Juden hätten die Brunnen mit einer Mischung aus Blut, Urin, Kräutern und konsekrierten Hostien vergiftet. Im Jahr 1130, als der Erzbischof von Trier die Juden seiner Erzdiözese vor die Wahl stellte, sich entweder taufen zu lassen oder aus ihrer Heimat fortzugehen, und bald darauf starb, wurden Juden angeklagt, sie hätten eine Wachsfigur des Kirchenfürsten „getauft" und anschließend über dem Feuer schmelzen lassen, um seinen Tod herbeizuführen. Vom 13. Jahrhundert an, als die Verehrung der Eucharistie mehr und mehr Bedeutung gewann, wuchs auch die Furcht davor, daß Hostien aus den Kirchen gestohlen und von Zauberern mißbraucht werden könnten. Es entstanden Meinungen wie etwa die, daß eine Frau die Liebe eines Mannes zu ihr steigern könne, wenn sie eine Hostie in den Mund nehme und ihn dann küsse. In einem berühmten Fall wurde eine Frau, die diese Anweisung in die Tat umsetzte, von Gott gestraft: Es war ihr von Stund an unmöglich, die Hostie, die der Priester in der Wandlung emporhob, zu sehen. Von diesem Fluch wurde sie erst erlöst, als sie eine Reliquie der heiligen Birgitta von Schweden berührte. Natürlich haben alle diese Geschichten etwas leicht Hysterisches an sich und sind mit legendenhaftem Beiwerk reichlich ausgeschmückt, aber mit dem Kern der Sache, daß nämlich heilige Dinge immer in Gefahr sind, zu unheiligen Zwecken mißbraucht zu werden, hat es durchaus seine Richtigkeit. Handschriften, die Formeln und Rezepte magischer Heilkunst überliefern, enthalten bisweilen Texte, die ein Theologe oder Jurist als strafwürdige Zauberei ansehen konnte. Die Prozeduren, die in solchen Manuskripten empfohlen werden, scheinen sich im Prinzip nicht von denen zu unterscheiden, die in Gerichtsakten erwähnt sind, enthalten aber wesentlich mehr und genauere Details und ermöglichen es uns dadurch, gewisse Ähnlichkeiten mit Praktiken der magischen Kräutermedizin festzustellen.[39]

Die Handschriften überliefern zahlreiche Rezepte für Aphrodisiaka, die von kritischen Beobachtern nicht als mehr oder weniger harmlose Drogen, sondern als Hilfsmittel der Zauberei eingestuft worden wären. Um einer Frau Begehren einzuflößen, soll man, so empfiehlt ein Rezept, Wolle mit Fledermausblut tränken und sie unter das Kopfkissen der Frau legen. Die Hoden eines Rehbocks oder eines Stiers, ebenso der Schweif des Fuchses, stacheln die Wollust einer Frau an. Wenn man ihr Ameiseneier in den Badezuber legt, überkommt es sie mit solcher Gewalt, daß sie sich – ob sie will oder nicht – dem Nächstbesten hingibt.[40] Noch weniger vertrauenerweckend erscheint uns heutzutage das Verfahren, das ein anderer Kompilator vorschlägt: Man nehme einen Haselnußstecken, schreibe darauf „pax + pix + abyra + syth + samasic", schlage ihn der Begehrten dreimal auf den Kopf und küsse sie sodann, und man darf ihrer Liebe gewiß sein. Wenn eine Frau ihren Ehemann betören will, muß sie eine Mischung aus Kräutern und Regenwürmern bereiten und ihrem Mann ins Essen geben.

Kräuter finden auch sonst in der Zauberei Verwendung. Menschen, denen Kardendistel zusammen mit einem zermahlenen Zahn in einem Trank oder im Essen verabreicht wurde, müssen miteinander kämpfen und können erst dann damit aufhören, wenn man ihnen den Saft einer anderen Pflanze eingibt. Die Zahl der Tränke, die einen Mann impotent machen oder doch sein sexuelles Verlangen mindern, ist Legion. Zu diesem Ergebnis kann man unter anderem dadurch gelangen, daß man dem Opfer die Blüten der Weide oder der Pappel zu essen gibt, „erprobt in langer Erfahrung", so wird versichert. Es kann sogar passieren, daß ein Mann für den Rest seines Lebens impotent wird, wenn er so leichtsinnig sein sollte, vierzig Ameisen, die in Narzissensaft gekocht wurden, zu sich zu nehmen. Die wohl extravaganteste Behauptung ist die, daß aus Salbei, wenn man ihn, umgeben von Mist, verrotten läßt, ein Vogel mit einem Schlangenschwanz entstehe, und wenn man jemanden mit dem Blut dieses Vogels in Berührung bringe, so habe der fünfzehn Tage lang keinerlei Sinnesempfindungen; wenn man den Schlangenvogel verbrenne und dann die Asche ins Feuer werfe, so donnere es ganz schrecklich.

Nichts und niemand zwingt uns zu der Annahme, daß alle derartigen Anweisungen mit gleich ernsthaftem Gesichtsausdruck niedergeschrieben wurden. Es ist freilich nicht zu bezweifeln, daß man im Mittelalter durchaus im Ernst daran glaubte, Hexerei könne einen Mann mit sexueller Impotenz schlagen. Als Lothar II. sich außerstande sah, die Ehe mit seiner Braut zu vollziehen, weil ein magischer Bann ihn lähmte, appellierte man an den Erzbischof Hinkmar von Reims, der entscheiden sollte, ob der König das Recht habe, die Frau fortzuschicken und eine andere zu heiraten. Die gleiche Frage erhob sich später noch öfter und beschäftigte im 11. und 12. Jahrhundert den Scharfsinn führender Kirchenrechtler und geistlicher Würdenträger. Man entschied schließlich, daß die Ehe für ungültig erklärt werden konnte, wenn alle Versuche, den Schaden zu heilen, nicht fruchteten und wenn feststand, daß ein böser Zauber an dem Übel schuld war. Man sieht aus alledem, daß Zauberei tatsächlich als durchaus ernstes Problem empfunden wurde.

Sowohl beim Zaubern wie auch in der magischen Heilkunst versuchte man oft die Kraft von Kräutern durch magische Sprüche zu unterstützen. In einer solchen Formel, sie stammt aus dem 14. Jahrhundert und wirkt auf den ersten Blick recht christlich, wird eine Pflanze direkt angesprochen:

Im Namen Christi, Amen. Ich beschwöre dich, Kraut, beim Herrn Petrus ... beim Mond und bei den Sternen ... laß mich siegen, besiegen sollst du alle meine Feinde, Prälaten und Priester und alle Laien und alle Frauen und alle die Juristen, die gegen mich arbeiten ...[41]

Da es im Prinzip dieselben Techniken sind, die in der „guten" wie in der „bösen" Magie angewendet wurden, verwundert es nicht, daß diese Techniken auch dazu dienten, sich vor magischen Anschlägen zu schützen oder aber Gegenzauber zu veranstalten, wenn man unter einem Fluch zu leiden hatte. Eine Formel aus dem Jahr 1475 wird ausdrücklich zum Gebrauch „gegen eine böse Hexe" empfohlen. Sie ist als Segensspruch formuliert, ihre Funktionsweise ist jedoch die eines Talismans: Man trägt den geschriebenen Text am Körper, und er beschützt den Träger „im Schlafen, im Wachen, beim Trinken und vor allem beim Träumen". Er lautet:

Im Namen des Vaters etc. Durch die Kraft des Herrn möge das Kreuz + und das Leiden Christi + mir heilsam werden. Die fünf Wunden des Herrn mögen mir heilsam sein +. Die Jungfrau Maria möge mir beistehen und alle bösen Dämonen fernhalten und alle bösen Geister, Amen. + A + G + L + A + Tetragrammaton + Alpha + O ...[42]

Der Arzt Arnold von Villanova schrieb einen Traktat über jene Krankheiten und Leiden, die durch Zauberei und Verfluchungen entstehen. Darin wird auch die sexuelle Impotenz ausführlich behandelt. In manchen Fällen, so sagt der Autor, können solche Männer mit den ganz normalen Mitteln der Medizin kuriert werden, bisweilen allerdings ist göttliche Hilfe vonnöten. Wenn es irgendein Ding ist, von dem der Fluch ausgeht, genügt es, dieses Objekt einfach zu entfernen – das können beispielsweise die Hoden eines Hahns sein, die unter dem Ehebett versteckt sind, oder auch Zettel, auf die mit Fledermausblut Zaubersprüche geschrieben sind. Ein natürliches Mittel gegen Verzauberung ist das Ausräuchern des Schlafzimmers mit Fischgalle (nach apokryph-biblischem Vorbild, vgl. Tobias 6,19 ff.), es kann auch helfen, die Wände mit dem Blut eines schwarzen Hundes zu beschmieren oder zu besprengen. Für schwerere Fälle schreibt Arnold ein überaus kompliziertes exorzistisches Ritual vor, in dessen Verlauf die Eingangsverse des Johannesevangeliums aufgeschrieben werden müssen, der Zettel wird dann in Flüssigkeit aufgelöst, die man dem Ehepaar zu trinken gibt. Blätter, Blüten und Früchte werden auf glühende Kohlen gelegt, damit ihr Rauch Dämonen, die diese Zeremonie stören könnten, fernhalte. Der Autor scheint bei seinen Überlegungen davon auszugehen, daß die magische Kraft, die in solchen Fällen wirksam ist, entweder natürlichen oder dämonischen Ursprungs sein kann – gegen das eine Übel helfen naturmagische Mittel, das andere aber kann nur mit einem regelrechten Exorzismus bekämpft werden.[43]

Wahrsagerei und volkstümliche Astrologie

Die Formen der Magie, die oben näher betrachtet wurden, dienen allesamt dem Zweck, etwas zu erreichen oder zu verändern, die Magier versuchen Einfluß zu nehmen auf den Gang der Dinge. Wahrsagerei dagegen möchte den Gang der Dinge, von dem angenommen wird, er sei vorherbestimmt, lediglich vorherwissen. Wir haben bereits gesehen, daß die frühmittelalterlichen Autoren sich unter „Magie" in erster Linie verschiedene Techniken der Zukunftsdeuterei vorstellten und daß sie diese wie die Magie überhaupt für Erfindungen der Dämonen hielten. Grob die Hälfte dessen, was Isidor von Sevilla über Magie zu sagen hat, handelt von der Wahrsagerei, und sein Einfluß hat noch lange nachgewirkt. Zu einer Zeit, da andere Zweige der magischen Kunst mehr und mehr Beachtung fanden, bis ins spätere Mittelalter hinein, verlor doch die Wahrsagerei nichts von ihrer Anziehungskraft auf das Volk und von ihrem Schrecken für die Moralprediger.

Die Vielfalt der Techniken ist überwältigend. Die Zukunftsdeutung aus Träumen, „Oneiromantie" genannt, erfreute sich beim Volk großer Beliebtheit, ebenso die Literatur, die diese Kunst lehrte. Manche Traumdeuter arbeiteten mit ganz simplen Prinzipien; sie nahmen an, daß manifeste Trauminhalte Zukünftiges *abbildeten*, also sozusagen *im Klartext* aussprächen: Ein Traum etwa, in dem viel Wasser vorkommt, weist auf einen Tod durch Ertrinken hin. Für Leute, die etwas höhere Ansprüche stellen, gibt es „Traumbücher", zum Beispiel das des Hans Lobenzweig (Mitte 15. Jh.), dort werden dann mit Sorgfalt auch Faktoren wie sozialer Rang und körperliche Verfassung des Träumers mit ins Kalkül gezogen und komplexe Regelsysteme für die Interpretation angeboten. Auch die Beobachtung von Phänomenen in der Natur hat, wie es scheint, seit antiker Zeit nichts von ihrer Bedeutung eingebüßt. Zwar mochten die Feinheiten der hochentwickelten römischen Augurenkunst verlorengegangen sein, aber in einfacheren Formen war beim Volk einiges davon noch durchaus lebendig; man pflegte zum Beispiel dem

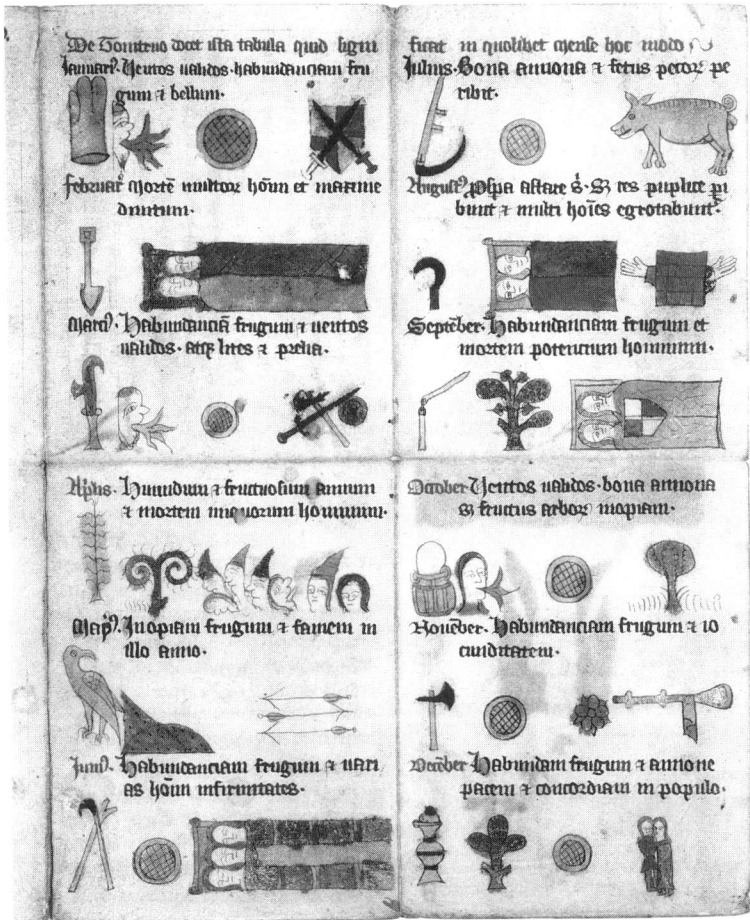

Abb. 8: Tafel für Zukunftsdeuterei mit Hilfe des Donners; 14. Jh.

Gezwitscher von Vögeln Hinweise auf Künftiges zu entnehmen. Aus dem Krächzen des Raben konnte man Schlüsse über das Wetter ziehen, weil dieser Vogel ein sehr feines Gespür für Veränderungen in der Luft besitzt. Eine Frau, so wird berichtet, fragte den Kuckuck, wie lang sie noch zu leben habe, und als er fünfmal schrie, folgerte sie, ihr blieben noch fünf Jahre – allerdings, und das ist die Tücke der Überlieferung, wird die Geschichte mit der Absicht erzählt, den dummen Aberglauben vieler Leute zu entlarven, wir können also nicht annehmen, daß hier einfach und wahrheitsgetreu ein wirkliches Ereignis berichtet wird. Die Chiromanten legten besonderen Wert auf Raffinement und Detailgenauigkeit, sie konnten ihren Klienten exakt aus der Hand lesen, wie oft sie heiraten würden, welche beruflichen Erfolge ihrer warteten und ob es ihnen beschieden war, ihr Leben am Galgen zu beschließen.

Die gelehrte Astrologie, die auf exakter Beobachtung des Sternenhimmels aufbaute, scheint in Europa bis zum 12. Jahrhundert wenig verbreitet gewesen zu sein, in popularisierter Ausprägung jedoch war diese Kunst allgegenwärtig. In der Regel befaßte sie sich mehr mit dem Mond und seinen Phasen als mit den Bewegungen der anderen Himmelskörper, und zwar ganz einfach deswegen, weil der Mond am besten zu sehen ist und weil seine Veränderungen relativ leicht zu verstehen sind. Es gab detaillierte Tafeln und Tabellen, denen zu entnehmen war, welche Tage im Mondzyklus diesen und jenen Aktivitäten günstig oder widrig waren. Solche schriftlichen Hilfsmittel wurden wohl nur von Leuten benutzt, die zumindest ein gewisses Maß an Bildung besaßen, aber in ihrem Charakter hat diese Kunst dennoch nichts Gelehrtes.

Auch Himmelszeichen anderer Art, in der Atmosphäre nämlich, gaben Anlaß zu Mutmaßungen über Künftiges, die ebenfalls oft mit pseudo-wissenschaftlicher Exaktheit systematisiert wurden. Relativ weit verbreitet war die Kunst, den Donner auszudeuten. Signifikant war beispielsweise die Himmelsrichtung, aus der er kam: Donner im Osten ließ großes Blutvergießen im Jahr darauf erwarten. Noch wichtiger für die Interpretation aber – vermutlich besonders in Gegenden, wo Gewitter relativ selten sind und in den meisten Monaten des Jahres gar nicht vorkommen – war die Jahreszeit, in der man es donnern hörte. Eine Tafel aus dem 14. Jahrhundert (Abb. 8) erklärt, „was der Donner in jedem Monat des Jahres anzeigt"; einfache Illustrationen machen dem Betrachter klar, was die Zukunft bringt. Donner im Januar bedeutet Sturm, reiche Ernte und Krieg, Donner im Februar sagt voraus, daß viele Leute sterben werden, vor allem die Reichen. Die schönsten Verheißungen hat sich die Tafel, die im Ganzen eher Finsteres in Aussicht stellt, für den Schluß des Jahres aufgehoben: Donner im Dezember deutet auf eine reiche Ernte hin, auf Frieden und Eintracht unter den Menschen.

Manche Tage des Monats sind dem Menschen günstiger als andere, im Lauf eines Jahres gibt es aber auch ganz ausgemachte Unglückstage. Mordtaten, Schlachten und andere unselige Geschehnisse ereignen sich mit Vorliebe an den „Ägyptischen Tagen" – wer diese kennt, wird sich durch besondere Vorsichtsmaßnahmen schützen. Ein medizinischer Ratgeber klärt uns auf, es gebe, wenn man einige regionale Besonderheiten außer acht lasse, insgesamt zweiunddreißig Unglückstage im Jahr:

Wer an einem dieser Tage heiratet, wird nicht lange Freude an dieser Ehe haben. Wer an einem solchen Tag eine große Reise antritt, wird nie wieder heimkommen, oder es wird ihn sonst ein Unglück treffen. Und wer ein großes Werk beginnt, wird es nie zu Ende bringen. Und wer sich zur Ader läßt, stirbt bald darauf oder siecht dahin.[44]

Alle möglichen zufälligen Ereignisse konnten nach abergläubischer Meinung „etwas bedeuten". Wer eine Halbpenny-Münze fand oder eine Nähnadel, hatte allen Grund, sich auf ein künftiges Glück zu freuen – freilich durfte er nicht so töricht sein, das Fundstück herzuschenken oder wieder zu verlieren, denn in diesem Fall würde sich das Glück in Pech verwandeln. Ein ausgesprochen gutes Omen war es, wenn jemand ein Hufeisen fand oder einen eisernen Nagel oder wenn er einen Hasen sah, der von Hunden verfolgt wurde. Ein böses Zeichen war es, wenn einem ein Rabe begegnete oder ein Esel. Manche Leute waren der Meinung, es bringe Unglück, einem Mönch oder Priester über den Weg zu laufen – man mußte dann zur Vorsicht unbedingt das Kreuzzeichen machen. Prediger erzählten gern die lehrreiche Anekdote von einer Frau, die diese Vorsichtsregel tatsächlich beherzigte, als sie einen Priester traf; der jedoch stieß sie in den Straßenkot und bewies ihr so, daß sie – zumindest was die Abwehrmaßnahme betrifft – einem Aberglauben aufgesessen war. Ob derartige Volksweisheiten noch zum Bereich des Magischen zu rechnen sind oder im Mittelalter dazu gerechnet wurden, ist freilich zweifelhaft. Die frühmittelalterlichen Autoren, die von „magischen Künsten" sprechen, meinen damit immer Techniken, die bis zu einem gewissen Maß systematisch Zeichen und Bedeutung einander zuordnen. „Kunst" meint in diesem Zusammenhang eine Summe geordneten Wissens und Könnens, kaum einer dieser Autoren hätte wohl bunt zusammengewürfelten abergläubischen Meinungen die Achtung gezollt, die in diesem Wort mitschwingt.

Nicht alle Formen der Wahrsagerei sind ganz und gar „passiv" in dem Sinn, daß sie sich auf die Beobachtung und Deutung von Zeichen beschränken. Einige Spielarten dieser Kunst, die etwa seit dem 15. Jahrhundert populär wurden, jedoch auch vorher schon vereinzelt anzutreffen sind, verlangen vom Deuter ein gewisses Maß an eigenem Zutun. Man könnte diese Formen der Wahrsagerei vielleicht als „experimentell" bezeichnen. Eine wenig arbeitsintensive Methode ist die, ein Buch aufs Geratewohl irgendwo aufzuschlagen und dann den Text, der einem zuerst vor die Augen gerät, zum Orakel zu nehmen. Bei anderen Formen der Zukunftsdeutung, die im Altertum erfunden und im Mittelalter weiterentwickelt wurden, muß man würfeln. In einem spätmittelalterlichen Handbuch wird erklärt, wie man sich mit Hilfe der Würfel Gewißheit verschaffen kann, ob ein Wunsch in Erfüllung geht.[45] Für den besten aller Fälle, wenn jemand drei Sechsen würfelt, hält das Buch die folgenden Verse bereit:

> Dreimal die Sechs! So wird's denn wahr,
> Wie du es denkst, noch vor Neujahr.
> Halt dich brav und sei zufrieden,
> Was du gewünscht, ist dir beschieden.

Der Spieler, der zwei Sechsen und eine Zwei wirft, wird zwar ebenfalls kriegen, was er sich wünscht, aber außerdem noch eine Menge Ärger. Dem, der eine Sechs und zwei Vieren wirft, wird gesagt, er solle sich besser keine Hoffnung machen. Es ist durchaus möglich, daß man sich von derartigen Spielen ernsthaft Auskünfte über das Schicksal erwartete, vielleicht aber dienten sie auch mehr der vergnüglichen Unterhaltung. Manche dieser Orakeltechniken sind sehr raffiniert und ausgefeilt, es gibt verschiedene Tabellen, die man konsultieren muß, und bewegliche Zeiger, die gedreht werden, ehe man endlich Auskunft erhält. Ein deutsches Orakel ist speziell für Verliebte gedacht – man könnte es vielleicht doch für ein bloßes Gesellschaftsspiel halten, wenn nicht der Ton zuweilen gar so nüchtern wäre. Der hoffnungsvollen jungen Dame etwa wird einmal gesagt: „Du verschwendest deine Liebe, der junge Mann, den du erwählt hast, ist ihrer nicht wert. Er ist zwar immer sehr freundlich zu dir, aber ihm gefällt eine andere. Du liebst ihn, aber er liebt dich nicht, er tut nur so."

In manchen Spielarten der experimentellen Zukunftsdeuterei werden die gleichen Materialien verwendet wie in jenen Bereichen der Magie, wo ein praktisches Ergebnis, nicht allein Erkenntnis angestrebt wird; Techniken derart verschiedenen Charakters, die sich aber der gleichen Mittel bedienen, werden oft gemeinsam in ein und derselben Handschrift überliefert. Bestimmte Pflanzen beispielsweise können benutzt werden, einen Dieb zu entlarven: Wenn man Borretsch jemandem, der bestohlen worden ist, unters Kopfkissen legt, so erscheint diesem Menschen der Dieb und der ganze Verlauf des Diebstahls im Traum. Solche Techniken können auch in der Medizin eingesetzt werden. Wenn der Heiler einem Kranken Eisenkraut auf die Hand legt und fragt, wie es um ihn steht, so gibt es dem Patienten die korrekte Antwort ein, er wird dann sagen, ob er am Leben bleibt oder stirbt. Der Arzt Johannes von Mirfeld teilt eine Reihe von divinatorischen Techniken mit, die dazu verwendet werden können, Prognosen zu erstellen, darunter eine Methode, die „Onomantie" genannt wird und die aus Namen Aussagen über den weiteren Krankheitsverlauf zu gewinnen sucht:

Nimm den Namen des Patienten, den Namen der Person, die zum Arzt geschickt wurde, ihn herzuholen, den Namen des Tags, an dem dieser Bote zum erstenmal zu dir gekommen ist, und zähle alle die Buchstaben [gemeint ist: die *Zahlenwerte* der Buchstaben] zusammen. Wenn sich eine gerade Zahl ergibt, so wird der Patient sterben, bei einer ungeraden Zahl wird er gesund werden.[16]

Die Tatsache, daß man derartige Kunststücke beschrieben findet, wäre an sich noch nicht besonders erstaunlich – daß aber ein hochangesehener Mediziner, der im allgemeinen durchaus praktisch-nüchtern zu urteilen versteht, dieses Verfahren überliefert, läßt den Betrachter doch stutzen.

Handschriften, die divinatorische Techniken mitteilen, enthalten bisweilen auch Beschreibungen ausgefeilter Methoden, die dazu dienen können, einen Dieb zu überführen. Man schreibe die Formel „+ Agios crux + Agios Crux + Agios Crux Domini" auf reines Wachs, halte es mit der linken Hand hoch über den Kopf, und der Dieb wird einem im Schlaf erscheinen. Wenn man bereits jemanden im Verdacht hat, so schreibe man eine definierte Folge von Buchstaben auf ein Stück Brot und gebe es dem vermeintlichen Übeltäter zu essen: Wenn er wirklich schuldig ist, wird er keinen Bissen hinunterbrin-

gen. Gibt es mehrere Verdächtige, soll man einer der Handschriften zufolge
bestimmte komplizierte Formeln auf ein Stück Brot schreiben und dazu Gebete sprechen, dann soll man es diesen Leuten anbieten. Man kann aber auch
ein Auge an die Wand zeichnen, die Verdächtigen vor diesem Bild versam-
meln und genau aufpassen, wem das rechte Auge zu tränen anfängt. Wenn
diese Person die Tat leugnet, so schlägt man einen kupfernen Nagel in das
gezeichnete Auge an der Wand: Der oder die Schuldige wird dann auf-
schreien vor Schmerz – ein typisches Beispiel von Sympathiezauber.

Manche Prozeduren leisten sogar noch mehr, als lediglich einen Dieb oder
gestohlenes Gut zu entdecken, sie taugen darüber hinaus auch dazu, die
verlorenen Gegenstände wiederzubeschaffen. Eine flämische Handschrift
aus dem 14. Jahrhundert schlägt zu solchem Zweck ein magisches Verfahren
vor, das nach der Logik eines Sympathiezaubers arbeitet und das die legen-
däre Auffindung des Kreuzes Christi durch die heilige Helena zum Archetyp
des Wiederfindens überhaupt macht: So wie einst das Erdreich jene vergra-
bene Reliquie freigab, so soll es nun das Diebesgut hergeben. Wenn der
Wahrsager die Macht des Kreuzes beschwört, legt er sich viermal auf die
Erde, jedesmal in eine andere Himmelsrichtung, er streckt dabei die Arme
aus, so daß sein Körper die Form des Kreuzes nachahmt, und er spricht dazu
eine Formel, in der das Kreuz Christi aufgefordert wird, den Dieb samt
seiner Beute herbeizuschaffen.

Es gibt auch magische Verfahren, geheime Informationen direkt von einer
anderen Person zu erhalten. Da das Ziel hier darin besteht, Wissen zu erwerben, können wir diese Praktiken in die Klasse der divinatorischen Experimente rechnen. Wenn man zum Beispiel das Herz und den linken Fuß einer
Kröte einem Schlafenden auf den Mund legt, so wird er bereitwillig auf jede
Frage antworten.

Es ist einigermaßen leicht verständlich, weshalb die Zukunftsdeuterei für
eine dämonistische Kunst gehalten gehalten wurde. Augustinus hatte in seinem Traktat *De divinatione daemonium* erklärt, daß die Dämonen zwar
nicht über wirklich prophetisches Wissen verfügten, daß sie aber dank ihrer
außerordentlichen Auffassungsgabe, weil sie viel in der Welt herumkämen
und durch lange Erfahrung gewitzt, doch sehr scharfsinnige Vermutungen
über künftige Dinge anstellen könnten, und diese Vermutungen teilten sie
den Wahrsagern mit. Viel mehr einer Erklärung bedürftig scheint uns heute
die entgegengesetzte Ansicht, divinatorische Künste seien zum Bereich der
natürlichen Magie zu zählen. Jene Menschen, die von verborgenen Naturkräften sprachen, dachten dabei normalerweise an wirkende Kräfte, die
nutzbar gemacht werden konnten, und weniger an bloße Zeichen, die auf
Künftiges hindeuteten. Aber diese Leute waren doch keineswegs ganz un-
interessiert an der Kunst der Wahrsagerei. Wilhelm von Auvergne etwa
nimmt an, daß der Mensch von Natur aus einen quasi übersinnlichen „siebten Sinn" besitze, der ihn zum Beispiel befähige, zu „spüren", daß sich ein
Einbrecher im Haus aufhält. Auch Tiere, sagt Wilhelm, haben dieses Gefühl:

Es warnt die Schafe vor dem Wolf, es sagt dem Geier, wann die Schlacht stattfindet, die ihm dann reichlich Futter verschafft. Andere Autoren vertreten die Meinung, Gott selber schicke natürliche Vorzeichen, um in seiner Güte den Menschen die Chance zu geben, sich auf kommendes Unglück vorzubereiten. Der flämische Autor Venantius von Moerbeke führt in einer langen Liste Verfahren der Zukunftsdeutung auf („die Zahl der verschiedenen Methoden ist schier unendlich", bemerkt er) und beklagt, daß Gottes Anstrengungen, die Menschen zu warnen, allzu oft mit Gleichgültigkeit oder Unverständnis aufgenommen würden.[47] Wenn wir freilich die Weissagungskünste unter diesen Aspekten betrachten wollten, müßten wir das Gebiet der Magie verlassen und uns in das der Religion und der Theologie begeben.

Trickkünstler und Schwindler

Die Magie in der mittelalterlichen Kultur diente nicht nur ernsten Zwecken. Ebenso wie manche Formen der Zukunftsdeuterei hatten auch andere magische Künste unterhaltsamen Charakter; es gab sowohl Zaubervorführungen vor staunendem Publikum wie auch magische Spiele, mit denen eine Gesellschaft sich amüsieren konnte.

Das Notizbuch des Thomas Betson (spätes 15. Jh.) bietet viel Interessantes zu diesem Themenbereich.[48] Betson war Mönch im Kloster Syon in Middlesex. Er scheint ein durchaus frommer Mann gewesen zu sein, aber auch ein Spaßvogel und Amateur-Zauberkünstler, und in seinem Notizbuch sind uns Beschreibungen und Anweisungen für verschiedene Tricks erhalten. Etwa: Man nehme ein feines Frauenhaar und befestige es an der Schale eines ausgeblasenen Eis. Man kann dann an diesem unsichtbaren Faden das Ei schweben und sich bewegen lassen, man kann es auch an der Zimmerdecke aufhängen, und „die meisten Leute werden glauben, daß es sich von selbst in der Höhe halte". Man kann ein solches Haar auch mit Wachs an einer Münze ankleben und sie hin und her führen, „die meisten Leute werden glauben, es gehe mit magischen Kräften zu". Man höhlt einen Apfel aus und sperrt einen Käfer drinnen ein; wenn dann das Tier sich bewegt, so rollt der Apfel scheinbar ohne fremdes Zutun. Rechnete Betson mit einem besonders leichtgläubigen Publikum? Nicht unbedingt: Vielleicht führte er seine Kunststücke Leuten vor, die sich eben gerne unterhalten lassen wollten und die gar nicht darauf aus waren, sich den Spaß durch übermäßig große Skepsis selbst zu verderben, wenn nur die Zaubertricks, so einfach sie auch sein mochten, einigermaßen amüsant dargeboten wurden. Betson überliefert allerdings auch Anleitungen für raffiniertere Operationen, etwa, wie man Bilder mit Hilfe von kompliziert angeordneten Spiegeln erscheinen lassen kann oder wie man mit einer Münze und einer Schüssel voll Wasser verblüffende optische Effekte hervorbringt – er scheint also doch kein bloßer Clown gewesen zu sein.

Es finden sich in der Literatur zahlreiche Dinge, die sich, ähnlich wie Betsons Apfel, scheinbar von selbst bewegen: Brotlaibe tanzen auf dem Tisch oder hüpfen durchs Haus, ein toter Fisch springt aus der Pfanne, Ringe und Eierschalen rollen aus eigener Kraft dahin. Etliche Handschriften überliefern Feuertricks: Wie man eine Kerze herstellt, die niemand ausblasen kann; wie man eine Stichflamme aus einem Topf voll Wasser emporzaubert. Andere Rezepte befassen sich mit optischen Täuschungseffekten; man erfährt, wie man die Illusion eines Menschen ohne Kopf erzeugt oder die eines Riesen, dessen Haupt bis in die Wolken hinauf ragt. Oft setzen diese „Experimente" gewisse Grundkenntnisse in der Chemie voraus – wenngleich die Zutaten, die speziell für den zuletzt genannten Trick benötigt werden, eher simpel sind: Öl, Flockenblume und Blut von einem weiblichen Wiedehopf. In jeder halbwegs gut ausgestatteten Küche finden sich Zaubermittel wie etwa Zwiebeln, deren Saft als Geheimtinte taugt, oder Rotwein, dessen Dunst eine weiße Rose in eine rote verwandelt.

Andere Formen der magischen Unterhaltungskunst verlangen eine spezifische Ausrüstung und Geschicklichkeit. Ein Manuskript beschreibt zum Beispiel einen Entfesselungstrick: Hierbei schneidet der Zauberkünstler mit einem verborgenen Messer den Strick um seine Handgelenke durch. Aus der bildenden Kunst wissen wir, daß auch das „Hütchen-Spiel", ein klassisches Taschenspieler-Kunststück, schon verbreitet war. Auf deutschen Bildern des 15. Jahrhunderts findet sich das Motiv häufig, so auch auf einer Zeichnung und einem etwas jüngeren Ölbild von Hieronymus Bosch (ca. 1450–1516). Bosch macht sich offenbar einen Spaß daraus, die Verblüffung der Zuschauer darzustellen, die dem Artisten gebannt zusehen.[49]

Bei anderen Tricks, die mittelalterliche Zauberer im Ärmel haben, handelt es sich einfach um ziemlich bösartige Späße, die man sich mit nichtsahnenden Opfern erlaubt. Die Handschriften beschreiben, wie man eine Fackel so präpariert, daß sie explodiert und den Benutzer erschreckt, wie man Juckpulver herstellt, wie man jemandem etwas ins Badewasser tut, so daß er ganz schwarz aus der Wanne steigt, wie man die Illusion erzeugt, das Fleisch, das serviert wird, sei roh oder aber voller Würmer, und so weiter *ad infinitum* und zweifellos auch *ad nauseam*.

Magisches dieser Art hat in Handschriften sehr verschiedenen Charakters Eingang gefunden. Bisweilen wird es gemeinsam mit Texten aus dem Bereich der Medizin überliefert, bisweilen auch in bunt zusammengewürfelten Sammlungen zum Thema „Magie und Verwandtes". Eine medizinische Sammelhandschrift aus Deutschland mischt unter durchaus seriöse medizinische Beiträge Artikel, die lehren, wie man sich unsichtbar macht („... nimm die Augen von einem schwarzen Frosch ..."), wie man bei Leuten die Illusion erweckt, eine Person habe keinen Kopf, wie man im Traum gestohlene Sachen wiederfindet und so fort.[50] Es gibt auch spezielle Sammelwerke, die ausschließlich Zaubertricks überliefern, eines der bekannteren ist das *Supplementum Salomonis*. Es ist schwer zu sagen, welch ein Personenkreis wohl

Verwendung für solche Bücher hatte. Mönche vielleicht, möglicherweise auch Ärzte? Sicher scheint aber zu sein, daß es nicht eigentlich ein professionelles Interesse war, was einen Menschen zu solchen Kunststücken hinzog, wichtiger war ein Sinn für Bühneneffekte und ein Bedürfnis nach Unterhaltung.

Fast alle erhaltenen Quellen, die derartiges Material überliefern, stammen aus dem 14. und 15. Jahrhundert. Man könnte daraus schließen, daß es sich um eine Mode handle, die erst zu jener Zeit aufkam. Es spricht allerdings einiges dafür, daß die meisten dieser Tricks älter sind und daß nur die schriftliche Überlieferung im 14. Jahrhundert einsetzt, zu einer Zeit, da schriftliche Quellen überhaupt in Europa häufiger werden. In einigen Fällen sind tatsächlich auch alte Zeugnisse für diese Art der Magie erhalten geblieben: Wilhelm von Auvergne erzählt von einem Magier, der die Illusion erwecken konnte, das ganze Haus sei voller Schlangen; er zündete zu diesem Zweck eine Schlangenhaut an, die mit Stöckchen oder Schilfröhrchen gefüllt war, die dann im Flackern der Flamme wie sich windende Schlangen gewirkt haben sollen. Es ist wohl so, daß viele der Feuertricks Abfallprodukte von Experimenten waren, die man mit dem „griechischen Feuer" trieb, einer byzantinischen Erfindung, die ursprünglich militärischen Zwecken diente.

Was für eine Bedeutung wird nun aber der Historiker diesen Trickkünsten zumessen? Sind sie überhaupt bedeutsam? Aus verschiedenen Gründen müssen wir zumindest flüchtig davon Kenntnis nehmen, selbst wenn wir nicht beabsichtigen, uns länger damit aufzuhalten. Denn, erstens, sind sie nun einmal Teil dessen, was die Menschen im Mittelalter mit dem Begriff der Magie verbanden, und also wäre jede Behandlung des Themas, die diesen Bereich ignorierte, unvollständig. Es mag sein, daß in der mittelalterlichen Kultur, anders als in der modernen, die Magie nur nebenbei und nicht ihrem Wesen nach Unterhaltungskunst war, daß also die Städter des 15. Jahrhunderts sich unter einem „Magier" nicht zuallererst eine Person vorstellten, die auf der Bühne Kaninchen aus dem Hut zaubert, das ändert aber nichts an der Tatsache, daß Magie bereits im Mittelalter *auch* als eine Form der Kleinkunst vorgeführt wurde. Ein weiterer Grund, weshalb uns dieser Aspekt bedeutsam erscheint, ist der, daß dieser ganze Bereich, wie wir noch sehen werden, in späterer Zeit mit raffinierteren, aber auch weniger unverdächtigen Formen magischer Praxis in Verbindung steht: Für Joachim Ringelberg im 16. Jahrhundert steht fest, daß Zaubertricks etwas seien, womit man sich von ernsten und anstrengenden Studien der Magie erholt und ablenkt, eine Freizeitbeschäftigung für Gelehrte also; möglicherweise war dies in früheren Jahrhunderten ähnlich. Zwar gibt es keinen Grund anzunehmen, daß solche Trickkünste ausschließlich oder gar ihrem Wesen nach in der Sphäre des Akademischen daheim waren, aber es ist doch ohne weiteres glaubhaft, daß Intellektuelle sich dafür interessierten und sich mit solchen Spielen von angespannten Studien der Astrologie, Alchimie oder anderer schwieriger Fächer erholten.

Zaubertricks spielen häufig auch in der Literatur eine wichtige Rolle, besonders in den *fabliaux* des Hoch- und Spätmittelalters, kurzen, oft recht derben Schwankerzählungen, deren Protagonisten zu jenen niederen Klassen des Volks gehören, die nicht den Idealen des Höfischen nachstreben. In einer dieser Geschichten gibt es einen Scharlatan, der von sich behauptet, er könne eine Kuh in einen Bären verwandeln, ein anderer will aus wertlosen Tonscherben Geldstücke machen. Ein Bauer, der fasziniert ist von diesen Künsten, beschließt, selber Zauberer zu werden und so sein Glück zu machen – das Ganze endet damit, daß ihn der Teufel holt. In anderen *fabliaux* besteht der Clou darin, daß der schwindlerische Magier sein dummes Publikum betrügt, indem er die Wahrheit sagt: Er kündigt eine magische Beschwörung an, und die gelingt tatsächlich, nur anders, als seine Zuhörer erwarten – sie selbst werden von all dem Hokuspokus „gebannt". Wieder ein anderer Schwank erzählt von einem Bauern, dem ein Schinken gestohlen wird und wie er mit pseudo-magischen Tricks sein Eigentum wiedergewinnt. Sowohl beim Diebstahl als auch bei der Aufklärung des Verbrechens wird das Mittel der „magischen Beschwörung" eingesetzt. In einer englischen Reimerzählung des 15. Jahrhunderts, die ebenfalls in die Tradition der *fabliaux* gehört, *Jack and His Stepdame*, bekommt der Held von einem Fremden verschiedene Dinge, die magische Kräfte besitzen, darunter eine Flöte: Wenn man darauf spielt, müssen alle Leute, die es hören, wie verrückt tanzen. Als Jack wegen verschiedener Streiche als „großer Schwarzkünstler und Hexer" vor Gericht gestellt wird, bläst er so lange auf dieser Flöte, bis die ganze Versammlung, die nicht mehr aufhören kann, wild umherzutanzen, ihm verspricht, die Anklage fallenzulassen.[51]

Es mag sein, daß im speziellen Fall von Jacks Flöte nicht alles mit rechten Dingen zugeht, aber in der Regel handelt es sich doch bei den magischen Tricks der *fabliaux* wie auch bei denen, die sonst in diesem Abschnitt erwähnt wurden, um keineswegs übernatürliche Dinge. Die Kräfte, die hier wirken, sind höchstens insofern „verborgen" oder „okkult", als es dem Magier gelingt, sie vor seinem Publikum oder seinen Opfern geheimzuhalten, aber der Ausführende selber weiß natürlich genau, was er tut. Wir haben es hier, so könnte man sagen, mit bloßen Parodien auf naturmagische Praktiken zu tun. Thomas Betson behauptet ja nicht, mit seinen simplen Tricks seien magische Effekte zu erzielen, er sagt nur, daß viele Leute *glaubten*, dies wäre Magie. Man könnte es vielleicht so ausdrücken: Wir haben es mit Effekten zu tun, für die es keine offen auf der Hand liegende Erklärung gibt, und mit einem Publikum, das sich lediglich angenehm unterhalten möchte, das gern alle Skepsis hintanstellt und eine Weile lang so tut, als hätte der Zauberkünstler Macht über die Natur. Der Masse des Volks freilich wären wohl solche Unterscheidungen als Haarspaltereien erschienen.

V

Magie in der höfischen Kultur

Das Wort „Magie" und viele verwandte Wörter besaßen einst einen negativen Beiklang, haben aber im Lauf der Geschichte mehr und mehr positive Konnotationen an sich gezogen. Ausdrücke wie „bezaubernd", „zauberhaft", „Charme", von etwas „gebannt", „fasziniert" sein, in neuerer Zeit sogar Begriffe aus dem Umfeld der „Hexerei" werden verwendet, um Dinge und Erfahrungen zu beschreiben und zu bezeichnen, die nicht „gewöhnlich" sind, die auf quasi wunderhafte Weise locken, reizen und anziehen.[1] Dieser Umschlag in der Wertung des Worts ereignete sich erst in der Zeit nach dem Mittelalter, um aber seine Hintergründe recht zu verstehen, muß man doch die Rolle der Magie in der höfischen Kultur des Mittelalters näher betrachten und vor allem ihre Rolle in der Literatur dieser Epoche. Für die höfisch Gebildeten stand fest, daß gewisse magische Praktiken böse und gefährlich waren; es gibt viele Zeugnisse dafür, daß Könige und Adelige vor der Zauberei mindestens ebensoviel Angst hatten wie das gemeine Volk. Sie waren jedoch bereit, ihr in der Literatur einen ganz anderen Status zuzugestehen: im Bereich des Fiktionalen durfte gezaubert werden, ohne daß dies Furcht oder Abscheu bei Zuhörern oder Lesern hervorgerufen hätte. Die Zauberer der höfischen Literatur waren Figuren einer anderen, einer Märchenwelt. Auf einer Ebene der Betrachtung ist es gewiß wahr, wenn man sagt, diese Art Literatur fliehe ganz einfach aus den Niederungen des wirklichen Lebens, auf einer anderen jedoch zeigt sich, daß sie durchaus die soziale und psychische Verfassung der höfischen Gesellschaft widerspiegelt und somit dem mittelalterlichen wie dem modernen Leser Einblicke in das Leben jener Zeit vermittelt.

Der Hof als Institution und als kulturelles Zentrum existierte schon lange vor dem 12. Jahrhundert – der Hof Karls des Großen (Reg. 768–814) in Aachen ist ein klassisches Beispiel –, aber erst zu dieser Zeit begann es, daß auch kleinere Herrscher und Gewalthaber ihren Hof als Zeichen eigener Machtfülle zu etablieren versuchten und an Glanz und Pracht miteinander wetteiferten. Nicht mehr nur Könige leisteten sich eine großartige Hofhaltung, sondern auch Herzöge und Grafen, Päpste und Bischöfe und kleinere Potentaten. An manchen Höfen wurden Frauen zu politisch und kulturell bestimmenden Mächten, so etwa Eleonore von Aquitanien (ca. 1122–1204) und ihre Tochter Marie de Champagne (1145–1198). An manchen Höfen war auch der Einfluß des Klerus bedeutsam, im allgemeinen jedoch nahmen sich die Herrscher voller Adelsstolz vor Einmischung von kirchlicher Seite in acht. In jedem Fall versammelten die Potentaten um sich einen Hofstaat aus Beamten, Ratgebern, Dienern, Leibärzten, Verwandten und Freunden. Unter den Ratgebern und Lakaien waren vielleicht auch schon Astrologen und Magier. Und unter den fahrenden Künstlern, die am Hof auftraten, waren wohl oft auch Sänger, die in ihren Liedern die Taten der ritterlichen Helden in einer Welt voller zauberischer Mächte feierten.

Magier bei Hof

Es ist behauptet worden, daß der mittelalterliche Herrscherhof, besonders in der Zeit seit dem 13. Jahrhundert, der Magie einen geradezu idealen Nährboden bot. Der wichtigste Grund dafür sei, so wird argumentiert, daß die Macht am Hof ungleich auf zwei Ebenen verteilt sei. Es gibt erstens Leute, die offiziell und formell Macht ausüben, weil der Herrscher ihnen ein Amt verliehen hat: Kanzler, Kämmerer, Schatzmeister, Gesandter usw. Auf der anderen Seite gibt es die Menge der Höflinge, die keinerlei formellen Anspruch auf politische Macht haben, die aber nichtsdestoweniger Macht ausüben: Verwandte und Freunde des Herrschers, Kapläne und Mätressen, Dichter und Ärzte und die verschiedenen Lakaien und Diener. Personen der einen wie der anderen Kategorie können in der Gunst des Herrn meteoritenhaft aufsteigen und ebenso plötzlich auch wieder fallen. Abgesehen von unvermeidlichen Reibereien *innerhalb* einer der zwei Gruppen gibt es auch Feindschaft *zwischen* den Parteien, und diese ist grundsätzlicher Natur. Die Leute, die zwar kein Amt, aber dafür Einfluß besitzen, versuchen ständig, jene, die formell Macht ausüben, zu verdrängen – die Parteien belauern einander voller Mißtrauen. Die Versuchung, sich der Zauberei zu bedienen, um die Gunst des Herrschers zu gewinnen, ist groß. Wir werden in einem der folgenden Kapitel noch sehen, daß es tatsächlich magische Verfahren gab, die ganz speziell diesen Zweck verfolgten. Auch Liebeszauber konnte, wenn er von einer Mätresse des Herrschers ausgeübt wurde oder von einer Frau, die eine eheliche Verbindung mit ihm anstrebte, Instrument politischen Machtkampfs sein. Und wenn es nötig war, Feinde, Rivalen oder Rivalinnen aus dem Weg zu räumen, so konnte auch hierzu die Magie mit allerlei Mitteln nützen. Fremde am Hof, zum Beispiel die Schwiegermutter des Monarchen, hatten nicht selten ganz andere Interessen, dynastischer Art etwa, als die übrigen Höflinge, und gerade solchen Außenseitern, wenn sie nur skrupellos genug waren, bot die Magie die Möglichkeit, eigene Zwecke mit ganz unauffälligen Methoden zu fördern. Unabhängig davon, ob an einem Herrscherhof in Wirklichkeit jemand zauberische Mittel einsetzte oder nicht, lag doch die Furcht davor und der Verdacht permanent in der Luft – kurz: Die Magie und die Angst vor der Magie waren in der höfischen Gesellschaft allgegenwärtig.[2]

Es gibt eine Menge von Zeugnissen, die diesen Eindruck bestätigen. Am französischen Hof ist im frühen 14. Jahrhundert ständig die Rede von Tötungs- und Liebeszauber, in England taucht der Verdacht das ganze Spätmittelalter hindurch immer wieder auf. Im Jahr 1316 beschuldigte eine Zauberin im Verhör die Schwiegermutter Philipps V. von Frankreich (Reg. 1316–1322), Mahaute von Artois, diese habe eine magische Beschwörung angeordnet, um eine Versöhnung zwischen dem König und ihrer Tochter zu bewirken. Ja, es wurde gar behauptet, sie habe Ludwig X. (Reg. 1314–1316) vergiftet – ob mit „normalem" oder zauberischem Gift, ist unklar –, um Philipp zur Königswürde zu verhelfen. Die Herzogin von Gloucester wurde 1414 angeklagt, sie habe Heinrich VI. von England durch einen Bilderzauber aus dem Weg zu räumen versucht, um ihrem Gatten den Aufstieg zu hohen und höchsten Ehren zu ermöglichen. Selbst der päpstliche Hof war nicht frei von magischen Machenschaften. Die bekanntesten Fälle stammen aus der Zeit des Pontifikats von Johannes XXII. (1316–1334). Der spektakulärste Fall ist der des Bischofs von Cahors, der 1317 hingerichtet wurde, weil er mit einem Magier – angeblich jüdischen Glaubens – und mit etlichen anderen zwielichtigen Figuren ein Komplott geschmiedet haben soll, den Papst zu ermorden. Die Verschwörer bedienten sich angeblich nicht nur verschiedener Gifte, sondern auch magischer Bilder, die sie mit Inschriften versahen und, in Brotlaiben versteckt, in den Papstpalast schmuggelten.

Bei alledem wäre es doch falsch, anzunehmen, die Zustände bei Hof hätten sich *prinzipiell* von denen anderswo unterschieden. Rivalitäten und Feindschaften, die einen Menschen dazu verführen konnten, sich magischer Waffen zu bedienen, gab es in allen Schichten und Bereichen der Gesellschaft; die Überlieferung bietet uns keinerlei Garantie dafür, daß solche Praktiken ausschließlich an den Höfen üblich waren – es ist nur so, daß die Fälle von einiger politischer Bedeutung wesentlich besser dokumentiert sind und daß wir also von den Zuständen in der Umgebung des Herrscherhauses mehr *wissen* als vom Leben anderer Gesellschaftsschichten. Zauberei in irgendeinem Bauerndorf wird mit einiger Wahrscheinlichkeit nicht aktenkundig, am Königshof jedoch zieht ein solcher Fall das Interesse von Leuten auf sich, die schriftliche Zeugnisse hinterlassen, von Geschichtsschreibern und anderen Autoren. Es ist aber, wenn hochstehende Personen der Zauberei angeklagt werden, oft so – in den oben erwähnten Beispielen ist es ausnahmslos der Fall –, daß die eigentliche Tat von Leuten niedrigen Standes ausgeführt wird, von nichthöfischen Personen, die der Anstifter des Verbrechens aus der Stadt oder aus einem Dorf eigens zu diesem Zweck herbestellt.

Auch nach Wahrsagern scheint in der adeligen Gesellschaft eine starke Nachfrage bestanden zu haben. Johannes von Salisbury (ca. 1115–1180) wird nicht müde, dieses Übel zu beklagen: In einem langen Kapitel seines *Policraticus* rechnet er mit den verschiedenen magischen Künsten ab, die zu benutzen Hofleute leider Gottes allzu oft versucht seien; wenn man jedoch die verschiedenen Spielarten und konkreten Beispiele, die der Autor anführt, genauer betrachtet, so zeigt sich, daß es sich im wesentlichen immer um

Techniken der Wahrsagerei handelt. Er schöpft seine Kenntnisse fast ausschließlich aus der antiken Literatur – der Leser, der sich detaillierte Informationen über magische oder auch nur divinatorische Praktiken in der höfischen Gesellschaft erhofft, wird enttäuscht. Immerhin macht das Werk
doch deutlich, daß es dem Autor ein höchst wichtiges Erfordernis zu sein
schien, den Adel des Hofs moralisch zu bessern und ihn über die Methoden
und Irrtümer von Auguren, Astrologen, Handlinienlesern, Traumdeutern,
Kristallkugel-Propheten und Wahrsagern jeglicher Fasson aufzuklären.
Auch aus anderen Quellen wissen wir, daß es oft an den Herrscherhöfen
Astrologen gab; besonders im 12. Jahrhundert gewannen sie große Bedeutung (mehr zu diesem speziellen Thema im folgenden Kapitel).

Auch für andere magische Künste als die der Astrologen und Wahrsager
hatten manche Herrscher Verwendung. Johannes Trithemius (1462–1516) –
dessen Zeugnis freilich nicht immer über jeden Zweifel erhaben ist – berichtet von einem Trierer Erzbischof, der alles verfügbare Geld des Landes für
Bücher über Alchimie und an Alchimisten verschwendet haben soll. Einer
seiner Nachfolger beschäftigte ebenfalls einen Alchimisten, der ihn nach
zwölf Jahren verließ und in den Dienst des Herzogs von Württemberg trat.

Lehrreich ist der Fall des Conrad Kyeser. Dieser Mann, der von seiner
Ausbildung her eigentlich Arzt war, diente als Soldat und Diplomat bei
Stephan III. von Bayern-Ingolstadt und verschiedenen anderen Herrschern.
Er verlor die Gunst seines Herrn, erstens wegen der Rolle, die er in dem
Kreuzzug gespielt hatte, der 1396 mit der vernichtenden Niederlage bei Ni-
kopolis endete, zweitens, weil er sich in der Reichspolitik der folgenden Zeit
auf die falsche Seite geschlagen hatte. Aus Ehrgeiz und um die Gunst des
Herrschers zu gewinnen beschloß er, ein großes Werk über die Kriegskunst
zu verfassen, das er *Bellifortis* nannte und König Ruprecht widmete. Dieses
Werk ist voller Beschreibungen und Abbildungen phantastischer Kriegsmaschinen, von Fackelbränden, die nicht zu löschen sind (hier machte er sich
Kenntnisse aus byzantinischen Quellen zunutze), und von magischen Techniken, die mit Substanzen tierischen und pflanzlichen Ursprungs arbeiten.
Die Haut von der Brust eines Hirsches, so sagt er, schützt in der Schlacht vor
Verwundung; die Federn oder Haare von Tieren, die in der Jagd getötet
wurden, „leiten" Pfeile ins Ziel. Vielleicht noch interessanter als der Inhalt
der verschiedenen Artikel in dieser Sammlung ist die Form des Textes: Es
handelt sich um lateinische Verse in überaus kunstvollem und oft geheimnisvoll dunklem Stil. Eine der seltsamsten Passagen ist die, in der Kyeser ein
Rezept für eine Kerze angibt, die aus Wachsresten, einem Stück Schnur und
aus der Flüssigkeit, die aus dem Nabel eines Neugeborenen zu nehmen ist,
gegossen wird. „Trage die Kerze, wo du willst, in einer mondhellen Nacht,
und du wirst sehen, was sie vermag." Dann fügt er noch an, man könne auch
ein Laternenlicht machen, wenn man Fett von einem Gehenkten in die Mix-
tur gebe. Zu dem Text gibt es eine Abbildung, die eine Burg zeigt, davor eine
Person auf einem Besenstiel und noch eine zweite Person, die eine Kerze trägt

Abb. 9: Zauberszene vor einer Burg; aus Conrad Kyesers Bellifortis.

(Abb. 9). Handelt es sich hier einfach um eines von zahlreichen Rezepten zur Herstellung eines „magischen Lichts", oder hatte Kyeser vielleicht doch noch eine besondere Wirkung im Sinn? Der Autor war ein Mann von einiger Bildung, und er hatte praktische Erfahrung als Arzt und als Techniker, aber er scheint auch einiges Vergnügen darin gefunden zu haben, seine praktischen Ratschläge in eine Aura des Mysteriösen einzuhüllen. Hoffte er vielleicht, auf diese Weise einen stärkeren Eindruck beim König zu hinterlassen? Das ist durchaus möglich, wir wissen aber nicht, ob es ihm gelungen ist.

An den Höfen von Königen und großen Herren traten Unterhaltungskünstler verschiedener Art auf, darunter auch solche, die Zauberkunststücke vorführten. Chrestien de Troyes (ca. 1140–ca. 1190) beschreibt in einem Roman die Hochzeit von Erec und Enide, und er erzählt, wie zu diesem Fest

fahrende Künstler aus dem ganzen Land kommen, um für Unterhaltung zu sorgen: „... jeder führte vor, was er verstand. Der eine machte Sprünge, der andere schlug Purzelbäume, ein dritter zeigte Zauberkunststücke; einer pfiff, ein anderer sang; dieser blies die Flöte, jener die Schalmei ... "[3] In einem anderen Werk der erzählenden Literatur wird von einem Magier und „Nigromanten" berichtet, der für seine Leistungen als „Zauberer" und „Beschwörer" berühmt ist und der an den Hof gerufen wird, den Helden zu unterhalten. Er kann Steine in Käse verwandeln, Ochsen fliegen machen, Esel dazu bringen, Harfe zu spielen – zumindest kommt es dem staunenden Publikum so vor. Er schneidet, wie es scheint, einem Menschen den Kopf ab, aber dieser Kopf erweist sich schließlich als Eidechse oder Schlange.[4] Andere Magier der Literatur verwandeln Tiere in Ritter, lassen Wasser den Berg hinauf fließen, machen, daß Zimmer sich ausdehnen und immer größer werden, zwingen durch Beschwörungen vierhundert Ritter, miteinander zu kämpfen. Es ist anzunehmen, daß die Talente der Zauberer des wirklichen Lebens nicht entfernt ausreichten, es den literarischen Magiern gleichzutun. Nichtfiktionale Quellen berichten von Zaubervorführungen bisweilen viel weniger imponierende Dinge: Roger Bacon und Marsilio Ficino äußern sich voller Verachtung über Taschenspielerei, Bauchrednerei und andere Täuschungskünste von Bühnenzauberern. Weder Bacon noch Ficino sprechen allerdings speziell von jenen Zauberern, die bei Hof auftreten – vielleicht dürfen wir doch vermuten, daß die Tricks dieser Leute etwas raffinierter waren als die der Straßengaukler. Die weniger begabten Zauberkünstler, wie auch die meisten darstellenden Künstler überhaupt, konnten von den Leuten der „besseren Gesellschaft" gewiß kaum etwas anderes als Schmähungen erwarten. Bisweilen aber scheinen die „betrügerischen" Künste, die an großen Höfen vorgeführt wurden, doch recht eindrucksvoll gewesen zu sein, Veranstaltungen, die viel Raffinement und viel materiellen Aufwand erforderten – allerdings hatte der „Zauber", den das Publikum verspürte, weniger mit Nigromantie als mit professionell gemachter Unterhaltungskunst zu tun.[5]
Man ist versucht, die Magier im Umkreis der höfischen Gesellschaft ganz einfach in zwei Kategorien einzuteilen: Astrologen und andere Wahrsager, die den Mächtigen als Ratgeber bei praktischen, ernsthaften Angelegenheiten dienten, und auf der anderen Seite Sänger und Gaukler, die mit ihren Zaubergeschichten und magischen Kabinettstücken für Amüsement sorgten. Der spezielle Fall des Conrad Kyeser allerdings sollte uns mißtrauisch gegen eine so glatte Unterscheidung machen; sein Buch, mit dessen Hilfe er die Gunst des Herrschers zu gewinnen sucht, bietet nämlich beides: prosaisch Technologisches und mysteriös Phantastisches. Und er war in dieser Hinsicht wohl keine einzigartige Ausnahmeerscheinung. Magier, die außergewöhnliche Dinge tun konnten, und Astrologen, die Zukünftiges in den Sternen lasen, waren immer Personen, die etwas Phantastisches an sich hatten. Ob ihre Fähigkeiten in der Praxis nützlich waren oder nicht, in jedem Fall umgab sie doch eine Aura des Wunderbaren, das die Menschen staunen machte;

sie konnten also sehr wohl Ratgeber und *außerdem* Sensationskünstler sein. Ihr Urteil wurde durchaus ernst genommen, und wenn der Herrscher der Meinung war, es sei vernünftig und klug, so handelte er auch danach – ansonsten nahm er den Rat ganz einfach für den des Phantasten und Künstlers und schlug ihn in den Wind.

Automaten und Edelsteine

Wenn literarische Texte magische Sensationen beschreiben, die einem adeligen Publikum geboten werden, so sind diese Wunder oft nicht einfach frei erfunden, sondern haben reale Vorbilder. Schon in der Antike hatte man mechanische Apparate gebaut, die Menschen und Tiere darstellten: Philon von Byzanz und Heron von Alexandria hatten Traktate über diese Kunst verfaßt. Im früheren Mittelalter war allerdings dieses technische Wissen der Antike im wesentlichen nur mehr in der arabischen und der byzantinischen Welt verbreitet, in Westeuropa war wenig davon bekannt. Wenn Menschen aus der westlichen Kultur auf Reisen etwa mechanische Engel sahen, die auf Trompeten spielten, oder Uhren, auf denen bewegliche Reiterfiguren die Stunden anzeigten, so reagierten sie darauf verständlicherweise mit ehrfürchtigem Staunen. Liutprand von Cremona gelangte im 10. Jahrhundert einmal an den Kaiserhof in Konstantinopel und berichtete von dem wunderbaren Thron Salomons, der dort zu sehen war, folgendes:

Vor dem Sitz des Herrschers stand ein Baum aus Bronze, ganz vergoldet, in all den Zweigen saßen Vögel, ebenfalls aus vergoldeter Bronze, die sangen und zwitscherten, und zwar ganz naturgetreu jeder seiner besonderen Art gemäß. Der Thron selbst ist so wunderbar raffiniert ausgeführt, daß er das eine Mal ziemlich niedrig wirkt, dann aber kommt es einem plötzlich wieder so vor, als wolle er bis in den Himmel empor steigen. Er war riesig groß, Löwen aus Holz oder aus Bronze, ganz und gar mit Gold überzogen, standen als Wächter dabei und peitschten mit ihren Schwänzen den Boden und brüllten ganz schrecklich mit offenen Mäulern – dabei bewegten sich die Zungen.[6]

Im 13. Jahrhundert war das technische Wissen, das man brauchte, um derartige Maschinen herzustellen, bereits in viele Gebiete Westeuropas vorgedrungen. Jeder, der das nötige Geld hatte, der hohe Adel also, konnte sich ein solches Luxusspielzeug bauen lassen. Gegen Ende des Jahrhunderts ließ der Graf von Artois einen Palast in Hesdin mit allerlei Automaten ausstatten. Es gab einen Saal, in dem Unwetter simuliert wurden, und, neben anderen Kuriositäten, „acht Düsen im Fußboden, aus denen Damen naßgespritzt wurden, und drei verborgene Öffnungen, aus denen Vorübergehende mit Mehl bestäubt wurden".[7]

Um die Faszination, die solche Einrichtungen und Apparate auf die Menschen ausübten, recht zu verstehen, müssen wir uns klarmachen, daß eben jene Zeit des 13. Jahrhunderts generell eine Epoche bedeutender technischer Fortschritte war: Damals kamen zum Beispiel die Windmühlen auf, und man entdeckte wieder neu die Kunst, Brücken aus Stein zu bauen – um nur zwei von zahlreichen wichtigen Neuerungen zu nennen. Wenn man diesen Zusammenhang kennt, wird man auch leichter verstehen, wie etwa Roger Bacon auf Ideen kam, die seinen Zeitgenossen geradezu wahnwitzig erschienen sein müssen: Ein hochseetüchtiges Schiff, das ein einziger Mann steuern kann und das sehr viel schneller fährt als ein Schiff, das von Rudern bewegt wird; eine Flugmaschine, deren Flügel mittels einer Kurbel bewegt werden; optische Geräte, mit deren Hilfe man einen Feind in Schrecken versetzen kann, indem man ihm „vorspiegelt“, er stünde einer riesenhaften Streitmacht gegenüber. Die Leser Bacons, die voller Ungeduld die Entwicklung solcher Wunderwerke erwarteten, so könnte man sagen, vertrieben sich die Zeit bis dahin mit mechanischen Vögeln und mit Gewittermaschinen.

Zu einer Zeit, da technische Apparate dieser Art längst in Europa bekannt waren, wollten doch die Dichter nicht auf den Kitzel des Mysteriösen verzichten, und sie fuhren damit fort, ihren Lesern einzureden, es handle sich hier um Dinge, die durch „Nigromantie“ entstanden wären. Aber nicht nur in der Dichtung allein erschienen mechanische Künste als magische: Der Arzt Giovanni da Fontana, der im 15. Jahrhundert Konstruktionspläne für Uhren, Fahrzeuge, Kombinationsschlösser, Alchimistenöfen und viele andere Dinge entwarf, war offensichtlich stolz darauf, daß die Leute ihn für einen Magier und Hexenmeister hielten. Ähnlich verhielt sich Conrad Kyeser, der ebenfalls keineswegs streng darauf bedacht war, sein Interesse für magische Dinge aus technischen Arbeiten herauszuhalten: Unter seinen verschiedenen Kriegsmaschinen findet sich auch ein Kampfwagen in Form einer riesigen Katze, die drohend ihre Krallen ausstreckt. Wir können heute kaum mehr beurteilen, ob die Menschen im Mittelalter solche Wundermaschinen mit Angst und Ehrfurcht oder eher neugierig fasziniert betrachtet haben – vielleicht war es eine Mischung, die von beiden etwas enthielt.

Es war vermutlich eine ganz andere Kombination von Beweggründen, die Menschen veranlaßte, magische Edelsteine zu sammeln. Von Amüsement und Spieltrieb ist hier fast gar nichts mehr zu spüren, viel wichtiger scheint hier das Bedürfnis zu sein, Pracht und generöse Lebensart zu demonstrieren und sich im Wettstreit mit Standesgenossen hervorzutun. Diese Leidenschaft, kostbare Edelsteine oder Steine mit magischen Kräften zusammenzutragen, beschränkte sich nicht auf das Königshaus oder den Adel: Wir wissen beispielsweise, daß ein Gewürzhändler namens Richard de Preston St. Paul's in London einen Saphir vermachte, der gegen Augenleiden half, und es steht zweifelsfrei fest, daß auch andere Bürgerliche solche Steine besaßen. Es liegt freilich in der Natur der Sache, daß Adelige häufiger sich diesen Luxus leisteten; sie hatten die politische Macht und in der Regel mehr Geld als andere Leute, und das Leben bei Hof verlangte geradezu eine gewisse Prachtentfaltung, weswegen es dort als ganz normal erschien, wenn man wertvolle Steine zur Schau trug. Und wenn ein Edelstein nicht allein schön glitzerte und vom Ruhm seines Besitzers kündete, sondern daneben auch noch die

Kraft besaß, Krankheiten zu heilen und andere Wunderdinge zu vollbringen – nun, desto besser.

Aus allen diesen Gründen ist es nicht überraschend, wenn wir feststellen, daß die meisten magischen Edelsteine, von denen wir Kunde haben, sich in der Umgebung der Höfe finden. Inventurlisten von königlichen und fürstlichen Schatzkammern führen zahlreiche Exemplare auf. In einem Ring aus dem späten 14. Jahrhundert, der im Schloß von Eltham entdeckt wurde, sind fünf Diamanten und ein Rubin gefaßt, die, so verspricht eine Inschrift, dem Träger des Schmuckstücks Glück bringen. Karl V. von Frankreich (Reg. 1364–1380) besaß einen Stein, der Frauen im Kindbett beistand; ganz ähnliche Kräfte waren einem Stein eigen, den im Jahr 1455 ein Inventar der Schatzkammer des Herzogs von Burgund aufführt. Hubert de Burgh wurde 1232 angeklagt, aus dem Schatz des Königs einen Edelstein entwendet zu haben, der unbesiegbar machte; angeblich hatte er ihn einem Feind des Königs geschenkt. Steinen verschiedener Art wurde nachgerühmt, sie könnten Gift aufspüren – eine Fähigkeit, die bei Hof gewiß nicht unnütz war. Ein Autor behauptet, gewisse Edelsteine fingen an zu „schwitzen", sobald sie in die Nähe von etwas Giftigem gebracht würden. Solche Annahmen scheinen uns heute vielleicht ein bißchen phantastisch, aber es war den Leuten offensichtlich durchaus ernst damit. Im Jahr 1408 ist ein Ring aus dem Besitz des Herzogs von Burgund bezeugt, der zu diesem Zweck benutzt wurde.

Oft wurde die Kraft, die in dem Stein selbst lag, noch durch magische Inschriften verstärkt. Ein italienischer Ring aus dem 14. Jahrhundert (Abb. 10a) ist in mehrfacher Weise typisch. In dem Ring aus Gold ist ein „Krötenstein" gefaßt. Dieser galt als überaus wertvoll und stammt angeblich aus dem Kopf einer Kröte – in Wirklichkeit handelt es sich um einen Teil eines versteinerten Fisches. In das Schmuckstück eingeschrieben sind zwei Evangelienzitate: *Iesus autem transiens per medium illorum ibat* (Lukas 4,30, „Jesus aber schritt mitten durch sie hinweg") und *Et verbum caro factum est* (Joh. 1,14, „Und das Wort ist Fleisch geworden"). Wir wissen auch von anderen Fällen, in denen diese Bibelzitate für Talismane verwendet wurden.[8] Ähnliches findet sich im 13. Jahrhundert und später in vielen Teilen Europas.

Auf verschiedene Weise konnte die Macht der Edelsteine mit der von Heiligen verbunden werden. Reliquienschreine wurden manchmal mit solchen Steinen verziert, in erster Linie um den Heiligen, dessen Gebeine dort lagen, zu ehren, vielleicht aber auch um die Wunderwirkung der Reliquie noch zu erhöhen. In einem Fall stellt die Legende ausdrücklich eine Verbindung her: Edward der Bekenner (Reg. 1042–66) schenkte einmal einen Ring einem Bettler (Abb. 10b); der nahm ihn mit nach Rom und brachte ihn wieder zurück, als eben der König auf dem Sterbebett lag. Der Ring, dem man eine besondere Segenskraft zusprach, wurde Edward mit ins Grab gegeben. Im Jahr 1163 holte man den Schmuck wieder heraus und benutzte ihn fortan als Mittel gegen Epilepsie.

Spezialwerke, sogenannte „Lapidarien", führen im Detail die wunderbaren Kräfte von Edelsteinen auf. Solche Bücher hat es zwar bereits in der Antike gegeben, klassisch für das Mittelalter jedoch wurde erst *De lapidibus* (Über die Steine) des Bischofs Marbod von Rennes, ein Traktat aus dem späten 11. Jahrhundert. Marbod beansprucht keine besondere Originalität, er sagt vielmehr ausdrücklich, er habe hier nur ein bereits bestehendes Werk in Versform gegossen und wolle es so einem kleinen Kreis von Freunden, vermutlich Leuten aus seiner unmittelbaren Umgebung, zugänglich machen. Gott selber, versichert der Autor, habe in Edelsteine je besondere Kräfte gelegt. Auch Kräuter hätten durchaus wertvolle Potenzen, aber die der Steine seien weit größer. Der Saphir, um ein Beispiel zu nennen, bringt vielerlei physikalisch-natürliche Wirkungen hervor. Er ist seinem Wesen nach „kalt" und kann deswegen eingesetzt werden, um schädliche Hitze aus dem Körper zu vertreiben, und er bewahrt vor übermäßigem Schwitzen. Zu Pulver zerstoßen und in Milch eingenommen, hilft er gegen Geschwüre, Kopfweh und andere Übel. Außerdem aber hat er auch moralische und spirituelle Qualitäten. Er vertreibt Neid und Angst, stimmt die Herzen friedlich, ja, er macht sogar Gott geneigt, die Bitten der Gläubigen zu erfüllen.

Andere Lapidarien, meist in irgendeiner Weise von Marbods Buch abhängig, verbreiten Erkenntnisse von magischen Gebrauchseigenschaften edler Steine immer weiter: Gewisse Steine heilen Gicht und Augenleiden, andere sind gut gegen Wahnsinn und wilde Tiere, wieder andere machen ein Gewand unbrennbar. Von verschiedenen Steinen wird gerühmt, daß sie im Dunkeln leuchten. Es gibt sogar welche, die Einbrechern überaus nützlich sind: Man muß nur einen „Magnetstein" zerstoßen und über glühende Kohlen streuen, dann verschwinden die Bewohner eines Hauses auf geheimnisvolle Weise und lassen dem Dieb freie Bahn. Manche Edelsteine verleihen prophetische Gaben: Man legt einen solchen Stein jemandem in den Mund, der dann sogleich Dinge kundtut, die sonst verborgen geblieben wären. Das Mittel taugt auch dazu, einen Lügner oder Heimlichtuer zu zwingen, die Wahrheit zu sagen. Ein Mann, der an der Treue seiner Frau zweifelt, hält einen „Magneten" an ihren Kopf, während sie schläft – wenn sie ihren Ehemann betrogen hat, fällt sie aus dem Bett. Es gab Leute, die an derartige Kräfte nicht recht glauben wollten, andere dagegen verteidigten diese Wissenschaft mit aller Entschiedenheit. Gervasius von Tilbury (ca. 1152–ca. 1220) fand die Einwände der Kritiker ganz und gar lächerlich und führte als Autorität keinen geringeren als den König Salomon an, der als erster die magischen Eigenschaften von Edelsteinen erkannt habe.

Die Wissenschaft von den Steinen war zwar niemals ein Privileg der höfischen Gesellschaft, aber sie war doch im Mittelalter an den Höfen mehr als anderswo verbreitet. Ein Monarch, König Alfons der Weise von Kastilien und León (Reg. 1252–1254), soll sogar selber ein Lapidarium verfaßt haben, und in den gedruckten Ausgaben eines französischen Werks wird behauptet, das Buch sei für René von Anjou (1408–1480) aus dem Lateinischen über-

setzt worden. Speziell im späteren Mittelalter dann interessierten sich brei-
tere Schichten des Volks für solche Dinge. Zu dieser Zeit gelangten wohl
Lapidarien, die ursprünglich für ein höfisches Publikum verfaßt worden waren in die Hände nichtadeliger Leser, eine Entwicklung, die auch in der
Rezeptionsgeschichte der eigentlich höfischen Literatur festzustellen ist.
Man könnte versucht sein anzunehmen, die Lapidarien seien eine Art Handbücher oder Gebrauchsanleitungen für jene Wundersteine gewesen, die sich
im Besitz von Königen oder anderen großen Herren befanden, aber es lassen
sich nur sehr vage Beziehungen zwischen den Eigenschaften, die den Steinen
von der Literatur zugeschrieben werden, und dem herstellen, was wir von
einzelnen Steinen wissen, die von Adeligen wirklich benutzt wurden. Man
kann vermuten, daß ein reicher Herr sich an dem Gedanken freute, sein
Saphir verleihe prophetische Gaben, und man kann auch darüber spekulie-
ren, ob nicht vielleicht ein solcher Herr mit diesem oder jenem Erfolg Experimente damit angestellt habe; indes drängt sich bei alledem doch die Vermutung auf, daß wir hier wieder einmal auf ein Grenzphänomen gestoßen
sind, in dem ernsthafte Wissenschaft und Unterhaltungsbedürfnis zusammentreffen und sich vermengen. Ein mittelalterlicher Mensch hat wohl mit
ganz ähnlichen Gefühlen, ehrfürchtig staunend oder doch mit dem aufrich-
tigen Willen zu glauben, von den Kräften der Steine berichten hören wie ein
frommer Christ von der wunderwirkenden Macht der Reliquien. Schon die
Sensation des Wunderbaren, die geboten wurde, war ein starker Anreiz, sich
mit solchen Dingen zu beschäftigen, und ein Mensch, der staunend vor einem Wunder steht, neigt im allgemeinen nicht eben dazu, allzu skeptische
Überlegungen über die Grenze zwischen Dichtung und Wahrheit anzustellen.
    Noch in einer weiteren Beziehung haben die magischen Steine etwas Dop-
peldeutiges an sich: Im allgemeinen nahm man offenbar an, daß ihre Kräfte
natürlichen Ursprungs seien, es gab aber auch Autoren, die mit dem Gedanken spielten, es könnten vielleicht doch dämonische Energien in Edelsteinen
wirksam sein. Ein Lapidarium behauptet, man könne Dämonen und Tote
herbeirufen, wenn man einen Stein namens Diadochus zerstoße und das
Pulver in Wasser streue.

Magisches in der Schönen Literatur

Auch jene Formen von Literatur, die nicht den Anspruch erheben, Wirklichkeit zu beschreiben, spiegeln natürlich in gewisser Weise reale Verhältnisse
der höfischen Kultur wider: Sie taugen zwar wenig als Zeugnisse für bestimmte Ereignisse, sind aber unschätzbare Quellen für den, der etwas über
die Denkweise und die Wertvorstellungen der Menschen erfahren will.
    Französische Dichter des 12. Jahrhunderts verfaßten umfangreiche Vers-
erzählungen, deren ritterliche Helden meist aus dem Umkreis des Königs
Artus und seiner Tafelrunde stammen. Die arturischen Erzählstoffe waren

Abb. 10a: Italienischer Ring aus dem 14. Jh.

*Abb. 10b: Edward der Bekenner schenkt einem Bauern einen Ring;
aus einer Handschrift des 13. Jh.*

bis in spätere Zeiten hinein die Grundlage vieler Romane in Frankreich, Deutschland und England. In die Märchenwelt des König Artus, die als längst vergangen vorgestellt wird, projizieren die Autoren Sitten und Lebensgewohnheiten ihrer eigenen Zeit hinein: Die Ritter treffen in Turnieren aufeinander, kämpfen in Schlachten, treten bei Hof auf und benehmen sich bei alledem so, als wären sie Zeitgenossen des Autors und seines Publikums. Dennoch ist aber die arturische Welt nicht einfach mit der vertrauten, gewöhnlichen Alltagswelt gleichzusetzen, es passiert vielmehr dort allerlei sonderbare Dinge: Sie wird von Ungeheuern, die man aus märchenhaften Volksüberlieferungen kennt, bewohnt, gelegentlich treten Engel und Dämonen aus der Sphäre der christlichen Religion auf, oft begegnen wir Feenwesen, die der keltischen Literatur abgeborgt wurden.

Über die meisten Autoren solcher Romane wissen wir wenig. Einer der wichtigsten, Chrestien de Troyes, schrieb in der zweiten Hälfte des 12. Jahrhunderts und wurde von der Gräfin Marie de Champagne (1145–1198) und vom Grafen von Flandern gefördert; an diesen Höfen verfaßte er offenbar seine Romane, die mündlich vorgetragen wurden. Auch andere Dichter scheinen von der Großzügigkeit hoher Herren abhängig gewesen zu sein – allerdings gibt es doch viele Zeugnisse, die dafür sprechen, daß die Gattung relativ früh aus der exklusiven Umgebung der Höfe heraustrat. Auch Leute aus der städtischen Bevölkerung zum Beispiel lasen dann diese Romane, die ursprünglich für ein höfisches Publikum verfaßt waren; es entstanden auch bald allerlei Bearbeitungen und Übersetzungen solcher Werke.[9] Die Grenze zwischen „höfischer" und „populärer" Literatur ist schwer eindeutig festzumachen. Klar ist aber, daß unabhängig davon, für welches Publikum Romane geschrieben wurden, die *Inhalte* doch höfisch blieben: Diese Werke erzählten und glorifizierten Leben und Abenteuer von Königen und Rittern, von *adeligen*, höfischen Helden also.

Die Artusromane unterscheiden sich in ihrer Auffassung der Magie deutlich von den Sagas. Diese konzipieren magische Kraft als etwas, was aus *Worten* fließt, in den Romanen dagegen sind es in der Regel *Dinge*, in denen solche Kräfte liegen. Hier sind erstens die wundertätigen Kräuter und Salben zu nennen, die verwendet werden, wenn etwa ein Held verwundet ist. Normalerweise erscheint die Heilkunst als Domäne von Frauen; das müssen nicht unbedingt Hauptfiguren des Romans sein, es handelt sich oft einfach nur um freundliche Menschen, die eben zufällig zur Stelle sind, wenn der Held Pflege braucht. Zweitens gibt es Liebestränke wie den, welchen Tristan und Isolde versehentlich zu sich nehmen. Drittens erscheinen in den Artusromanen auch in großer Zahl magische Edelsteine, oft in einem Ring gefaßt und mit der Eigenschaft, vor Gefahr zu beschützen. Die Kraft eines solchen Rings, dem nachgesagt wird, er schütze vor Wasser, Feuer und Waffen, wird vom Helden gründlich erprobt: Dieser läßt sich einen Mühlstein an den Leib binden und stürzt sich in einen Fluß, dann spaziert er in ein tobendes Feuer hinein und besteht schließlich auch noch einen Zweikampf.[10] Viertens gibt es dann noch verschiedene künstlich hergestellte Dinge mit magischen Eigenschaften: Teller, die sich von selbst auf den Tisch stellen; scheinbar lebendige Automaten in Gestalt von Vögeln, Löwen, Schachfiguren, Engeln, auch Maschinen, die wie Köpfe aussehen und sich mit ihren Erfindern unterhalten; Schwerter, die immer siegreich sind; Schiffe, die von keiner Hand gesteuert werden und die dennoch ihre Passagiere sicher zu wunderhaften Zielen befördern. Die Welt der Romane erscheint bisweilen wie ein riesiger Spielzeugladen, vollgestopft mit lauter Zauberdingen. Die Gegenstände dieser vierten Kategorie ähneln oft den Automaten und mechanischen Apparaten, die man damals zur Unterhaltung der höfischen Gesellschaft herstellte, und zweifellos war es ein und derselbe Reiz des Künstlichen in Verbindung mit dem unerklärlich Geheimnisvollen, der den Adel jener Zeit zu den erfundenen wie auch zu den realen Zaubermaschinen hinzog. Chaucer (ca. 1340–1400) hat eine ganze Reihe von derartigen Wundern in der *Erzählung des Junkers* in den *Canterbury Tales* zusammengestellt; er ist hier durchaus von der Tradition des Artusromans abhängig.

Die Romane beschreiben Zauberdinge bisweilen ein wenig humoristisch, ironisch oder machen sich gar offen darüber lustig. So gibt es etwa magische Edelsteine, deren wunderbarer Glanz zur Belästigung und zum Fluch gerät, wenn sie nämlich in ein prächtiges Bett eingearbeitet sind; man muß sie dann immer gut abdecken, weil es sonst im Zimmer so hell ist, daß man nicht schlafen kann. Auch Salben zeitigen neben magischen auch manchmal komische Wirkungen. Thomas Malory (ca. 1400–1471) erzählt, wie Sir Gareth einem Ritter den Kopf abschlägt und wie dann die edle Lynet Haupt und Rumpf mit Salbe bestreicht und die beiden Teile wieder fest zusammenklebt. Gareth schlägt später den Kopf noch einmal ab und zerhackt ihn in hundert Stücke, die er zum Fenster hinaus in den Burggraben wirft. Lynet aber schafft es selbst dann noch, mit ihrem Wundermittel alles fein säuberlich zusammenzukleben und das Opfer wieder zum Leben zu erwecken.[11]

In den Romanen stellen Zauberdinge oft bestimmte Anforderungen an Benutzer. Eine Brücke zum Beispiel kann einzig von einem Mann betreten werden, der alle ritterlichen Tugenden und dazu die Gnade Gottes besitzt. Ein Boot setzt nur Leute über den Fluß, die keine Verräter, Lügner oder Angeber sind; wenn ein Passagier während der Fahrt anfangen sollte zu prahlen, kann es ihm passieren, daß das Boot ihn ins Wasser wirft. Ein Tor verschließt sich dem Hochmütigen und zwingt ihn, demütigen Herzens zu Gott zu beten. Ein Zauberschloß ist unsichtbar für alle Feiglinge. Auf dem „Gefährlichen Stuhl" kann nur ein Ritter von höchstem Wert Platz nehmen. Ein Zauberschwert ist immer siegreich, vorausgesetzt, der Held, der es führt, kämpft für eine gute Sache. Bestimmte magische Gegenstände sind ausschließlich Herrscherpersönlichkeiten dienstbar: Artus zeigt, daß er zu Recht auf den Thron Anspruch erhebt, indem er das Schwert Excalibur aus dem Stein zieht – niemand sonst vermag das –, der Däne Havelock bläst auf einem Zauberhorn und erweist sich damit als Herrscher über Dänemark.

Zauberische Objekte sind oft im Besitz von Feen, unsterblichen Wesen aus dem „Feenland", gelangen aber gelegentlich in die Welt der Sterblichen und verleihen Personen magische Kräfte. In dem Roman *Escanor* wimmelt es nur so von Zauberdingen, ein ganzes Schloß ist voll davon; neben anderen Wundern ist dort auch ein Zauberbett mit leuchtenden Steinen zu sehen. Anderswo schaffen Feen Zauberschiffe herbei, ein wunderbares Zelt aus Seide, Gold und Zypressenholz, auch eine weiche Bettdecke, die einen vor allem Bösen, sogar vor bösen Gedanken bewahrt. Diese Feen verlieben sich gern in sterbliche Männer, und sie versuchen dann, diese in ihre Welt zu locken. Wenn sie sich in irdische Gefilde begeben, so tun sie das in der Regel bei Nacht. Sie wandern in den Wäldern umher und rasten an Quellen. Das Zwiespältige, das solchen Wesen in der irischen Literatur eigen ist, können wir auch in den Romanen bemerken: Sie sind weder eindeutig gut noch eindeutig böse, sie können als Vertreter des alten, „barbarischen" Heidentums, aber auch als „gute, christliche Seelen" erscheinen. Sie greifen helfend oder zerstörend in die Geschicke der Menschen ein je nach individuellem Charakter, Laune und Lage der Dinge. Sie werden von den Dichtern zu den verschiedensten Zwecken eingesetzt, ihre wichtigste Aufgabe aber besteht darin, die magischen Abteilungen des Romanbetriebs mit Werkzeug und Material zu versorgen.

Bisweilen vermischen sich weltliche Magie und religiöser Kult. Die Weihe, der Segen, der Dingen eigen ist, kann wie ein Zauber funktionieren, oder die magische Kraft eines Objekts kann durch heilige Namen oder Riten verstärkt werden. Auf ein Schwert ist etwa der Name Jesu geschrieben, im Knauf ist eine Reliquie eingeschlossen. In Romanen wird von Leuten erzählt, die mit eben jenem Öl gesalbt sind, mit dem einst Christi Leichnam einbalsamiert wurde. Perceval benutzt eine solche Salbe, um seine Wunden zu heilen, um sein Pferd zu erquicken, um einen toten Feind zum Leben zu erwecken (den er dann sogleich noch einmal umbringt) und um verwundete Helden gesund zu machen.[12] Wenn Romanstoffe von Priestern oder Mönchen bearbeitet werden, treten diese religiösen Elemente besonders deutlich hervor. Der klassische Fall einer solchen Akzentverlagerung zum Religiösen hin ist der der *Queste del Saint Graal* (frühes 13. Jh.), die den wunderwirkenden Kelch vom Letzten Abendmahl mit all den theologischen und liturgischen Assoziationen, die sich daran knüpfen, zum zentralen Motiv ihrer Geschichte macht.

Manche Autoren vertraten die Meinung, die magischen Motive in den Romanen verführten zum Aberglauben und seien deswegen verdammenswert. Im 15. Jahrhundert beklagte Jean Gerson die Leidenschaft der Franzosen für Ritterromane, die daran schuld sei, daß die Leute allerlei Aberglauben und Phantastereien anhingen. Er hatte gewiß recht, wenn er die Faszination durch Romane als Zeichen eines Interesses für phantastische Dinge generell deutete, daß freilich die Literatur *Ursache* dieses Interesses gewesen sein soll, scheint doch sehr viel weniger einsichtig.

In vielen Romanen steht Zauberei im Mittelpunkt der Handlung. So etwa, wenn das Schicksal der Liebenden, von denen eine Geschichte erzählt, durch einen magischen Liebestrank bestimmt wird oder wenn ein Held von einer Fee umgarnt wird, die ihn mit ihrem Zauber bannt. Magische Heilung, Wiederbelebung, Verwandlung kann integraler Bestandteil einer Roman-handlung sein, es wird auch mit der Fiktion gearbeitet, die Zeit werde mit zauberischen Mitteln manipuliert, so wenn etwa der Held sich einige Augen-blicke lang in einer Zauberburg aufhält und, als er sie wieder verläßt, fest-stellen muß, daß es inzwischen Frühling geworden ist.

Oft allerdings ist das Magische als solches weniger wichtig, es ist vielmehr Symbol oder Zeichen für psychische Veränderungen oder Zustände. Sogar ein und dasselbe Zauberding kann in verschiedenen Varianten einer Ge-schichte unterschiedlich gedeutet werden. Für den einen Autor ist klar, daß der Liebestrank das Schicksal von Tristan und Isolde ein für allemal besie-gelt, in einem anderen Tristanroman dagegen erscheint es zweifelhaft, ob es sich wirklich um einen *Zauber* handelt, dort hat der Trank mehr den Cha-rakter eines Symbols, eines Zeigefingers, der darauf hinweist, daß sich an dieser Stelle etwas Bedeutsames in den Seelen der Liebenden ereignet. Ähn-liche Verschiebungen lassen sich auch bei den Bearbeitungen des Stoffs vom König Horn beobachten. Wenn der König in die Schlacht zieht, braucht er nur einen Blick auf den Ring zu werfen, den seine Geliebte ihm geschenkt hat, und sogleich ist der Feind besiegt. In den volkstümlichen Bearbeitungen des Stoffs ist es vollkommen klar, daß der Ring magische Kräfte besitzt, die anglo-normannische höfische Fassung des *King Horn* ist wesentlich subtiler: sie läßt die Deutung zu, daß es die Liebe des Helden sein könnte, die ihn zu seinen Leistungen befähigt. Auch in Chaucers *Erzählung des Freisassen* spielt der Zauber eine untergeordnete Rolle. Ein Magier läßt dort die gefährlichen Klippen vor der Bretagne scheinbar verschwinden, aber auf das eigentliche Er-eignis kommt es dem Autor gar nicht so sehr an – niemand geht auch nur hin, um zu überprüfen, wie sich die Sache wirklich verhält –, wichtig sind ihm viel-mehr die Reaktionen der Menschen und die Krisen, die sich für die einzelnen Personen daraus ergeben. Schon Plinius und andere Quellen berichten, daß Lepra mit „unschuldigem" Blut geheilt werden könne – interessant im *Armen Heinrich* des Hartmann von Aue (um 1200) ist, daß dort ein Kranker von sei-nen moralischen Gebrechen – und somit auch vom Aussatz, der seine seelische Verderbtheit symbolisiert – geheilt wird, und das, obwohl das Blut eines jun-gen Mädchens gar nicht vergossen wird; es genügt bereits das Wissen, daß sie bereit wäre, sich für den Kranken zu opfern.[13] In all diesen Fällen wird Magie getrieben, aber es wäre doch irreführend zu behaupten, diese Geschichten *handelten* von magischen Dingen. Es ist vielmehr ganz allgemein so, daß die raffiniertere und anspruchsvolle Literatur sich mehr mit seelischen und geisti-gen Phänomenen befaßt – die aber genauso geheimnisvoll sein können wie die Magie – und daß magische Motive lediglich dazu dienen, innere Entwick-lungsprozesse anzustoßen.

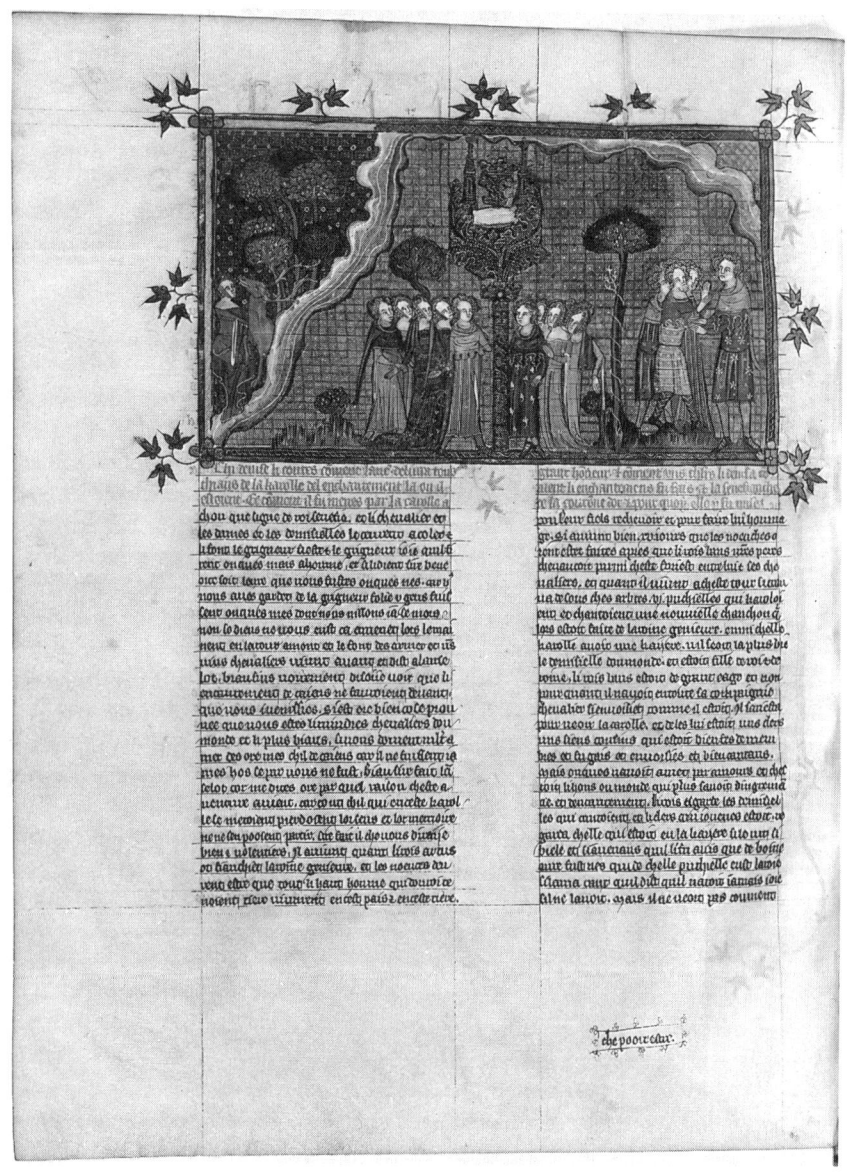

Abb. 11: Lancelot erlöst Edelleute vom Bann eines zauberischen Reigens; aus einer Handschrift des 14. Jh.

Daß die Magie der Psychologie untergeordnet ist, zeigt sich besonders klar dort, wo ein magisches Ding *nicht* verwendet wird. In der Novelle *Deus Amanz* („Die zwei Liebenden") von Marie de France (spätes 12. Jh.) wird von einem Freier verlangt, daß er die Auserwählte auf einen hohen Berg trage, bevor er sie heiraten dürfe. Er ist zu stolz, den Zaubertrank zu nehmen, der ihm helfen könnte, die Aufgabe zu bewältigen – seine Liebe, so der Anspruch, ist ebenso stark wie die Macht der Magie; dennoch endet die Geschichte tragisch: Die Anstrengung bringt den Helden um. Auch Chrestien führt einen solchen Fall vor, in dem ein Ritter keinen Gebrauch von magischen Fähigkeiten macht: *Yvain* zieht auf Abenteuer aus. Seine Frau hat ihm einen Ring mitgegeben, der ihn vor allem Übel bewahrt. Der Ritter hat gelobt, nach einem Jahr wieder heimzukommen, aber er vergißt sein Versprechen. Der Ring wird nie benutzt, aber es handelt sich dennoch nicht um ein blindes Motiv, sondern es wird dem Leser dadurch etwas Wichtiges mitgeteilt: Nicht irgendeine äußere Gefahr hindert den Helden, sein Wort zu halten, er ist vielmehr nicht fähig, sein Rittertum und die Pflichten gegenüber seiner Frau in ein richtiges Gleichgewicht zu bringen.[14]

Die Ritterromane führen oft Zauberei als Wirkung von Ereignissen ein, die weit, nicht selten sogar außerhalb der Romanhandlung, zurückliegen: Ein Schloß ist verzaubert, in ein Schwert sind Zeichen eingraviert, die ihm besondere Kräfte verleihen. Die Urheber solcher Wirkungen sind böse Feinde oder Feen. Erzählt wird nicht so sehr vom Zaubern als vielmehr vom *Entzaubern*, davon, wie der Bann, der auf einem Ort oder einem Ding liegt, gelöst wird. Im *Prosa-Lancelot* kommt der Held in einen Wald und trifft dort Ritter und Damen, die singend einen Stuhl, auf dem eine goldene Krone liegt, umtanzen. Er tritt zu diesen Leute hin und verliert augenblicklich sein Gedächtnis, er ist verdammt, mit ihnen zu tanzen. Erst als er auf dem Stuhl Platz nimmt und sich die Krone aufsetzt, ist der Bann gebrochen. Er erfährt dann, daß vor langer, langer Zeit die Tänzer verzaubert wurden und daß damals bestimmt wurde, daß erst „der beste und schönste Ritter der Welt" sie erlösen könne, indem er auf dem Thron Platz nehme und sich die Krone aufs Haupt setze (s. Abb. 11). Der Held bricht der Bann, obwohl er gar nicht die Absicht hat, dies zu tun, und auch keine Ahnung, wie es zu bewerkstelligen wäre. Er zieht einfach auf Abenteuer aus und gelangt in ein „verzaubertes Königreich", wo eine magische Kraft, die seiner Person irgendwie eigen ist, bewirkt, daß der Bann aufgehoben wird – es gibt allerdings auch Romane, in denen Entzauberungsakte erst nach einigermaßen heroischen Anstrengungen des Protagonisten gelingen. Erst nachträglich erfahren Held und Leser des *Lancelot*, was es mit diesem Zauber auf sich hat. Die Artusliteratur ganz allgemein findet einen besonderen Reiz darin, wenn sie ihre Helden mit möglichst mysteriösen Situationen konfrontiert oder gegen vermummte Gegner antreten läßt – in ihrer Bereitschaft, sich auf *unbekannte* Abenteuer einzulassen, erweist sich erst so recht ihr Heldentum.[15]

Die Magier in den Artusromanen sind fast immer zweitrangige Figuren, die, sei es als Gegner, sei es als Verbündete, dem höheren Ruhm der Helden dienen, wenn diese auf Abenteuerfahrten ihr Rittertum beweisen und vervollkommnen. Merlin, Berater des König Artus, wurde von einem teuflischen Dämon gezeugt, der eine Menschenfrau vergewaltigte. Von seinem Vater hat Merlin magische und prophetische Gaben geerbt. Er hilft Artus, indem er beispielsweise feindliche Heere mit einem zauberischen Fluch in Schlaf versetzt, und er kann auch den Ausgang bevorstehender Schlachten voraussagen. In allen bedeutenden Werken der Artusliteratur – von der ziemlich phantastischen, dennoch traditionsstiftenden *Historia Regum Britanniae* des Galfred (Geoffroi) von Monmouth (12. Jh.) bis zum großen, gewissermaßen „enzyklopädischen" Artusroman *Le morte d'Arthur* des Thomas Malory (15. Jh.) – demonstriert Merlin seine Künste nur am Anfang und wird dann eilig aus dem Weg geräumt, so daß Artus seine Karriere ohne übernatürliche Kräfte zur Vollendung bringen kann. Die Schwester des Königs, Morgan le Fay („die Fee"), ist, wenn sie auch bisweilen freundlich und hilfreich einspringt, in der Hauptsache doch eher ein Stachel in Artus' Fleisch. Malory zufolge hat sie „Nigromantie" in dem Nonnenkloster studiert, wo sie als junges Mädchen erzogen wurde. Und ihre Ausbildung scheint recht gründlich gewesen zu sein: Morgan bereitet heilende Salben zu; sie narrt Feinde, die ihr nachstellen, indem sie sich selbst, ihr Pferd und ihre Begleiter in Marmorblöcke verwandelt; sie fabriziert einen herrlichen, juwelenbesetzten Umhang, der aber in Flammen aufgeht, wenn jemand ihn sich umlegt; sie schläfert Lancelot, in den sie sich verliebt hat, durch einen Zauber ein und entführt ihn. Einmal bittet ein fremder König sie und ihre Freundin, „das ganze Land durch die Künste von Hexen ... in Brand zu setzen". Ihre boshaften und gefährlichen Kunststücke in dem Roman sorgen nicht allein für gelegentliche Sensationen, sondern sind durchaus wesentliche und treibende Elemente der Handlung insofern, als sie die Helden herausfordern und zu großen Taten zwingen. Auch in anderen Romanen wird die ritterliche Tüchtigkeit der Helden in der Konfrontation mit Zauberern auf die Probe gestellt und glanzvoll erwiesen. Im *Parzival* Wolframs von Eschenbach (Anf. 13. Jh.) hat der Ritter Gawan etliche schwere Prüfungen zu bestehen, die im Kampf gegen einen hungrigen Löwen gipfeln. Er siegt und erlöst damit ein Schloß voller unglücklicher Damen aus der zauberischen Macht des Magiers Clinschor. Clinschor selbst tritt als handelnde Person in dem Buch gar nicht auf, von ihm berichtet lediglich die Erzählung einer anderen Figur: er bleibt so geheimnisumwittert hinter den Kulissen verborgen, während Gawan auf der Bühne agiert.

Ist nun die Magie der Ritterromane natürlichen oder dämonischen Ursprungs? Im allgemeinen wird diese Frage nicht explizit gestellt oder gar beantwortet, wenn es auch durchaus Indizien gibt, die in diese oder in jene Richtung deuten. In der Szene der *Erzählung des Junkers* bei Chaucer, wo ein Ritter auftritt, der verschiedene Zauberdinge mitbringt, stellen die Anwesenden sogleich Spekulationen darüber an, ob es für die wunderbaren

*Abb. 12a: Kampf des Wigalois mit dem Zauberer Roaz;
aus einer Handschrift des 14. Jh.*

Wirkungen wohl natürliche Ursachen geben könne. Wenn ein Schwert selbst stärkste Panzerung durchschneidet und unheilbare Wunden schlägt, so könnte dies etwa daran liegen, daß es mit irgendwelchen besonderen Essenzen behandelt worden ist. In manchen Werken lassen die Dichter Leser- oder Zuhörerschaft mit voller Absicht im unklaren über den Status magischer

Machenschaften, der Kitzel, ob es sich wohl um „Kunst", also um besonderes Können und Wissen, das sich natürlicher Kräfte bedient, oder um dämonistische „Nigromantie" handelt, bleibt so dem Publikum erhalten. Es mag
sein, daß etwa Clinschor mit den Mitteln der Schwarzen Magie arbeitet, aber
Wolfram sagt dies nie ausdrücklich, er deutet es höchstens an.

Im *Wigalois* (13. Jh.) tritt der heidnische Zauberer Roaz von Glois auf,
dessen Macht recht unverhüllt dämonischen Ursprungs ist. Schon im An-
fangsteil des Romans erfährt der Leser, daß der Magier seine Seele dem
Teufel verschrieben hat, der dafür allerlei Wunder wirkt und seinem Schütz-
ling Land schenkt. Am Ende besiegt Wigalois den Magier in einem Zweikampf. Der Held schützt sich dabei mit einem Stück Pergament, auf das ein
Gebet geschrieben ist, außerdem macht er das Kreuzzeichen, bevor er sich
der Burg des Gegners nähert. Die Frau des Roaz in ihrer ganzen Schönheit
und flankiert von jungen Mädchen, die Kerzen tragen, sieht von einem erhöhten Sitz aus dem Kampf zu. Der Anblick dieser Damen bzw., was Wigalois betrifft, die bloße *Erinnerung* an die Geliebte feuert die Ritter an und
flößt ihnen immer neue Kräfte ein. In einer illuminierten Handschrift des
Romans, 1372 von einem Zisterziensermönch im Auftrag des Herzogs von
Braunschweig-Grubenhagen angefertigt, wird dieser Zweikampf überaus
prächtig dargestellt, offenbar mit der Absicht, die Aura des Zauberhaften,
die über der Szene liegt, spürbar zu machen (Abb. 12a).

Sogar dort, wo das Magische ganz ausdrücklich für dämonisch erklärt
wird, behält es doch – oder gerade deswegen – einen besonderen Reiz. Nicht
daß etwa die Dämonen selbst irgendwie romantisch verklärt würden, aber
die zauberhaften Wirkungen, die sie hervorbringen, werden doch fast in den
Rang von Wundern erhoben. Die Mächtigen jener Zeit, die als Mäzene solche Literatur förderten, hätten in der Wirklichkeit dämonistische magische
Praktiken wohl kaum als harmlosen oder gar amüsanten Zeitvertreib empfunden, waren aber gern bereit, das Dämonische in der fiktionalen Literatur
mit anderen Augen zu betrachten: Zauberei war vielleicht moralisch verwerflich, war aber doch auch eine überaus reizvolle und verlockende Sache.
Der magische Tanz im *Lancelot* wurde von einem Kleriker zur Unterhaltung
einer Dame ersonnen, deren Gunst er zu gewinnen suchte. Der Leser des
Buchs mochte sich vorstellen, daß jener Kleriker vielleicht die Hilfe von
Dämonen in Anspruch genommen hatte, er mochte auch vermuten, daß der
Reiz der Veranstaltung nach einer Weile schal geworden sei, dennoch konnte
er sehr gut verstehen, weshalb die Dame der Versuchung nachgab. Es wäre
übertrieben, wenn man behaupten wollte, die Romane *sympathisierten* mit
dem Dämonischen, aber man darf doch sagen, daß sie seine gefährliche
Anziehungskraft vollkommen realistisch darstellten.

Nicht allein in der arturischen Tradition wurden magische Motive verarbeitet. Im Lauf des 12. und 13. Jahrhunderts erwarb sich der Dichter Vergil, den man schon früher wegen seiner großen Gelehrsamkeit geschätzt
hatte, einen Ruf als Erfinder magischer Maschinen, als Adept der magischen

Abb. 12b: Vergil zerschlägt eine Flasche, in der Dämonen eingeschlossen sind;
aus einer Handschrift des 14. Jh.

Wissenschaft, schließlich gar als Diener des Teufels. In einer Geschichte, die
an die von Aladin erinnert, wird erzählt, er verdanke sein okkultes Wissen
zwölf Dämonen, die er aus einer Flasche befreite, in der sie eingesperrt waren
(s. Abb. 12b). Bis zu einem gewissen Maß haben sich manchmal auch die
Traditionen vermischt. So kommt Vergil etwa bei Wolfram von Eschenbach
vor, als Verwandter des Clinschor; auch einige erstaunliche Erfindungen des
antiken Dichters (beispielsweise einen Spiegel, in dem man weit entfernte
Ereignisse sehen kann) macht sich Wolfram in der Clinschor-Geschichte zunutze. Im *Dolopathos* lehrt Vergil den Sohn des Helden Astrologie, in *Escanor* unterrichtet er gar eine Fee in den Künsten der Magie.

Ein ganz anderer Stoff, der ebenfalls in Romanform bearbeitet wurde, ist
der von Alexander dem Großen und seinem Hof, zu dem auch Aristoteles
gerechnet wird. In dieser Tradition finden wir sehr oft Edelsteine, die dazu
dienen, magische Anschläge abzuwehren, wunderbar gestaltete Tiere mit
mechanischen Vögeln in den Geweihspitzen und allerlei anderen Zauber. Als
einmal einige von Alexanders „Baronen" mit einer Ladung Edelsteine unterwegs sind, überfallen Dämonen den Transport, unsichtbare Hände werfen
Stöcke und Felstrümmer auf den Lagerplatz. Der Leser erfährt, daß die Ju-
welen Eigentum der bösen Geister sind und daß diese sie vor allem ihrer
okkulten Kräfte wegen zurückhaben wollen. Schließlich gelangt Alexander

in den Besitz der Steine, und es stellt sich heraus, daß sie ausgezeichnet dazu taugen, wilde Tiere und Dämonen abzuwehren.

Der Alexanderstoff allerdings leitet unsere Untersuchung in ein neues Gebiet hinüber. Diese Erzählungen wurden in ganz verschiedenen Traditionen überliefert, in griechischen, lateinischen, arabischen, armenischen etc. Vieles davon war bereits im frühmittelalterlichen Europa bekannt, etliches kam aber erst im späteren Mittelalter hinzu, und zwar aus Quellen, die dem Lehrer Alexanders, Aristoteles, zugeschrieben wurden und die nun in den Westen gelangten. Diese Schriften aber sind nicht allein relevant für das Studium der höfischen Dichtung, sondern führen auch zu einem ganz neuen und anderen Gegenstand: Wir haben uns nun mit dem Eindringen der arabischen Wissenschaft nach Europa zu befassen, mit einem Prozeß, der Philosophie, Naturwissenschaften und Magie des Westens wesentlich veränderte.[16]

VI

Arabische Gelehrsamkeit
und die okkulten Wissenschaften

Wir haben bereits gesehen, daß die Volkstradition der Magie alles andere als einheitlich war, ihr Erscheinungsbild wechselte je nach Zeit und Ort. Wir haben dann gesehen, wie mit der Entwicklung der Herrscherhöfe zu kulturellen Zentren etwas Neues entstand, neben dem alte Formen der Magie weiterexistierten. Die Änderungen nun, die um das 12. Jahrhundert eintraten, als eine ganz neue Art der Gelehrsamkeit sich durchsetzte, die auch eine auf naturwissenschaftlichen Erkenntnissen gründende Astrologie und Alchimie umfaßte, waren sehr viel mehr prinzipieller Natur. In das populäre magische Wissen waren bereits Kenntnisse antiker Forscher eingeflossen; in den mittelalterlichen volksmedizinischen Schriften finden sich nicht selten Rezepte von Plinius oder von Marcellus Empiricus. Die neue Wissenschaft nun behauptete, sie und nur sie allein sei wirklich tief im antiken Denken verwurzelt, und verfocht generell überaus strenge und elitäre Grundsätze. Freilich war nicht zu verhindern, daß auch diese Kenntnisse popularisiert wurden, die Grenzlinie zwischen Volkstradition und der akademischen Magie blieb also nicht für alle Zeiten starr und undurchlässig. Wie komplex auch immer die Beziehungen zu den alten Traditionen sich in der Folgezeit entwickelten, so bleibt doch festzuhalten, daß jenes Wissen, das im 12. Jahrhundert nach Europa gelangte, erst einmal etwas völlig Neues war.

Eine wichtige Bemerkung ist hier vorauszuschicken: Die Leute, die im 12. Jahrhundert oder später Astrologie oder Alchimie studierten, fühlten sich in aller Regel selbst nicht als „Magier" oder gar als „Zauberer". Wenn diese Bezeichnungen verwendet wurden, so in böswilliger Absicht und von den *Feinden* jener Wissenschaften, von den „Konservativen", die, treu den Prinzipien Isidors von Sevilla, die Astrologie, wenn auch nicht die Alchimie, als magische Kunst verstanden. Erst später, vor allem im ausgehenden Mittelalter, gab es dann mehr und mehr Menschen, die auch ihrem eigenen Selbstverständnis nach „Magie" trieben, nämlich *natürliche* Magie. In der Zwischenzeit jedoch waren zahlreiche Verbindungsglieder zwischen der neuen Wissenschaft und der Volkstradition entstanden, und zwar sowohl in der Theorie wie in der Praxis, die es unmöglich machen, jene beiden Traditionen völlig isoliert voneinander zu verstehen.

Die Umgestaltung des intellektuellen Lebens in Europa

Wenn man es vergröbernd ausdrückt, so kann man zwei wichtige Faktoren nennen, die das geistige Leben des späteren Mittelalters wesentlich beeinflußten: Da ist erstens der Aufstieg der Universitäten, die aus den alten Domschulen entstanden, zweitens der „Import" arabischen Wissens, wozu auch die aristotelische Philosophie und Naturwissenschaft zu rechnen sind. Im Frühmittelalter waren in der Hauptsache die Klöster die Zentren der Wissenschaft gewesen. Es gab einige Städte, in denen man speziell Medizin studieren konnte, einzelne Gelehrte wirkten auch an Herrscherhöfen, aber eine systematische wissenschaftliche Ausbildung in all den verschiedenen Fächern, wie sie damals für nötig erachtet wurde, konnte man nur in den Klosterschulen erhalten. Vom 11. Jahrhundert an jedoch übernahmen in zunehmendem Maß Schulen, die in verschiedenen Bischofsstädten eingerichtet wurden, die Führung im Bildungswesen. In diesen Domschulen wurde ein Teil des Diözesanklerus unterrichtet, es konnten dort aber auch Leute die *artes liberales* studieren, die nicht Priester werden wollten, sondern sich auf einen juristischen Beruf oder eine Karriere im Dienst eines Herrschers vorbereiteten. Wenn an einer solchen Schule ein Gelehrter von besonders hohem Ansehen tätig war, konnte es vorkommen, daß sein Renommee Studenten aus ganz Europa anzog – Latein war die universale Sprache der Wissenschaft, so daß es keine sprachlichen Hindernisse für Ausländer gab. In der zweiten Hälfte des 12. Jahrhunderts begann dann eine weitere wichtige Entwicklung: der Aufstieg der Universitäten. Im späten 14. Jahrhundert hatte sich diese Institution praktisch überall in Europa durchgesetzt; gelehrt wurden weiterhin die *artes liberales,* aber es gab daneben auch medizinische, theologische und juristische Fakultäten.

Wenn die Magie überhaupt im Lehrplan Platz fand, so höchstens indirekt: Die Astronomie war eine der „Freien Künste"; in ihrem Rahmen konnte auch Astrologie gelehrt werden, und diese wiederum galt traditionell als Zweig der magischen Wissenschaften. Die Grenzen zwischen „Astronomie" und „Astrologie" im mittelalterlichen Sprachgebrauch waren fließend, die Unterscheidungen keineswegs einheitlich. Raimund von Marseille etwa verwendet die Begriffe schlicht synonym, während das *Speculum astronomiae,* ein Werk, das (wohl mit Recht) Albertus Magnus zugeschrieben wurde, zwei getrennte Wissensgebiete unterscheidet. Bedeutsam für die Geschichte der Magie sind die Universitäten vor allem deswegen, weil aus ihnen Gelehrte hervorgingen, die sich weiter wissenschaftlich mit der Magie oder dem Gebiet des „Okkulten" beschäftigten, obwohl es ein „Fach" dieses Namens, das man formell studieren konnte, streng genommen gar nicht gab.

Die Domschulen und Universitäten förderten bei ihren Studenten einen Forscherdrang, der bei vielen von ihnen bald über ein Interesse an den althergebrachten Texten hinaus führte. Diese Leute spürten sehr oft das Bedürfnis, mehr über das Wissen der Antike zu erfahren, und dieses Bedürfnis

konnte nur in der islamischen Welt befriedigt werden. Das führte freilich zu
beträchtlichen Schwierigkeiten: Die Beziehungen zwischen Christentum und
Islam waren nie besonders freundlich gewesen, und die Kreuzzüge hatten das
ihre dazu beigetragen, die gegenseitige Antipathie noch zu verstärken. Immerhin aber gab es doch einige Gegenden, wo die beiden Kulturen eine
gemeinsame Landgrenze hatten – besonders Süditalien und Spanien sind hier
zu nennen –, wo spezielle historische Bedingungen Christen und Muslimen
ein gewisses Maß an Annäherung und Austausch erlaubten und wo also
auch kulturelle Kontakte möglich wurden.

Zu den Wissenschaften, die der Islam sich als Erbe der griechischen Kultur
einverleibt hatte, gehörten auch die Astrologie und die Alchimie, zwei Fächer, die bereits damals bedeutende Veränderungen erlebt hatten. Die griechische Astrologie war nach Persien und Indien gelangt und dort weiterentwickelt und modifiziert worden. Die Muslime übernahmen viele dieser
Adaptationen in ihr eigenes System. In ihrer Kultur traf diese Wissenschaft
auf ganz ähnliche Vorbehalte und Gegenargumente wie zur selben Zeit und
später in Europa: Autoren wie etwa al Kindi (gest. ca. 873) und Abu
Ma'shar (787–886) versuchten dieser Opposition den Wind aus den Segeln
zu nehmen, indem sie die Astrologie auf eine seriöse wissenschaftliche
Grundlage stellten und ihr einen festen Platz unter den etablierten akademischen Fächern verschafften. Auch die Alchimie nahm in der islamischen
Kultur einen bedeutenden Aufschwung, besonders dank dem Gelehrten Ja-
bir ibn Hayyan (ca. 721–ca. 815), der im Westen unter dem Namen Geber
bekannt ist (nicht zu verwechseln mit dem bedeutenden spätmittelalterlichen
Alchimisten europäischer Herkunft, der diesen Namen annahm).

Während der Zeit der Reconquista im 11. Jahrhundert, als die Christen
Westeuropas den Versuch unternahmen, Spanien vom Islam zu „befreien",
fanden sie kaum jemals Zugang zur arabischen Wissenschaft, erst im
12. Jahrhundert dann öffneten sich die Schleusen. In dieser Periode wurden
über hundert Werke mehr oder weniger frei ins Lateinische übersetzt oder
nachgeschrieben. Der erste Übersetzer aus jener Zeit, den wir kennen, war
Adelard von Bath (ca. 1080– ca. 1155); er machte astrologische und astralmagische Texte sowie eine bedeutende Sammlung astronomischer Tabellen
im Westen bekannt. Der wohl fruchtbarste Übersetzer war Gerhard von
Cremona, der es auf 68 Titel brachte, darunter eine Handvoll astrologischer
Schriften. Abu Ma'shars *Große Einführung in die Astrologie* wurde ab 1133
im Westen bekannt, der *Tetrabiblos* des Ptolemäus ab 1138. Eines der po-
pulärsten astrologischen Werke, das *Centiloquium*, eine Sammlung von hundert Aphorismen, als deren Autor (zu Unrecht) Ptolemäus galt, wurde um
die Mitte des Jahrhunderts mindestens viermal ins Lateinische übertragen.
Nicht selten wurde von arabisch-sprechenden Hilfskräften, vielleicht Christen, vielleicht Juden, eine erste Übersetzung ins Spanische oder eine andere
Vulgärsprache angefertigt, die dann ins Lateinische übertragen wurde. Es
scheint so, als hätten die Christen, die solche Assistentendienste leisteten,

zumindest manchmal ein ungutes Gefühl dabei gehabt – einer schließt mit der Formel: „Ende – Preis sei Gott, der mir geholfen hat, verflucht sei Mahomet mit seinen Anhängern."[1]

Es wäre nicht ganz richtig, wenn man behaupten wollte, die „Revolution" des mittelalterlichen Denkens hätte sich in ganz kurzer Zeit ausnahmslos überall durchgesetzt. Gewiß, viele Gelehrte im 12. Jahrhundert machten sich arabisches Gedankengut zu eigen, aber es gab doch auch viele, die es nicht zur Kenntnis nahmen oder ablehnten. Johannes von Salisbury zum Beispiel war ein entschiedener Gegner der Astrologie, allerdings kannte er diese Wissenschaft hauptsächlich aus den Schriften von Augustinus, Macrobius und Martianus Capella und nicht aus den relativ neuen Werken arabischer Autoren. Wie fast alle historischen Veränderungen brauchte auch der Prozeß dieser geistigen Erneuerung einige Zeit, um seine volle Wirkung zu entfalten. Im 13. Jahrhundert jedoch konnte niemand mehr die Flut arabischer Texte ignorieren, die überall in Europa umgingen, freilich gab es selbst zu dieser Zeit noch viele, die jene Literatur insgesamt oder doch einzelne Thesen, die dort verfochten wurden, ablehnten.

Die gelehrte Welt in Europa machte sich damals nicht nur mit einigem Eifer Erkenntnisse arabischer Wissenschaft zu eigen, sondern sie nahm im Verlauf dieses Prozesses auch Einflüsse des Judentums in sich auf. Die jüdische Wissenschaft war unter islamischer Herrschaft zu einiger Entfaltung gelangt. Wir haben bereits darauf hingewiesen, daß Juden wohl auch bei der Vermittlung arabischen Wissens nach Europa eine wichtige Rolle spielten. Gelehrte des Westens, die sich mit den okkulten Wissenschaften befaßten, bekamen nun auch Zugang zu Texten einer spezifisch jüdischen Magie. Ein astrologisches Werk etwa überliefert hebräische Namen für Planeten, Tierkreiszeichen und andere Dinge, und es wird dort ein Verfahren der Zukunftsdeutung beschrieben, in dessen Verlauf Personennamen in hebräischen Buchstaben geschrieben und die einzelnen Buchstaben dann, wie im Hebräischen üblich, als Zahlenwerte interpretiert werden.[2] Die christlichen Wissenschaftler vergaßen aber über all den neuen Entdeckungen nicht ihre eigene lateinische Tradition: Werke wie das des Julius Firmicus Maternus über Astrologie wurden jetzt wieder ausgegraben.

Von diesem Einströmen neuen Wissens profitierten vor allem Männer, die in den Domschulen oder in den noch jungen Universitäten ausgebildet worden waren. Das heißt nicht, daß diese Klasse von Menschen ausschließlich und für alle Zeit ein Monopol auf okkultes Wissen besaß. Schon aus dem 12. und 13. Jahrhundert kennen wir zum Beispiel geistliche Prinzenerzieher, die ihre Schüler zumindest in die Anfänge dieser Wissenschaften einführen konnten. Im 13. Jahrhundert bereits und später in weit höherem Maß gab es Übersetzungen von arabischen Originalwerken und Kompilationen in verschiedene Vulgärsprachen, offensichtlich um das Interesse von Laien zu befriedigen, die nicht Latein konnten. Trotz alledem ist doch festzustellen, daß das ganze Hochmittelalter hindurch die neue Gelehrsamkeit doch in der

Abb. 13a: Arabisches Horoskop, 12. Jh.

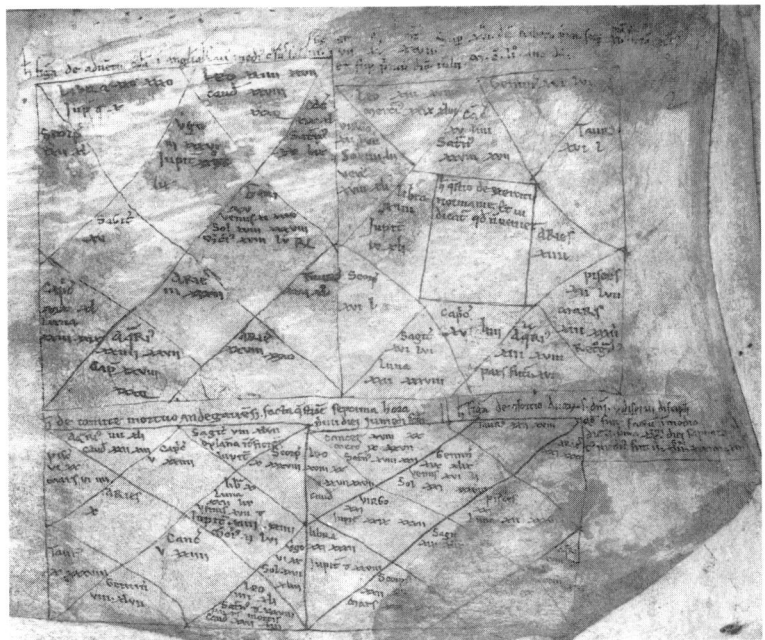

Abb. 13b: Europäische Horoskope, 12. Jh.

Hauptsache auf Leute mit Schul- und Universitätsbildung beschränkt blieb, auf den Klerus und auf Mediziner.

Die Praxis der Astrologie

Die astrologische Wissenschaft verfolgte zuerst einmal das Ziel, Horoskope zu erstellen, aus denen ersichtlich war, welchen Einfluß Sterne und Planeten auf eine Person am Tag ihrer Geburt oder sonst im Leben hatten. Die Probleme und Eigenheiten solcher Horoskope kann man anhand von zwei Exemplaren aus dem 12. Jahrhundert aufzeigen, das eine ist arabisch, das andere lateinisch geschrieben. Das arabische Horoskop (Abb. 13a) wurde 1146 in Ägypten erstellt, und zwar für einen achtjährigen Knaben. Ein Rechteck in der Mitte ist von 12 Rechtecken bzw. Dreiecken umgeben, die für die 12 astrologischen „Häuser" stehen. Die meisten der Informationen, die in den verschiedenen Segmenten aufgeschrieben sind, betreffen die Planeten und deren Stand am achten Geburtstag des Jungen. Jupiter zum Beispiel steht in einem bestimmten Verhältnis zum Sternbild Widder. An den Rändern hat der Astrologe vermerkt, wie die Planeten acht Jahre früher standen, bei der Geburt des Klienten also. Einige der Angaben auf dem Horoskop beziehen sich nicht auf den Knaben, sondern auf den Vater des Knaben – schon Ptolemäus hatte behauptet, ein Horoskop, das aufgrund der Daten eines Kindes erstellt werde, gebe auch Auskunft über das künftige Schicksal des Vaters.[3]

Die europäische Handschrift liefert gar vier Horoskope (s. Abb. 13b). Eines davon zeigt, wie die Überschrift behauptet, den „Stand der Dinge, die Reise einer gewissen Person nach England betreffend". Wovon das zweite Horoskop handelt, erfährt der Betrachter aus dem Text im mittleren Quadrat: „Die Frage des Heers aus der Normandie. Das Ergebnis der Untersuchung ist: Es wird nicht kommen." Das dritte Horoskop befaßt sich mit einem verstorbenen Grafen aus dem Haus Anjou, und das vierte lehrt, „wie das Geschäft zwischen zwei Personen sich entwickeln wird".[4] Aus den verschiedenen Angaben über den Stand der Gestirne scheint hervorzugehen, daß die Horoskope im Jahr 1151 angefertigt wurden. Alle vier befassen sich mit Dingen der Politik, die genauen Fragestellungen jedoch bleiben unklar. Die erste Prognose beispielsweise könnte davon handeln, was wohl passieren würde, falls die ungenannte Person englischen Boden beträte, aber wahrscheinlicher ist doch, daß hier darüber nachgedacht wird, *ob* diese Person nach England kommen wird oder nicht. Vielleicht war die Frage die, ob Heinrich von Anjou (1133–1189) mit einem normannischen Heer eine Invasion nach England wagen würde – in diesem Fall könnte sowohl ein Freund (etwa Adelard von Bath) wie ein Feind Heinrichs das Horoskop in Auftrag gegeben oder angefertigt haben.

Die Beispiele zeigen uns einige Voraussetzungen und Absichten der Astrologie an. Erstens, so wurde angenommen, konnte man aus dem Stand der Gestirne am Tag der Geburt eines Menschen (oder auch an einem der Jahrestage) erkennen, in welcher Weise Himmelskörper den Charakter und ganz allgemein das Şchicksal dieser Person bestimmten. Dieses Wissen sollte helfen, in wichtigen Situationen des Privat- und Berufslebens, etwa bei der Wahl des Ehepartners, die richtigen Entscheidungen zu treffen und ganz allgemein realistisch und erfolgreich zu planen. Zweitens sollten Horoskope auch präzis gestellte Fragen beantworten, es wurde ein Szenario „durchgespielt": Angenommen, zu diesem oder jenem Zeitpunkt geschieht dies oder das, jemand heiratet oder unternimmt eine Reise, eine Schlacht wird geschlagen etc., was passiert dann, wie geht die Sache aus? Drittens konnte man auch das Unternehmen als gegeben und den Zeitpunkt als Unbekannte in dieser Rechnung setzen und fragen: Wenn ich eine ganz bestimmte Handlung ausführen will, welches ist der günstigste Zeitpunkt dafür? In den Fällen zwei und drei ist nicht die Konstellation der Gestirne im Moment der Geburt interessant, sondern jene, die in der Gegenwart oder in naher Zukunft „bestimmend" ist oder sein wird.

Die Erkenntnisse der astrologischen Wissenschaft sind auch für den Mediziner bedeutsam. Von einem Chirurgen oder Feldscher wurde erwartet, daß er beurteilen konnte, wie die Tierkreiszeichen auf die verschiedenen Glieder und Regionen des Körpers einwirkten, denn es galt als sehr gefährlich, einen Patienten zu operieren oder auch nur zur Ader zu lassen, wenn das „falsche" Zeichen auf der Höhe seiner Macht stand. Auch akademisch ausgebildete Ärzte mußten sich mit diesen Dingen auskennen, und so ist es nicht erstaunlich, daß die Astrologie gerade an den medizinischen Fakultäten der mittelalterlichen Universitäten mit besonderer Aufmerksamkeit gepflegt und systematisch weiterentwickelt wurde. Die Universität von Bologna, die als Ausbildungsstätte für Mediziner großen Ruhm genoß, hatte einen Lehrstuhl eigens zu dem Zweck eingerichtet, Wirkungen der Gestirne auf den menschlichen Körper zu erforschen.

Auch den politisch Mächtigen konnte die Astrologie nützlich sein. An den Herrscherhöfen scheint die Wahrsagekunst in den verschiedensten Formen populär gewesen zu sein, ganz besonders jedoch die Sterndeuterei. Bereits im 9. Jahrhundert, so wird berichtet, hielten praktisch alle großen Herren in Frankreich eigene Hofastrologen; ein Kaplan von Wilhelm dem Eroberer (Reg. 1066–1087) soll dieser Wissenschaft so sehr ergeben gewesen sein, daß er alle seine Nächte mit der Beobachtung des Sternenhimmels statt mit Schlafen zubrachte. Mit der Verbreitung arabischen Wissens in Europa gewann die Astrologie weiter an Bedeutung. In dem pseudo-aristotelischen Werk *Secreta secretorum* wird berichtet, daß Aristoteles einst Alexander dem Großen den Rat gegeben habe, er solle niemals einen Krieg beginnen, ja nicht einmal essen und trinken, sich setzen und aufstehen, ohne einen Astrologen um seine Meinung zu fragen. Dasselbe Buch erwähnt übrigens auch einen Stein, der seinem Besitzer unweigerlich in jeder Schlacht zum Sieg verhilft –

der Dominikaner, der das Werk ins Französische übersetzte, flocht an dieser Stelle die Bemerkung ein, daß er sich wundere, weshalb Alexander so schwere Kämpfe zu bestehen hatte, da ihm doch eine derart potente Wunderwaffe zur Verfügung stand.

Wie weit ließen sich Herrscher bei ihren Entscheidungen von Erkenntnissen der Astrologie leiten? Wir wissen relativ viel über das theoretische Interesse der Mächtigen an dieser Wissenschaft, relativ wenig aber darüber, ob, wie und in welchem Maß sie sich in ihrem politischen Handeln davon bestimmen ließen. Was speziell das spätmittelalterliche England betrifft, so ist behauptet worden, daß es damals zwar viele Astrologen an den Höfen gab, daß aber die Könige sich ziemlich wenig um ihren Rat gekümmert hätten.[5] Anderswo scheint ihr Einfluß stärker gewesen zu sein, freilich ist nicht immer leicht zu beurteilen, ob die Macht, die ihnen in den Quellen nachgesagt wird, nicht doch bloße Legende ist. Gewisse Zweifel sind wohl durchaus angebracht, wenn etwa erzählt wird, Guido von Montefeltro (gest. 1298) habe geduldig abgewartet, bis sein Astrologe ihm vom Turm herab eine günstige Konstellation signalisierte, und sei dann hoffnungsfroh in die Schlacht geritten. Etwas weniger dramatisch, aber glaubwürdiger klingt die Behauptung, Karl V. von Frankreich, ein Mann, der in Paris ein Institut für astrologische und medizinisch-astrologische Forschung gründete und der verschiedene Fachbücher aus dem Lateinischen übersetzen ließ, habe vor seiner Heirat ein astrologisches Gutachten über seine Braut anfertigen lassen.

Dem Chronisten Matthaeus Paris zufolge beschäftigte Kaiser Friedrich II. (Reg. 1215–50) Astrologen, die Horoskope für seine Kinder erstellten und ihm sagten, ob seine Pläne und Vorhaben gelingen würden. Die Ehe mit der Kaiserin Isabella vollzog er erst nach eingehender Beratung mit diesen Experten und zu einem Zeitpunkt, den sie als besonders günstig errechnet hatten. Michael Scotus (ca. 1175–ca. 1235), der sich in seinen jüngeren Jahren hauptsächlich naturwissenschaftlichen Studien gewidmet hatte, wandte sich mehr der Astrologie zu, als er in Friedrichs Dienste trat. In seinen Gutachten für den Kaiser legte er besonderen Wert auf die Mondphasen; er riet Friedrich dringend davon ab, sich Blut abzapfen zu lassen, wenn der Mond im Sternzeichen der Zwillinge stand, es sei zu fürchten, so betonte er, daß man ihn zweimal statt nur einmal stäche. Michael Scotus selber berichtet, der Kaiser habe einmal absichtlich diesem Verbot zuwidergehandelt, um die Kompetenz seines Beraters zu überprüfen. Der Bader sei leichtsinnig genug gewesen, zu tun, was von ihm verlangt wurde, als er aber den Kaiser zur Ader ließ, fiel ihm unglücklicherweise die Lanzette aus der Hand und verwundete den hohen Herrn böse am Fuß.[6]

S. J. Tester hat festgestellt, daß die Aufgabe der Astrologen an den Herrscherhöfen mehr darin bestand, zu raten, *wann* man am besten eine Sache anpacken, und weniger, *ob* man etwas oder *was* man unternehmen sollte.[7] Man erwartete also in der Regel von ihnen, daß sie einen optimalen Zeitpunkt für eine gegebene Handlung errechneten. Ein Historiker hat sich mehr als zweihundert herausragende Ereignisse aus der Regierungszeit der Habsburger vorgenommen, Kaiserkrönungen, Vertragsschlüsse, Heiraten, Schlachten etc., und dann, nach den im Mittelalter üblichen Prinzipien, die Sternkonstellationen errechnet. Es stellte sich heraus, daß die Heiraten weit öfter auf Tage mit günstigen Konstellationen fielen als andere Staatsaktionen. Der Grund dafür ist natürlich der, daß der Termin für eine Hochzeit relativ frei gewählt und so gelegt werden kann, daß die Sterne dem Ereignis günstig sind, während andere staatspolitisch wichtige Akte zumeist ganz einfach dann stattfinden, wenn sie aufgrund praktischer Zwänge notwendig werden.

Der deutsche König Rudolf I. scheint astrologischen Dingen ganz besonders viel Aufmerksamkeit gewidmet zu haben. Schon seine Geburt – wir wollen freilich gewiß nicht behaupten, daß er deren Termin in wohlüberlegter Absicht selbst wählte – fand unter einer bedeutungsschweren Konstellation statt: Am 1. Mai 1218 standen Mars, der Planet des Kriegs, und die Sonne, deren Kraft die Geschicke der Monarchen lenkt, in enger und überaus mächtiger Konjunktion. An dem Tag, da Rudolf zum König gekrönt wurde, am 24. Oktober 1273, standen ebenfalls diese Gestirne in Konjunktion. Und als er die wichtigste Schlacht seiner Karriere ausfocht, beherrschten wiederum diese Planeten in günstigster Konstellation die Szene. Er verheiratete sich unter der Konjunktion von Venus und Merkur. (Noch etwas günstiger wäre eine Konjunktion von Venus und Sonne gewesen, allerdings kommt ein solches Zusammentreffen nur etwa halb so oft, nämlich alle 43 Wochen, zustande.) Die Quellen teilen nichts darüber mit, ob der König einen offiziellen Hofastrologen beschäftigte, wir können aber vermuten, daß einer seiner Vertrauten, Heinrich von Isny, sachverständig war und ihn in solchen Dingen beraten haben könnte. Dieser Mann könnte im Verlauf seines Studiums in Paris sehr leicht auch Vorlesungen zur Astronomie und Astrologie gehört haben, und er war bei der Hochzeit Rudolfs anwesend. Verschiedene Chroniken verdächtigen ihn der Zauberei und der Kumpanei mit Dämonen – auch dieser Vorwurf könnte als Indiz dafür gewertet werden, daß Heinrich sich für die Astrologie interessierte. Wie auch immer, sicher scheint jedenfalls, daß irgend jemand mit astrologischen Kenntnissen den König beraten haben muß, wichtige Ereignisse „günstig" zu terminieren. Zu seinen habsburgischen Nachfolgern auf dem deutschen Thron, die diese Praxis fortsetzten, zählt, wie es scheint, Kaiser Friedrich III. (Reg. 1440–1493), dessen überaus komplexe „Heiratspolitik" sich vielleicht nicht zuletzt dem Wunsch verdankt, Widersprüche zwischen diplomatischen und astrologischen Erfordernissen zu vermeiden.[8]

Ganz sicher wissen wir, daß diese Herrscher kein Verlangen danach hatten, daß Astrologen ihnen Zeitpunkt und Art ihres Ablebens voraussagten. Wie schon in römischer Zeit so war es auch im mittelalterlichen Europa ein höchst riskantes Unterfangen, das als eine Art Verrat betrachtet wurde, den Tod eines Herrschers zu prophezeien. Einer der Männer, die man 1441 zusammen mit Margery Jourdemayne vor Gericht stellte, war ein Astrologe, der in einem Buch beschrieben hatte, wie man es anstellen muß, wenn man den Tod einer Person vorauswissen möchte. Als dieser Mann bei seinen Untersuchungen zu dem Ergebnis kam, Heinrich VI. stehe bereits mit einem Fuß im Grab, benötigte der König dringend ein astrologisches Gegengutachten, um seine Seelenruhe wiederherzustellen.[9]

Wenn irgendwelche ungewöhnliche Zeichen am Himmel erschienen, die das Interesse der Menschen fesselten, bot es sich natürlich an, auch hierzu die Astrologen um ihre sachverständige Meinung zu fragen. Im Jahr 1368 etwa war über großen Teilen Europas ein Komet zu sehen, der zu allerlei Spekulationen Anlaß gab. Ein deutscher oder polnischer Astrologe, offenbar im Dienst eines Herrschers oder Prinzen, behauptete, der Komet „bedeute" ein großes Unglück für Skandinavien oder überhaupt für die Länder des Nordens. Die Tatsache, daß er im „Haus" des Stiers erschien, galt allgemein als schlechtes Zeichen, es wies auf Pest, Krieg, Viehseuchen, Vernichtung der Saaten durch Frost, Feuersbrünste oder andere Katastrophen hin. Andere Deutungen kamen zu dem Ergebnis, der Komet zeige schreckliche Unwetter an und heißen Wind, der die Saat auf den Feldern verdorren machen werde. Ein französischer Astrologe, der vielleicht auch für den König arbeitete, prophezeite ein großes Unglück – weil der Komet im Stier erschienen war –, und zwar für England – da das Phänomen von Paris aus zuerst in einer Himmelsregion sichtbar geworden war, die ungefähr in Richtung der Britischen Inseln wies. Für diesen Experten war auch die Tatsache bedeutsam, daß eben zu der Zeit nicht der Planet Englands, Saturn nämlich, den Himmel „regierte", sondern Jupiter, der Planet Frankreichs. Es lief demnach alles darauf hinaus, daß der Komet Böses für den verhaßten Nachbarn und folglich Gutes für das eigene Land bedeute – eine höchst angenehme Botschaft, der wohl jeder Monarch mit Vergnügen lauscht.[10]

Prinzipien der Astrologie

Die Astrologie baute auf Erkenntnissen der Astronomie über die Struktur des Kosmos auf. Gewisse Annahmen schienen jedem Europäer jener Zeit unabweisbar, es waren für ihn schlicht Tatsachen: Im Verlauf eines Tages bewegt sich die Sonne auf einer Kreisbahn über den südlichen Himmel von Osten nach Westen. In der Nacht beschreibt der Mond zwar nicht dieselbe, aber doch eine ähnliche Bahn. Beide Himmelskörper waren im üblichen Sprachgebrauch „Planeten". Der astronomisch halbwegs Gebildete konnte auch die fünf übrigen Planeten erkennen und unterscheiden, die auf ähnlichen Bahnen über den Himmel zogen, allerdings mit je verschiedener Geschwindigkeit: Merkur, Venus, Mars, Jupiter und Saturn. Weiter von der Erde entfernt, aber wiederum auf ungefähr die gleiche Weise bewegten sich jene zwölf Sternzeichen, die zusammen den Tierkreis bilden: Widder, Stier,

Zwillinge usw. Während die Planeten mit je verschiedenen Geschwindigkeiten umlaufen, wechseln die einzelnen Tierkreiszeichen einander in immer gleichen Intervallen ab. Die zwölf Bilder zusammen beschreiben eine Kreisfigur, die sich über den südlichen Himmel und über die „Rückseite" der Erde spannt, die Planeten bewegen sich auf überaus komplizierten Bahnen in etwa an jenem Kreis entlang.

Diese Vorstellung vom Kosmos war jedem Gebildeten selbstverständlich und wurde nicht angezweifelt. Die Planeten und die Tierkreiszeichen umkreisen also nach ganz bestimmten ewigen Regeln und Gesetzen die Erde, weswegen der Tierkreis auch zum Symbol für die Bewegung der Zeit ganz allgemein werden konnte. In dieser Funktion begegnet er uns in verschiedenen künstlerischen Kontexten, zum Beispiel in den sogenannten „Stundenbüchern", Gebetbüchern für Laien. Wenn wir in derartigen Zusammenhängen die Symbole des Tierkreises finden, so bedeutet dies noch nicht notwendigerweise, daß der Künstler oder Autor damit Vorstellungen von irgendwelchen *Einflüssen* der Gestirne auf den Menschen verbindet.[11] Der Tierkreis für sich genommen war, wenn man es modern ausdrücken will, ein astronomisches Phänomen, und nicht ein spezifisch astrologisches.

Dennoch und außerdem waren sich die meisten Europäer gleichfalls darin einig, daß diese Planeten und Sterne, und in geringerem Maß auch die übrigen Fixsterne, auf diese oder jene Art und Weise das Schicksal der Menschen beeinflußten. Wie man sich solche Einflüsse im einzelnen vorstellen müsse, war freilich heftig umstritten. Manche Wirkungen der Sonne liegen offen zutage: Sie verbreitet Licht und Wärme, und sie vertreibt die Feuchtigkeit. Die Astrologen aber verwiesen darauf, daß die Sonne weit edlerer Natur sei als das irdische Feuer, und sie schrieben ihr deswegen noch viele andere Kräfte zu, die allerdings auf sehr subtile Weise wirksam seien, weswegen man sie „okkult", „verborgen" also, nennen könne. Ganz genauso verhalte es sich auch mit den übrigen Gestirnen. Alle Planeten und Sterne (die Astrologen unterscheiden terminologisch nicht immer exakt und bezeichnen kurzerhand alle Himmelskörper als „Sterne") haben mehr oder weniger Macht über irdische Dinge, wenn es auch im einzelnen schwierig sein mag, Qualität und Quantität dieser Potenzen genau zu bestimmen. Wie groß die Kraft ist, die ein Himmelskörper ausübt, hängt unter anderem von der Position des Gestirns am Himmel ab. Wenn es gerade über dem östlichen Horizont aufgegangen war, stand es „im Aszendenten", in dieser Position war die Wirkung besonders stark, ähnlich auch dann, wenn es den Zenit erreicht hatte.

Wer die verschiedenen Gestirne und ihre Positionen genau kannte, war in der Lage, die *Quantität* der verschiedenen Kräfte zu schätzen. Die *Qualitäten* der einzelnen Kräfte waren individuell unterschiedlich, sie hingen von der Natur, vom Wesen eines Gestirns ab und nicht von dessen Position zu einem bestimmten Zeitpunkt. Ein Himmelskörper hatte also einen besonderen „Charakter", besondere Wirkungen und besondere Einflußsphären. Der

Mond *(luna)* zum Beispiel war weiblichen Geschlechts, dem Element Wasser zugeordnet (daher kalt und feucht), er hatte besonders über die Kinder Macht, er verwirrte gern die Sinne der Menschen (das Wort „mondsüchtig" bezeichnete früher auch Formen von Geisteskrankheit, ähnlich das englische Wort „lunatic"), und er war der Planet der Keuschheit. Venus war ebenfalls weiblich, von luftähnlichem Wesen (heiß und feucht), sie hatte Macht vor allem über junge Leute und befaßte sich bevorzugt mit den sinnlichen Dingen im Leben. In ähnlicher Weise wurden auch den übrigen Planeten je spezifische Eigenschaften zugeschrieben.

Die Bahn, auf der alle diese Himmelskörper dahinzogen, wurde in zwölf „Häuser" von ungleicher Größe unterteilt; sechs davon in der sichtbaren Hemisphäre des Himmels, die übrigen sechs unter dem Horizont. Ein Planet durchmaß auf seiner Reise um die Erde herum also alle zwölf Häuser. Je nachdem, in welchem Haus er gerade stand, hatte er mehr oder weniger Macht über einzelne Bereiche des Lebens. Ein Planet im ersten Haus etwa, so wurde angenommen, beeinflusse besonders den individuellen Charakter eines Menschen, wenn er im zweiten Haus stand, so entscheide er über sein materielles Wohlergehen, vom dritten Haus aus mische er sich in Familienangelegenheiten, in anderen Häusern besaß ein Gestirn Macht über die Beziehungen zu den Eltern oder zum Ehepartner oder zu den Kindern oder über das Sexualleben oder über die Gesundheit usw. Wenn also, um ein konkretes Beispiel zu konstruieren, Mars zu der Zeit, die im Horoskop untersucht wurde, im zehnten Haus stand, so konnte das bedeuten, daß es einer Person bestimmt war, Soldat zu werden; denn Mars hat seinem Wesen nach immer etwas mit kriegerischen Dingen zu tun, und die Planeten im zehnten Haus entscheiden über die berufliche Laufbahn eines Menschen. Stünde Mars dagegen im achten Haus, so bedeutete dies etwas ganz anderes: da das achte das Haus des Todes ist, könnte man auf einen Todesfall schließen, der infolge kriegerischer Ereignisse eintritt.

Der Einfluß der Gestirne ist in gewissen Momenten des Lebens besonders wirkmächtig, am meisten zur Zeit der Geburt. Ein Säugling, der eben den Leib der Mutter verlassen hat, ist noch ganz weich und ungeschützt und daher für Einflüsse aus dem Sternenhimmel extrem empfänglich. Jupiter im Aszendenten galt allgemein als überaus günstiges Zeichen. Mars im siebten Haus verhieß eine stürmische Ehe. Bei der Geburt des Weibs von Bath in Chaucers *Canterbury Tales* stand Venus im Aszendenten, ihr war deswegen ein Leben voller sexueller Leidenschaft bestimmt. Man ermittelte aber nicht nur für den Zeitpunkt der Geburt den Stand der Planeten, sondern auch ganz allgemein vor wichtigen Ereignissen und Entscheidungen. Man zog nicht in die Schlacht, wenn Mars in einer Position der Schwäche stand, man arrangierte eine Hochzeit mit Vorliebe so, daß sie auf einen Tag fiel, an dem Venus „regierte" oder aber „in Konjunktion" (also in enger Nachbarschaft) mit der Sonne stand und so von deren Macht profitierte.

Die Umlaufgeschwindigkeit der Tierkreiszeichen war etwas höher als die

der Sonne, so daß sich im Lauf eines Jahres die Position der Sonne im Tierkreis allmählich verschob: Wenn die Sonne in einem Monat im Bild des
Widders stand, so erreichte sie im folgenden das Bild des Stiers usf. Wenn
man sagt, eine Person sei „ein Schütze", so meint man damit, sie sei in einer
Zeit des Jahres geboren, als die Sonne in Konjunktion mit dem Sternzeichen
Schütze stand. In der populären Astrologie unserer Zeit hat sich das Interesse
der Deuter und ihrer Klienten fast ausschließlich auf den Tierkreis hin ver-
schoben, in der alten Astrologie war er lediglich einer von vielen Faktoren,
die beobachtet, gedeutet und gewichtet werden mußten, wenn man ein Horoskop erstellte. Es handelte sich also um ein überaus komplexes System –
und es wurde ja nicht allein die Beziehung der Sonne zu jenen Sternbildern
untersucht, sondern, neben zahlreichen anderen Kriterien, spielte auch noch
die Stellung aller übrigen Planeten im Tierkreis eine Rolle: Die Sonne zum
Beispiel ist am stärksten, wenn sie im selben Haus steht wie der Löwe, Saturn
profitiert bei Tag am meisten vom Sternbild Steinbock, bei Nacht dagegen
wirkt sich die Verbindung mit dem Wassermann günstig für ihn aus.

Dies waren die Grundannahmen, auf denen die astrologische Wissenschaft beruhte.[12] Ob diese Annahmen richtig waren oder falsch, darüber
wurde heftig gestritten. Einen der wichtigsten Beiträge zur Diskussion lie-
ferte Augustinus in der *Civitas Dei*. Der Kirchenvater gab dort zu, daß es
vielleicht möglich sei, künftige Ereignisse *vorauszusagen*, er bestritt aber,
daß die Gestirne diese Ereignisse *bestimmten*, daß also von ihnen irgendwelche *wirkenden Einflüsse* ausgingen. Augustinus und mit ihm spätere
Autoren lehnten die Ansicht ab, die Sterne hätten Macht über oder gegen
den Willen des Menschen. Selbst als bloß prognostisches Instrument sei die
Astrologie wenig perfekt und treffe höchstens mehr oder weniger zufällig mit
einer gewissen Wahrscheinlichkeit das Richtige; wie könnte man denn im
Rahmen dieser Wissenschaft den Fall erklären, daß das Leben von Zwillin-
gen, die bei ihrer Geburt genau denselben Einflüssen aus dem Kosmos ausgesetzt waren, ganz unterschiedlich verläuft? In den folgenden Jahrhunderten wurden diese und andere Einwände gegen die Astrologie zur Routine
und folgten im wesentlichen den von der Tradition vorgezeichneten Bahnen.
Isidor von Sevilla meinte, daß man mit Hilfe dieser Kunst das Wetter voraussagen könne, er gestand den Sternen auch einen gewissen Einfluß auf das
Wachstum von Pflanzen und auf die physische Gesundheit der Menschen zu,
er hielt es jedoch für unmöglich, daß seelische Vorgänge von ihrem Wirken
abhängig seien oder daß man aus der Konstellation von Gestirnen zum Zeitpunkt der Geburt eines Menschen etwas über sein künftiges Schicksal erfahren könne. Andere Autoren, so zum Beispiel Gregor der Große, übernahmen
bis ins Detail seine Beurteilung der Sache oder drückten es doch ähnlich aus.
Die bloße Autorität von Augustinus und Isidor wog bereits so schwer, daß
die Astrologie von vornherein verdächtig erscheinen mußte.

Im späteren europäischen Mittelalter wurde der Nutzen der Astrologie
auf einigen, eng begrenzten Gebieten allgemein anerkannt: Niemand bestritt

kosmische Wirkungen auf den menschlichen Körper und auf das Klima, und kaum jemand hatte etwas dagegen, wenn diese Wissenschaft praktiziert wurde, um Krankheiten zu heilen und um Wetterprognosen zu erstellen. Sehr viel problematischer wurde die Sache, wenn menschliches Verhalten prognostiziert werden sollte. Helinand von Froidmont, ein Zisterziensermönch des späten 12. Jahrhunderts, argumentierte so: Wenn die Gestirne wirklich solche Einflüsse ausüben, wie man behauptet, so müssen sie ein Bewußtsein und eine Seele haben, und ergo müssen sie entweder Engel sein oder Dämonen; wenn sie aber Engel sind, wie können sie dann etwas Böses bewirken? Der schwerste Vorwurf, den man gegen die Astrologie im späteren Mittelalter erhob, war der des Determinismus: Wenn die Sterne den Gang der Dinge auf Erden regieren, wo bleibt dann der freie Wille des Menschen und wo die göttliche Allmacht? Gerhard von Feltre, ein Autor aus dem 13. Jahrhundert, treibt das Problem auf die Spitze, wenn er in seiner *Summa de astris* schreibt: „Wenn es die Sterne sind, die einen Mann zum Mörder oder zum Dieb machten, so muß man für diese Tat auch und erst recht Gott verantwortlich machen, denn er ist die erste aller Ursachen; so unverschämt kann aber doch niemand sein!"[13]

Es gab aber auch Leute, welche die Astrologie als Mittel, menschliches Verhalten vorherzusagen, verteidigten. Die Beweisführung zu ihren Gunsten bestand im wesentlichen aus drei Teilen: Zuerst grenzten Anhänger der Astrologie genau und vorsichtig ein, was ihre Kunst vermochte und was nicht; zweitens führten sie Beispiele an, aus denen hervorging, daß sie tatsächlich leistete, was sie zu leisten vorgab; drittens versuchten sie dann, ihre Thesen mit philosophischen und naturwissenschaftlichen Argumenten zu untermauern.

Einige wichtige Argumente und Feststellungen kehren in den verschiedenen Schriften zur Verteidigung der Astrologie immer wieder. Erstens, so wird behauptet, unterschieden sich die Astrologen neuerer Zeit grundlegend von denen des Altertums: diese hätten die Sterne kultisch verehrt, jene aber unterzögen sie nur wissenschaftlicher Beobachtung. Diese Feststellung verdankte sich hauptsächlich dem Bemühen, dem Bannfluch des Augustinus und anderer frühchristlicher Autoritäten zu entgehen; deren Opposition habe sich gegen den Götzendienst der Astrologen jener Zeit und nicht gegen die Astrologie selbst gerichtet, ihre Argumente seien also hinfällig geworden. Es gab aber daneben noch etliche andere schwerwiegende Einwände, mit denen sich die Astrologen auseinanderzusetzen hatten, so etwa mit dem Problem der Vorherbestimmung, das der Astrologie immer und zu allen Zeiten Schwierigkeiten machte. Man behalf sich damit, daß man eine antike Formulierung aufgriff, die besagte, daß die Sterne nicht *Ursachen* von künftigen Wirkungen seien, sondern lediglich *Zeichen*. Dies löste freilich nicht das eigentliche Problem der Vorherbestimmung, denn wenn auch die Sterne selbst jene Ereignisse nicht verursachten, so mußten diese Geschehnisse doch, durch welche Ursache auch immer, vorherbestimmt sein, sonst wäre es nicht möglich, daß die Sterne sie anzeigten. Aus diesem Grund waren drei weitere Einschränkungen nötig: Die Astrologie kann sehr wohl allgemeine Trends, aber nicht einzelne zufällige Ereignisse vorhersagen; es gibt keine absolute Gewißheit in dieser Kunst; der freie Wille des Menschen kann sich der Macht der Sterne widersetzen. Die letzte Feststellung, die den freien Willen des Menschen betont, ist die wichtigste. Vielleicht machten nur sehr wenige Leute von ihrer Freiheit Gebrauch, aber im Prinzip war doch keiner dem Einfluß der Sterne wehrlos ausgesetzt. Sowohl Albertus Magnus (ca. 1200–1280) als auch Thomas von Aquin vertraten die Ansicht, daß die Sterne Wirkungen auf den Körper ausüben, der Körper aber wirkt auf die Seele. Thomas weist darauf hin, daß die meisten Menschen sich von körperlichen Bedürfnissen und Leidenschaften beherrschen ließen, nur sehr wenige hätten soviel Geistes- und Willensstärke, daß sie ihre leiblichen Begierden überwinden könnten. Daher setze die Masse der Menschen auch dem Einfluß der Sterne auf den Körper keinerlei Widerstand entgegen. Und trotzdem bleibe bei all diesen Leuten der Wille im Prinzip frei, sie müßten sich nur darauf besinnen und könnten sich dann gegen die Macht der Gestirne wehren. Diese These wurde normalerweise noch mit einem Wort, das angeblich von Ptolemäus stammt, untermauert: „Der Weise ist Herr über die Sterne."[14]

Einige andere Autoren des 13. Jahrhunderts und späterer Zeiten waren voller Enthusiasmus und standen der Astrologie weit weniger kritisch gegenüber. Guido Bonatti hält vorsichtige Differenzierungen wie die des heiligen Thomas für ganz unnötig, für ihn hält vielmehr die Astrologie den Schlüssel zu jeglichem Wissen bereit:

Alle Dinge sind dem Astrologen bekannt. Ob es sich in der Vergangenheit ereignet hat oder ob es sich erst noch ereignen wird, gleichviel, alles liegt offen vor ihm da, denn er kennt die Wirkkräfte und die Bewegungen der Himmelskörper, die da waren und immer sein werden, und darum weiß er, wann die Sterne handeln werden und mit welchem Ergebnis.[15]

So ganz ohne jeden Vorbehalt standen allerdings nur wenige dieser Wissenschaft gegenüber. Unter den Philosophen und Theologen vom späten 13. Jahrhundert an war die am weitesten verbreitete Ansicht die, daß die Gestirne mit einer starken, aber doch nicht unwiderstehlichen Kraft auf die irdischen Dinge einwirkten. Es gab aber durchaus auch noch einige radikale Gegner der Astrologie, die generell die Existenz irgendwelcher „okkulter" Astralenergien leugneten; Nicolaus von Oresme (ca. 1325–1382) zum Beispiel vertrat die Ansicht, die Gestirne wirkten auf irdische Dinge lediglich dadurch und insofern, als sie Licht und Wärme verbreiteten.

Die Verteidiger der Astrologie pflegten neben theoretischen Argumenten auch allerlei *exempla* anzuführen, „Fallstudien" also, wie wir heute sagen würden. Ein Autor des späten 12. Jahrhunderts etwa erzählt, daß er in Jaffa gewesen sei, als gerade ein neugebautes Schiff auslaufen sollte. Man habe ihn beauftragt, ein astrologisches Gutachten über das Schicksal dieses Schiffs zu erstellen. Als er die verschiedenen Konstellationen durchgerechnet habe, sei er sehr erschrocken, denn es habe sich herausgestellt, daß das Schiff untergehen werde. Er selbst habe sich daraufhin geweigert, an Bord zu gehen, die Mannschaft aber wollte seinen Warnungen nicht glauben, segelte fort, und – wie nicht anders zu erwarten – das Schiff ging bald darauf mit Mann und Maus unter. Eine andere Geschichte, sie spielt in Indien, berichtet von zwei Knaben: Dem einen, der ein Königssohn ist, prophezeit sein Horoskop, er werde als Handwerker leben, dem anderen, der aus einer Familie von Webern stammt, wird gesagt, er werde es zu hohen Ehren bringen. Natürlich behalten beide Voraussagen – gegen alle Wahrscheinlichkeit – wirklich am Ende recht. Nun sind solche Beispiele aber nicht ganz unproblematisch – es könnte ja auch einmal jemand von Fällen berichten, wo zwei Menschen unter denselben Sternen geboren wurden und doch ganz unterschiedliche Schicksale erleiden. Dem Astrologen, der dieser Gefahr begegnen möchte, bietet sich eine Geschichte des Julius Firmicus Maternus an: Ein König und ein Bauer wurden zur selben Zeit geboren. Der König regierte sein Reich – der Bauer besaß zwar keine politische Macht, dennoch war er, in anderer Weise und unter anderen Bedingungen, ebenfalls ein „Herrscher", und auch ihm war es bestimmt, die Geschicke eines „Reiches", wie es eben seinem Stand angemessen war, zu lenken. Derartige Geschichten sollten zeigen, daß die Astrologie eine empirische Wissenschaft sei, die auf zahlreichen Fallstudien fuße. Eine Schrift des Pseudo-Aristoteles beruft sich gar auf eine ganz groß angelegte Untersuchung von nicht weniger als 12 000 Fällen, die eine Fülle von Beweismaterial erbracht habe.

Trotz alledem waren es doch mehr ihre philosophischen und wissenschaftstheoretischen Argumente, die der Astrologie bei den Gelehrten Europas Respekt verschafften. Arabische Astrologen wie Abu Ma'shar hatten die theoretischen Grundlagen dieser Wissenschaft mit einigem Raffinement sehr verbessert. Sie bedienten sich dabei auch einzelner Elemente des aristotelischen Denkens, ohne sich doch von dieser Philosophie sklavisch abhängig zu machen, und führten systematisch vor, wie es möglich sei, daß die perfektere Materie der Himmelskörper, die „Quintessenz", die weniger vollkommene irdische Materie beherrsche. Es war eine neue, philosophisch begründete Kosmologie, die am meisten dazu beitrug, daß die Astrologie sich als seriöse Wissenschaft an den Universitäten des christlichen Europa durchsetzte.

Auch in neoplatonistischen Kreisen konnte die Astrologie nun Einfluß gewinnen. Gewiß, manche Anhänger dieser Richtung beschäftigten sich nach wie vor fast ausschließlich mit der „Welt des Geistes" und interessierten sich nicht für physikalische Phänomene, es gab aber auch Neoplatonisten, in deren Denken die Kosmologie von Platos *Timaeus* und Ideen des Macrobius Eingang gefunden hatten. Sie neigten dazu, das Universum als einheitliches Ganzes zu betrachten, in dem selbst das Wirken Gottes sich natürlicher Instrumente, speziell der Gestirne, bedient, wenn es in irdische Angelegenheiten eingreifen will.[16] Allerdings setzte sich doch auch bei diesen Denkern

die Tradition der neoplatonistischen Schule insofern durch, als sie in der
Regel daran festhielten, den Kosmos als ein *lebendiges* System zu betrachten,
dessen Ordnung höchst komplex und darum letztlich undurchschaubar war,
und nicht als einen geregelten Mechanismus, dessen einzelne Gesetzlichkei-
ten beschrieben und dessen Bewegungen dann, genauso wie prinzipiell *alle*
physikalischen Wirkungen, vorausgesagt werden konnten. Es ist *eine* Sache,
wenn man allgemein sagt, der Makrokosmos des Universums stehe in dauernder wirkender Verbindung mit dem Mikrokosmos des menschlichen Körpers, eine ganz andere Sache ist es, spezifische Einflüsse und Wirkungen zu
isolieren und zu analysieren, und genau in diese Richtung ging die arabische
Wissenschaft, deren Lehren auf der aristotelischen Kosmologie gründeten.

Die eigentliche astrologische Kunst konnte dazu dienen, Einflüsse aus dem
Universum festzustellen und künftige Ereignisse vorherzusagen, aus den
Prinzipien dieser Wissenschaft heraus konnten aber auch allerlei andere okkulte und mysteriöse Naturphänomene erklärt werden. Dies wird immer
wieder in den verschiedenen philosophischen Schriften des 13. Jahrhunderts
und späterer Zeit deutlich, besonders lehrreich ist hier der Traktat *De occultis operibus naturae* des Thomas von Aquin.[17] Die Phänomene, die Thomas dort anführt, würden wir heutzutage normalerweise kaum mehr als
„magisch" bezeichnen; auch der mittelalterliche Autor verwendet diesen
Begriff nicht, wenn er versucht, die Kraft des Magneten, Eisen anzuziehen,
oder die medizinischen Gebrauchseigenschaften des Rhabarbers zu erklären.
Nichtsdestoweniger nennt Thomas doch die Kräfte, die in solchen Fällen
wirken, „okkult", und zwar deswegen, weil sie nicht aus der physischen
Beschaffenheit der Dinge (aus ihren „Elementen") zu erklären sind – wenn
Thomas auch den Begriff „magisch" vermeidet, so läßt sich dennoch seine
Argumentationsweise sehr gut auf Prozesse anwenden, die sonst allgemein
so bezeichnet werden.

Thomas geht von der Annahme aus, daß eine wirkende Kraft höheren
Ranges sich einer Kraft von niedrigerem Rang auf zweierlei Weise bedienen
kann: Die höhere Kraft teilt der niedrigeren etwas mit, das Thomas „Form"
nennt – das geschieht etwa im Fall des Mondes, der von der Sonne ange-
strahlt wird und dieses Licht weitergibt. Die zweite Möglichkeit ist die, daß
die höhere Ursache die niedrigere einfach als Instrument benutzt, in der Art
wie ein Zimmermann die Säge. Wenn die Ursache niedrigeren Ranges immer
die gleiche Wirkung hervorbringt, so müssen wir annehmen, daß die höhere
Ursache ihrem Medium eine dauernde Form aufgedrückt hat, die zu einer
wesentlichen Eigenschaft dieses Mediums geworden ist. Genau so verhält es
sich im Fall des Magneten und des Rhabarbers. Woher kommen aber solche
„Formen"? Thomas, wie auch bereits Aristoteles, macht die Gestirne für
alles Werden und Vergehen der unvollkommenen Dinge verantwortlich:
Wenn sich Mineralien in der Erde bilden, wenn eine Pflanze wächst, so sind
dies Wirkungen, die letztlich auf kosmische Ursachen zurückgehen, alle Geschehnisse auf der Erde unterliegen dem Einfluß der Himmelskörper. Die

Sterne und Planeten also sind es, die mit ihren Bewegungen dem Magneten, dem Rhabarber und allen anderen Dingen diese Formen geben und sowohl die ganz gewöhnlichen Naturkräfte als auch okkulte Kräfte in sie hineinlegen. Der Traktat des Thomas von Aquin ist keine astrologische Schrift, und es wird an keiner Stelle auch nur die Frage aufgeworfen, ob man aus den Sternen etwas über künftige Dinge erfahren könne oder nicht. Der Autor und die Verfechter der astrologischen Wissenschaft sind aber gemeinsam der Überzeugung, daß die Sterne Einfluß auf Menschen und auf irdische Dinge nehmen, und zwar in einer Weise, die sich der Wahrnehmung entzieht, weswegen dieser Einfluß „okkult" genannt werden muß. Diese Theorie lag bereits vollständig ausgearbeitet in der Kosmologie des Aristoteles vor. Man hat behauptet, die Magie sei nicht eigentlich ein Zweig der Naturwissenschaften, sondern vielmehr eine besondere Technik; man kommt vielleicht dem mittelalterlichen Verständnis der Sache etwas näher, wenn man sagt, sie sei mehr eine praktische Wissenschaft, eine „Kunst", als eine theoretische. Sie war aber theoretischer Erklärung keineswegs abgeneigt, und die Theorie vom Universum, die Thomas artikulierte, bot ein Modell, in dem ein weites Spektrum von okkulten Phänomenen Platz fand.

Astralmagie

In seinem Traktat unterscheidet Thomas explizit natürliche Medien oder Überträger kosmischer Kräfte (wie etwa Magnet oder Rhabarber) von künstlichen, wie sie manchmal in einem speziell astrologisch orientierten Zweig der Magie benutzt wurden. Es handelte sich dabei um Bilder, auf die man astrologische Zeichen schrieb und mit deren Hilfe man die Kraft von Gestirnen „herabzuziehen" und zu bündeln hoffte, um sich ihrer zu magischen Zwecken zu bedienen. Dergleichen könne freilich, so sagt der Heilige, nur dann gelingen, wenn die Gestirne als bloße Werkzeuge einer fremden Macht – er meint eine *dämonische* Macht –, die als eigentlich handelnde dahinterstehe, fungierten. Hier konnte man durchaus auch anderer Meinung sein, manche Leute hätten wohl darauf beharrt, daß solche Bilder auch ohne dämonische Hilfe auf rein natürliche Weise wirkten – allerdings ist es nicht leicht, diese Position in der wissenschaftlich-philosophischen Literatur dingfest zu machen. Wir haben es mit einer magischen Technik zu tun, die sich nicht damit zufriedengibt, Künftiges vorherzuwissen, die vielmehr aktiv und gezielt Einfluß auf Ereignisse nehmen will. Ihr Zweck unterscheidet sich wesentlich von dem der Astrologie, weswegen man vorgeschlagen hat, hier von „Astralmagie" und nicht von „astrologischer Magie" zu sprechen.[18] Schriften über solche Techniken gelangten aus der arabischen Welt in den Westen; zum Teil werden als Autoren dieser Werke historische Personen angegeben, bisweilen werden sie auch dem mythischen Hermes Trismegistus zugeschrieben.

Wie diese Magie arbeitet, kann man sehen, wenn man zum Beispiel das Verfahren näher betrachtet, das Thabit ibn Qurra (ca. 836–901) empfiehlt, um ein Haus von Skorpionen zu säubern. Zuerst fertigt man aus Kupfer, Zinn, Blei, Silber oder Gold ein Bild eines Skorpions an, und zwar zu einer Zeit, da das Sternbild des Skorpion im Aszendenten steht. Man schreibt dann auf das Bild auch noch den Namen des Zeichens und verschiedene andere astrologische Informationen und vergräbt es in dem Haus, das man von dem Ungeziefer befreien möchte. Dabei spricht man die Worte: „Hiermit begrabe ich ihn und seine ganze Art, so daß er nicht mehr kommen kann an diesen Ort." Noch besser ist es, gleich vier Bilder anzufertigen und sie in vier Ecken zu vergraben.[19]

Nicht alle Prozeduren, die Thabit und andere Autoren empfehlen, sind so harmlos wie diese. Astralmagische Bilder dienen ganz unverdächtigen Zwekken, sind aber auch als gefährliche Waffen zu gebrauchen. Mit ihrer Hilfe kann man die Liebe des Ehepartners zurückgewinnen, sich die Gunst des Königs verschaffen, gestohlenes Eigentum zurückholen, man kann aber auch ein Haus, ja eine ganze Stadt in Schutt und Asche legen, jemandem eine Krankheit anhexen, Leute zu bestimmten Verrichtungen unfähig machen, man kann Feinde miteinander versöhnen, aber auch Zwietracht zwischen Freunden stiften. Jean Gerson (1363–1429) greift in einer Schrift einmal einen Arzt an, der versucht hatte, ein Nierenleiden mit Hilfe eines Medaillons zu heilen, auf dem ein Löwe und gewisse Schriftzeichen zu sehen waren. Bisweilen wurde in den Anweisungen verlangt, daß der Name des Opfers auf dem magischen Bild stehe. Oft ist es erforderlich, daß während der magischen Handlung mit allerlei Gewürzen und Kräutern geräuchert wird. Es kommt auch vor, daß Beschwörungen rezitiert werden müssen, manche Schriften teilen Namen von Geistern mit, deren Hilfe man anrufen soll. Die verschiedenen magischen Bilder trägt man über dem Herzen oder sonst am Körper, am häufigsten jedoch werden sie irgendwo vergraben. In der Vorrede zur lateinischen Übersetzung eines Traktats wird einmal das Problem, daß solche Magie Anstoß erregen könnte, offen zur Sprache gebracht, freilich nur, um das Gewissen des Lesers sogleich mit der Versicherung zu beruhigen, Gott habe seinen Dienern ein Werkzeug in die Hand geben wollen, um Gutes zu tun und um Bösewichter zu strafen. Gewiß, man kann diese Gabe auch mißbrauchen, aber soll man denn die Axt dafür verantwortlich machen, wenn jemand sie statt zum Holzhacken dafür verwendet, andere Leute totzuschlagen?

Die bekannteste astralmagische Schrift ist ein arabisches Werk, das im Westen unter dem Titel *Picatrix*[20] verbreitet war. Es wurde im Auftrag Alfons' des Weisen ins Spanische übersetzt und später auch ins Lateinische. Der Autor (oder vielleicht besser: der Kompilator, denn es handelt sich offenbar um eine Sammlung von Beiträgen aus ganz verschiedenen Quellen) bekennt sich zu einem dualistischen Weltbild, der Geist steht seiner Meinung nach weit entrückt über den Dingen, und das wichtigste Anliegen der Arbeit ist es, zu zeigen, wie man diesen Geist, der in seiner reinsten Form in den Sternen zu Hause ist, dazu bringen kann, auf die Erde niederzusteigen und auf die Materie zu wirken. Gelegentliche prinzipielle Bemerkungen sind unter einer Masse von Einzelanweisungen verstreut. Schreib eine Reihe von Namen oder magischen Zeichen auf ein Stück Leinwand, und zwar zu einer Zeit, da gewisse Bedingungen am Sternenhimmel gegeben sind, schreib den Namen einer Person dazu, zünde den Stoff an, und die Person, deren Namen du aufgeschrieben hast, muß gehen, wohin du willst. Schreib andere Zeichen auf ein Bleitäfelchen und verstecke es in einem Haus, es zieht dann solche Macht vom Saturn herab, daß nach kurzer Zeit alle Bewohner vertrieben sein werden. In anderen Fällen wird empfohlen, derartige magische Objekte zu vergraben. Die Kraft von Himmelskörpern kann aber auch durch „Gebete" gesteuert werden. Ein Kapitel beschreibt präzis, wie man zu den Planeten betet. Zuerst wird aufgelistet, für welche Bedürfnisse jeder einzelne von ihnen zuständig ist, dann werden die Eigenschaften der verschiedenen Planeten beschrieben und passende Gebetsformeln vorgeschlagen (vielleicht sind hier die Vorbilder für das Gebet an die Gestirne in Chaucers *Erzählung des Freisassen* zu suchen). Man zündet Weihrauch an und ruft dann die Planeten mit ihren Namen in verschiedenen Sprachen, man preist ihre Gewalt und „beschwört" sie, zu tun, was man von ihnen wünscht. Das Buch kennt auch allerlei Substanzen mit wunderbaren Eigenschaften: Mandragora, Lorbeer, das Hirn eines Wiedehopfs, Fledermausblut usf. Manchmal bewirken diese Stoffe, als Medizin verabreicht, aus eigener Kraft den gewünschten Effekt, manchmal werden sie als Räucherwerk verbrannt und sind dann lediglich weihevolles Beiwerk zum astralmagischen Bilderzauber oder zum Gebet. An einigen Stellen redet das Buch davon, daß Dämonen *gezwungen* werden sollen, dem Magier zu Willen zu sein, aber die Fälle, in denen das offen ausgesprochen wird, sind doch relativ selten.

Wir sind hier in den Randbezirken der okkulten Wissenschaften angelangt, in den wenig seriösen entlegenen Vierteln sozusagen, deren zweifelhafter Ruf dazu beitrug, diese Wissenschaft überhaupt zu diskreditieren und die Astrologie in den Augen vieler Kritiker als eine höchst verdächtige Sache erscheinen zu lassen.

Alchimie

Ähnlich wie die Astrologie war die Alchimie eine okkulte Wissenschaft, die eine gründliche Ausbildung und einige Gelehrsamkeit erforderte. Wie die Astrologie entstand auch sie in der Antike, wurde in der byzantinischen und in der islamischen Welt weiterentwickelt, war aber im Westen, von spärlichen Resten abgesehen, kaum bekannt, ehe im 12. Jahrhundert arabische Quellen in Übersetzungen christlichen Gelehrten zugänglich wurden. Im Jahr 1144 übersetzte Robert von Chester einen alchimistischen Traktat ins

Lateinische und machte damit das christliche Europa zum erstenmal überhaupt mit dieser Wissenschaft bekannt. Dank seiner Arbeit und der anderer Übersetzer jener Epoche wurden arabische Termini aus der Chemie und der Alchimie wie *Alkali, Naphtha, Alkohol, Elixier,* auch das Wort *Alchimie* selbst, bald vertraute Begriffe.

Im Mittelpunkt der alchimistischen Forschungen stand die Suche nach dem „Elixier", auch „Stein der Weisen" genannt, nach jener Substanz, mit deren Hilfe Blei und andere Metalle in Gold und Silber verwandelt werden konnten. Diesem Wundermittel also galt die Arbeit der Alchimisten, die ihre Jahre an immer komplizierter werdenden Öfen und Apparaturen zubrachten, um die verschiedensten Substanzen allerlei Umwandlungsprozessen zu unterziehen, sie zu raffinieren, zu sublimieren, zu schmelzen etc. Ihre Bemühungen brachten auch wirklich einigen Fortschritt, vor allem Ausrüstung und Werkzeuge konnten im Lauf der Zeit deutlich verbessert werden; die experimentelle Chemie späterer Zeiten verdankt beispielsweise nicht wenig jenen Schmelzöfen und Destillationsapparaten, die man damals entwickelte.

Die Alchimisten gingen von der Annahme aus, es bestehe ein kompliziertes System von „Wahlverwandtschaften", von Affinitäten zwischen Chemikalien und anderen Dingen und Wesen. Und sie glaubten wie die Astrologen daran, daß Makrokosmos und Mikrokosmos in einem harmonischen Verhältnis gegenseitiger Entsprechung und Beeinflussung stünden. In diesem Zusammenhang interessierte man sich – angesichts der Zielsetzung dieser Wissenschaft durchaus verständlich – ganz speziell für die Affinitäten, die zwischen den einzelnen Metallen und den Planeten bestanden: der Sonne war das Gold zugeordnet, dem Mond das Silber, das Eisen dem Mars, Quecksilber dem Merkur usf. Man hoffte durch genaue Beobachtung des Sternenhimmels herauszufinden, zu welcher Zeit optimale Bedingungen für die Arbeit mit verschiedenen Metallen und Chemikalien herrschten. Wenn man beispielsweise bei zunehmendem Mond experimentierte, so erhielt man reinere Metalle.

Auch die Alchimie baute auf philosophischen Prinzipien auf, deren Substanz sich in den Lehren des Aristoteles findet und die von den Scholastikern weiterentwickelt worden waren. Von besonderem Gewicht war die Feststellung, daß alle Materie sich auf vier Elemente (Erde, Luft, Feuer, Wasser) zurückführen lasse und diese wiederum auf eine „Urmaterie". Wenn alle Metalle aus jenen Elementen zusammengesetzt sind, wobei lediglich die Quantitäten der einzelnen Bestandteile verschieden sind, warum sollte es dann nicht möglich sein, das Mischungsverhältnis der Elemente zu ändern und auf diese Weise „schlechte" Metalle zu „veredeln"? Genau dies war der Traum aller Alchimisten.

Die alchimistischen Schriften waren oft in dunkler Sprache gehalten und hüllten sich in allerlei Symbolismen. Eine Vorstellung davon kann ein klassischer Text vermitteln, den die Alchimisten für ihre eigene Wissenschaft reklamierten, die sogenannte *Tabula smaragdina*; es handelt sich dabei um eine Reihe geheimnisvoller Sprüche, die angeblich auf einem Smaragdstein geschrieben standen, den man im Grab des Hermes Trismegistus fand:

Und gleich wie von dem einigen GOtt erschaffen sind alle Dinge, in der Ausdenckung eines einigen Dinges: also sind von diesem einigen Dinge gebohren alle Dinge, in der Nachahmung. Desselben Dinges Vater ist die Sonne, desselben Mutter ist der Mond. Der Wind hat es in seinem Bauch getragen. Desselben Dinges Säug-Amme ist die Erde. Allhie bey diesem einigen Dinge ist der Vater aller Vollkommenheit der gantzen Welt. Desselben Dinges Krafft ist gantz beysammen, wenn es in Erde verkehret worden.[21]

Und so fort. Die Alchimisten deuteten „das einige Ding" als den Stein der Weisen, dessen Vater das Gold, dessen Mutter das Silber sei. Andere Sprüche in dem Text wurden als Beschreibungen von Verfahren interpretiert, die im alchimistischen Laboratorium ausgeführt werden konnten.

Weit deutlicher drückte sich ein bekanntes Handbuch des Hochmittelalters aus, der *Libellus de alchimia*, als dessen Verfasser Albertus Magnus galt. Der größere Teil der Abhandlung befaßt sich mit praktischen Dingen, Schritt für Schritt werden die verschiedenen Instrumente und Verfahren erklärt, die in dieser Kunst üblich sind: die Typen von Öfen, die es gibt, die Gefäße, die Chemikalien, wie man im einzelnen mit den verschiedenen Substanzen umgeht. Der Autor erläutert das Verfahren der „Calcination", das dazu dient, eine Substanz zu feinem Pulver zu verarbeiten, indem man sie erhitzt und so die Feuchtigkeit austreibt, die alle einzelnen Teile zu einem Ganzen verbinde. „Destillation" wird als ein Prozeß der Reinigung einer Flüssigkeit beschrieben, bei dem die Dämpfe entweichen und sich von unedlen Bestandteilen trennen. Überaus wichtige Substanzen sind Quecksilber und Schwefel. Bevor man den Stein der Weisen gewinnen kann, muß erst Schwefel aufgelöst und nach folgendem Rezept behandelt werden:

Koche zuerst Schwefel in starker Säure einen ganzen Tag lang. Wenn er gut zerfallen ist, schöpfe den Schaum von der Brühe ab. Laß ihn gut trocknen, zermahle ihn fein und tu dazu soviel von dem vorbereiteten Alaun hinzu wie oben vorgeschrieben. Tu alles in den Tiegel, den man benutzt, um Quecksilber zu läutern, erhitze ihn aber weniger stark als Quecksilber. Läutere die Mischung über kleiner Flamme einen Tag lang. Nimm das Gefäß am Morgen vom Feuer, die Substanz ist dann geläutert und schwarz. Läutere noch einmal, dann wird sie weiß. Läutere ein drittesmal und tu Salz dazu, dann wird sie ganz weiß. Läutere noch ein viertesmal, bis der Fixationspunkt erreicht ist, und stelle den Tiegel weg.[22]

Die Abhandlung enthält auch Rat für Leute, die diese Kunst erst noch erlernen wollen. Es sei ganz wichtig, so sagt der Autor, daß man für die Arbeit ein Haus in abgesonderter Lage zur Verfügung habe. Auch brauche man unbedingt einiges Startkapital. Der Adept solle sich vor hochgestellten Gönnern in acht nehmen, diese Leute würden ihm keine Ruhe lassen, und zwar ganz unabhängig davon, ob seine Arbeit gute oder schlechte Resultate erbrächte. Viele Anfänger, mahnt Pseudo-Albert, scheitern aus Unwissenheit, Größenwahn, weil sie ein ausschweifendes Leben führen, weil sie schlampig arbeiten, weil ihnen das Geld ausgeht oder weil sie sich in Zweifeln verstricken.

Eine besonders fesselnde Einführung in die mittelalterliche Alchimie bietet eine Schrift von Thomas Norton, einem Alchimisten des 15. Jahrhunderts, der in Bristol lebte. Dieser Mann behauptet, er habe im Alter von 28 Jahren gelernt, wie man das Gold-„Elixier" herstellt. In seinem *Ordinall of Alchemy* erzählt er, daß er Hunderte von Meilen umhergereist sei, bis er endlich seinen Lehrmeister in dieser Kunst fand, und von dem habe er dann in vierzig Tagen alle Geheimnisse erfahren. Auch Versuche, die er bei sich zu Hause anstellte, seien ihm geglückt, aber das Elixier sei ihm zweimal gestohlen worden.[23]

Noch freigebiger als der *Libellus de alchimia* teilt Norton gute Ratschläge aus. Er warnt vor Aberglauben, vor schlechten Astrologen und vor der Nigromantie, „denn die Lüge liegt in der Natur des Teufels". Die Dinge müssen alle in einem Verhältnis der Harmonie und „Eintracht" *(concordia)* stehen, damit die Prozesse richtig ablaufen. Auch der Geist des Alchimisten muß mit dem Werk schön zusammenstimmen, und er muß stark sein und wach. Die Arbeiter und ihr Handwerk müssen miteinander harmonieren, die Arbeitszeiten müssen ordentlich geregelt sein. Zwischen Werkzeug und Werk darf es nicht den kleinsten Mißklang geben, die Gefäße müssen die richtigen Formen haben und aus den richtigen Materialien hergestellt sein. Auch der Ort muß mit dem Werk harmonieren, es darf keine Zugluft oder andere störende Einflüsse von außen geben. Ein Haus, „in dem Unzucht getrieben wird", wäre ganz ungeeignet. Und schließlich ist es unerläßlich, daß die richtigen astrologischen Bedingungen gegeben sind, daß also das Unternehmen in Harmonie mit den himmlischen Sphären steht. Norton wird nicht müde zu betonen, daß jeder, dem eine gründliche Ausbildung in der Physik und in der Metaphysik fehlt, die Finger von der Alchimie lassen sollte, er müßte unweigerlich scheitern. Er beklagt, daß „Leute aus allen Ständen" sich in dieser Kunst versuchten, vom Papst und seinen Kardinälen bis hinab zum letzten Kesselflicker. Diese Behauptung ist wohl kaum ganz wörtlich zu nehmen; viele andere Quellen legen die Vermutung nahe, daß die Alchimisten meistens Kleriker oder Ärzte waren (im späten 13. und im frühen 14. Jahrhundert etwa hielten es die Oberen des Franziskaner- und des Dominikanerordens immer wieder für angebracht, ihren Mitbrüdern die Ausübung dieser Kunst zu verbieten), allerdings können wir doch die Möglichkeit nicht ausschließen, daß Norton auch Leute anderer Stände gekannt hat, die in diesem Fach dilettierten.

Er berichtet von zahlreichen Fällen, in denen Leute, die nach dem Geheimnis des Goldes strebten, allerlei Unbilden, ja Katastrophen heraufbeschworen. Ein Priester aus einem Ort in der Nähe von London verstand einiges von der Heilkunst, er soll ein „halber Doktor" gewesen sein; dieser Mann beschloß, mit den Gewinnen, die ihm aus der Goldmacherei zufließen würden, ein gutes Werk zu tun und eine Brücke über die Themse zu bauen. Nach langen Überlegungen entschied er sich dafür, auch noch für Beleuchtung zu sorgen und auf der Brücke viele glänzende Karfunkelsteine anbringen zu

Abb. 14: Alchimistenlabor, aus Nortons Ordinall.

lassen. Als er aber die Sache noch gründlicher überlegte, wurde ihm klar, daß
es überaus schwierig sein würde, genügend Karfunkel aufzutreiben, und er
wurde schier wahnsinnig vor Sorge und Zweifel. Nach einem Jahr ange-
strengter Arbeit hatte er noch immer keine nennenswerten Fortschritte gemacht, nicht einmal Messing, von Gold ganz zu schweigen, hatten seine
Experimente erbracht. In einem anderen Fall, den Norton erwähnt, hatte der
englische König von einem Mönch gehört, der angeblich in einem halben Tag
1000 Pfund Gold gemacht hatte. Man holte den Mönch aus seinem Kloster
und befragte ihn. Seine Geschichte war traurig: Er hatte soviel Gold ange-
häuft, daß er damit 20000 Ritter ausrüsten konnte, das Heilige Land zu

befreien, und hatte dann lange vergeblich versucht, einen König zu finden, der diesen Kreuzzug führen wollte. Schließlich war er der Sache müde geworden und hatte aus lauter Ärger das Gold in einen See geworfen. Der König ließ daraufhin den frommen Mann in Frieden, aber einige Höflinge – vermutlich Leute, die etwas weniger gesunden Menschenverstand hatten als der Monarch – nahmen den Mönch fest und hielten ihn mehrere Jahre lang in Haft, immer in der Hoffnung, sie könnten von seiner Kunst profitieren.

Nach etlichen derartigen Erzählungen nähert Norton sich dem Kern der Sache, und er stellt endlich die alchimistische Tätigkeit selber vor. Da sind zuerst einmal die „groben Arbeiten", die körperlichen Mühen bei der Gewinnung und Aufarbeitung von Mineralien. Der Alchimist sollte aber diese Aufgaben nicht selbst erledigen, sondern lieber Hilfskräfte damit betrauen. Sein eigentliches Gebiet ist das der „subtilen Arbeiten", die nur von einem in der Physik und Metaphysik beschlagenen Fachmann ausgeführt werden können. Das Grobe ist keine Arbeit, die ein „Kleriker", also ein Mann mit Schulbildung, verrichten sollte, für das Subtile aber taugt nur ein Kleriker und niemand sonst. Diese Rollenverteilung im Laboratorium, ein gelehrter Meister, der ungelehrte Hilfskräfte beschäftigt, wird in einer frühen Handschrift von Nortons Werk auch im Bild deutlich (Abb. 14): Die Diener machen sich die Hände schmutzig, der Meister sitzt da und gibt Anweisungen. Der Alchimist muß bei der Arbeit mit Hitze und Kälte auf die trockene oder feuchte Beschaffenheit der Dinge achten. Wenn man trockene Dinge, etwa Knochen oder Kalkstein, erhitzt oder verbrennt, so werden sie weiß, bei feuchten Dingen aber erzeugt *Kälte* die weiße Farbe, wie das Beispiel von Schnee und Eis lehrt. Der Alchimist muß lernen, Substanzen anhand ihrer Farbe, ihrem Geruch, der Beschaffenheit von Oberflächen oder ihrer Viskosität zu beurteilen. Mittelalterliche Ärzte, die den Urin der Patienten beschauen, unterscheiden neunzehn Farben, der Alchimist jedoch muß noch hundert Farbtöne mehr bei seinen Chemikalien identifizieren und deuten können. Auch der Geschmackssinn ist oft überaus nützlich bei der Arbeit im Laboratorium, allerdings ist es nicht ungefährlich, fremde Substanzen mit seiner Hilfe zu prüfen. Norton erzählt, zwei Dummköpfe hätten einmal ein Stückchen vom „weißen Stein" gegessen, weil sie dachten, das sei eine gute Medizin, aber sie warteten das Ende des chemischen Prozesses nicht ab, die Substanz war erst halb „fertig", und so wurden sie von einer Lähmung befallen, aus der sie der Meister durch ein Gegengift erlösen mußte. Wirkliche Meisterschaft in der alchimistischen Kunst befähigt nicht allein dazu, den „weißen Stein" (mit dessen Hilfe Silber produziert wird), sondern auch den roten, den „Gold-Stein", zu finden. Der rote Stein ist, wie sich dem Eingeweihten zeigt, im weißen verborgen und kann durch die Macht des Feuers aus seiner Hülle befreit werden: „Das ist dann die Hochzeit der Weißen Frau mit dem Roten Mann."

Mit seltsam anmutendem Eifer betonen mittelalterliche Quellen auch immer wieder, daß die Alchimie ihre Leute nicht allein reich, sondern auch gesund machen könne. Dem Stein der Weisen wie auch anderen alchimistischen Produkten werden große Heilkräfte nachgerühmt. Im Jahr 1456 wandten sich zwölf Männer, darunter zwei Leibärzte des Königs und ein weiterer Arzt, der mit dem Herzog von Gloucester befreundet war, mit einer Petition an Heinrich VI. von England und baten um die Genehmigung, Alchimie zu treiben. In dem königlichen Schreiben, das drei Bittstellern die Ausübung dieser Kunst erlaubte, wird daran erinnert, daß das „Elixier" ein sehr potentes Medikament sei, das Krankheiten aller Art kuriere, das dem Menschen seine Kräfte bis ins höchste Alter erhalte, das offene Wunden heile und alle Gifte unschädlich mache. Scheinbar nur beiläufig fügt der König noch die Bemerkung an, daß die Umwandlung von Metallen in „echtes Gold und feinstes Silber" dem Reich auch finanziellen Nutzen bringen würde.[24] Eine derartige Auffasung von der Alchimie und ihren Leistungen wird verständlicher, wenn wir den Traktat *De consideratione quintae essentiae* des Johannes von Rupescissa näher betrachten. Der Leser dieser Schrift über die „Quintessenz" wird es am Anfang etwas irritierend finden, wenn er feststellt, daß sie im wesentlichen vom Alkohol handelt. Es werden verschiedene Verfahren beschrieben, wie man reinen Alkohol aus Wein destilliert, der Autor teilt auch mit, wie man „die Sonne in unserem Himmel festhält", indem man nämlich den Alkohol mit erhitztem Gold in Verbindung bringt und so seine bereits staunenswert großen Heilkräfte noch steigert. Johannes war möglicherweise der erste, der alchimistische Techniken und Begriffe in der medizinischen Wissenschaft einsetzte.[25] Man könnte nun gewiß auch behaupten, daß diese Schrift streng genommen gar nicht mehr von alchimistischen Dingen im eigentlichen Sinn handle, aber viel wichtiger als dieses Abgrenzungsproblem ist doch die Tatsache, daß dieser Mann und offenbar noch viele andere Leute sich alchimistischer Verfahren, Gerätschaften und Begriffe nicht allein in der Absicht bedienten, Gold und Silber herzustellen, sondern auch zu ganz anderen Zwecken. Alles spricht dafür, daß Johannes von Rupescissa (gest. ca. 1365) nicht der einzige war, der auf die Idee kam, mit Hilfe der Alchimie neue Heildrogen chemisch zu produzieren statt aus pflanzlichen oder tierischen Stoffen. Es hat sich also hier die Alchimie freie Bahn hin zur Pharmakologie gebrochen, wie groß oder klein der unmittelbare praktische Nutzen dieser neuen Idee auch immer gewesen sein mag.

Immer wieder wird von Fällen berichtet, in denen betrügerische Alchimisten etwas als Gold oder Silber ausgaben, das sich bei genauerer Prüfung als wertloses Talmi erwies. Auf einen Psalmenvers anspielend, klagt Albertus Magnus, dies Schwindelgold „erfreue nicht das Herz". Chaucer hat ein weitverbreitetes Bild von den Alchimisten in seine *Erzählung des Dienstmannes vom Kanonikus* aufgenommen; er schildert diese Leute als ausgemachte Schurken, die ehrliche Menschen mit Lügengeschichten über die Goldmacherei um ihr Geld bringen und die, weil sie viel mit übelriechenden Chemikalien umgehen, stinken wie Ziegenböcke. Sie verstecken in einem Stück Holzkohle heimlich etwas Silber, das sich später in der Glut wieder-

findet und den Erfolg des Experiments beweist. Oder sie tun so, als wollten
sie im Schmelztiegel umrühren, aber der Stab, den sie benutzen, ist hohl und
enthält ein Quantum Silberstaub. Sie verwandeln Kupfer in Silber, aber der
Erfolg tritt nur deswegen ein, weil der Künstler geschickte Hände hat und ein
Stückchen Silber im Ärmel. Es ist nicht zu bestreiten, daß es solche Betrüger
tatsächlich gegeben hat, die falsches Gold für echtes ausgaben oder durch
Taschenspielertricks an irgendeiner Stelle des Experiments Gold unter die
verwendeten Materialien einschmuggelten. Um solche Praktiken einzudäm-
men, verfügte Papst Johannes XXII., daß jeder, der Fälschungen herstellte
oder in Umlauf brachte, den angeblichen Wert dieser Talmi-Produkte in
wirklichem Gold oder Silber als Geldstrafe entrichten sollte. Der Papst bestimmte auch besondere geistliche Gerichte, die über Kleriker, die dieses
Verbrechens beschuldigt wurden, urteilen sollten.

Sogar Chaucers Erzähler aber hält nicht sämtliche Alchimisten für Gau-
ner; manche von ihnen sind seiner Meinung nach lediglich Dummköpfe, und
er stand mit dieser Ansicht nicht allein. Man kann Johannes Trithemius
ruhig glauben, wenn er sagt, es seien nicht wenige Leute durch die Alchimie
ruiniert worden. Er weiß von einem Mann zu berichten, der alchimistischen
Studien ein Vermögen geopfert hatte und der dann Frau und Kinder verließ
und verschwand. Ein Alchimie-besessener Abt habe sein Kloster in Schulden
gestürzt, ein Karthäuserprior fünf oder sechs Jahre seines Lebens mit nutz-
losen Studien zugebracht. Johannes Trithemius schließt:

Die Alchimie ist eine jungfräuliche Hure, die viele Liebhaber hat, die aber alle narrt
und sich keinem je hingibt. Sie macht dumme Leute zu Verrückten, Reiche arm, große
Denker zu Narren und alle die, die sie betrogen hat, zu geschwätzigen Betrügern,
denn sie behaupten, alles zu wissen, und wissen doch gar nichts.[26]

Warum aber nahmen, wenn dies wahr ist, so viele intelligente Leute diese
Wissenschaft ernst? Zum Teil gewiß einfach deswegen, weil die Hoffnung –
und damit auch die Leichtgläubigkeit – zu allen Zeiten grünt und blüht.
Zum Teil, weil unter dem Dach der Alchimie auch wissenschaftliche Forschung ganz anderen Charakters betrieben wurde. Und schließlich ist zu
bedenken, daß allein die Aura des Geheimnisvollen, die diese Wissenschaft
umgab, bereits einen sehr starken Reiz ausübte; romantisch veranlagte Intellektuelle, die der Faszination scheinbar tiefschürfender und mysteriöser
Lehren erlegen waren, ließen sich auch von noch so vielen warnenden Beispielen nicht schrecken.

Geheimniskult und Bücher geheimen Wissens

Astrologische und alchimistische Schriften fanden im 15. Jahrhundert eine
recht beachtliche Zahl von Lesern, dennoch war das in der Regel keine
Literatur, die sich an die „Masse" des Publikums wandte. Das Gegenteil war

der Fall: Viele Autoren bemühten sich nach Kräften, den Kreis der Eingeweihten möglichst klein zu halten. Das gilt ganz besonders für die Alchimisten, aber auch die Astrologen umgaben ihre Kunst nicht selten mit einiger
Geheimnistuerei. Das *Speculum astronomiae* von Albertus Magnus spricht
an einer Stelle die eindringliche Mahnung aus, die Lehren des Buchs geheimzuhalten, im *Picatrix* begegnet der Leser derartigen Warnungen auf Schritt
und Tritt – freilich ist in diesem Fall die Sorge des Autors relativ leicht
verständlich. Ein Hang zum Konspirativen ist im magischen Schrifttum ganz
allgemein festzustellen. In seinem Traktat über die Edelsteine behauptet
Marbod von Rennes, dies sei notwendig, weil der Wert des Mysteriums
gemindert würde, wenn Krethi und Plethi über geheime Kräfte Bescheid
wüßten. Roger Bacon zitiert diese und andere Bemerkungen, die davor warnen, Geheimnisse allzu frei auszuplaudern, und schlägt dann verschiedene
Maßnahmen vor, die dazu beitragen könnten, den okkulten Charakter des
naturmagischen Wissens zu bewahren. Wenn ein Autor etwas zu diesem
Thema schreibt, so soll er in rätselhaft verschlüsselten Ausdrücken reden,
geheime Wörter und Alphabete einführen, verschiedene Sprachen vermischen, wo immer möglich Abkürzungen benutzen etc. Das Geheimnisvolle
der Magie gab auch Anlaß zu allerlei Legenden. Alexander Neckham
(1157–1217) erzählt zum Beispiel, daß Aristoteles einige besonders scharfsinnige Schriften buchstäblich mit ins Grab genommen habe; sie lägen dort
so gut verborgen, daß niemand sie je finden konnte – allerdings sei es leicht
möglich, daß am Ende der Welt der Antichrist sie schließlich doch in die
Finger bekäme.

Wenn mittelalterliche Autoren den Terminus „okkult" verwenden, so beschreiben sie damit den Gegenstand ihrer Studien, jene Kräfte der Natur, die
eben „verborgen" sind, sie verwenden dieses Wort normalerweise nicht, um
die Wissenschaft selbst näher zu bestimmen, die speziell diese Kräfte zu
erforschen trachtet, die „okkulten Wissenschaften" also, wie wir sagen. Obwohl es nicht der mittelalterlichen Terminologie entspricht, ist es dennoch
sinnvoll, von „okkulten Wissenschaften" zu reden, erstens weil der Ausdruck schlicht kürzer ist als „Wissenschaften, die sich mit okkulten Kräften
befassen", zweitens aber auch deswegen, weil es ganz korrekt ist, die Wissenschaft selbst und nicht allein ihren Gegenstand „verborgen" zu nennen,
verborgen vor der Masse der Menschen nämlich und nur wenigen zugänglich. Es ist damit ausgedrückt, daß es sich um Forschungen handelt, die
verborgene Dinge zu erkunden suchten, und daß jene, die solche Studien
trieben, ihr Wissen oft (nicht immer) geheimhielten.

Die Autoren alchimistischer Schriften werden nicht müde, auf die Gefahr
hinzuweisen, daß ihre Bücher in falsche Hände geraten könnten. Der Traktat
De alchimia, der Albertus Magnus zugeschrieben wurde, warnt generell davor, die Geheimnisse der Kunst weiterzugeben, und speziell davor, sie „tö-
richten Menschen" zu enthüllen, die keinen Erfolg haben können und die
darum die Erfolgreichen mit ihrem Neid verfolgen werden. Thomas Norton

ist noch weit strenger in seinen Ansichten. Die alchimistische Kunst sei so heilig, daß sie nur mündlich weitergegeben werden dürfe unter dem Siegel eines „unverbrüchlich heiligen, schrecklichen Eides", die tiefsten Geheimnisse der Kunst dürften niemals und unter keinen Umständen aufgeschrieben werden. An einer Stelle fürchtet Norton, er könnte vielleicht zuviel ausplaudern, und er fügt hinzu: „Aber mein Herz bebt, meine Hand zittert, da ich von dieser höchst geheimen Sache schreibe." Wenn der Alchimist sein Ende nahen fühlt, darf er seine Kenntnisse einem auserwählten Schüler anvertrauen, aber auf keinen Fall mehr als einem einzigen. Sonst werden bald auch Bösewichter in den Besitz des Wissen gelangen, und diese werden es benutzen, den Frieden zu brechen und die rechten Herren vom Thron zu stürzen.

Bisweilen sind magische Schriften, sowohl alchimistische als auch andere, chiffriert. Normalerweise ist das System relativ einfach, zum Beispiel werden regelmäßig die Vokale einfach durch die Konsonanten ersetzt, die im Alphabet unmittelbar folgen.[27] Thomas Betson empfiehlt, offenbar in durchaus ernster Stimmung, im Anschluß an eine Diskussion über die Austauschbarkeit astrologischer und alchimistischer Termini solche Techniken als Mittel, die okkulten Wissenschaften vor Unbefugten zu schützen – es wird allerdings aus seinen Ausführungen nicht so ganz klar, wer seiner Meinung nach die Befugten sind. Ein anderer Autor benutzt einen derartigen Code in einem Rezept für eine magische Augensalbe:

Wenn du sehen willst, was andere nicht sehen können, so mische Galle von einem Kater [*de cbttp mbscxlp = de catto masculo*] mit dem Fett einer vollkommen weißen Henne [*gblllnf = galline*] und salbe deine Augen damit, dann siehst du, was andere nicht sehen können.[28]

Wieder eine andere Handschrift macht sich gar die Mühe, wichtige Wörter im Text in nordischen Runen zu schreiben. Besonders erstaunlich daran ist, daß dieses Manuskript aus Süddeutschland stammt, aus einer Gegend also, in der man nicht leicht einen geübten Runenschreiber vermuten würde.[29]

Warum aber alle diese Geheimnistuerei? Aus der Literatur werden zwei Gründe deutlich: Es bestand ein subjektives Bedürfnis, sich mit der Aura des Mysteriösen zu umgeben, und eine objektive Notwendigkeit, die Kunst vor Stümpern zu bewahren, die nichts Rechtes zustande brächten und nur den Ruf der Wissenschaft schädigten. Im Fall der Alchimie gab es zusätzlich ein gewissermaßen „sozialpolitisches" Motiv: Wenn die Menschen Gold in Hülle und Fülle zur Verfügung hätten, wären Mißbrauch und Faulheit die Folgen.[30] Ein Argument, das man in diesem Zusammenhang erwarten könnte, wird auffallenderweise nicht genannt: Die Magier möchten nicht gern zugeben, daß ihre ganze Kunst bloßer Schwindel ist, sie halten ihre schnöden Tricks geheim, damit die Leute nicht an ihrer Macht zu zweifeln beginnen. Dieses Argument trifft für die Zauberkünstler, die vor Publikum auftreten, zweifellos zu, wenn auch solche Leute nur eine kleine Minderheit in der mittelalterlichen Zunft der Magier darstellen. Bei den anderen Magiern aber kann man von Betrug gar nicht reden, denn sie behaupten in den allermeisten Fällen nicht einmal mit Bestimmtheit, daß ihre Magie wirklich funktioniert. Es gibt also keine Werkzeuge des Betrugs, die vor Entdeckung geschützt werden müßten, die Magier schützen nur die Quellen wirklicher Macht. Auch dann, wenn Autoren Schadenszauber beschreiben, sagen sie nicht, daß sie fürchteten, eingesperrt oder zur Verantwortung gezogen zu werden, sie weisen vielmehr darauf hin, daß diese „Experimente" große und gefährliche „Macht" freisetzen könnten und darum geheimgehalten werden müßten.

Diesen Geheimniskult kann man weitgehend als Folge einer Entwicklung verstehen, in deren Verlauf die Magie ihre Basis in der allgemeinen Kultur verlor. Das, was wir die „Volkstradition" der Magie genannt haben, war in der mittelalterlichen Gesellschaft allgegenwärtig, die okkulten Wissenschaften neuer Prägung jedoch waren, zumindest am Anfang, eine Sache weniger Intellektueller. Diese bekamen ohne Zweifel einigen Druck zu spüren, die Grenzen durchlässiger zu machen und ihr Wissen, das so attraktiv erschien, zu teilen, vor allem dann, wenn es in einfachere Formen gegossen und auch dem einfachen Volk nahegebracht werden konnte. Daß man so großen Wert auf Geheimhaltung legte, ist wohl nicht zuletzt als Reaktion auf solche Forderungen nach Popularisierung zu verstehen. Die Gelehrten, die so eifersüchtig ihr okkultes Wissen bewachten, wollten verhindern, daß diese Wissenschaft sich dem breiten Strom der populären magischen Tradition assimilierte und darin aufginge; sie wollten die Lehre rein und streng bewahren und die Macht, die das Wissen verlieh, für sich behalten.

Die Tatsache, daß auf die Geheimhaltung so sehr großes Gewicht gelegt wurde, weist auf eine Dimension der magischen Künste hin, die sonst weniger deutlich sichtbar wäre: Unabhängig davon, was der Inhalt dieses Wissens ist, läßt seine Form es bereits als wertvoll erscheinen. Die Autoren mochten glauben, es handle sich hier lediglich um Wissen, aus dem man Macht gewinnen könnte, in Wirklichkeit aber *war* dies Wissen Macht. Geheimnisse zu kennen war ein Wert an sich, selbst dann, wenn diese Kenntnisse niemals irgendeine praktische Bedeutung gewinnen sollten. In letzter Konsequenz galt für manche, daß Magie nur das eine Ziel und den einen Zweck habe, Wissen zu erlangen: Eine Handschrift empfiehlt dem, der alles erfahren möchte, was auf Erden geschieht oder was die Menschen im Sinn haben, ja sogar die himmlischen Dinge, bei Sonnenaufgang zur Zeit des Neumonds einen Wiedehopf zu köpfen und das Herz des Vogels, solange es noch schlägt, zu verschlingen.[31] Das eigentliche Ziel dieser Magier ist es nicht, die Welt zu beherrschen, obwohl die Magie auch Mittel dafür bereithält – was ihn zu dieser Wissenschaft hinzieht, ist vielmehr ganz einfach die Tatsache, daß sie verborgene Dinge ans Licht bringt oder doch wenigstens in ein Zwielicht, das schemenhafte Umrisse ahnen läßt.

Aus diesem Kult der Geheimhaltung ist es zu erklären, wenn Schriften magischen Inhalts bisweilen schlicht als „Geheimnisbücher" bezeichnet wer-

den, auch dann, wenn sie lediglich in ganz losem Zusammenhang mit der
neuen okkulten Wissenschaft stehen und wenn sie in Wirklichkeit gar nichts
enthalten, was man mit irgendeinem Recht „geheim" nennen könnte. Im
späteren Mittelalter war ein *Buch der Geheimnisse*, als dessen Autor Albertus Magnus galt, weit verbreitet. Es enthält Magisches verschiedener Art,
macht jedoch an keiner Stelle den Eindruck eines Werks, das an Raffinement
den elaborierten astrologischen oder alchimistischen Schriften jener Zeit
gleichkäme. Es handelt sich eher um ein populärwissenschaftliches Buch,
dessen Geheimniskrämerei hauptsächlich dazu dient, der Sache ein mysteriöses Ansehen und den Schein von Bedeutung zu geben. Das wohl wichtigste Werk dieser Gattung waren die *Secreta secretorum* des Pseudo-Aristoteles; es ist – mit durchaus verzeihlicher Übertreibung – gar behauptet worden,
dies sei das am meisten gelesene Buch des europäischen Mittelalters gewesen.[32] Die Autorschaft des Aristoteles wurde allgemein anerkannt. Eine lateinische Fassung war weit verbreitet, außerdem gab es Übersetzungen in
nahezu alle Vulgärsprachen Europas, ja, es wurde sogar in Verse übertragen.
Aristoteles hatte angeblich dieses Werk eigens für seinen Schüler Alexander
verfaßt. In Wirklichkeit handelt es sich um eine recht buntscheckige Kom-
pilation verschiedenster Materialien, die schon im frühen Mittelalters in
etlichen arabischen Versionen bekannt war und erst viel später ins Lateinische übersetzt wurde. In weiten Teilen befaßt sich das Buch mit Prinzipien
der Staatskunst und einer gesunden Lebensweise, aber es gibt auch Beiträge
zur natürlichen Magie, Medizinisches, Astrologisches, Erkenntnisse über die
wunderbaren Kräfte von Edelsteinen und allerlei Verwandtes. Daß es sich bei
alledem um *geheime* Lehren handelt, wird dem Leser nicht allein aus dem
Titel des Buchs deutlich: Das esoterische Wissen des Aristoteles verbirgt sich
oft in Rätseln und kryptischen Formulierungen, der Philosoph ermahnt seinen Schüler auch ausdrücklich, die heiligen Mysterien zu schützen und acht-
zugeben, daß dies Buch nicht in die falschen Hände gerate. Indes kann man
doch kaum umhin, am Beispiel dieses Buchs noch einen guten Grund für den
Geheimhaltungskult zu entdecken, den die Autoren magischer Schriften trieben: Die Behauptung, eine Sache sei höchst geheim und nur ganz wenigen
Auserwählten vorbehalten, wirkt wie Reklame und garantiert weiteste Verbreitung.

Der Geheimniskult der magischen Wissenschaften trieb auch allerlei Legenden über Leute hervor, die sich wirklich oder angeblich mit okkulten
Dingen befaßten. Die Gelehrten rühmten sich wunderhafter Macht, und so
ist es denn nicht erstaunlich, wenn phantasiebegabte Menschen bald das
Bedürfnis verspürten, diese Macht auch endlich einmal in Aktion zu sehen
oder solche Aktionen wenigstens zu erfinden. Um Männer, die in ungewöhn-
licher Weise Karriere bei Hof gemacht hatten, beispielsweise als Ratgeber eines Königs, zu Einfluß gekommen waren, rankten sich oft solche
Legenden. Ähnlich verwundbar waren große Gelehrte, die sich mit ihren
wissenschaftlichen Leistungen wenig Popularität, aber viel Neid und Miß-

gunst erwarben, vor allem dann, wenn sie in einem islamischen Land studiert
hatten oder irgendwie verdächtige Experimente trieben. Besonders Chroniken, aber auch gelehrte Abhandlungen, Briefe und andere Schriften verbreiteten solche Legenden.

Der Fall des Gerbert von Aurillac (ca. 940–1003) bietet ein frühes Beispiel
für derartige Prozesse. Als Student der Philosophie und anderer Fächer war
er nach Spanien gereist (allerdings nicht nach Toledo, wie die Legende behauptete) und hatte dort Logik studiert. In späterer Zeit wirkte er dann am
deutschen Kaiserhof und stieg, von den Herrschern begünstigt, auch in der
kirchlichen Hierarchie auf, ja, er wurde schließlich unter dem Namen Silvester II. sogar Papst. Im späten 11. Jahrhundert offenbarte ein Kardinal namens Benno, daß sich die steile Karriere Gerberts und anderer Päpste dunklen Machenschaften verdanke, diese Leute seien mit Hilfe der Magie in ihr
hohes Amt gelangt, das ganze Jahrhundert hindurch habe eine Hohe Schule
der Magie in Rom bestanden. Der Kardinal teilt mit, der Satan habe Papst
Silvester garantiert, dieser würde nicht sterben, ehe er eine Messe „in Jerusalem" – so jedenfalls verstand er die Prophezeiung – gelesen habe. Der
Papst glaubte, er sei in Sicherheit, aber eines Tages las er die Messe in jener
römischen Kirche, die „in Jerusalem" *heißt*, und da fühlte er noch während
der heiligen Handlung sein Ende nahen. In seiner Verzweiflung schnitt er sich
die Zunge und die Hand ab, um so für seine nigromantischen Sünden zu
büßen.

Ähnliche Schauergeschichten rankten sich um Michael Scotus, Albertus
Magnus, Roger Bacon und viele andere.[33] Legenden konnten von einer Person auf eine andere „umgewidmet" werden, indem man einfach den Namen
des Protagonisten änderte. Es ist dies ein Verfahren, das in der hagiographi-
schen Literatur seit langem üblich war – tatsächlich sind ja die Geschichten
über bedeutende Nigromanten gewissermaßen pervertierte Heiligenlegenden. Eine Geschichte aus dem 12. Jahrhundert erzählt, auf einem Platz in
Rom habe eine Statue gestanden, eine Figur, die mit dem ausgestreckten
Finger eine zeigende Geste machte. Auf dem Finger stand geschrieben: „Hier
schlag zu!" Viele Leute deuteten das als Aufforderung, dem Finger Schläge
zu versetzen, Gerbert aber merkte sich die Stelle, auf die zur Mittagszeit *der
Schatten* des Fingers fiel, kam zu nächtlicher Stunde wieder, grub die Erde
auf und fand den Eingang zu einem prächtigen goldenen Palast, in dem ein
magischer Karfunkelstein strahlte. Ziemlich genau dasselbe hat einer anderen Geschichte zufolge einst Vergil erlebt. Die Legenden wissen auch öfters
von Zauberern zu berichten, die einen Menschenkopf nachbildeten, mit dem
sie sich dann unterhielten: Albertus Magnus goß einen aus Bronze, der aber
derart geschwätzig war, daß Thomas von Aquin ihn mit einem Hammer
zerschlug, weil er sich beim Studieren gestört fühlte; auch Roger Bacon hat
angeblich eine solche magische Maschine konstruiert. Gewisse Motive in
den Legenden, etwa die Idee, daß eine kurze Zeitspanne von einigen Minu-
ten künstlich gedehnt wird und zwanzig Jahre zu dauern scheint, finden sich

Abb. 15: Hermes Mercurius Trismegistus;
Intarsienbild im Fußboden des Doms von Siena.

auch in Ritterromanen und sind also von einer Gattung in die andere entlehnt worden.

Eine besondere Rolle in vielen dieser Legenden spielt das „Zauberbuch", das die Magier benutzen. Gerbert soll das seine dem Meister gestohlen haben, der ihn in der Kunst unterrichtet hatte – außerdem entführte er ihm noch die Tochter. In der Legende von Vergil – die eine Menge von Ritterromanen und anderen Zauberlegenden mit Motiven versorgen sollte – lesen wir, daß der Dichter sein Buch mit ins Grab genommen hat; wie es entdeckt und exhumiert wurde, gibt Stoff genug für eine eigene Geschichte. Die Macht des Buchs und die Aura des Geheimnisvollen, die speziell ein Buch über die Magie umgibt, finden hier beredten Ausdruck.

Magier der Renaissance

Die okkulten Wissenschaften haben sich bis heute immer gern auf die Weisheit der Antike berufen, und wenn die Okkultisten keine geeigneten antiken Quellen vorweisen konnten, so erfanden sie eben welche. Arabische Autoren förderten die Sache der okkulten Wissenschaften im Westen, indem sie Wissen aus der griechischen Antike, das freilich im Lauf von Jahrhunderten eine besondere Prägung erfahren hatte, in Europa bekannt machten. Die Okkultisten des Westens hatten mehrere Generationen lang zu tun, all jene neuen Kenntnisse und Denkanstöße zu verarbeiten. Im späten 15. Jahrhundert jedoch erfaßte die humanistische Idee auch einige Adepten der okkulten Wissenschaften und erweckte bei ihnen das Bedürfnis, noch tiefer im Boden der klassischen Antike nachzugraben, um neue und, wie man hoffte, unverfälschte Quellen der Weisheit zu erschließen.

Die mythische Figur, die von den humanistischen Okkultisten gewissermaßen zum Schutzpatron erhoben wurde, war Hermes Trismegistus. Er ist auf einem Intarsienbild auf dem Fußboden der Kathedrale von Siena dargestellt, das aus den achtziger Jahren des 15. Jahrhunderts stammt (Abb. 15). In der Nachbarschaft finden sich Abbildungen von Sibyllen-Figuren. Wie diese verdankt Hermes seine Präsenz in der Kirche nicht eigentlich seiner magischen Kunst, sondern vielmehr der Tatsache, daß er als Prophet galt, der das Christentum angekündigt hatte; indes ist es fraglich, ob man seine prophetischen Gaben überhaupt von den magischen unterschieden hat, gewiß aber konnte man die Verbindung zur Magie, Astrologie und Alchimie nicht einfach außer acht lassen oder gar leugnen.

Die Humanisten vom 14. bis zum 16. Jahrhundert begriffen ihre Epoche als eine des Neuanfangs, als Zeit einer „Wiedergeburt" klassischen Wissens, aber sie setzten doch in Wirklichkeit mit ihren klassischen Studien die Tradition früherer Generationen fort, die ebenfalls von der Kultur Griechenlands und Roms fasziniert gewesen waren. Manche Gelehrte damals hatten griechisch gelernt; im späteren 15. Jahrhundert gab es in Italien genügend Byzantiner, die solchen Unterricht erteilen konnten. Diese Humanisten hatten natürlich einen wesentlich direkteren Zugang zu klassischen griechischen Texten als ihre Vorfahren im 12. Jahrhundert. Sie besaßen aber auch viele Manuskripte mit Texten aus römischer und griechischer Zeit, die bis dahin ganz unbekannt gewesen waren. Man trifft jetzt viel mehr als je zuvor ein Interesse an der antiken Kultur, das sich sowohl auf weltliche wie auf religiöse Gegenstände richtet. Indes hat diese letzte Feststellung wenig Relevanz für unser Thema, denn die Magie war für die Menschen damals ja durchaus etwas, das in den Bereich des Religiösen gehörte und dessen komplizierte und oft problematische Beziehungen zum Christentum immer bedacht werden mußten.

Unter den humanistischen Gelehrten des späten 15. und frühen 16. Jahrhunderts finden sich Leute, die mit überaus großem Eifer magische Forschungen trieben. Marsilio Ficino brachte Grundsätze der platonischen Philosophie in seine medizinischen Studien ein und verfaßte einen Traktat über die Bedeutung der Astrologie für die ärztliche Kunst. Jacques Lefèvre d'Etaples (ca. 1450–1536) ließ sich in seinen magischen und astrologischen Arbeiten stark von pythagoräischen Ideen leiten, die den Zahlen eine große Macht zusprachen. Johannes Reuchlin, ein jüdischer Gelehrter von Rang, erforschte die Potenzen, die in heiligen Namen und Wörtern verborgen lagen. Johannes Trithemius, der sich den Titel eines „Magiers" verbat, der aber nichtsdestoweniger behauptete, er habe Kenntnis von allerlei wunderhaften Dingen, verfocht die These, es könne Phänomene der „Gedankenübertragung", also telepathische Kommunikation, geben, und er erfand eine Geheimschrift.

In Ficino verkörpert sich wohl am besten der Typus des Renaissance-Magiers, wie er sich in der zweiten Hälfte des 15. Jahrhunderts darstellt. Als junger Mann bereits übersetzte er im Auftrag Cosimos de Medici das sogenannte *Corpus Hermeticum,* eine Sammlung von Schriften, die angeblich von Hermes Trismegistus verfaßt waren. Ursprünglich hatte Cosimo eine Übersetzung der Werke Platos bestellt, als aber ein Mönch in Florenz auftauchte, der ein Manuskript jener Schriften besaß, wurde beschlossen, daß Plato zu warten habe: Man schrieb Hermes (zu Unrecht) ein weit ehrwürdigeres Alter zu und hielt ihn für den wichtigeren der beiden Autoren.[34] Jahre später verfaßte Ficino sein Werk *De vita* (Über das Leben), eine medizinische Arbeit, die auf Prinzipien der Astrologie basierte. Der dritte und letzte Teil des Buchs befaßt sich im wesentlichen mit der Frage, wie man die positiven Einflüsse der Gestirne optimal nutzen könne. Der Autor schätzt und empfiehlt ihrer wohltätigen Wirkungen wegen vor allen anderen Dingen die von „solarer" Natur, jene also, in denen etwas von der „guten" Sonnenkraft liegt: Gold, Chrysolit, Bernstein, Honig, Safran, der Löwe. Auch von Leuten mit „goldenem" Haar geht etwas Wohltuendes aus, denn auch sie übertragen Sonnenkräfte. Jupiter hat gleichfalls edle, lebenserhaltende Macht, die, ebenso wie die aller übrigen Planeten, gegen Krankheit und Übel eingesetzt werden kann.

Obwohl Ficino astralmagische Bilder als taugliche Instrumente betrachtet, Sternenkräfte zu „steuern", blickt er doch mit einiger Skepsis auf alle derartigen Techniken, die ihm als zu künstlich erscheinen. Er erklärt, wenn man bestimmte Zeichen auf Objekte schreibe – und das heißt: wenn man Talismane herstelle –, so könnten diese Dinge für astrale Einflüsse empfänglich werden. Er bemerkt auch, daß gelehrte Männer in der Antike Ringe mit astralmagischen Bildern getragen hätten und daß ein Philosoph dank diesem Mittel 120 Jahre alt geworden sei. Trotzdem, Ficino legt doch Wert auf die Feststellung, daß er solche Praktiken zwar erwähne, daß er sie aber keineswegs empfehle. Medikamente, die astrale Kräfte freisetzten, wirkten wesentlich besser als Bilder und Zeichen, und zwar aus drei Gründen: Erstens absorbierten Substanzen wie Pulver, Flüssigkeiten oder Salben jene Kräfte besser als ein fester Stoff, wie er für solche Talismane verwendet wird; zweitens werden Medikamente eingenommen und könnten deswegen den Körper leichter durchdringen; schließlich seien Heilmittel auch deswegen empfänglicher für Astraleinflüsse, weil sie aus verschiedenen Komponenten hergestellt werden, während Bilder immer nur aus einem einzigen Stoff bestehen.

In Ficinos Theorien sind Ideen verschiedener Traditionen eingeflossen.[35] Er war einer der ersten westlichen Gelehrten seit der Spätantike, denen das Werk des Plotin wieder unverfälscht und im Original zugänglich war, und er berief sich in seinen Schriften explizit auf diesen Gründer der neoplatonischen Schule. Für Plotin war die gesamte Natur von magischen Einflüssen durchwirkt, und Ficino denkt ganz in diesem Geist, wenn er die Maxime formuliert: „Die Natur ist überall mit ihrer Zaubermacht." Im Gegensatz zu früheren Autoren im Westen kannte Ficino aber auch die Werke anderer Neoplatoniker wie etwa des Porphyrius oder Iamblichus und wurde von ihren Ideen stark beeinflußt. Am bedeutsamsten für sein Denken war die Annahme einer „Weltseele" oder eines „universalen" Geistes, eine Idee, die bei den Neoplatonikern zu finden ist, deren Ursprünge aber bis auf die stoische Schule zurückzuverfolgen sind. Dieser Geist ist dem menschlichen Geist ähnlich, und er ist überall im Kosmos gegenwärtig. Von den Gestirnen her sendet der Geist Kräfte auf die Erde, und die Aufgabe des Magiers ist es, diese Kräfte in ihrer Eigenart zu erkennen, zu unterscheiden und sie nutzbar zu machen. Er bedient sich bei seiner Arbeit verschiedener Instrumente, manche davon sind materieller Art (besonders Metalle und Steine), andere sind mehr oder weniger rein geistiger Natur (Worte, Lieder usw.) – als guter Neoplatoniker versäumt Ficino nicht, alle diese Mittel hierarchisch zu ordnen, wobei die grob materiellen unten und die geistigen ganz oben stehen.

Welche Art von Musik Ficino im Sinn hat, wenn er davon redet, daß durch dies Mittel kosmische Kräfte zu lenken seien, können wir lediglich vermuten. In anderen Schriften erwähnt er gelegentlich „orphische" Hymnen, also wohl gesungene Musik, die der des mythischen Sängers Orpheus ähnelt, der bekanntlich magische Macht besaß. Ficino sagt auch, er begleite seinen Gesang mit einer „orphischen" Leier, allerdings scheint doch aus dem ganzen Zusammenhang hervorzugehen, daß das eigentlich Wichtige die Wörter und deren Bedeutung sind und nicht die Melodien, die gesungen oder gespielt werden.

Andere Magier der Renaissance, vielleicht inspiriert von derselben neuplatonischen Hochschätzung des Nicht-Materiellen, teilten Ficinos Ansicht, daß sich die Musik besser als andere Mittel für magische Zwecke eigne. Giovanni Pico della Mirandola (1463–1494) rühmt den orphischen Hymnen nach, mit ihnen ließen sich einzigartige magische Wirkungen erzielen, und Lodovico Lazarelli, ein Zeitgenosse jener beiden Gelehrten, schrieb einen hermetischen Dialog, in dem der Autor schildert, wie er mit seinen Hymnen den König von Aragon in Ekstase versetzt. Eine dieser Kompositionen, ein Päan, der die menschliche Schöpferkraft als Abbild der göttlichen verherrlicht, beginnt mit den Worten: „Oh, mein Geist, jetzt betrachte diese Geheimnisse! Wer hat all die Dinge aus dem Nichts geschaffen? Das Wort des Vaters allein. Gepriesen sei es, dies Wort des Schöpfers!" Der König hört diese Worte und ist entflammt von Liebe und wie betäubt vor Ehrfurcht – der Effekt ist derart, als hätte er einen Zitteraal angefaßt! Auch Reuchlin spricht in seinem Werk mit großem Respekt von den magischen Potenzen der Musik. Er schildert beredt die Schwierigkeiten und Risiken, die man bei ihrer Anwendung in Betracht ziehen muß, und beschreibt in diesem Zusammenhang eine Initiationszeremonie, in deren Verlauf auch Hymnen gesungen werden, um den Kandidaten, der in die Mysterien eingeführt werden soll, auf das Kommende einzustimmen. Wir wissen von den Texten solcher Gesänge nur sehr wenig. Melodien sind überhaupt nicht überliefert; möglicherweise gab es aber gar keine festen Vorschriften dafür, die Magier könnten einfach improvisiert haben. Wir wissen also nicht genau, wie sich solche Gesänge anhörten, wir kennen aber sehr wohl die Bedeutung, welche die Musik im Denken und in den Theorien der Magier hatte.

Ficino und seine Kollegen fühlten offenbar die Notwendigkeit, ihre Wissenschaft zu verteidigen. Christus selber, so sagt Ficino, habe Kranke geheilt und „seine Priester" die Kunst gelehrt, mit Hilfe des gesprochenen Worts und heilkräftiger Kräuter und Steine dasselbe zu tun. Wie könnte es also verwerflich sein, wenn er, Ficino (der selbst Priester war), sich mit solchen Dingen beschäftigte? Und außerdem: Waren nicht die „Magier" des Neuen Testaments, die Heiligen Drei Könige also, weise Männer und Priester, die zu Recht in hohem Ansehen standen? Was die theoretische Rechtfertigung der magischen Wissenschaft betrifft, so hatte Ficino seinem Konzept die neoplatonische Idee eines lebendigen Kosmos zugrunde gelegt, und diese Annahme schien ihm so unproblematisch, daß er lediglich Geringschätzung für jene bekundete, die zwar den niedrigsten Pflanzen und Tieren Leben zugestanden, die aber den Kosmos, der alles Lebendige in sich schloß, für leblos hielten.

Während die meisten jener Gelehrten sich gezwungen fühlten, sich gegen Angriffe zu verteidigen, warb Pico in aller Öffentlichkeit für seine Kunst: Im Jahr 1486 erschien er in Rom und publizierte neunhundert Thesen, die er in freier Diskussion verfechten wollte. Es wurde darin der Wert der natürlichen Magie betont, die natureigene Kräfte freisetze und nutzbar mache, Pico behauptete aber außerdem, er habe eine Quelle magischer Potenzen entdeckt, die weit stärker seien als alle natürliche Gewalt. Als junger Mann mit erstaunlich breit angelegten gelehrten Interessen war Pico mit magischen und mystischen Traditionen des Judentums in Berührung gekommen und hatte sich intensiv mit dem Studium der Kabbala befaßt. Er kam zu der Überzeugung, daß in Wörtern magische Macht verborgen liege, jedoch nur in hebräischen Wörtern, und zwar in denen, die einst Gott selber Adam und Eva gelehrt habe und deren Macht also durch die Tatsache zu erklären sei, daß sie aus Gottes eigenem Mund zu den Menschen gekommen seien. Meisterschaft in der Kabbala verleiht ungeahnte magische Fähigkeiten, wenn jedoch ein Stümper oder Dilettant so leichtsinnig ist, sich in der Kunst zu versuchen, so läuft er Gefahr, von Dämonen vernichtet zu werden. (Pico verwendet den Begriff der „Dämonen" in zweierlei Bedeutung: Er bezeichnet nicht allein die bösen Geistwesen, die in der christlichen Tradition üblicherweise unter diesem Namen bekannt sind, als „Dämonen", sondern auch – und hier folgt er der Terminologie des Neoplatonikers Porphyrius – gewisse Kräfte oder Mächte, die in materiellen Dingen liegen.) Auf dem Höhepunkt seiner Begeisterung für die Kabbala behauptet Pico, dies sei die wirkungsvollste magische Technik überhaupt. In einer späteren Phase seines kurzen Lebens gelangte der Gelehrte jedoch zu anderen Ansichten: Er veröffentlichte eine Schrift, in der er die Irrlehren der Astrologen scharf verurteilte. Auch dort allerdings bestritt er nicht im Prinzip, daß es eine astrologische oder eine magische Wissenschaft geben könne, die zu gültigen und nützlichen Aussagen gelangt; man kann dieses Werk sogar als Verteidigungsschrift lesen, die astralmagische Techniken wie die Ficinos von jenem fatalistischen Zweig der Astrologie, der lediglich Wissen über künftige Dinge erstrebte, zu unterscheiden und zu rechtfertigen suchte.

Unter denen, die begierig die Fehde mit Pico aufnahmen, war Pedro Garcia (gest. 1505). Dieser Mann vertrat die extreme Gegenposition: Er war der Ansicht, daß es keine seriöse magische Wissenschaft, in welcher Gestalt auch immer, geben könne. Er zweifelte an der Existenz okkulter Kräfte in der Natur und noch mehr daran, daß Magier sie beherrschbar machen könnten. Falls es doch solche Kräfte geben sollte, so könne man höchstens mit Hilfe der Dämonen von ihnen Kenntnis erlangen. Und es würde sich dann zeigen, daß es sich um höchst labile, chaotische und undurchschaubare Gewalten handelt, die niemals praktischen Zwecken dienstbar gemacht werden könnten. Was aber speziell die Kabbala betrifft, so leugnete Garcia, daß diese Tradition wirklich alt sei, daß sie gar auf Moses zurückgehe, sie stamme vielmehr vom Talmud ab und sei das Produkt jüdischer Häretiker.[36]

Auch andere Gelehrte der Renaissance interessierten sich für die Kabbala, so etwa Lefèvre d'Etaples und Reuchlin.[37] In einem Dialog aus dem Jahr 1494 *De verbo mirifico* (Über die Wundermacht des Wortes) weist Reuchlin auf Beispiele in der Literatur des Altertums hin, wo Zauberinnen mit ihrem Wort magische Macht entfesseln, aber dann sucht er doch den Beweis zu führen, daß die größten magischen Potenzen nicht in griechischen oder ägyptischen, sondern in hebräischen Wörtern lägen. Auch seien jene Zeitgenossen Reuchlins, die ihre Schriften als Werke Salomons oder anderer Autoritäten ausgaben, bloße Scharlatane, die mit Dämonen paktierten und keine eigene, echte magische Macht besäßen. Es gebe aber sehr wohl magische Kräfte in der Natur: Gott hat zum Beispiel in die Koralle besondere okkulte Eigenschaften gelegt, die sie für Amulette tauglich machen. Im Mittelpunkt des Interesses steht jedoch die Wundermacht der Gottesnamen. Im Buch Exodus (3,14) offenbart Gott seinen Namen dem Moses, und zwar in Form des klassischen „Tetragrammatons" YHWH, das, wie im Hebräischen üblich,

ohne Vokale geschrieben wird. Reuchlin schreibt den hebräischen Gottesnamen, dem er gewaltige Wunderkraft zutraut, in der Form IHUH und knüpft
daran eine Menge von zahlensymbolischen Spekulationen. Eine letzte Steigerung seiner Potenzen erfährt das Wort, wenn es zu der Form IHSUH erweitert wird und als Variation von „Jesus" gedeutet werden kann. Wie auch
andere Autoren seit frühchristlicher Zeit rühmt Reuchlin dem Namen Christi höchste Macht nach: Er verwandelte ganze Flüsse zu Wein, er schützte
Paulus auf der Insel Malta vor Giftschlangen, er gab anderen Jüngern Macht
gegen Ungeheuer usw. Wenn man den Namen benutzt, muß man sich be-
kreuzigen; Wort und Geste zusammen sind die gewaltigste magische Technik. Wie Pico und andere an der Magie interessierte Zeitgenossen zeigt sich
Reuchlin als vollkommen rechtgläubig, aber er bemüht sich mit weit größe-
rem Eifer als Pico, das okkulte Wissen in die christliche Tradition einzubinden.
    Alle diese Magier der Renaissance waren der Meinung, die Magie könne
und dürfe sowohl übernatürliche wie natürliche Kräfte entfesseln. Sie setzten
sich insofern über die Einteilung der Magie in eine „gute" natürliche und
eine „böse" dämonische hinweg. Auch sie verbinden das Magische mit dem
Religiösen, aber nicht aus Naivität, sondern mit gelehrtem Raffinement.
Freilich ist bei alledem auch zu bedenken, daß sich diese Magier gegen den
Vorwurf sichern mußten, sie seien mit Dämonen im Bunde. Wir haben gesehen, daß dieses Argument in der Debatte über Picos Thesen ins Feld geführt wurde, und auch in den Schriften Ficinos taucht es auf, wenngleich
verschleiert.
    Immer wieder betont Ficino, er setze sich lediglich für die natürliche Ma-
gie ein.[38] Seine Hymnen sind keine Beschwörungsgesänge, die sich an Dämonen richten. Wenn in Bildern magische Macht verborgen ist, so nicht
deswegen, weil Dämonen darin wirken; und wenn sie selbst in solchen Bildern anwesend wären, so forderte Ficino doch niemals dazu auf, ihnen Reverenz zu erweisen. Aus verschiedenen seiner Schriften wissen wir, was für
Vorstellungen er von den Dämonen hatte und welchen Platz in seiner Theorie
des Universums sie einnahmen. Für das Neue Testament (z.B. Epheserbrief
6,12) wie für die neuplatonische Schule stand fest, daß alle Geistwesen im
Himmel wohnen. Thomas von Aquin hatte vermutet, daß die Gestirne von
Engeln auf ihren Bahnen geleitet würden. Ficino nun ordnete den einzelnen
Planeten sowohl gute als auch böse Geister zu. Und er kannte noch weitere
Klassen von Dämonen, nämlich solche, die über den Himmeln wohnten, und
andere, die in der irdischen Welt ihr Wesen trieben. Die planetarischen Dämonen besaßen Körper aus Luft oder „Äther", und sie waren an der Übermittlung astraler Kräfte zur Erde beteiligt. Ficino stellt in De vita die Magie
als jene Kunst dar, die kosmische Energien steuert und nutzbar macht – in
anderen Schriften behauptet er, es seien die Dämonen, die über diese Astral-
kräfte verfügten: Und dennoch zieht er nirgends den Schluß, der doch eigentlich naheliegt, wenn man nur diese beiden Theorien zusammennimmt,
daß nämlich die Magie sich der Hilfe jener planetarischen Dämonen bedie-

nen könne und solle. Bei mindestens zwei Gelegenheiten versuchte er sich im Fach des Exorzisten und benutzte astralmagische Verfahren, um Dämonen, die er dem Saturn zurechnete, *auszutreiben*. Er verfocht niemals die Meinung, daß die Magie dämonische Kräfte nutzen solle, aber aufmerksame Leser konnten doch sehr leicht den Eindruck gewinnen, daß er es vielleicht dennoch heimlich tat, und diese Vermutung war in einer Zeit, da nicht wenige Leute erwiesenermaßen und ganz unverhohlen dämonistische Magie trieben, durchaus plausibel. Wenn Ficino, Reuchlin und andere Magier der Renaissance sich solche Mühe gaben, eine genaue Trennungslinie zwischen ihrer Wissenschaft und der dämonistischen Magie zu ziehen, so deswegen, weil es damals nigromantische Praktiken tatsächlich gab und weil die Gefahr bestand, daß Außenstehende jene beiden Dinge in einen Topf werfen würden.

VII

Nigromantie in der klerikalen Unterwelt

Johannes von Salisbury erzählt in seinem *Policraticus* ein Erlebnis aus seiner Jugend. Er lernte damals bei einem Priester Latein, als Unterrichtstext wurden die Psalmen benutzt. Nun war aber der Lehrer zufällig Adept in der Kunst der Wahrsagerei, und er mißbrauchte seine Stellung dazu, Johannes und einen anderen, etwas älteren Schüler als Hilfskräfte bei seinen Experimenten zu verwenden. Er salbte etwa die Fingernägel der beiden Buben mit Chrisam, in der Hoffnung, daß sich darin Bilder spiegeln würden, die man deuten könnte. Auch eine auf Hochglanz polierte Metallschale wurde bisweilen als magischer Spiegel verwendet. Nachdem verschiedene nicht näher bezeichnete „magische Vorbereitungszeremonien" absolviert waren und man die Requisiten gesalbt hatte, sprach der Priester Namen aus, „die ich, der ich doch ein unwissendes Kind war, wegen des Schreckens, der von ihnen ausging, nur als Namen von Dämonen deuten konnte". Der andere Schüler behauptete nun, er sehe „etwas wie nebelhafte Gestalten", Johannes selbst aber sah nichts dergleichen, woraus der Lehrer schloß, daß er ganz unbegabt für diese Kunst sei. Johannes bemerkt zu der Geschichte, er habe die Erfahrung gemacht, daß fast alle Leute, die solche Künste trieben, in ihrem späteren Leben mit Blindheit oder anderen Gebrechen geschlagen würden. Er kenne nur zwei Ausnahmen von dieser Regel – eine davon jener Lateinlehrer –, und diese Leute hätten ihre Sünden bereut und seien fromme Mönche oder Kanoniker geworden, aber auch sie hätten zur Buße für ihre Verbrechen Leiden ertragen müssen.[1]

Was können wir mit der Information, daß jener Priester Dämonennamen benutzt habe, anfangen? Man könnte vielleicht glauben, es handle sich hier um kindliche Phantastereien oder um ein in der Erinnerung stark dramatisiertes, aber doch harmloses Kindheitserlebnis, wenn da nicht jenes Münchener Zauberbuch (vgl. Kap. 1) wäre, das im Detail Beschwörungszeremonien beschreibt, die der, von welcher Johannes berichtet, genau gleichen und die zu demselben Zweck ausgeführt werden. Die Magie des Münchener Handbuchs ist explizit dämonistisch, und wir müssen annehmen, daß auch die Zeremonien, die der Lehrer des Johannes ausführte, dämonischen Mächten galten.[2] Wir haben es also offenbar mit einem Fall von Nigromantie zu tun, einer Wissenschaft, die in der klerikalen Unterwelt des späteren Mittelalters in Blüte gestanden zu haben scheint.

Jene Geschichte bietet nicht den ersten Hinweis auf derartige Praktiken im christlichen Europa. Ein Jahrhundert früher hatte Anselm von Besate eine

Reihe schwerer Beschuldigungen gegen seinen Cousin Rotiland erhoben. Es handelt sich bei dieser Anklagerede freilich um ein bloßes Übungsstück der Rhetorik, schon deswegen können wir nicht ohne weiteres annehmen, daß alles das, was dort von jenem Rotiland behauptet wird, zutrifft; allerdings können wir doch nicht von vornherein ausschließen, daß Anselm versucht habe, eine möglichst realitätsnahe Rede zu halten, außerdem kennen wir aus späterer Zeit ähnliche Beschuldigungen, die ganz gewiß ernst gemeint waren. Rotiland wird vorgeworfen, er habe bei Nacht in Begleitung eines Knaben die Stadt verlassen, habe dann das Kind bis zur Hüfte eingegraben und es mit beißendem, bitteren Rauch eingenebelt. Dazu habe Rotiland Sprüche rezitiert, einer lautete: „So wie der Junge gefangen ist an diesem Ort, so sollen die Mädchen gefangen sein in meiner Liebe." Ein Teil der Beschwörung habe aus „hebräischen oder sonst teuflischen Wörtern" bestanden – allerdings werden bei der Wiedergabe dieser Wörter dann verballhornte *griechische* Buchstaben verwendet. Um sich für die Mißhandlungen zu rächen, soll der Junge später dem Nigromanten sein Zauberbuch gestohlen haben, und dieser habe dann „mit teuflischen Künsten" einen Toten heraufgerufen, der ihm helfen sollte, es zurückzuholen. Der Zauberer soll noch ein zweites Verbrechen verübt haben, und zwar gemeinsam mit einem mohammedanischen Arzt: Er bediente sich der Hand eines Toten, um in ein Haus einzubrechen, und beging gar einen Mord.[3] Die Aufzählung der einzelnen Taten beweist nicht viel, sie wirft aber immerhin die Frage auf, ob es nicht doch schon im 11.Jahrhundert nigromantische Praktiken gegeben haben könnte und ob nicht der Bericht, wenn er auch phantastische Übertreibungen enthalten mag, im Kern auf Erfahrung beruhen könnte.

Sowohl Johannes von Salisbury wie auch Anselm von Besate verwenden den Begriff „Nigromantie", und zwar in einem Sinn, der dem späteren Mittelalter allgemein geläufig war. In seiner ursprünglichen Form („Nekromantie") und Bedeutung bezeichnete das Wort ein Verfahren der Zukunftsdeuterei *(mantia)*, bei dem man die Geister von Toten *(nekroi)* herbeirief. Circe war die Nekromantin par excellence der antiken Welt, der biblische Archetyp dieser Gattung ist die Hexe von Endor. Wenn mittelalterliche Autoren diese Geschichten interpretieren, so kommen sie immer zu dem Ergebnis, daß die Toten nicht in Wirklichkeit zum Leben erweckt worden seien, vielmehr hätten böse Geister die Gestalt jener Abgeschiedenen angenommen und sich für sie ausgegeben. Der Begriff wurde dann erweitert und auf sämtliche magische Praktiken angewendet, bei denen Dämonen beschworen wurden; dieser Gebrauch des Worts war seit dem Hochmittelalter in Europa allgemein üblich. „Nigromantie" hieß nur jene Magie, die *explizit*, ihrem eigenen Verständnis nach, dämonistisch war – im Unterschied auch zu den Formen der Magie, die, jedenfalls nach dem Urteil mancher Kritiker, den Umgang mit Kräften dämonischen Ursprungs *implizierten*. Sogar Personen, die lediglich ein Amulett am Körper trugen oder irgendeine Zauberformel aussprachen, konnten implizit dämonistischer Machenschaften verdächtigt werden, der *Nigromant* dagegen wandte sich mit seinem Anliegen wissentlich und direkt an Dämonen oder gar an den Teufel selber, und er tat dies, indem er diese Geister mit den bekannten oder mit exotisch-fremden Namen anrief.

Struktur und Genese einer klerikalen Unterwelt

Wer waren diese Nigromanten? Sowohl in den Legenden wie auch in Rechtsquellen sind es vor allem Kleriker, die solcher Praktiken verdächtigt werden. Wenn wir hier den Ausdruck „Kleriker" verwenden, so ist uns bewußt, daß es sich um einen recht unscharfen Begriff handelt; dies gilt sowohl für das lateinische *clericus* wie auch für die verschiedenen vulgärsprachlichen Formen des Worts. Im weitesten Sinn genommen kann der Terminus fast jedes männliche Wesen, das nur irgendwie mit dem geistlichen Stand zu tun hat, bezeichnen: selbst ein Halbwüchsiger, der die Tonsur erhalten hat zum Zeichen, daß er einmal Priester werden will, könnte so genannt werden. In engerem Sinn jedoch meint der Begriff jene Leute, die zumindest die niederen Weihen erhalten haben, die also „Ostiarius", „Lektor" oder „Akoluth" sind. Diese Weihegrade waren ursprünglich mit spezifischen Funktionen und Aufgaben verbunden, im späteren Mittelalter jedoch hatten sie nur mehr den Charakter bloßer Zwischenstationen auf dem Weg zum Priestertum, Stationen, die aber auch für jene erreichbar waren, die gar nicht die Absicht hatten, bis ans Ende der Karriereleiter emporzusteigen. Eine der niederen Weihen war die zum Exorzisten; im Verlauf der entsprechenden Zeremonie wurde dem Kandidaten zum Zeichen seiner Würde ein Buch überreicht, das die für Dämonenaustreibungen nötigen Formeln und Gebete enthielt. Vielleicht bekam der Kandidat in seinem ganzen Leben nie Gelegenheit, einen wirklichen und legitimen Exorzismus zu zelebrieren, aber er konnte leicht auf die Idee verfallen, seine Macht über Dämonen, die ihm nun einmal gegeben war, zu mißbrauchen und in nigromantischen Zeremonien nutzbringend einzusetzen. Es war an den mittelalterlichen Universitäten üblich, daß *alle* Studenten die niederen Weihen erhielten und somit „Kleriker" wurden. In manchen Quellen werden aber auch Leute mit dem Terminus bezeichnet, die überhaupt keine Weihen erhalten haben und die lediglich einem Priester bei der Bewältigung liturgischer und praktischer Aufgaben behilflich sind.

Weitere Schwierigkeiten, genau festzustellen, was im Einzelfall mit dem Begriff gemeint ist, ergeben sich daraus, daß es im Mittelalter keine standardisierte Ausbildung zum Priesterberuf gab und daß die Kontrolle, die bei der Ordination stattfand, generell lax war. Wer im mittelalterlichen Europa Geistlicher werden wollte, besuchte kein Priesterseminar, um dort eine theologische Ausbildung zu absolvieren und sich auf seinen Beruf vorzubereiten; eine solche Institution war damals unbekannt. Aspiranten, die es sich leisten konnten, studierten an Universitäten, aber obwohl die Bischöfe seit dem

13. Jahrhundert zum Studium ermutigten, blieb das doch weiterhin eher die Ausnahme als die Regel. Die Ausbildung der Leute, die nicht genug Mittel oder nicht den Ehrgeiz hatten, die Universität zu besuchen, ähnelte normalerweise einer Handwerkerlehre: Sie traten in den Dienst eines Pfarrers, lernten von ihm, was für die verschiedenen Zeremonien nötig war, und stellten sich dann dem Bischof zur Priesterweihe vor. Man erwartete von ihnen Grundkenntnisse der lateinischen Sprache, der Liturgie und der Dogmatik, aber bei den Prüfungen nahm man es keineswegs überall ganz genau: Kritiker führten immer wieder Klage darüber, daß allzu viele ungeeignete Kandidaten durchschlüpften. Bei einer Visitation im frühen 15. Jahrhundert in Bologna wurde festgestellt, daß manche Geistliche nicht einmal ihr Brevier lesen konnten, und der zuständige Bischof sah sich gezwungen, die Mahnung seines Vorgängers, daß nur ein ordinierter Priester die Messe zelebrieren dürfe, zu wiederholen.[4]

Viele, die lediglich niedere Weihen besaßen und kein Amt in der Kirche ausübten, nahmen dennoch Privilegien des Klerus für sich in Anspruch, sogar dann, wenn sie in weltlichen Berufen, etwa als Kaufleute oder Handwerker, arbeiteten. Es scheint auch vorgekommen zu sein, daß Leute ohne jede Qualifikation zum geistlichen Beruf sich als Kleriker ausgaben, um in den Genuß gewisser Privilegien zu kommen, vor allem dann, wenn es galt, Immunität vor der weltlichen Gerichtsbarkeit zu erlangen. Es sind viele Fälle bekannt, in denen Delinquenten, die verschiedener Verbrechen angeklagt waren, auf diesen Trick verfielen. Im Jahr 1385 zum Beispiel behauptete ein Räuber und Mörder in Paris, er sei Kleriker, gestand aber dann im Verlauf des Prozesses, daß er nie eine Schule besucht hatte und auf den Gedanken verfallen war, sich von einem Barbier eine Tonsur scheren zu lassen, weil er so der Strenge des Gesetzes zu entgehen hoffte. Solche falschen Kleriker unterschieden sich freilich nur wenig von jenen echten, die seit langem ohne Amt waren und ihre Wissenschaft und ihre Gebete vergessen hatten.[5]

Sogar ein Mann, der wirklich zum Priester geweiht war, hatte keineswegs immer ein ordentliches Amt in einer Gemeinde. Im Spätmittelalter stifteten fromme Leute oft Stellen für „Meßpfaffen", die Seelenmessen zu lesen hatten, damit die Seele des Stifters nach seinem Tod schneller aus dem Fegefeuer erlöst werde. Es gab viele Priester, die ihr Einkommen aus derartigen Stiftungen bezogen und die somit gewissermaßen halb-offizielle Ämter innehatten. Ein Meßpfaffe hatte mindestens einmal pro Tag für den Stifter zu beten und außerdem jeden Morgen oder so oft, wie es eben mit dem Auftraggeber vereinbart war, eine Seelenmesse zu lesen. Wenn er diese Pflichten erfüllt hatte, blieb ihm normalerweise der Rest des Tages zur freien Verfügung. Nicht wenige brachten ihre reichlich vorhandene Freizeit mit Aktivitäten zu, die ihrer Umgebung mißfielen. Gewiß, es gab auch andere und weniger exotische Beschäftigungen für einen solchen Kleriker, als mit nigromantischen Studien seine Mußestunden auszufüllen, aber vielleicht war dies doch eine der interessantesten. Manche dieser Priester gaben vielleicht ne-

benher noch jungen Burschen aus der Gemeinde Lateinunterricht – wer es
freilich für ausgemacht hält, daß eine solche Beschäftigung die Kleriker davor bewahrte, auf Abwege zu geraten, täte gut daran, Johannes von Salisbury zu lesen.

Auch Mönche trieben bisweilen ihr Wesen in dieser klerikalen Halbwelt.
Seit dem frühen Mittelalter waren die meisten Mönche in Europa zugleich
geweihte Priester. In einem Kloster, in dem strenge Disziplin herrschte, waren die Mönche immer mit Beten oder mit Arbeit beschäftigt, aber dort, wo
die Sitten sich gelockert hatten, konnte es vorkommen, daß man sich die Zeit
mit weniger frommen Beschäftigungen vertrieb. Ein Mönch aus Florenz na-
mes Johannes von Vallombrosa (14.Jh.) brachte seine jungen Jahre im
Kloster mit Vorliebe in der Bibliothek zu, wo er unermüdlich studierte. Unglücklicherweise entwickelte er im Lauf der Zeit eine Vorliebe für die falschen Bücher, nämlich die über Nigromantie. Er studierte diese Wissenschaft
und begann auch damit, im Geheimen praktische Versuche anzustellen.
Schließlich kamen ihm die anderen Mönche auf die Schliche, er leugnete
zuerst, mußte aber dann seine Schuld gestehen. Nach mehreren Jahren Ker-
ker war er körperlich so sehr heruntergekommen, daß er kaum mehr zu
gehen vermochte, aber seine Seele war ganz von Reue und Zerknirschung
erfüllt, so daß man ihn in die Einsamkeit entlassen konnte, wo er sich einem
Leben in Erbauung und Buße hingab.[6]

Auch in den neuen Bettelorden gab es angeblich Leute, die sich auf dämonische Künste verstanden. Es wurde behauptet, am Hof des Gegenpap-
stes Benedikt XIII. (Pont. 1394–1423) hätten Nigromanten ihr Unwesen
getrieben, die mit einer ganzen Gruppe franziskanischer Zauberer in Süd-
frankreich in Verbindung standen. Einer der Franziskaner, ein Theologe namens Gilles Vanalatte, wurde beschuldigt, er besitze ein Zauberbuch, das er
von einem Moslem erhalten habe. Benedikt selber verdächtigte man, er
nehme nigromantischen Unterricht und benutze ein bekanntes Zauberbuch
mit dem Titel *Der Tod der Seele* – angeblich hat man einmal unter seinem
Bett versteckt ein Lehrbuch der Schwarzen Magie gefunden. Zu der Gruppe
der Verschwörer gehörten außerdem der Generalprior eines Ritterordens
und ein junger Benediktiner.[7] Man konnte kaum Beweise oder Indizien vorlegen, die auch nur einen von all diesen Leuten ernstlich belastet hätten, und
man ist deswegen geneigt, das Ganze für eine böswillige Erfindung zu halten,
aber an sich ist doch nichts Unwahrscheinliches an der Annahme, daß sich so
hochgestellte Leute in der magischen Kunst und speziell in der Nigromantie
versucht haben könnten.

Ohne Zweifel gab es auch einige Nicht-Kleriker, die dämonistische Praktiken trieben. Nigromantische Beschwörungen sind bisweilen in Schriften
überliefert, die ansonsten medizinischen Themen gewidmet sind, woraus
man folgern könnte, daß es an der Medizin interessierte Geistliche oder aber
weltliche Fachmediziner waren, die diese Bücher benutzten. Wie auch immer, es scheint festzustehen, daß jedenfalls der größte Teil der Nigromanten

aus der Schicht der Leute kam, die im einen oder im anderen Sinn des Wortes als „Kleriker" bezeichnet werden können.

Was haben alle diese Leute – Weltpriester, Männer und Halbwüchsige mit niederen Weihen, Benediktiner und Bettelmönche – gemeinsam? In dem Zusammenhang, der uns interessiert, ist das Wichtigste wohl dies, daß sie alle wenigstens ein gewisses Maß an Schulbildung besaßen und daß sie eben ihrer Bildung wegen gefährdet waren. Sie kannten die Riten, die beim Exorzismus zelebriert wurden, hatten vielleicht astralmagische Experimente oder magische Praktiken anderer Art gesehen und konnten so relativ leicht auf die Idee kommen, es einmal mit einer Dämonenbeschwörung zu versuchen. Sie brauchten nur Zugang zu irgendwelchen nigromantischen Büchern und eine Portion Neugierde zu haben – mehr war nicht nötig, um in jene Untergrund-Szene aufgenommen zu werden. Die Mitglieder dieses Kreises waren ohne Zweifel mehr durch gemeinsame Interessen als durch in irgendeiner Weise formelle Abmachungen aneinander gebunden, es gibt jedenfalls nirgends Beweise dafür, daß sie als Gruppe organisiert gewesen wären.

Die moralistische Literatur stellt die Beschäftigung mit der Nigromantie oft als typische Jugendsünde dar: Junge Leute lassen sich von dieser Wissenschaft faszinieren, aber wenn sie etwas älter werden, verlieren sie bald das Interesse; trotzdem ist die Sache nicht harmlos, denn sie hinterläßt tiefe Spuren bei diesen Menschen. Der dominikanische Reformer Johannes Nider (gest. 1438) berichtet von einem gewissen Benedikt, einem Mann, von dessen Leben auch noch andere Quellen Nachricht geben.[8] Er war in seiner Jugend ein notorischer Nigromant, außerdem fahrender Sänger und Schauspieler, ein Mann „von gigantischer Körpergröße und schrecklichem Aussehen", der ein liederliches Leben führte und nur seinen „dämonischen, nigromantischen Büchern" gehorchte. Durch die Kraft des Gebets jedoch konnte ihn seine Schwester den Klauen der Dämonen entreißen. Reuig geworden zog er umher und bat bei etlichen Klöstern, die für ihre strenge Zucht bekannt waren, bußfertig um Aufnahme, aber sein übler Ruf und seine Erscheinung verschafften ihm wenig Sympathie. Schließlich nahm ein Kloster in Wien ihn auf, und er wurde im Lauf der Zeit zu einem gar heiligmäßigen Mann und berühmten Prediger, aber die bösen Geister plagten ihn doch sein Leben lang. Was immer der historische Kern dieser Geschichte sein mag, die Nider zu einem moralischen *exemplum* geformt hat, so ist doch die zweifache Botschaft, auf die es dem Autor ankommt, klar zu erkennen: Selbst ein ganz und gar hartgesottener Dämonenbeschwörer kann Gnade und Heil finden. Wer sich in jungen Jahren der Schwarzen Kunst verschrieben hat, bleibt, auch wenn er bereut und umkehrt, stets gefährdet.

Es ist unmöglich festzustellen, ob sich die einzelnen Fälle, von denen Legenden oder Rechtsquellen berichten, wirklich und genau *so* zugetragen haben. Wir können zum Beispiel nicht sicher sein, daß Johannes von Vallombrosa tatsächlich nigromantische Experimente durchgeführt hat; es ist durchaus denkbar, daß der Abt des Klosters sehr strenge Ansichten hatte und schon relativ harmlose astrologische oder sonst okkulte Studien als nigromantisch verdammte. Und was Benedikts schwarze Künste betrifft, von denen Nider mit Abscheu spricht, so handelt es sich dabei möglicherweise um nichts Schlimmeres als um Zaubertricks, mit denen der Gaukler sein Publikum verblüffte. Mögen derartige Einzelfälle auch zweifelhaft sein, so bleibt aber doch die Tatsache bestehen, daß es Quellen aus jener Zeit gibt, die authentische Anweisungen für eindeutig nigromantische Handlungen überliefern und in denen außerdem auch noch kommentierte Randbemerkungen erhalten sind, aus denen hervorgeht, daß irgend jemand diese Instruktionen auch ausgeführt hat. Die Anweisungen setzen Vertrautheit mit dem Lateinischen und mit liturgischen Formen voraus, was darauf hindeutet, daß sie für ein Publikum von Klerikern geschrieben wurden. Die Legenden und Anklageschriften nehmen es mit der historischen Wahrheit gewiß nicht immer ganz genau, aber in dem einen Punkt treffen ihre Verdächtigungen und Vermutungen doch wohl zu: Sie hatten den richtigen Personenkreis im Visier, wenn auch vielleicht nicht immer die richtigen Individuen.

Formeln und Zeremonien für Geisterbeschwörungen

Der Inquisitor Nicolaus Eymericus (1320–1399), ein Dominikaner, hatte zweifellos viel Erfahrung im Umgang mit Nigromanten. Er schreibt in seinem *Directorium inquisitorum*, er habe in Ausübung seines Amts Bücher wie etwa die *Tabula Salomonis* und den *Thesaurus nigromanciae* von Honorius dem Nigromanten konfisziert und, nicht ohne sie vorher selbst zu lesen, öffentlich verbrannt. Seine Kenntnisse auf diesem Gebiet wurden erweitert durch Geständnisse, die Nigromanten vor ihm und anderen Inquisitoren ablegten. Die Bücher enthielten Anleitungen für verbotene magische Handlungen verschiedener Art: „Taufen" von Bildern, Beräuchern eines Totenschädels, Beschwörung eines Dämonen im Namen eines ranghöheren Dämonen, Zauberei mit Hilfe von Symbolen und Zeichen, Rezitieren seltsamer Namen, Vermischung heiliger und Engels-Namen mit Dämonennamen in blasphemisch pervertierten Gebeten, Opferhandlungen, bei denen Vögel oder andere Tiere verbrannt werden, auch Salz wird ins Feuer geworfen, Räuchern mit Weihrauch oder Aloe oder anderen Substanzen und vieles andere mehr. Manche dieser Handlungen liefen letztlich auf Dämonenkult hinaus, ohne dies jedoch offen einzugestehen, andere erwiesen ganz unverhüllt bösen Geistern Verehrung: Die Nigromanten knieten nieder oder warfen sich gar gestreckt auf die Erde hin, versprachen Gehorsam und völlige Hingabe, sangen Preislieder und brachten eigenes Blut oder das von Tieren als Opfer dar. Sie übten auch Askese, fasteten, kasteiten sich, erlegten sich sexuelle Enthaltsamkeit auf, dies alles in dem perversen Bestreben, die bösen Geister zu ehren. Ebenfalls den Dämonen zuliebe trugen manche Nigromanten nur schwarze oder nur weiße Kleider.

Wir können unmöglich annehmen, daß Eymericus alle diese Details einfach erfunden hat. Wenn er sagt, er habe die Schriften der Nigromanten gelesen, so haben wir keinen Grund, das zu bezweifeln. Andere orthodoxe Autoren, etwa Jean Gerson, der mit der Materie einigermaßen gut vertraut zu sein scheint, bestätigen vieles von dem, was der Inquisitor behauptet, und auch ein Mann wie Cecco d'Ascoli (der seiner Irrtümer wegen 1327 verbrannt wurde) teilt zahlreiche Einzelheiten mit, wenn er auch sagt, daß er selbst mit dieser Kunst nichts zu tun haben wolle. Und schließlich sind – man mag das begrüßen oder aber bedauern – authentische Materialien aus erster Hand bis in unsere Tage erhalten geblieben: In dem Münchener Handbuch besitzen wir eine einzigartige Quelle und ein Beispiel für die Art von Literatur, mit der Eymericus seinerzeit zu tun hatte. Es beschreibt eine Vielzahl von magischen Handlungen oder, wie sie dort und in jener Zeit allgemein genannt werden, „Experimenten". Ähnliches oder Gleiches findet sich auch in anderen Handschriften, allerdings nicht in derartiger Fülle und Vollständigkeit. Eymericus arbeitete in Spanien, wir wissen aber sicher, daß in Italien, Deutschland, Frankreich und England nigromantische Schriften in ähnlicher Weise konfisziert und vernichtet wurden. Wilhelm von Auvergne erwähnt einmal, er habe in seiner Studentenzeit in Paris (gegen Anfang des 13. Jahrhunderts) ein solches Werk gesehen. Ein Inquisitor in Italien ließ ein Buch, das „teuflische Zeichen" enthielt, verbrennen, „damit nie wieder eine Abschrift davon angefertigt werden könne".[9] Im Jahr 1277 sprach der Erzbischof von Paris ein strenges Verdammungsurteil aus über alle „Bücher, Schriftrollen oder sonstigen Schriften, die von der Nigromantie handeln oder von zauberischen Experimenten, Dämonenbeschwörungen oder anderen Zeremonien, die den Seelen gefährlich sind".

Die Zwecke, denen die Nigromantie dienen soll, sind Legion. Eine Beschwörungszeremonie des Münchener Handbuchs beispielsweise ruft einen Dämonen herbei, der dem Nigromanten ohne weitere Umstände Meisterschaft in sämtlichen Künsten und Wissenschaften verleiht – offenbar war der Erfinder des Verfahrens ein ehrgeiziger, aber nicht eben studierfreudiger Akademiker. Die Zwecke, die mit Hilfe der Schwarzen Magie erreicht werden sollen, lassen sich grob in drei Kategorien einteilen. Erstens wird Macht über den Geist oder den Willen anderer Menschen angestrebt: Sie sollen dem Wahnsinn verfallen, von Liebe oder Haß entflammt oder günstig gestimmt werden, sie sollen sich zu dieser oder jener Handlungsweise bewegen oder nicht bewegen lassen. Nicht nur auf Menschen, sondern auch auf Geister und Tiere kann auf solche Weise Druck ausgeübt werden. Nur selten dienen nigromantische Techniken dazu, jemandem dauernden körperlichen Schaden zuzufügen, aber es kommt doch immer wieder vor, daß man das physische oder seelische Wohlbefinden von Personen mehr oder weniger stark stört. Eine Handschrift aus Reims, die im 12. Jahrhundert entstanden ist, lehrt zum Beispiel, wie man einen Dämonen herbeiruft, der sein Opfer unfähig macht, zu schlafen, zu essen, zu trinken oder sonst irgend etwas zu tun.[10] Es spricht jedoch in diesem wie in anderen ähnlichen Fällen alles für die Annahme, daß das Übel, das dem Opfer angetan wird, nicht Endzweck, sondern Mittel ist, gemeint ist nämlich: Das Opfer soll nicht schlafen, nicht essen etc., bis es tut, was der Magier von ihm verlangt.

Zweitens dient die Nigromantie dazu, Trugbilder zu erzeugen. Der Magier kann ein Boot oder ein Pferd erscheinen lassen, die ihn an jeden gewünschten Ort tragen. Er kann durch Beschwörungen ein glänzendes Fest herbeiprojizieren, wo in Herrlichkeit getafelt und getanzt wird. (Wenn in der Schönen Literatur derartige Wunderdinge beschrieben werden und die Autoren bemerken, diese verdankten sich „großer Kunstfertigkeit oder der Nigromantie", so ist nicht notwendigerweise anzunehmen, daß sie scherzen.) Auch bei der Erweckung von Toten ist Illusion im Spiel: Wenn man dem Leichnam einen geweihten Ring an den Finger steckt, so werden sechs Dämonen herbeigerufen, die in den Körper fahren und ihn lebendig erscheinen lassen, und zwar jeder dieser Geister einen Tag lang. Wenn man einem Lebenden denselben Ring ansteckt, so erscheint diese Person tot, bis man ihn wieder abzieht.

Drittens wird von der Nigromantie erwartet, daß sie Geheimes oder Verborgenes in Vergangenheit, Gegenwart oder Zukunft aufdeckt. Das Münchener Handbuch beschreibt im Detail divinatorische Verfahren, die denen, die wir aus dem Bericht des Johannes von Salisbury kennen, sehr ähnlich sind. Es gibt auch Sprüche, die dazu dienen, Diebesgut wiederzubeschaffen, einen Dieb oder Mörder zu überführen, herauszufinden, ob ein abwesender Freund krank ist oder gesund, oder ganz allgemein, um Gewißheit in ungewisser Lage zu erlangen. Alle diese Informationen werden von Geistern geliefert, deren Bild einem jungfräulichen Knaben (nur ausnahmsweise auch einem Mädchen) erscheint, und zwar in einer Kristallkugel, einem Spiegel, auf der Klinge eines Schwerts oder einem mit Öl gesalbten Schulterblatt eines Widders oder auf dem Fingernagel des Knaben. Wenn es darum geht, einen Dieb zu entdecken, kann sich auch unmittelbar das Bild des Gesuchten auf der spiegelnden Oberfläche zeigen. In einem Fall wird mitgeteilt, was der Knabe sagen soll, wenn ein Geist in Gestalt eines Königs auf seinen Fingernagel kommt: Er soll ihn dann auffordern, vom Pferd zu steigen und seinen Thron zu holen und Platz zu nehmen; er soll den Geist fragen, ob er hungrig sei, und wenn ja, so soll er ihm einen Widder vorsetzen lassen; wenn der König gespeist hat, soll der Knabe ihn auffordern, seine Krone abzunehmen, die rechte Hand auf den Kopf legen und zu schwören, er werde die Wahrheit sagen. Es ist wohl durchaus denkbar, daß für einen mittelalterlichen Leser die Vorstellung eines derartigen Dialogs zwischen einem Buben und einem undeutlichen Bildchen auf dem fettigen Fingernagel nichts Komisches an sich hatte, vielleicht hat er eher Schrecken oder Faszination oder beides empfunden. Eine andere Beschwörung kann angeblich bewirken, daß dem Magier „Engel" im Traum erscheinen, die über vergangene, gegenwärtige und zukünftige Ereignisse Aufschluß geben.

So kompliziert nigromantische Techniken auch manchmal auf den Be-

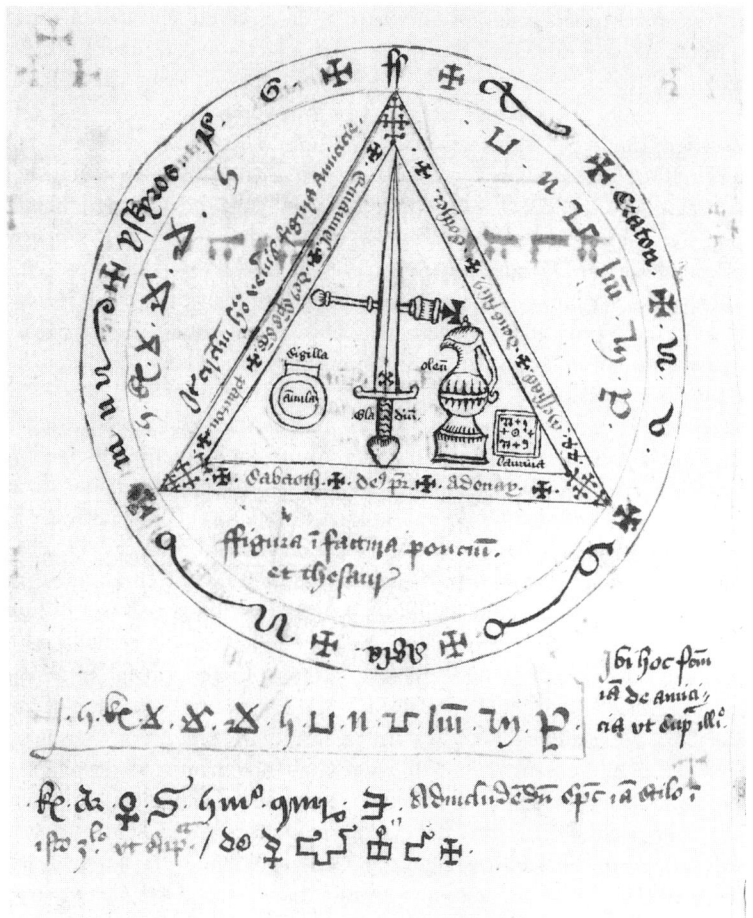

Abb. 16: Magischer Kreis; aus einer Handschrift des 15. Jh.

trachter wirken mögen, lassen sie sich doch in wenige Hauptbestandteile zerlegen: Magische Kreise, Beschwörungen und Opferhandlungen sind die elementaren Mittel in diesem Zweig der Magie.

Magische Kreise werden mit einem Schwert oder einem Messer auf die Erde oder mit irgendeinem Schreibinstrument auf ein Stück Pergament oder Tuch gezeichnet. Sie können relativ einfach sein, eine Kreislinie etwa, an deren Rand einige Wörter oder Zeichen geschrieben sind. In der Regel jedoch handelt es sich um ziemlich komplex strukturierte Gebilde mit zahlreichen Inschriften und Symbolen; es werden darin verschiedenen magischen Objekten Positionen zugeordnet, außerdem wird ein Platz für den „Meister", den Nigromanten also, ausgewiesen. Bisweilen wird genau bestimmt, welches Schreibinstrument und welche Materialien zu verwenden sind. Dem

Münchener Handbuch zufolge soll der Nigromant eine bestimmte Inschrift mit Katzenblut auf Leinen schreiben und dann das Ganze bei dem Haus dessen, auf den es der Magier abgesehen hat, vergraben. In einem anderen Fall soll er das Blut eines Wiedehopfs nehmen. Ein andermal wieder soll „nach hebräischer Art", nämlich von rechts nach links, mit Fledermausblut geschrieben werden. Jean Gerson meint, „jungfräuliches" Pergament und Löwenhaut seien gut geeignete Materialien.

Ein besonders interessanter magischer Kreis aus einer Handschrift des 15. Jahrhunderts, die verschiedene Texte zur Magie enthält, hat die Form eines Reifs, der ein Dreieck umspannt (s. Abb. 16). In der Mitte der Figur sind verschiedene Dinge abgebildet: ein Schwert, ein Ring, eine Ölkanne, ein Szepter, außerdem ein Quadrat, auf dem die Buchstaben des Tetragrammaton und vier Kreuze stehen. Zwischen den Linien des Dreiecks sind heilige Namen, getrennt durch Kreuze, zu lesen. In dem Reif und auf seiner Innenseite sind magische Zeichen, Kreuze und Wörter geschrieben, so etwa das in magischen Texten weit verbreitete Akronym AGLA, das wie man herausgefunden hat, für das hebräische *Ata Gibor Leolam Adonai* („Deine Macht währt ewig, Herr") steht. Eine Inschrift links neben dem Dreieck rät, diese „Figur der Freundschaft" zur Stunde der Venus anzufertigen, eine ähnliche Inschrift unter dem Dreieck behauptet dagegen, es handle sich hier um eine „Figur zum Bau von Brücken und [zur Entdeckung von] Schätzen". Der Widerspruch löst sich auf, wenn man erkennt, daß der Kreis ein Mehrzweck-Modell ist; der Benutzer muß lediglich einzelne Inschriften, die unten auf der Seite angegeben sind, an Stelle anderer Elemente einsetzen und kann so die Figur zum jeweils gewünschten Zweck passend „einrichten".

Die Bezeichnung „Kreis" oder „Zirkel" ist insofern etwas unglücklich, als sie die Aufmerksamkeit auf die Umrandung der Figur, die Linie also oder das Band, lenkt, während doch, wie es scheint, in den Augen der Nigromanten die Zeichen und Inschriften, die von dem Kreis umschlossen wurden, das Wichtigere waren. Es gibt zwar im europäischen Mittelalter zahlreiche Belege für die Vorstellung, daß sich die Kreisform – einem Brennglas ähnlich – ganz allgemein dazu eigne, magische Macht zu „bündeln", aber speziell die Nigromanten faßten ihre Kreise offensichtlich bloß als eine Art Einfriedung auf, die verschiedene Zeichen und magische Objekte umschloß und zusammenfaßte. Eine doppelte Kreislinie, ein Band also, enthielt Inschriften, meist Gottesnamen oder Worte und Formeln, die aus der christlichen Liturgie stammten. Ein magischer Kreis besitzt gar fünf konzentrische Ringe mit Formeln wie: *Salue crux digna* („Sei gegrüßt, edles Kreuz!"), im Zentrum findet sich eine Anzahl Kreuze, Sterne und anderer Zeichen.[11] Es gibt kaum zwingende Gründe für die Annahme, daß die äußeren Linien eine Schutzfunktion hatten. Wir werden im folgenden noch sehen, daß manche Legenden über Nigromanten die Kreislinie als Barriere deuten, durch die sich der Magier gegen Dämonen abschirmt, aber es spricht wenig dafür, daß die Magier selber so dachten. Vielmehr sagt das Münchener Handbuch an einer

Stelle ausdrücklich, die Dämonen kämen, wenn sie gerufen werden, *in* den Kreis *hinein*. In einem anderen Fall allerdings hat die Kreislinie sehr wohl spezifische Bedeutung: Bei einem bestimmten Liebeszauber wird ein Kreis gezogen, in dem die Liebenden zusammenfinden sollen, und es wird besonders betont, daß man großzügig Maß nehmen solle, damit die beiden genügend Raum hätten.

Wenn ein Kreis richtig gezogen und beschriftet ist, können mit seiner Hilfe Dämonen herbeizitiert werden, manche dieser Figuren besitzen aber, wenn sie auf Pergament oder Tuch gezeichnet sind, noch andere Kräfte: Ein magischer Kreis zum Beispiel, dessen eigentliche Funktion darin besteht, einen Dämon in Pferdegestalt anzulocken, schützt, wenn er am Körper getragen wird, auch noch vor jedem Übel, das von Pferden ausgeht, und wenn man Blut und einen Zahn von einem Pferd dazutut, so fällt jedes Pferd tot um, das dieses Zaubermittel nur erblickt. Ein Kreis, der zu einem Wiederbelebungszauber gehört, kann auch im Rahmen eines Liebeszaubers gute Dienste leisten, mit seiner Hilfe kann mit Sicherheit prognostiziert werden, ob ein Kranker stirbt oder leben bleibt, schließlich hindert er auch noch Hunde am Bellen. Kreise, die auf dem Erdboden gezogen werden, haben den Vorteil, daß sie leicht wieder beseitigt werden können. Das Münchener Handbuch teilt normalerweise in solchen Fällen dem Nigromanten mit, an welcher Stelle der Zeremonie er die Zeichnung auslöschen soll, vermutlich deswegen, damit er keine verräterischen Spuren hinterläßt, möglicherweise aber auch nur, um zu verhindern, daß Unberufene den Kreis benutzen.

Der magische Kreis – verstanden als die geometrische Figur und alles das, was sie umschließt – ist das wichtigste unter den sichtbaren Mitteln des Nigromanten, auf der Ebene des Hörbaren spielt die Beschwörung die Hauptrolle. Im Mittelpunkt steht in der Regel eine Aufforderung oder ein Befehl: Der Nigromant „beschwört" die Geister, zu kommen und dieses oder jenes zu tun. Die Befehlsformel kann in verschiedenster Art umkleidet, kunstvoll ausgeschmückt und variiert werden. Oft werden christliche Gebete oder Liturgietexte eingemischt, um die Macht der Beschwörung zu verstärken, so etwa Psalmenverse, Bruchstücke aus Litaneien etc. In einem Fall wird dem Magier vorgeschrieben, sich hinzuknien und die Hände zu falten, sich dann gen Himmel zu wenden und vertrauensvoll ein „Gebet" zum „allerhöchsten und gütigen König des Ostens" zu senden. In einigen Fällen muß die Beschwörungsformel dreimal rezitiert werden, in anderen siebenmal oder je einmal in jede der vier Himmelsrichtungen oder gar je viermal in jede Himmelsrichtung.

Die Beschwörungen des Münchener Handbuchs fordern die Geister wiederholt auf, in freundlicher und keinesfalls in schrecklicher Gestalt zu erscheinen. Der begleitende Text teilt dem Benutzer mit, daß die Dämonen, wenn sie sich an diese Mahnung halten, in Gestalt von Königen, Dienern, Seeleuten, als schwarze Männer oder, dies besonders gern, als Ritter auftreten. Eine deutsche Handschrift aus dem 15. Jahrhundert, die heute in Prag liegt, sagt, der Teufel werde sich in Gestalt eines schwarzen Hundes zeigen und alle Fragen beantworten.[12]

Als dritte elementare Komponente der nigromantischen Praxis ist die der Rituale zu nennen, das sind vor allem Opferhandlungen und sympathetisch-magische Operationen. Das Münchener Handbuch schreibt einmal dem Nigromanten vor, an einer Wegkreuzung einen weißen Hahn zu opfern und die Geister zu bitten, sie möchten kommen und das Geschenk gnädig annehmen. Bei einem anderen „Experiment" soll der Magier einen gefangenen Wiedehopf bereithalten; wenn die Beschwörungszeremonie bis zu einem gewissen Punkt gediehen ist, werden die Dämonen um die Herausgabe des Vogels bitten, der „Meister" aber soll als Gegenleistung verlangen, daß sie schwören, ihm gehorsam zu sein. (Das Handbuch sagt ausdrücklich, daß „der Wiedehopf Nigromanten und Dämonenbeschwörern große Macht" verleihe und oft von ihnen als nützliches Instrument verwendet werde. Albertus Magnus kommt zu einem ähnlichen Urteil; er stellt fest, daß Hirn, Zunge und Herz dieses Vogels in der Schwarzen Kunst von besonderem Wert seien.) Eine Handschrift aus dem 13. Jahrhundert, die heute in Paris aufbewahrt wird, gibt in verschlüsselter Form Anweisungen für eine Beschwörungszeremonie, die im Klartext so lauten: „Nimm eine Fledermaus und opfere sie mit der rechten Hand; mit der linken Hand drücke Blut aus [ihrem] Kopf."[13] Es war eine weitverbreitete Überzeugung, daß die Dämonen – wie auch bereits die Geister der antiken Literatur – besonders wirkungsvoll mit Menschenblut anzulocken seien. Darum, so berichtet Michael Scotus, benutzten Nigromanten oft Blut, das sie mit Wasser streckten, oder blutfarbenen Wein bei ihren Zeremonien, „und sie opfern Fleisch oder einen lebendigen Menschen, Fleisch, das sie aus ihrem eigenen Leib oder auch von einer Leiche schneiden … denn sie wissen, daß es nur dann gelingen kann, einen Geist in einen Ring oder in eine Flasche zu bannen, wenn man reichlich Opfer darbringt".[14]

In der Regel wurden Tiere geopfert, aber manchmal auch andere Dinge. So wird bisweilen vom Zelebranten verlangt, Milch und Honig zu versprengen oder Gefäße mit Asche, Mehl, Salz oder anderen Substanzen in den magischen Kreis zu stellen. Die Prager Handschrift weist den Zauberer an, Kohle, Brot, Käse, drei Schusternägel, Gerste und Salz den Dämonen zum „Geschenk" zu machen.

Wenn bei nigromantischen Zeremonien Bilderzauber getrieben wird, so handelt es sich in der Regel um sympathetische Magie: Man vollzieht eine Handlung an einem Bild, das eine bestimmte Person repäsentiert, und erwartet, daß sich die Wirkung auf jene Person „überträgt". „Schwarzer" Liebeszauber etwa kann auf die Weise geschehen, daß man Namen von Dämonen auf das Bild der begehrten Person schreibt und sie damit diesen Geistern ausliefert und zwingt, sich dem Willen des Nigromanten zu beugen. Es wird symbolisch eine Verbindung zwischen der Person und den Dämonen hergestellt, und es wird erwartet, daß sich dieser symbolische Akt „verwirklicht".

Um die Gunst irgendeines Hochgestellten zu erlangen, schnitzt der Magier eine Figur, die eine Krone oder sonst ein zum speziellen Fall passendes Zeichen der Macht trägt. Dann fertigt er ein zweites Bild an, das ihn selbst darstellt. Er bindet der Statue des Mächtigen eine kleine eiserne Kette um den Hals, deren Ende er der anderen Figur in die Hand gibt, er zwingt die Herrscherstatue, sich vor ihm zu verbeugen, und ähnliches mehr.

Solche sympathetischen Zauberhandlungen werden oft von Rezitationen begleitet, welche die einzelnen Gesten erklären und kommentieren. Wenn der Nigromant etwa Haß zwischen Freunde säen will, so erhitzt er zwei Steine (die seine Opfer „bedeuten") über dem Feuer, wirft sie dann in kaltes Wasser und schlägt sie gegeneinander, dabei sagt er: „Nicht die Steine schlage ich, sondern N. und N., deren Namen hier geschrieben sind." Bei einem Liebeszauber wird die Formel gesprochen: „Wie ein Hirsch sich sehnt nach der Quelle, so soll N. sich sehnen nach meiner Liebe, und wie der Rabe nach Aas so soll sie lechzen nach mir, und wie dies Wachs zergeht am Feuer, soll sie zergehen vor Sehnsucht nach mir."

Bei allen diesen Operationen ist Geheimhaltung unbedingt geboten. Das Münchener Handbuch schärft dem Nigromanten wiederholt ein, er dürfe auf keinen Fall etwas von diesen Experimenten verlauten lassen, und zwar wegen der „unaussprechlich großen Macht", die ihnen eigen sei. Es ist auch wichtig, daß man solche Versuche an einem verborgenen Ort ausführt und gut auf das Buch aufpaßt, „in dem alle Macht enthalten ist". Der *Liber consecrationum*, ein Text, der in der Sammlung des Münchener Handbuchs, aber auch anderswo überliefert ist, mahnt den Benutzer, die Schrift gut versteckt aufzubewahren, damit sie nicht in die Hände „törichter Leute" falle.

Wenn der Nigromant ein Experiment mehrmals ausführen will, muß er meist die ganze Zeremonie von Anfang bis Ende wiederholen. In einigen Fällen jedoch kann er die Sache abkürzen, indem er gleich beim erstenmal die Dämonen schwören läßt, in Zukunft immer dann, wenn er sie ruft, unverzüglich zu erscheinen. Er kann die Geister auch bitten, einen Gegenstand zu „weihen", also eine besondere magische Kraft hineinzulegen, die später bei Bedarf jene Geister herbeizwingt. Auf diese Weise kann etwa ein magischer Kreis „geweiht" werden oder auch ein Zügel, der dann die Macht besitzt, einen Dämon in Pferdegestalt herzuzitieren.

Es kann vorkommen, daß ein Nigromant eine Tat gern rückgängig machen will. Das ist dort, wo sympathetische Verfahren benutzt wurden, oft relativ leicht möglich. Er kann etwa die Steine, die er irgendwo vergraben hat, um Freunde zu entzweien, wieder ausgraben, erhitzen, zertrümmern, die Stücke in einen Fluß werfen und dazu sprechen: „Alle Feindschaft soll weggenommen sein ... durch die Barmherzigkeit Gottes, der gütig ist und nicht achthat auf die Bosheit der Sünder, Amen" – und sogleich herrscht wieder Friede und Eintracht. Wenn der Magier in böser Absicht ein Stück Tuch, auf das magische Zeichen geschrieben sind, beim Haus eines Feindes vergraben hat, so kann er es wieder ausgraben und verbrennen und die Asche in ein fließendes Wasser werfen. Um ganz sicherzugehen, soll er dazu sprechen: „So wie das Feuer dies Tuch verzehrt hat, so sollen alle meine Werke gegen N. zunichte sein." Die Dämonen, die den Schaden angerichtet haben, können aus ihrem Dienst entlassen werden mit Formeln wie: „Ich, N., gebe euch frei, geht, wohin es euch gefällt!"

Man könnte leicht auf die Idee kommen zu fragen, was denn wohl wirklich passiert sein mag, wenn Nigromanten alle diese komplizierten Vorschriften der Zauberbücher akkurat befolgten. Erlagen die Leute der Suggestivkraft jener Lehren? Erschienen ihnen vielleicht Dämonen? Probierten sie es zwei- oder dreimal ohne Erfolg und gaben dann frustriert das Unternehmen auf? Wenn wir der Erfahrung des Johannes von Salisbury trauen, so scheinen alle diese Ergebnisse möglich gewesen zu sein. Manchmal, wenn die gewünschte Wirkung nicht eintrat, gab der Nigromant die Sache auf oder entließ auch bloß einen Assistenten, vielleicht weil er dachte, die Gründe für das Scheitern lägen in den Personen. In anderen Fällen waren die Resultate eindrucksvoll genug, um den Gläubigen davon zu überzeugen, daß sein Glaube wohl begründet sei. In diesem Zweig der Magie versuchte man ja meist Wirkungen im Bereich des Psychischen, schwer Greifbaren und nicht handfeste, materielle Effekte zu erzielen, weswegen im Normalfall nicht ohne weiteres evident wurde, ob ein Experiment nun gelungen oder gescheitert war. Wenn der Magier versuchte, eine Person umzubringen, und sie blieb am Leben, so gab es keinen Zweifel am Mißerfolg; wenn jedoch das Ziel darin bestand, die Gunst des Herrschers zu gewinnen oder Freunde zu entzweien, so konnten leicht Ereignisse eintreten, die, so wenig dramatisch sie auch immer sein mochten, doch als positive Wirkungen des Zaubers zu deuten waren.

Der Autor des Münchener Handbuchs läßt dem Zweifel wenig Raum und führt allerlei Beweise für die Effizienz seiner magischen Verfahren an. Er sagt etwa von einem Liebeszauber, daß schon König Salomon davon profitiert habe, der bekanntlich jede Frau, die er haben wollte, bekam. Nachdem er verschiedene Anwendungsmöglichkeiten eines magischen Kreises erklärt hat, fügt er hinzu, es gebe noch weitere, die er aber beiseite lasse, er wolle nämlich nur diejenigen Effekte hier nennen, die er in Experimenten selbst kennengelernt und erprobt habe. An einer anderen Stelle spricht er einmal seinen Leser, den er sich offenbar als Höfling vorstellt – möglich wäre auch, daß er eine ganz bestimmte Person im Auge hatte –, direkt an: „Du hast mich dies bei Hof oft tun sehen." Er erzählt von einem magischen Streich, den er einmal dem Kaiser und großen Herren, als sie auf der Jagd waren, gespielt habe – wobei er freilich die Gutgläubigkeit seiner Leser in etwas übertriebener Weise strapaziert. Er habe nämlich eine Horde Dämonen aufgeboten, die in Gestalt von Rittern den Kaiser überfielen, und habe dann schnell die Illusion einer Burg, ein „Luftschloß" also, herbeigezaubert, in dem der Herrscher Zuflucht fand. Die Dämonen waren gerade dabei, die Burg zu stürmen, da lief die Zeit, die ihnen gesetzt war, ab, Burg und Belagerer lösten sich in

Luft auf, und der Kaiser und Begleiter fanden sich mit verdutzten Mienen in einem Sumpf stehen.

Dem Leser, der alle die nigromantischen Texte zur Kenntnis nimmt, kann es leicht passieren, daß er wachsende Sympathie mit den Inquisitoren verspürt, die diese Künste mitsamt ihrem pompösen Beiwerk verdammten. Der blasphemische Gebrauch religiöser Riten, die Beschwörung von Dämonen zu moralisch zwielichtigen oder unverhohlen verbrecherischen Zwecken, der schiere Größenwahn der Nigromanten, all das kann auf einen neuzeitlichen Betrachter ebenso abstoßend wirken wie auf einen mittelalterlichen. Trotzdem sind diese Schriften durchaus nützliche Quellen, denn sie lehren uns etwas über die Gesellschaft, in der sie gediehen. Der Nigromant und der Inquisitor gleichermaßen glaubten daran, daß Riten eine schreckliche Macht besäßen. Sie waren überzeugt, daß manche Rituale solche Macht als *Eigenschaft*, also objektiv, hätten und daß Wirkungen mit gewissermaßen naturgesetzlicher Notwendigkeit einträten, wenn diese Handlungen ausgeführt würden. Darauf, was der Zelebrant im Herzen trug, auf subjektive Faktoren überhaupt, kam es nicht an, wichtig war allein, daß die äußeren Formen genau beachtet wurden. Die Hostie wurde in der Messe zum Leib Christi, und zwar auch dann, wenn der Priester, der die Worte der Wandlung sprach, ungläubig war. Aus dieser Geisteshaltung heraus konnten die Nigromanten glauben, daß es möglich sei, Gott zu betrügen, und daß seine Macht sich auch zu bösen Zwecken verwenden lasse, wenn nur die richtigen Zeremonien korrekt ausgeführt würden. Man kann insofern die Nigromantie als parodistisches Seitenstück zur spätmittelalterlichen Theorie und Praxis des Rituellen auffassen.

Die Wurzeln der Nigromantie

In der nigromantischen Kunst vermischen sich Praktiken verschiedener Art, die dem Konzept der explizit dämonistischen Magie einverleibt wurden. Verfahren des Sympathiezaubers, die es in der magischen Volkstradition gab, die aber dort nicht im Zusammenhang mit dem Dämonischen standen, wurden aufgegriffen und adaptiert. Tiere, die in der magischen Folklore eine wichtige Rolle spielen, die Katze etwa oder der Wiedehopf, werden von den Nigromanten gern als Opfer für die Geister verwendet. Eine Technik der Zukunftsdeuterei, die mit spiegelnden Oberflächen arbeitet („Katoptromantie"), wird zu einem Mittel der Dämonenbeschwörung. Die wichtigsten Wurzeln der Nigromantie jedoch liegen in der Astrologie und in exorzistischen Techniken. Bei jener handelt es sich um ein exotisches Importprodukt – die Astrologie gelangte aus der islamischen Kultur in den Westen –, diese stammen im wesentlichen aus heimischer Erzeugung und waren seit langer Zeit schon in der Christenheit verbreitet – wenngleich Grund zu der Vermutung besteht, daß auch die jüdische Tradition einiges zur Entwicklung dieser Komponente beigetragen hat. Schon die frühen Christen scheinen sich bei ihren Exorzismen an jüdische Praktiken angelehnt zu haben, in späteren Epochen zeigt sich der Einfluß dieser Tradition besonders in der Verwendung gewisser heiliger Namen, die man den Dämonen entgegenschleudert.

Der Einfluß der Astralmagie zeigt sich recht klar in dem Münchener Handbuch. Der Autor fügt der Beschreibung eines Experiments die Versicherung an, die spanischen, arabischen, hebräischen, chaldäischen, griechischen und lateinischen „Nigromanten und Astrologen" seien allesamt von der guten Wirkung der Sache überzeugt, und er nennt Schriften, offenbar astralmagischen Inhalts, denen er seine Angaben entnommen habe. Versuche, die in dem Handbuch beschrieben sind, werden zu festgesetzten Zeiten unternommen: an einem Samstag bei abnehmendem Mond vor Sonnenaufgang, an einem Donnerstag bei zunehmendem Mond, zur ersten Stunde an einem Mittwoch bei zunehmendem Mond, zur Zeit des Neumonds usf. Es fällt außerdem auf, daß Elementar- und Astralgeister immer wieder mit gefallenen Engeln verwechselt, vermischt oder identifiziert werden, die Nigromanten scheinen in ihren Beschwörungen nicht streng zwischen den zwei Kategorien von Geistwesen zu unterscheiden. Michael Scotus sagt, mit Hilfe von astrologischen Bildern würden nicht allein jene Mächte beschworen, die den Gang der Planeten bestimmten, sowie die „lunaren" Dämonen, sondern auch die verdammten Seelen, die im Wind gegenwärtig seien. Jean Gerson hat wohl nicht ganz unrecht, wenn er klagt, die Astrologie, einst „Magd der Theologie" und „eine edle und wunderbare Wissenschaft, die Adam offenbart wurde", sei „entstellt worden durch Mißbrauch zu eitlen Zwecken, ruchlose Irrlehren, lästerlichen Aberglauben".

Die Verwendung von Räucherwerk, in der Astralmagie weithin üblich, wurde auch in die Nigromantie übernommen. In vielen Zeremonien werden Bilder mit Myrrhe und Safran beräuchert, man beräuchert magische Kreise mit dem Mark eines Toten oder mit Weihrauch und Myrrhe, einen Weissagungsspiegel mit Aloe, Ambra, Myrrhe und Weihrauch. Eine Übersicht im Münchener Handbuch, die speziell diesem Thema gewidmet ist, empfiehlt, geordnet nach Wochentagen und Verwendungszwecken, spezifisch zusammengestellte Räuchermischungen. Am Donnerstag zum Beispiel verbrennt man Weihrauch oder Safran, um Feinde miteinander zu versöhnen. Vielleicht ebenfalls der Astralmagie entlehnt ist die Praxis, Bilder zu vergraben. Ein Verfahren, die Gunst eines Mächtigen zu gewinnen, verlangt, daß man ein Bild des Mannes heimlich in der Stadt herumtrage, wenn irgend möglich, soll man versuchen, damit in seine unmittelbare Nähe zu gelangen; anschließend vergräbt man das Bild, und „du wirst sehen: es tut Wunder". Das Verfahren gleicht bis in die Einzelheiten hinein anderen, die man im *Picatrix* und ähnlichen Büchern findet.[15] Auch Vorbildern für die nigromantischen Tieropfer kann man in astralmagischen Schriften begegnen.

Trotz alledem wäre es falsch, nun den Schluß zu ziehen, daß die Nigromantie nichts anderes sei als eine Spielart des Astralmagischen, die lediglich

das Prinzip des Dämonischen, das dort bereits versteckt enthalten gewesen
sei, offengelegt habe. Die Verbindung der Nigromantie mit dem Exorzismus
hat für die Schwarze Kunst eine ebenso große Rolle gespielt wie astralmagische Einflüsse. Wir haben in Kapitel 4 gesehen, daß es in der Volkstradition
bisweilen Zeremonien gab, die Exorzismen sehr ähnlich sind. Im Normalfall
versucht der Heiler oder Exorzist die Dämonen oder auch die Krankheit, die
sie verursachen, auszutreiben, er kämpft gegen die Geister, er ruft alle über-
natürlichen Mächte, die ihm irgend erreichbar scheinen, auf, ihm beizuste-
hen, er erinnert die bösen Geister daran, daß Gottes Kraft größer ist als ihre
und daß sie auf seiner Seite streitet. Die Nigromanten benutzen die gleichen
Beschwörungsformeln, aber mit prinzipiell anderen Absichten. Sowohl orthodoxe Exorzisten wie Nigromanten verwenden Wörter wie „exorcizare",
„coniurare", „adiurare" weitgehend synonym, sie „beschwören" und „bannen" die Geister, sie „appellieren" an sie in einer Weise, die *zwingend* ist.
Das Münchener Handbuch etwa verbindet diese und ähnliche Wörter zu
Ketten wie: „ich fordere dich auf und beschwöre dich und befehle dir und
banne dich". Wenn der Exorzist einen Dämonen „bannt", so tut er es, um
ihn zu *verbannen*, ihn also fortzujagen, der Nigromant hat aber nichts dergleichen im Sinn, er möchte vielmehr die Geister „in seinen Bann zwingen"
oder locken, weil er sie für seine Zwecke benutzen will. In seiner Verwendung etwa des Worts „exorcizare" ist die Konnotation „austreiben" so ganz
und gar verschwunden, daß der *Liber consecrationum* es offenbar als unproblematisch empfindet, den Nigromanten kurzerhand als den „Exorzisten" zu bezeichnen. Eine längere Beschwörungszeremonie des Münchener
Handbuchs ist ganz offensichtlich aus einem Exorzismus entstanden, der
einfach seinem neuen Zweck angepaßt wurde, wie aus der folgenden Passage
deutlich wird:

Ich befehle dir, du böse, falsche Schlange, aus der Kraft des Herrn, ich beschwöre dich
im Namen des reinen Lammes, das über Nattern schreitet und Basilisken, das den
Löwen in den Staub tritt und den Drachen: tu ohne Zögern, was immer ich dir
befehle. Zittre und bebe vor Furcht, wenn der Name Gottes erschallt, den die Hölle
fürchtet und dem alle Kräfte des Himmels, seine Throne und Herrschaften und alle
anderen Kräfte untertan sind, die ihn fürchten und anbeten, den die Cherubim und
die Seraphim ohne Unterlaß preisen. Er, der von der Jungfrau geboren wurde, befiehlt
dir. Jesus von Nazareth, der dich erschaffen hat, befiehlt dir: Was ich von dir verlange,
das tu sogleich, und verschaffe mir alle Dinge und alles Wissen, die ich haben will. Je
länger du zögerst zu gehorchen, desto schlimmer jeden Tag wird deine Strafe sein. Ich
beschwöre [exorcizo] dich, verfluchter, lügenhafter Geist, mit den Worten der Wahrheit.

Es ist das altvertraute Vokabular exorzistischer Zeremonien, das hier erscheint, lediglich die Aufforderung an den bösen Geist, er möge verschwinden, ist getilgt und durch den Befehl ersetzt worden, dem Nigromanten
dienstbar zu sein.

Genauso wie der Exorzist bietet der Nigromant die Macht heiliger Perso-

nen, Namen, Ereignisse oder Dinge auf. Die frühe Beschwörung aus dem
13. Jahrhundert, die oben erwähnt wurde, enthält die Formel: „Ich beschwöre dich im Namen des Vaters und des Sohnes und des Heiligen Geistes,
bei Maria, der Mutter des Herrn, bei Maria Magdalena, bei Maria [der
Mutter des] Jacobus, und bei Salome" (vgl. Markus 16,1). Anderswo berufen sich Nigromanten auf die Heilige Dreifaltigkeit (wohl die Macht, die am
häufigsten aufgeboten wird), auf Gott, den Schöpfer der Welt, auf Christus,
der das Erschaffende Wort ist, oder auf Christus, den Richter des Jüngsten
Tags. Auch die Kraft der Heiligen im Himmel oder die der Kirche auf Erden
wird ins Feld geführt. Sogar das, was man paradoxerweise die „Hierarchie
der Hölle" nennen könnte, also die Ordnung der dämonischen Wesen, soll
helfen, bösen Geistern den Willen des Nigromanten aufzuzwingen. Der Begriff „Tetragrammaton", eine Umschreibung des Gottesnamens, der nicht
direkt ausgesprochen werden darf, wird oft anstelle des Namens verwendet.
Auch Formulierungen wie „Er, vor dem alles im Himmel und auf Erden und
unter der Erde zittert" umgehen die Nennung des Unaussprechlichen. Christus wird mit den Namen Ely, Sother, Adonai, Sabaoth, Alpha und Omega
bezeichnet. Und auch Geister werden gerufen, andere Geister zu zwingen:
Eine Beschwörung listet nicht weniger als dreiunddreißig Namen von „Engeln, die Macht haben in den Lüften", auf. Ereignisse, von denen das Alte
oder das Neue Testament berichtet, sind ebenfalls Quellen von Macht; in
einem Fall geht ein Nigromant so weit, auf anderthalb Blättern das ganze
Alte Testament in Kurzform in Erinnerung zu rufen. Man droht oft den
Dämonen mit der Wiederkunft Christi und dem Jüngsten Gericht, wo es
ihnen schlecht ergehen werde. Verbündete des Magiers im Reich des Materiellen sind Sonne und Mond, Himmel und Erde, die Tiere, alles was kreucht
und fleucht, gleichgültig ob zwei-, drei-(!) oder vierbeinig, die Wunden Christi, die Dornenkrone, die geheimen Zeichen Salomos und die magischen
Experimente des Vergil(!). Um es kurz zu machen: Die Dämonen müssen
damit rechnen, daß gegen sie aufgeboten sind „alle Dinge, die Macht haben,
euch einzuschüchtern und zu zwingen". Es ist überall in diesen Beschwörungen der Geist – und oft auch der Buchstabe – des orthodoxen Exorzismus zu
spüren.
    Der Dämonenbeschwörer allgemein und der Exorzist im besonderen ist
Befehlshaber und Bittsteller zugleich: er fordert Gehorsam, muß aber die
Macht, die er braucht, von Gott erbitten. Die Nigromanten sind ganz eindeutig davon überzeugt, daß sie den Dämonen *befehlen*, daß sie also mit
Zwang arbeiten. Diese Anmaßung provozierte den Widerspruch von
Autoren wie Arnold von Villanova und Johannes von Frankfurt, die erklärten, es sei ganz unmöglich, Dämonen zu etwas zu zwingen; wenn sie auf Bitte
des Nigromanten erschienen, so täten sie es aus freiem Willen – allerdings
käme es nicht selten vor, daß sie dem Magier, um ihn desto leichter zu
umgarnen, weismachten, er besäße Macht über sie. Was diese Autoren bekämpften, war die Vorstellung, Gott lasse sich in irgendeiner Weise zum

Werkzeug oder Helfer der Nigromanten machen. Aber auch die Nigromanten selbst waren keineswegs der Meinung, daß ihre Position Gott gegenüber die gleiche sei wie die, die sie den Dämonen gegenüber einnahmen. Das zeigt sich klar im *Liber consecrationum*, wo der „Exorzist" als demütiger und unwürdiger Bittsteller erscheint, der um Gottes Hilfe bei seinem Unternehmen fleht. Auf eine ähnliche Haltung kann man auch in den Fällen schließen, wo Zelebranten orthodoxe Gebete über magische Kreise sprechen, ebenso bei der eigentlichen Beschwörungsszene; was sollte dies für einen Sinn haben als den, Gott günstig zu stimmen?

Weshalb Gott damit einverstanden sein sollte, wenn seine Macht in solcher Weise benutzt wurde, bleibt unklar. Eine Möglichkeit wäre, daß die Nigromanten einer Theologie anhingen, in der die Moral keine Rolle spielte und in der Gott als ein Wesen erschien, das durch Gebete beeinflußt, wenn nicht gar gezwungen werden konnte, seine Hand zu allerlei dubiosen Unternehmungen zu reichen. Vielleicht aber redeten sich die Nigromanten auch selbst ein, daß ihre Sache in jedem Fall eine gute, gottgefällige, ja heilige Sache sei: Wenn sie ihre Feinde vernichteten, so taten sie recht, wenn sie verborgene Schätze suchten, so konnten sie mit dem Geld edle Werke tun, und wenn sie eine Frau zum Ehebruch verführten, so würde Gott gewiß fünfe gerade sein lassen, vielleicht würde er sogar dem Sünder zulächeln.

Ähnlich wie die Handbücher für Exorzisten legen auch die nigromantischen Schriften Wert darauf, daß der Zelebrant Askese übt, um sich für seine Aufgabe vorzubereiten, daß er rituell rein und manchmal sogar, daß er moralisch integer ist; nur so kann er Macht über die Dämonen gewinnen. Der Nigromant muß fasten, er muß frisch gebadet und rasiert sein, er muß ein ganz weißes Gewand tragen usw. Bisweilen wird verlangt, daß er vor einer Beschwörungszeremonie einige Tage lang sexuell enthaltsam ist; obwohl die Exorzisten Kleriker sind, von denen man doch ohnehin erwartet, daß sie ein Leben in dauernder Keuschheit führen, stellen spätmittelalterliche Handbücher für Exorzisten bisweilen genau dieselbe Bedingung.[16] Die Askese ist vielleicht weniger deswegen geboten, weil die Dämonen so effizienter angelockt werden können, als vielmehr im Interesse des Nigromanten selbst, der sich auf diese Weise vor den Bösen schützt. Cecco d'Ascoli bemerkt einmal, daß Fasten und Beten wegen der „großen Gefahr" nötig sei. Es wäre natürlich naiv zu glauben, daß rechtgläubige Autoren an solcher Selbstkasteiung ein gutes Haar gelassen hätten. Nach Jean Gerson machten sich die Schwarzkünstler dadurch erst recht schuldig, weil sie zum schlimmen Zweck etwas taten, was an sich lobenswert, ja heiligmäßig war; sie sündigten nicht allein, indem sie Zauberei trieben, sondern auch, indem sie fromme Bräuche in den Schmutz zogen.

Welcher Art die Geister waren, die sie da beschworen, darüber konnten die Nigromanten in der Mehrzahl der Fälle schwerlich im Zweifel sein. Die Beschwörung aus Reims spricht es deutlich aus: „Ich beschwöre euch, ihr gefallenen Engel ... ich beschwöre euch, die ihr Beelzebub anbetet als euren edlen Herrn." Das Münchener Handbuch, ebenso das Pariser Manuskript, ruft Satan an und Beelzebub, Luzifer und andere Geister wie etwa den Dämon Berich, deren teuflisches Wesen offensichtlich ist. Das Prager Manuskript schlägt ein relativ unkompliziertes Verfahren vor; der Nigromant soll hinaus aufs freie Feld gehen und rufen: „Diabolo diaboliczo, Satana sathaniczo, komm her zu mir, ich möchte mit dir reden, und nimm auch die Geschenke, die ich dir mitgebracht habe."[17] Das Münchener Handbuch spricht von „bösartigen Geistern", von „Luft-Mächten und Prinzen der Unterwelt" oder auch einfach von „Dämonen", die es zu bannen gelte.

Da die Nigromantie im wesentlichen als Mischung zweier Traditionen, der exorzistischen und der astralmagischen, zu verstehen ist, verwundert es nicht, wenn in Beschwörungszeremonien bisweilen auch Geister anzutreffen sind, deren Status unentschieden zweideutig zu sein scheint. Manche Quellen kennen „neutrale" Dämonen, die weder mit den Himmelskörpern in Zusammenhang stehen noch mit irgendwelchen Naturgewalten, die also weder Astral- noch Elementargeister sind. Das Münchener Handbuch erwähnt an einer Stelle Geister, die in Gestalt von Seeleuten erscheinen und den Nigromanten in ein Zauberboot einsteigen lassen, und diese seien „zwischen gut und böse, weder in der Hölle noch im Paradies". Cecco d'Ascoli berichtet von Wesen, die Oriens, Amaymon, Paymon und Egim heißen und über die vier Himmelsrichtungen herrschen, Legionen von rangniedrigeren Geistern stehen in ihrem Dienst. An einer Stelle des Münchener Handbuchs wird dem Nigromanten empfohlen, sich zu guten Zwecken guter Geister zu bedienen und zu bösen Zwecken teuflischer Dämonen, aber in der Praxis sind die Dinge nicht immer so schön geordnet: Es werden gute wie böse Wesen zu moralisch guten wie schlechten wie auch moralisch indifferenten Werken gerufen.

Erschienen aber wirklich überhaupt jemals gütige Wesen, oder waren es vielleicht immer und in jedem Fall Dämonen, die sich nur manchmal als Engel des Lichts ausgaben? Ein Kriterium dafür, daß ein Wesen von den Rechtgläubigen als Engel anerkannt wurde, war der Name. Nach der Lehre der Kirche waren lediglich Gabriel, Michael und Raphael gute Engel, deren Namen bekannt waren. Bereits im 8. Jahrhundert wurden Priester, die sich im Gebet an die Engel Uriel, Raguel, Tubuel, Adin, Tubuas, Sabaok und Simiel wandten, von den Bischöfen streng gerügt, weil dies ganz unvertraute Namen seien, die auch schon bei den Oberhirten früherer Zeiten den Verdacht erweckt hätten, daß es sich nur um *gefallene* Engel handeln könne.[18]

Die Haltung, die man den unverhohlen bösen Geistern gegenüber an den Tag legt, ist nicht einheitlich. Das Münchener Handbuch empfiehlt einmal dem Nigromanten, solche Dämonen mit dem frommen Wunsch willkommenzuheißen: „Der Herr in seiner Barmherzigkeit möge dich in deine alten Rechte wiedereinsetzen", in seinen Status, den er *vor dem Fall* hatte, ist vermutlich gemeint. Selbst ein Autor, der sich an der Grenze des Orthodoxen bewegte, mochte in solchen Fällen dazu neigen, vorsichtig zu taktieren.

Cecco d'Ascoli sagt, daß Floron aus der Schar der Cherubim stamme, daß er zahlreiche geheime Dinge in der Natur kenne, daß er in einem Spiegel gefangen sei und mit zweideutigen Orakelsprüchen schon viele Leute betrogen habe. „Hüte dich also vor diesen Dämonen, denn letzten Endes haben sie es nur darauf abgesehen, Christen hinters Licht zu führen und sie unserem Herrn Jesus Christus abspenstig zu machen."[19]

Nigromantische Schriften enthalten bisweilen Listen, in denen die Geister und ihre Gestalten, Kräfte und Attribute katalogartig aufgeführt sind. In einem französischen Manuskript des 15. Jahrhunderts finden sich beispielsweise: Bulfas, ein sehr vornehmer Herr, der gern Streit und Krieg entfacht; Gemer, ein mächtiger König, der Kräuterkunde, aber auch alle anderen Wissenschaften lehrt, der die Menschen krank oder gesund machen kann; Machin offenbart den Menschen Kräfte, die in Kräutern und Edelsteinen verborgen liegen, und er trägt den „Meister" von einer Gegend der Welt in eine andere.[20] Wenn man die Dinge in dem Licht, das solche Texte verbreiten, betrachtet, so kann man besser verstehen, weshalb Kritiker der magischen Wissenschaft sogar in der Kräutermedizin des Volks dämonische Einflüsse am Werk glaubten: Die Nigromanten selbst waren ja davon überzeugt.

Es ist ganz allgemein und in jedem Fall ein schwieriges Unterfangen, in die Geisteswelt der Nigromanten einzudringen, bei manchen ihrer Schriften aber scheint es von vornherein zum Scheitern verurteilt zu sein. Ein klassisches Beispiel für diese Gattung ist der *Liber iuratus,* der einem gewissen „Honorius, Sohn des Euklid", zugeschrieben wird.[21] Die offenkundig frei erfundene Vorgeschichte des Buchs ist diese: Als der Papst und seine Kardinäle immer stärker die magische Wissenschaft verfolgten und bedrängten, hielten neunundachtzig Magier aus Neapel, Athen und Toledo eine Konferenz ab, bei der Maßnahmen beschlossen wurden, das Überleben der Kunst zu sichern. Man beauftragte jenen Honorius, ein enzyklopädisches Werk zusammenzustellen, das alles wesentliche enthalten sollte. Aus Furcht, es könnte in falsche Hände geraten, einigte man sich darauf, daß nicht mehr als drei Exemplare des Werks angefertigt werden sollten und daß diejenigen, die eines davon in ihrem Besitz hatten, es nur an einen erprobten Schüler weitergeben dürften. Wenn aber kein geeigneter Erbe da sei, so sollte der Besitzer das Buch vor seinem Tod an einem geheimen Ort vergraben. Der Text besteht im wesentlichen aus „Gebeten", teils lateinisch, teils in einem Idiom, das den Eindruck des Hebräischen zu erwecken sucht. Es werden auch Räucherzeremonien beschrieben, außerdem erfährt man die Namen von Engeln. Kabbalistischer Einfluß zeigt sich am klarsten in den Vorschriften, die bei der Konstruktion eines magischen Pentagramms beachtet werden sollen. In der Hauptsache jedoch handelt das Werk von Geisterbeschwörungen. Die Geister, an die der Zelebrant sich wendet, sind weder eindeutig diabolisch, noch sind sie eigentliche Engelwesen, sie ähneln mehr den Geistern, die wir aus der Astralmagie kennen – obwohl ansonsten in dem Werk wenig zu bemerken ist, was auf Einflüsse aus der Astrologie hindeutet.

Die Gebetsformeln, die in der Schrift überliefert sind, können verschiedenen Zwecken dienen, ein letztes und höchstes Ziel schimmert freilich überall hindurch: das Angesicht Gottes zu erblicken.[22] An einer Stelle ermahnt der Autor den Magier, regelmäßig zur Messe zu gehen und fromme Werke zu tun und er solle seine Künste nicht zu bösen Zwecken verwenden, denn das führe zur ewigen Verdammnis. Und doch ist die Liste der Zwecke, die mit Hilfe dieser Magie erreicht werden können, überaus reichhaltig, und keineswegs alle sind edel. Der Magier kann seine Künste benutzen, um Kenntnis von den Kräften der Pflanzen und von verborgenen Dingen überhaupt zu erlangen, er kann aber auch verschlossene Türen öffnen, Menschen krank machen und sogar töten, Länder und Reiche verwüsten und noch mancherlei andere Dinge tun, die man üblicherweise nicht zu den frommen Werken rechnet. Der Autor war vielleicht fest davon überzeugt, daß diese Art der Magie nichts Dämonisches an sich hatte, aber kein Inquisitor hätte den guten Glauben hier als Entschuldigung gelten lassen.

Hinweise auf die überaus komplizierte Geisteslage der Nigromanten können wir auch einer Handschrift des 15. Jahrhunderts, die einen Liebeszauber beschreibt, entnehmen. Die Überschrift lautet: „Experimente, die König Salomon, als er einmal um die Liebe einer edlen Königin warb, ersann und die natürliche Experimente sind." Es folgt eine Aufzählung magischer Kunststücke – vermutlich ist der Autor der Meinung, Salomon habe damit die Geliebte unterhalten. Es wird verraten, wie man einen hohlen Ring springen und durchs ganze Haus laufen läßt, wie man Feuer im Hemd oder in der bloßen Hand trägt, wie man eine Person dazu bringt, sich nackt auszuziehen oder aber Feuer zu speien, und dergleichen mehr. Mit Hilfe solcher Tricks bahnt man sich, so wird angenommen, den Weg ins Herz der Geliebten. Ganz zum Schluß jedoch erscheint ein völlig neuer Ton in der Beschreibung der „Experimente": Mögen alle übrigen, die genannt werden, noch als „natürliche Experimente" durchgehen, so läßt sich das vom letzten gewiß nicht behaupten. Es wird nämlich nun beschrieben, wie man, und zwar an einem Tag und zu einer Stunde, da Venus dominant ist, einen Ring aus Blei verfertigt, dann wartet, bis es Nacht wird – in dieser Zeit darf man aber nichts essen –, und auf freiem Feld das Blut einer Taube als Opfer darbringt. Mit diesem Blut schreibt man auf Hasenhaut den Namen und das Zeichen des „Engels" Abamixtra. Wenn man diese Zeremonie ausgeführt hat, braucht man sich mit dem Ring in der Hand der begehrten Frau nur zu nähern, so wird sie gehorsam alles tun, was man von ihr verlangt. Einzelne wichtige Wörter in der Beschreibung sind verschlüsselt, aber doch nicht genug, um den Sinn zu verbergen.[23]

Das eigentlich Erstaunliche an diesem Text ist die Mischung offenbar harmloser Tricks mit scheinbar ganz ernster Nigromantie. War der Autor tatsächlich ein Anhänger der dämonistischen Magie, der versuchte, unter dem Mäntelchen heiterer Spielereien schwarze Ware einzuschmuggeln? Oder war er bloß ein Spaßvogel, der seine Tricksammlung krönend schloß, indem er einen mysteriös wirkenden nigromantischen Hokuspokus anfügte? Die plausibelste Erklärung ist vielleicht die, welche jene beiden zusammennimmt: Ein Mensch kann einmal ernst und ein anderesmal heiter gestimmt sein, und in der Magie kann es Dinge geben, die mehr zu dieser, und andere, die mehr zu jener Stimmung passen. Es ist nicht unwahrscheinlich, daß Leute, die sich anfangs nur für eine bestimmte Form der Magie interessierten, mit der Zeit auch andere Zweige dieser Kunst kennenlernten und darin zumindest dilettierten.

Nigromantie in der Exempla-Literatur

Le pèlerinage de vie humaine (deutsch unter dem Titel „Die Pilgerschaft des träumenden Mönchs" bekannt), ein allegorisches Gedicht von Guillaume de Deguilleville (gest. nach 1358), das von John Lydgate (ca. 1370–1449) ins Mittelenglische übersetzt wurde, berichtet in einer Episode davon, wie der Pilger einen Boten der (personifizierten) Nigromantie trifft. Der Bote erzählt, seine Auftraggeberin betreibe eine Schule und er selbst sei einer ihrer Zöglinge. Die Leute, die diese Anstalt besuchten, seien sämtlich von Frau Cupiditas („Gier", „Habsucht") empfohlen. Die Schüler lernten dort, wie man Geister herbeizitiert und sie dazu bringt, Fragen zu beantworten oder Befehle auszuführen. Die Macht, die Geister zu bannen, komme letztlich vom Großen König her, von Gott also. Um dem Pilger eine konkrete Vorstellung von diesen Dingen zu vermitteln, zeichnet der Bote einen Kreis mit allerlei magischen Zeichen auf die Erde (s. Abb. 17). Aus jener Akademie seien etliche berühmte Geistesgrößen hervorgegangen, er nennt Salomon, Vergil, Cyprian und Abaelard. Der Pilger wendet ein, er wisse aber doch genau, daß zumindest Salomon und Cyprian ihr Tun vor ihrem Tod bereut und Buße getan hätten. Und mit Recht, denn diese Künste seien teuflisch und verdammenswürdig! Der Bote aber läßt sich davon nicht beeindrucken, und der Pilger muß schließlich noch froh darüber sein, daß er, als die Nigromantie in eigener Person erscheint, ohne Schaden davonkommt.

Wir erfahren aus der Geschichte nichts Genaueres über den Boten. Er ist Schüler oder Student, wird aber nie ausdrücklich als „Kleriker" bezeichnet, und er ist einer „Meisterin" untergeben, die ihm irgendeine Art von Unterricht erteilt. Die Nigromantie trägt zum Zeichen ihrer Würde ein Buch mit dem Titel Der Tod der Seele; das ist nicht bloß allegorisch zu verstehen – eine nigromantische Schrift mit diesem Titel gab es tatsächlich. Dennoch verdankt die Szene mehr der Tradition der Exempla-Literatur als irgendwelchen anderen, gattungsfremden Quellen.

Prediger, die ihr Publikum zur Abkehr von der Sünde bewegen wollten, erzählten oft erbauliche exempla, Geschichten von Fällen also, an denen man sich „ein Beispiel nehmen" kann und soll, und unter diesen Anekdoten waren auch Legenden über Magier. Manche dieser Stoffe waren sehr weit

*Abb. 17: Der Pilger trifft einen Studenten der Nigromantie;
aus Lydgate, Pilgrimage of the Life of Man.*

verbreitet und populär, etwa die von Theophilus, der bei einem jüdischen
Magier lernte, wie man einen Pakt mit dem Teufel schließt: man sagt sich
von Christus los und übergibt dem Bösen ein Dokument, in dem man sich
ihm „überschreibt". Später bereute Theophilus seine Tat, hatte aber keine
Möglichkeit, an das Vertragsdokument heranzukommen. Er betete zur Jungfrau Maria, die ihm half, seine Seele zu retten. Die Legende ist schon im
6. Jahrhundert in Kleinasien entstanden und in zahlreichen Variationen immer wieder erzählt worden; der Stoff liegt auch den Geschichten vom Doktor Faust zugrunde.

Der Zisterziensermönch Caesarius von Heisterbach (ca. 1180–1240) erzählt in seinem *Dialogus miraculorum* etliche Exempla zur Magie. Eine
handelt von einem Ritter, der nicht an Dämonen glaubt und der einen Kleriker, der „berüchtigt war wegen seiner Geschicklichkeit in der Kunst der
Nigromantie", bittet, er möge doch einige dieser Unholde herrufen und ihn
so von seiner Skepsis befreien. Der Kleriker sträubt sich anfangs, führt aber
schließlich doch den Ritter an einen Kreuzweg, zeichnet einen Kreis in den
Staub und schärft dem Ritter ein, daß er diesen Kreis auf keinen Fall verlassen solle, weil er sonst den Dämonen wehrlos ausgeliefert sei. Die Geister
erscheinen und versuchen den Ritter einzuschüchtern, sie lassen den Wind
heulen, Schweine grunzen und bieten allerlei andere Mittel auf. Zum Schluß
kommt der Teufel selbst in schrecklicher, turmhoher Gestalt, gehüllt in ein
dunkles Gewand. Der Böse stellt sich als nützlicher Diener seiner Lieben vor,
unter die er auch den Kleriker, der ihn gerufen hat, rechnet. Er zählt dann
detailliert alle Sünden des Ritters auf und beweist damit, daß ihm nichts
Böses verborgen ist. Er bedrängt den Ritter mit verschiedenen Angeboten,
die dieser aber alle zurückweist. Schließlich streckt er die Hand nach dem
armen Sünder aus, als ob er ihn fassen und mitnehmen wollte, der schreit auf
vor Entsetzen, der Kleriker eilt ihm zu Hilfe, worauf der Teufel verschwindet.
Der Ritter behält sein Leben lang eine totenartige Blässe im Gesicht und
wandelt von Stund an auf frommen Wegen.[24]

Die Geschichte enthält drei für die Exempla nigromantischen Inhalts typische Motive. Erstens der magische Kreis, der eine Schutzfunktion hat. An
anderer Stelle berichtet Caesarius von einem Priester, der diese Grenze über-
schreitet und vom Teufel so schwer verletzt wird, daß er bald darauf stirbt. In
wieder einem anderen Exempel ist es der Anblick einer schönen Frau, der
dem Klienten des Nigromanten „den Kopf verdreht": er verläßt den Kreis,
woraufhin der Böse die Metapher vollends wahrmacht und ihn so umbringt.[25] Dieses Motiv vom schützenden Kreis, das immer wieder in den
Geschichten erscheint, das aber wohl keine Basis in der realen nigromantischen Praxis hat, wurde wohl erfunden, um die Gefahr in ein Bild zu übersetzen, in die sich jeder begibt, der sich mit der Nigromantie einläßt; das Bild
sagt gewissermaßen: Schon ein einziger Schritt in die falsche Richtung, und
du bist für ewig verloren.

Zweitens wird der Teufel als ein lügenhafter und unzuverlässiger Diener
dargestellt. Dieses Motiv wird bei Johannes von Frankfurt hübsch ausgeführt: Ein Bischof verschreibt sich einem Dämon, der seine Karriere fördert
und ihm viel Ehr', allerdings auch viel Feind' verschafft. Eines Tages greifen
die Feinde seine Burg an, und es stellt sich die Frage, ob er vor ihnen fliehen
soll. Der Dämon gibt ihm den Rat – so jedenfalls versteht ihn der Bischof –:
„Tu's nicht! In Deckung bleiben! Deine Feinde rücken mit schwacher Macht
an und werden dir unterliegen." Der Mann ist frohen Muts und bleibt – die
Burg wird erobert, und er wird auf dem Scheiterhaufen verbrannt. Bevor er
aber seine schwarze Seele aushaucht, erklärt ihm der Dämon noch, daß es

mit seiner Prophezeiung schon seine Richtigkeit gehabt habe, man müsse nur in dem lateinischen Text die Wortgrenzen anders setzen und die Interpunktion korrigieren, dann ergebe sich der wahre Sinn: „Tu's! Nicht in Deckung bleiben! Deine Feinde rücken mit dreifacher Macht an und werden unter dir Feuer legen."²⁶ Was konnte der Dämon dafür, wenn der Bischof ihn falsch verstand? Die Moral der Geschichte paßte für Nigromanten wie für andere Leute: Wer Dämonen traut, kriegt, was er verdient.

Ein drittes Charakteristikum solcher Exempla ist die Lehre, daß Umkehr und Reue immer möglich sei. Die Strategie guter Prediger jener Zeit ist die, zuerst Furcht und Schrecken zu erzeugen und anschließend Hoffnung am Horizont erscheinen zu lassen. Caesarius berichtet in einem seiner Exempla von einem Studenten, der dank teuflischer Hilfe zu einer Leuchte der Wissenschaft wird. Als Gegenleistung wird von ihm lediglich verlangt, daß er einen Stein, den der Böse ihm gegeben hat, bei sich trägt und so dem Teufel ein Minimum an Verehrung bezeugt. Dem Studenten wird nach einer Weile doch angst um sein Seelenheil, er wirft den Stein weg, verliert damit alle seine erschwindelte Gelehrsamkeit, rettet aber seine Seele. In wieder einem anderen Fall, der sich in Toledo abspielt, kommt es gar so weit, daß der Schüler eines Nigromanten bereits wirklich vom Teufel geholt worden ist; sein Meister muß alle Verhandlungskunst aufbieten, um ihn aus der Hölle zu erlösen. Der Schüler, der dem Leben wiedergegeben ist, verläßt Toledo und büßt für seine Sünden in einem Zisterzienserkloster.

Diese Geschichten müssen ziemlich wirkungsvoll gewesen sein und haben wohl einige Furcht vor der Nigromantie bei der frommen Hörerschaft erweckt. Und es wird sich diesen Leuten auch unvermeidlich die Frage gestellt haben: „Was hat das alles mit *uns* zu tun?" Gewiß, fast alle Anzeichen sprechen dafür, daß die Legenden ganz recht haben, wenn sie in der Rolle des Nigromanten ausschließlich Kleriker auftreten lassen: Nur wenige Laien hatten genügend Kenntnisse im Lateinischen und in der Liturgie, um mit Beschreibungen, wie wir sie im Münchener Handbuch und anderen Quellen finden, etwas anfangen zu können. Trotzdem werden sich die Laien, die immer wieder solche Geschichten zu hören bekamen und selber weitertrugen, gefragt haben, ob es nicht auch in ihrer Umgebung Leute gab, die in dämonistische Praktiken verstrickt waren: Wenn sogar Geistliche zu solcher Sünde verführt werden konnten, waren dann nicht erst recht diese oder jene alte Frau oder auch der Dorfheiler verdächtig, die allerlei seltsame Dinge mit Kräutern und abergläubischen Sprüchen trieben? War nicht vielleicht das, was diese Leute taten, auch Nigromantie? Der Historiker wird wohl dazu neigen, diese letzte Frage mit aller gebotenen Vorsicht und den gehörigen Differenzierungen zu verneinen, die Zeitgenossen freilich verfuhren oft weit weniger skrupulös.

VIII

Verbot, Verdammung, Verfolgung

Es gab Gründe genug, die Magie abzulehnen. Wer sich mit tückischen Dämonen einließ, schwebte ständig in Gefahr, die Kontrolle über sie zu verlieren und schweren Schaden an Leib und Seele zu erleiden. Und selbst offenbar harmlose Zauberkunststücke, die lediglich der Unterhaltung dienten, waren doch, um das mindeste zu sagen, Werke des Leichtsinns und der Eitelkeit. Magier verstiegen sich dazu, in göttliche Geheimnisse eindringen zu wollen, oder maßten sich Schöpferkräfte an. Ihre Wissenschaft verleitete zu ketzerischen Ansichten, speziell was die Dämonen, ihre Kräfte oder ihren Rang und Wert in der Ordnung der Welt betrifft. All dies sind Argumente, die in der mittelalterlichen Diskussion angeführt wurden. Das wichtigste Motiv für die weltliche Gesetzgebung, sich um die Magie zu kümmern, war relativ einfach: Diese Techniken konnten schweren Schaden anrichten. Für die moralische und theologische Verurteilung spielten noch zwei andere Gründe eine bedeutsame Rolle: Erstens bestand der Verdacht, daß die Magie sich dämonischer Kräfte bediene, und zwar auch dort, wo sie scheinbar mit natürlichen Mitteln arbeitete, zweitens machten sich die Magier der Blasphemie schuldig, weil sie Dinge des religiösen Kults in lästerlicher Weise verwendeten und heilige Worte mit unheiligen vermischten. In einer Zeit, da offener Unglaube der Religion wie der Magie gegenüber weit verbreitet ist, wird man im allgemeinen derartige Ängste kaum teilen können, wir müssen sie aber dennoch zur Kenntnis nehmen und uns klarmachen, einfach deswegen, weil wir sonst die historischen Fakten nicht verstehen können, welche Bedrohung die Magie für die Menschen einer Epoche bedeutete, in der jedermann von der Macht zauberischer Dinge überzeugt war.

Es ist in mancher Beziehung problematisch oder gar irreführend, zwischen moralisch-theologischer Verdammung auf der einen und weltlicher Verfolgung auf der anderen Seite streng zu unterscheiden. Wenn die Moralisten beweisen wollten, daß die Magie verwerflich sei, so führten sie als Argument oft auch Rechtsvorschriften an, die Gesetzgebung wiederum beruhte immer auf moralischen Prinzipien. Wie sehr moralische und juristische Überlegungen einander durchdringen, kann man an einem Holzschnitt aus Deutschland ablesen, der im Jahr 1487 vor den Gefahren der Hexerei warnt (Abb. 18). In der Mitte ist eine Hexe mit Dämonen dargestellt, sie hat in der Hand eine Flasche, die vielleicht irgendeinen Zaubertrank enthält. In Kreisen um das mittlere Bild herum sehen wir verschiedene Autoritäten, die ausdrücklich die Magie verdammt haben oder deren Erfahrungen doch zur

*Abb. 18: Holzschnitt aus dem 15. Jh.,
der vor den Gefahren der Hexerei warnt.*

Warnung vor zauberischen Praktiken dienen können: König Saul, der Apostel Paulus, Jesaias, Papst Johannes XXII., ein Kaiser, der heilige Augustinus, die Theologen von Paris. In dem Kreis ganz unten ist der Teufel dargestellt, der ein aufgeschlagenes Buch in der Hand hat. Unter den Bildern sind die Texte, die zu den verschiedenen Autoritäten gehören, zitiert.[1] Es soll gezeigt werden, daß alle jene großen Männer im Kampf gegen die Zauberei einig sind, es spielt dabei keine Rolle, ob sie mit moralischen Gründen dagegen *argumentieren* oder aber per Erlaß magische Praktiken schlicht *verbieten*.

Obwohl beide Strategien somit Hand in Hand gehen, scheint es für unsere Zwecke doch nützlich, sie getrennt voneinander zu betrachten. Wir befassen uns zuerst mit den Verboten durch Rechtsvorschriften; diese wurden schon in früher Zeit entwickelt und später immer neu und unermüdlich wiederholt. Sie sind relativ unkompliziert und lassen an Deutlichkeit nichts zu wünschen übrig. Dann wenden wir uns der wesentlich schwierigeren Materie der moralischen Verdammung zu, wobei wir es mehr mit Texten und Zeugnissen aus dem späteren Mittelalter zu tun haben werden.

Gesetzliche Verbote

Gesetzliche Bestimmungen, die sich gegen die Magie richteten, wurden erstens von weltlichen Herren erlassen, also von Kaisern, Königen, städtischen Obrigkeiten etc., zweitens aber auch von der Kirche, deren Rechtssatzungen das ganze Mittelalter hindurch als bindend für Kleriker wie für Laien galten.[2] Das weltliche Recht sah verschiedene Strafen bis hin zur Todesstrafe für Magier vor, dabei richtete es seine Aufmerksamkeit aber mehr auf den Schaden, der durch Zauberei verursacht wurde, als auf die magischen Praktiken selbst. Die Kirche konnte dem ertappten Sünder eine Buße auferlegen oder ihn gar exkommunizieren; sie bestrafte nicht allein das Verbrechen, das an Menschen begangen wurde, sondern auch die Beleidigung, die der Magier Gott antat. Diese Unterscheidung soll und kann freilich nur allgemeine Trends anzeigen, in Einzelfällen zeigt sich immer wieder, daß die Grenzen keineswegs so scharf gezogen werden, wie man meinen könnte. Viele weltliche Herrscher ließen sich stark von kirchlichen Autoritäten beeinflussen und erließen Gesetze, die deutlich die Interessen des Klerus widerspiegeln, ja es kam sogar in manchen Fällen vor, daß kanonisches Recht ganz einfach in die weltliche Gesetzgebung übernommen wurde. Wenn wir in unserer Betrachtung von einer Zweiteilung der Rechtssphäre ausgehen, so entspricht das im allgemeinen durchaus den realen Verhältnissen, es soll damit aber nichts behauptet werden, was absolute Gültigkeit beansprucht.

Frühmittelalterliche Rechtstexte der verschiedenen germanischen Völker enthalten in aller Regel Bestimmungen gegen Schadenszauber. Ein westgotisches Gesetz aus dem 6. Jahrhundert spricht von fahrenden Zauberern, die sich von den Bauern dafür bezahlen lassen, daß sie Feldfrüchte und Vieh verhaßter Nachbarn verfluchen. Es ist auch die Rede von Zauberern, die Ungewitter und Hagelschlag herbeirufen. Es scheint aber in diesen Zusammenhängen kaum einen Unterschied zu machen, ob der Schaden mit magischen oder natürlichen Mitteln angerichtet wird; oft behandeln die Quellen Schadenszauber und Anschläge, die, wenn man so sagen kann, mit „normalem" Gift ausgeführt werden, in enger Verbindung miteinander, gerade so, als ob es sich um Spielarten ein und desselben Verbrechens handelte. Gesetzgeber, an deren Hof Kleriker einigen Einfluß hatten, kümmerten sich auch um religiöse Aspekte der Sache: Der Ostgotenkönig Theoderich (Reg. 493–526) droht zum Beispiel „Beschwörern" deswegen mit Strafe, weil sie heidnische Götter verehren, und der westgotische Text aus dem 6. Jahrhundert stellt fest, daß Zauberer unmöglich jemanden ums Leben bringen könnten, wenn ihre Praktiken nicht in irgendeiner Weise Götzendienst wären. Ganz offenbar waren die Verfasser dieser Texte (genauso wie viele Männer der Kirche) letztlich der Meinung, daß es keine eigentliche Naturmagie gebe, daß also Magie immer mit dämonischen Kräften arbeite.

Unter den weltlichen Herrschern des Mittelalters zeichnete sich Karl der Große durch eine besonders rigorose Politik der Magie gegenüber aus. In einem Kapitular für die eben unterworfenen Sachsen kündigte er an, daß alle, die der Zauberei oder Zukunftsdeuterei überführt würden, der Kirche als Sklaven dienen sollten, wer gar dem Teufel opfere (den germanischen Göttern, ist gemeint), solle hingerichtet werden. In seiner *Admonitio generalis* an das Reich verfügte Karl 789 Maßnahmen gegen die Magie. Man übernahm hier direkt Bestimmungen des frühen Kirchenrechts; diese waren in Canones niedergelegt, die Papst Hadrian mit der Bitte um Bestätigung an den Hof geschickt hatte. Karl der Große beruft sich in diesem Zusammenhang ausdrücklich auf Moses, der alle Zauberei strikt verboten habe.

Spätere Herrscher griffen immer wieder auf diese frühen Erlasse zurück, sie taten im allgemeinen wenig, sie weiterzuentwickeln. König Roger II. von Sizilien (Reg. 1112–1154) bedroht Giftmischer – unter die wohl auch die Leute gerechnet wurden, die *zauberische* Gifte benutzten – mit der Todesstrafe, und er scheint anzudeuten, allerdings ist hier seine Ausdrucksweise etwas vage, daß Liebeszauber ebenfalls mit dem Tod bestraft werden solle, selbst dann, wenn der Magier keinen Schaden angerichtet hat: Es zeigt sich hier die Vorstellung, daß die Magie *an sich* bereits etwas Böses sei, unabhängig von ihrer Wirkung also. In der Mehrzahl der Fälle freilich richtete sich die Aufmerksamkeit der weltlichen Herrscher auf die Gefahren, die von der Magie ausgingen, und nicht auf die Mittel, die jemand dabei benutzen mochte.

Was die kirchliche Praxis angeht, so fällt es einigermaßen schwer, eine scharfe Grenze zwischen Strafe und Buße zu ziehen. Wir haben oben bereits einmal die sogenannten Bußbücher erwähnt, Handbücher, die dem Priester Auskunft gaben, welche Bußen er seinen Beichtkindern auferlegen sollte. Die Strafen, die dort empfohlen werden, sind bisweilen recht hart: Wer versucht

hat, mit zauberischen Mitteln jemanden zu töten oder ein Unwetter herauf-
zubeschwören, soll drei Jahre lang bei Wasser und Brot fasten und dann
noch vier Jahre lang unter etwas milderen Bedingungen büßen. Das System
arbeitete, dem Prinzip nach jedenfalls, ohne Zwang: Der Sünder unterwarf
sich aus freiem Willen dem Priester und nahm die Strafe an. Dennoch gab es
Bußbücher, die auch Bestimmungen des offiziellen Kirchenrechts aufführ-
ten, was vermuten läßt, daß man keine strenge Unterscheidung zwischen
Gesetzesnormen und Bußvorschriften machte.

In den Details finden sich überall lokale und regionale Besonderheiten, der
allgemeine Charakter der Bußverfahren kann aber dennoch an einem Beispiel aufgezeigt werden, nämlich an einem Dokument, das im Jahr 800 von
einer Kirchensynode in Freising verabschiedet wurde. Es schreibt vor, wie
man vorgehen soll, wenn eine Person der Wahrsagerei oder Wetterzauberei
verdächtig ist, wenn sie Zaubersprüche rezitiert oder sonst Hexenwerk getrieben hat: Diese Person soll dem Oberhaupt der Diözese vorgeführt und
eingehend befragt werden – man hofft, daß sie ihr Verbrechen freiwillig
gesteht. Wenn nicht, so soll man sie der Folter unterziehen, jedoch ihr Leben
schonen. Die Delinquenten sollen so lange eingekerkert bleiben, bis sie sich
entschließen, Buße für ihre Sünden zu tun. Auf keinen Fall darf die Person,
etwa nach Zahlung einer Geldbuße, entlassen werden, ohne daß eine ordent-
liche Untersuchung des Falls stattgefunden hätte.

Es mag kirchlichen wie weltlichen Herren bisweilen so vorgekommen
sein, als ob alle Verbote und Erlasse wenig fruchteten. Man glaubt doch
einige Frustration herauszuhören, wenn die Bischöfe, die 850 in Pavia zu
einer Synode zusammenkamen, darüber Klage führen, daß die magischen
Künste immer noch blühten und gediehen, daß Zauberer wie eh und je
Menschen zu leidenschaftlicher Liebe oder zum Haß anstachelten oder gar
ums Leben brächten. Diese Bösewichter mußte die ganze Härte des Gesetzes
treffen, erst auf ihrem Sterbebett durften sie wieder in den Schoß der Kirche
aufgenommen werden. Ganz offenbar hatte sich im Lauf der Jahrhunderte
einige Erbitterung bei den Frommen angestaut – trotz aller Verbote, so jedenfalls empfanden es jene Oberhirten, war beim Volk von Besserung nichts
zu bemerken.

Neben der eigentlichen Gesetzgebung spielte im hoch- und spätmittelalterlichen Europa die juristische Wissenschaft mit ihren Gutachten und
Kommentaren eine bedeutende Rolle bei der Weiterentwicklung alter Auffassungen von der Magie. In das Rechtswesen hielten wissenschaftliche Bildung und akademisches Raffinement ihren Einzug, nachdem die Universitäten im Hochmittelalter begonnen hatten, Jurisprudenz zu lehren, und eine
Konsequenz dieses Prozesses war, daß man nun auch die Prinzipien, die der
Kriminalisierung der Magie zugrunde lagen, einer gelehrten Prüfung unterzog. Als um die dreißiger Jahre des 14. Jahrhunderts herum im Bistum No-
vara eine Frau der Hexerei beschuldigt wurde, suchte das zuständige Gericht
den Beistand des Bartolo von Sassoferrato, eines der prominentesten Rechts-

gelehrten jener Zeit. Dieser ging das Verbrechen von der religiösen Seite her
an und befaßte sich zuallererst mit dem Vorwurf der „Idolatrie", der Bilder-
oder Götzenverehrung also. Indem die Frau Magie trieb, habe sie Christus
und der Taufe abgeschworen, und also verdiene sie „nach dem Gesetz des
Evangeliums"[3], das höher sei als alle anderen Gesetze, den Tod. Weiter fand
Bartolo auch im Römischen und im Kanonischen Recht Gründe, die Frau
zum Tod zu verurteilen, da dort diese Strafe für das Verbrechen der Gottes-
lästerung vorgeschrieben war. Was aber ist zu tun, wenn sie ihre Sünden
bereut? Wenn der Richter zu der Überzeugung kommt, daß ihre Zerknirschung echt und von Dauer ist, so soll er ihr Leben schonen. An diesem
Punkt also überläßt der Experte die Entscheidung dem Richter. Zweitens
befaßt sich Bartolo mit den Verbrechen der Hexe an Menschen. Sie hatte
angeblich Kinder durch bloßes Anfassen getötet. Ist dergleichen überhaupt
möglich? Nun, die Mutter bezeugte, daß die Delinquentin die Kinder behext
habe, und daß sie tatsächlich gestorben waren, stand nicht in Zweifel. Soviel
Bartolo wußte, gab es durchaus Theologen, die der Meinung waren, daß
Zauberer durch bloßes Berühren, ja sogar mit dem Bösen Blick einen Menschen töten könnten – freilich, er selber, so betont er, sei hier nicht kompe-
tent, und er wolle diese Sache dem geschulten Verstand der Theologen und
„der heiligen Mutter Kirche" anheimstellen. Für unsere Zwecke ist die Arbeit des Juristen vor allem deswegen aufschlußreich, weil sie uns zeigt, mit
welchem bis dahin unerhörten Aufwand an Vorsicht und gelehrter Bedacht-
samkeit man nun Rechtsnormen auslegt und das Handeln der Justiz aus
Prinzipien herzuleiten versucht. Als im Spätmittelalter mehr und mehr Prozesse wegen magischer Verbrechen geführt wurden, geschah dies auf der
Grundlage von Gesetzen, die sich nur wenig von denen früherer Zeiten unterschieden; was sich dagegen sehr weitgehend fortentwickelt hatte, waren
die Richtlinien der Strafverfolgung, die „Ausführungsbestimmungen" also.

Moralische und theologische Verdammung

Schon spätantike Prediger und Moralisten hatten ihre Bannflüche gegen die
Magie geschleudert, und auch im späten Mittelalter sahen sich die Gegner
dieser Kunst genötigt, immer neue Verdammungsurteile auszusprechen: Das
Ärgernis dauerte fort und so auch der Kampf dagegen. Als im 13. Jahrhun-
dert die Volksprediger des Franziskaner- und Dominikanerordens auf die
Szene traten, machten sie bald die Magie und ihre Verdammung zu einem der
Standard-Themen ihrer Auftritte. Der Franziskaner Bernardino von Siena
(gest. 1444) sah nichts als moralische Ödnis und Verwilderung um sich her:
Die Leute suchten mit magischem Hokuspokus Kranke zu heilen oder die
Zukunft zu erfahren, sie betrogen in schändlicher Weise ihre Mitmenschen
mit illusionistischen Zauberkünsten, kurz: sie widmeten sich mit Eifer und
Andacht dem Aberglauben und scherten sich nicht um die Gebote der wah-

ren Religion. In ihrem Kampf gegen dieses Übel war Bernardino und anderen Predigern wohl genauso viel oder genauso wenig Erfolg beschieden wie in ihren Bemühungen, Trunksucht, Unzucht oder das Glücksspiel auszurotten. In der Regel beschränkten sich die Prediger darauf, die Laster mit Worten zu geißeln, bisweilen aber kam es doch vor, daß sie zur direkten Aktion übergingen. Bernardinos Biograph erzählt, der heilige Mann habe einmal allerlei Dinge, die in irgendeiner Weise magischen Zwecken dienten, zusammengetragen und verbrannt, darunter Heilmittel, die man in Zeremonien „besprochen" hatte, und Schriften mit geheimnisvollen, aber doch offensichtlich dämonischen Zeichen und Chiffren. Auch dort, wo er „Götzendienst" in anderer Gestalt antraf, wurde er aktiv: Er entdeckte in einer Ortschaft, daß dort der Brauch bestand, die Kinder zu einem Reinigungsritual, „gleichsam einer zweiten Taufe", an eine Quelle zu führen, und daß dort auch sonst verschiedene Zeremonien dem Teufel zu Ehren abgehalten wurden. Er berichtete empört seinen Mitbrüdern, und alle zusammen zogen dann mit Kreuzen in den Händen an jene Kultstätte, wo sie eine Hütte, die man dort errichtet hatte, zerstörten.

Prediger und Autoren wie Bernardino machen selten besonders feine Unterscheidungen; sie neigten eher dazu, Dinge, die wir heute als völlig verschieden ansehen, miteinander in einen Topf zu werfen. Ein solcher Autor fing damit an, daß er die Astrologie und die Zukunftsdeuterei verfluchte, zog dann über jene verrückten Weiber her, die sich einbildeten, sie ritten nachts mit Diana umher, geißelte dann die böse Sitte, Seelenmessen für Lebende lesen zu lassen, damit diese bald stürben, und erging sich weiter in Klagen über den Aberglauben im allgemeinen und über bestimmte abergläubische Vorstellungen, etwa die „Ägyptischen Tage" betreffend, im besonderen, auch über Zaubersprüche, die rezitiert oder aufgeschrieben wurden und die angeblich die Heilwirkung von Kräutern verbesserten, und anderes mehr – das alles in einer Diskussion, die eigentlich den „Konstellationen" am Himmel gewidmet ist.[4] Ähnliches ist auch in der Schönen Literatur, etwa in *Le pèlerinage de vie humaine* zu bemerken, wo die personifizierte *Hexerei* magische Bücher und Bilder bei sich trägt, Kräuter, die zu einer Zeit, da bestimmte astrologische Bedingungen herrschten, gesammelt wurden, Salben, eine Hand (als Zeichen der Chiromantie) und noch etliche andere Utensilien und Insignien. Ohne weitere Umstände erklärte man alles, was irgendwie in diesen Dunstkreis zu gehören schien, für Teufelswerk.

Die Sorge, die allen Betrachtungen der Moralisten zugrunde lag, war die, daß bei magischen Handlungen die Dämonen die Hand im Spiel haben könnten; dieser Verdacht war niemals ganz auszuschließen, mochte die Sache auch noch so unschuldig aussehen. Die meisten Christen konnten der Behauptung, die dämonistische Magie sei eine verwerfliche Kunst, ohne weiteres zustimmen, hier gab es wenig Meinungsverschiedenheiten; das eigentliche Problem entstand erst dann, wenn Klarheit darüber geschaffen werden mußte, ob ganz bestimmte Praktiken sich dämonischer Mächte bedienten oder nicht. Viele Leute hielten bereits jene magischen Praktiken für dämonistisch, bei denen lediglich fremdartige, unverständliche Wörter ausgesprochen wurden. Es bestand dann der Verdacht, daß es sich um Befehle in einer unbekannten Sprache oder um Namen von Dämonen handelte, daß also hier böse Geister herbeigerufen würden. Der „Hexenhammer" gibt dieser weitverbreiteten Furcht Ausdruck, wenn er darauf hinweist, daß Sprüche keine Elemente enthalten dürfen, die sich, sei es offen oder versteckt, an die Dämonen wenden, so etwa auch „unbekannte Namen".

Autoren des späteren Mittelalters, die immerhin eine gewisse theologische Bildung besaßen, versuchten präzis zu ertüfteln, bei welchen Formen der Magie wenigstens die Chance bestand, daß sie natürlich waren, und welche unbedingt und in jedem Fall dämonistisch sein mußten. Sie bemühten sich, die Grenze zwischen den beiden Gebieten zu bestimmen. Es ist einigermaßen erstaunlich, wieviel Macht diese Leute okkulten Naturgewalten zuzuschreiben bereit waren, Gewalten also, denen nichts Dämonisches unterstellt wurde. Autoren des 13. Jahrhunderts und späterer Zeit gingen so weit, anzunehmen, daß selbst der Böse Blick ein natürliches Phänomen sei. Manche unter ihnen, die auf arabische Quellen zurückgriffen, argumentierten, daß die Seele ja auch sonst in mancherlei Weise bei fremden Menschen körperliche Wirkungen erziele, und das erkläre sich aus der Tatsache, daß die Seele eben edler sei als der Körper und darum sowohl auf den Leib, den sie bewohne, wie auch auf andere Leiber Macht ausüben könne. Einige vertraten tatsächlich die Meinung, die Seele könne sogar auf unbelebte Materie wirken, etwa Dinge in Brand setzen und anderes mehr. Roger Bacon teilt unter Berufung auf antike Autoritäten mit, „eine menstruierende Frau, die in einen Spiegel blickt", affiziere diesen in der Weise, „daß sich dort eine wolkige, blutfarbene Trübung zeigt", und es gebe Frauen mit „doppelten Pupillen", die mit ihrem Blick Menschen töten könnten. Weiter seien physisch schwache oder kranke Personen oder solche, deren Seelen von Sünden durchsetzt seien, in der Lage, mit bloßen Gedanken Böses zu wirken, wenn sie es nur stark genug wollten. Bacon verstieg sich gar zu Spekulationen darüber, ob nicht vielleicht aggressive Wirkstoffe oder Wirkkräfte, wie jene Leute sie „verströmten", auch mit ballistischen Maschinen gezielt verbreitet werden konnten – er hatte dabei das Vorbild Alexanders des Großen im Sinn, der es, von Aristoteles instruiert, angeblich fertiggebracht hatte, mit einem Katapult eine höchst schädliche Basilisken-„Essenz" in eine belagerte Stadt zu schießen.

Eine äußerst diffizile Frage, die sich die Autoren stellten, war die, auf welche Weise Beschwörungen und Sprüche wirkten. Wilhelm von Auvergne denkt systematisch verschiedene Theorien durch und widerlegt sie, er schließt aber nicht die Möglichkeit aus, daß es irgendwelche natürlichen Ursachen für das Phänomen gebe. Nicolaus von Oresme meint, es komme nicht so sehr auf die Bedeutung von Wörtern an als vielmehr auf gewisse physische Eigenschaften, die auf die Einbildungskraft des Hörers einwirkten, und diese wiederum wirke dann auf den Körper.[5] Manche Autoren besaßen

ein weit fortgeschrittenes Verständnis davon, wie Prozesse der Autosugge-
stion ablaufen. In seiner Diskussion über Hellseherei und Aberglauben erklärt Ralph Higden, weshalb Prophezeiungen und Vorahnungen bisweilen
scheinbar von der Wirklichkeit bestätigt werden:

Wenn man etwas Gutes erwartet, so konzentriert sich der Geist darauf und strengt
sich an, aller Eifer und alles Bemühen wird aufgeboten – wenn ein Mensch hingegen
fürchtet, daß etwas Schlechtes auf ihn zu kommt, so erschlafft der Geist, wird passiv
und schwach, es fehlt der Mut, dem Übel zu steuern, und so nimmt es denn frei seinen
Lauf.[6]

Eine weitere Erklärung boten die Gestirne; wie wir bereits gesehen haben,
waren Philosophen und Theologen ja sehr oft bereit, den Himmelskörpern
allerlei wunderhafte Kräfte zuzuschreiben.

   Die Gelehrten mochten in der Natur noch so gewaltige, ehrfurchterre-
gende und geheimnisvolle Kräfte am Werk sehen, so waren sie doch keinesfalls bereit, alle und jede Magie für natürlich zu halten. Selbst dort, wo sie
ausdrücklich darauf verwiesen, daß diese oder jene Wirkung der Theorie
nach natürliche Ursachen haben könnte, neigten sie (ähnlich wie einst Augustinus) zu der Vermutung, daß auf irgendeine Weise Dämonen beteiligt
seien. Thomas von Aquin handelt das Thema mit einiger Ausführlichkeit in
seiner *Summa contra gentiles* ab. Er bestreitet nicht, daß gewisse magische
Effekte auf planetarische oder Sternenkräfte zurückzuführen seien, jedoch
sei nicht alle Magie so zu erklären. Die Magier beobachteten genau den
Sternenhimmel, sorgten auch dafür, daß etwa Kräuter, die sie verwendeten,
von günstigen Konstellationen beschienen würden, und erweckten so den
Eindruck, daß sie sich bei ihrem Tun ausschließlich auf die Gestirne verlie-
ßen. Bei manchen magischen Experimenten jedoch komme es darauf an,
einen Rat oder eine Information zu erhalten, und man befrage zu diesem
Zweck vernunftbegabte Wesen, zum Beispiel dann, wenn Diebesgut wieder-
aufgefunden werden solle. Manchmal ließen Magier auch Erscheinungen
auftreten und sprächen mit ihnen, und diese Gestalten gäben dann Informationen preis, die das gewöhnliche menschliche Wissen überstiegen. Alle Wirkungen, die bei derartigen Handlungen erzielt würden, könnten unmöglich
von Himmelskörpern herrühren. Diese könnten auch nicht Schlösser öffnen,
Leute unsichtbar machen, unbelebte Dinge sich bewegen und reden lassen.
Wenn Magier Beschwörungen rezitieren oder Zeichen und Chiffren aufschreiben, so wenden sie sich damit offensichtlich an vernunftbegabte Wesen, nicht an Dinge. Da aber die Magier solche Künste oft zu verwerflichen
Zwecken benutzen, kann kaum ein Zweifel darüber bestehen, daß es sich bei
diesen Wesen um Dämonen handelt.[7]

   Seit der Frühzeit des Christentums warnten Kirchenmänner immer wieder
vor den Gefahren, die entstehen, wenn jemand vorsätzlich oder auch bloß
fahrlässig Dämonen herbeiruft. Gegen Ende des Mittelalters, als die Furcht
vor der Magie allgemein war, vervielfachten sich diese Warnungen. Frauen,

die zu magischen Zwecken unter der Schwelle des Hauses magische Objekte vergruben, Leute, die einen Fluch über einen Apfel sprachen, erweisen so den Dämonen Reverenz oder opfern ihnen in der Hoffnung, daß diese ihnen zuliebe irgendeine Schandtat ausführen. Frauen und Männer, die an Quellen oder Teichen Zeremonien vollführen, um Hagelschlag und Sturm zu entfesseln, treiben, ob sie selbst es wissen oder nicht, in Wirklichkeit Dämonenbeschwörung. Selbst Frauen, die lediglich Kräutermedizin treiben, sind verdächtig, denn die Dämonen, so ist zu vermuten, kennen die Eigenschaften der Heilpflanzen und geben ihr Wissen an ihre Freundinnen weiter.

Viel Tinte mußte fließen in der gelehrten Auseinandersetzung über die Frage, ob die Dämonen, und in der Konsequenz dann auch die Magier, wirklich zu alledem, was ihnen die Leute zutrauten, imstande seien. Es galt dabei eine fein ausgewogene Balance herzustellen: Man durfte den Dämonen nicht zuviel Macht konzedieren, aber auch nicht zu wenig. Wenn man sie nämlich extrem mächtig erscheinen ließ, so drangen sie in Gebiete ein, die Gott vorbehalten waren. Es wäre beispielsweise als Beleidigung des Schöpfers, als Lästerung erschienen, wenn man behauptet hätte, die Dämonen könnten neue Geschöpfe erschaffen oder bereits existierende Dinge in ihrer Substanz verändern. Wenn also Dämonen Menschen in Esel oder in andere Tiere „verwandeln", so handelt es sich um Verwandlungen des äußeren Scheins, um illusionistische Kunststücke. Es gab Autoren, die in ähnlicher Weise die magische Manipulation des Wetters als Sinnestäuschung interpretierten, aber Theologen des 13. Jahrhunderts widersprachen dieser Auffassung und stützten sich dabei auf Exodus 9 und Hiob 1, zwei Stellen, aus denen man herauslas, daß Dämonen sehr wohl imstande seien, Unwetter herbeizurufen. Konnten sie sexuelle Impotenz auslösen? Aber ja, gewiß, so urteilten Thomas von Aquin und andere Gelehrte. In seiner Praxis begegneten Ulrich Molitoris, einem Juristen des späten 15. Jahrhunderts, zahlreiche Fälle, in denen Frauen behaupteten, ihre Männer seien impotent; die Ärzte aber bezeugten, daß es keine physischen Ursachen dafür gebe, und folglich mußte jemand die Männer behext haben. Konnten böse Geister Künftiges vorherwissen? Die meisten Gelehrten folgten hier Augustinus, der behauptet hatte, die Dämonen seien sehr klug und darum oft in der Lage, zutreffende Vermutungen über künftige Dinge anzustellen, aber das sei kein wirklich prophetisches Wissen, dies sei allein Gott eigen. Wenn aber magische Operationen wirklich Erfolg zeitigten oder wenn eine Prophezeiung sich als wahr erweise, sei dies nur ein schlau berechnender Trick der Dämonen, die auf solche Weise neue Anhänger gewinnen wollten. In dieser Absicht nähmen die Geister manchmal sogar menschliche Gestalt an, wobei sie einen Scheinkörper aus luftähnlicher Materie bildeten, aber es sei doch sehr zweifelhaft, ob diese menschenähnlichen Wesen Handlungen verrichten könnten, zu denen ein wirklicher Körper imstande ist, etwa zum Geschlechtsverkehr oder dazu, Nahrung zu verdauen. Die Theologen waren immer und in jedem Fall bemüht, etwas Dämonisches aufzuspüren oder doch wenigstens die Möglichkeit dämonischer Einmischung darzutun, und das erforderte mindestens genausoviel Ingenium wie das Unterfangen jener, die zeigen wollten, daß magische Effekte auf natürlichem Weg zustande kommen konnten.

Alle diese geistigen Anstrengungen führten zu zwei wesentlichen Schlußfolgerungen. Erstens: Viele Formen der Magie konnten mit natürlichen Mitteln zu ihrem Zweck gelangen, waren also nicht notwendigerweise dämonistisch. Aber zweitens: Alle Formen der Magie waren potentiell dämonistisch, in keinem Fall war das Wirken dämonischer Mächte von vornherein und mit Sicherheit auszuschließen. Selbst dann, wenn etwa der Zweck einer magischen Handlung überhaupt nicht in der Macht der Dämonen stand oder gar ihrem Wesen zuwider war, bestand dennoch die Gefahr, daß sie aktiv wurden und dem Magier listig statt des Gewünschten irgendein Trugbild lieferten. Die zweite jener beiden Feststellungen machte die erste, bis zu einem gewissen Maß jedenfalls, bedeutungslos: Was spielte es schon für eine Rolle, ob ein bestimmter magischer Effekt als Wirkung natürlicher Ursachen erklärbar war oder nicht, wenn der Verdacht, es könnten Dämonen beteiligt sein, im einen wie im anderen Fall weiterbestand? Die Moralisten des Spätmittelalters – wie die anderer Zeiten – neigten dazu, immer das Schlimmste anzunehmen, und Hinweise auf das Wirken böser Geister, Anzeichen, die bestätigten, was man erwartet hatte, waren jederzeit reichlich vorhanden.

Theologen und Moralisten bewegte aber nicht allein die Gefahr des Dämonischen bei ihrem Kampf gegen die Magie. Auch dann, wenn Praktiken und Bräuche des Volks nicht als dämonistisch anzusehen waren, konnten ihnen doch falsche, „abergläubische" Anschauungen zugrunde liegen, besonders was die Macht von Worten, Dingen oder symbolischen Handlungen betrifft. Solche irrigen Vorstellungen fassen die spätmittelalterlichen Autoren in dem Begriff der „superstitio", und sie erheben damit einen Vorwurf, der dem des Magischen nahe verwandt ist.[8] Das lateinische Wort für den „Aberglauben" bezeichnete ursprünglich die „Überbleibsel" heidnischer Tradition, Anachronismen also, die in christlicher Zeit fortleben. Im Spätmittelalter war das Heidentum als integrales System von Glaubensinhalten und Praktiken fast überall in Europa nur mehr eine ferne, verschwommene Erinnerung, und entsprechend unscharf wurde auch der Begriff der „superstitio", er wurde schließlich oft verwendet, um ganz allgemein den falschen Umgang mit religiösen Dingen zu bezeichnen, etwa wenn man einem kultischen Objekt Leistungen abverlangte, die außerhalb seiner Möglichkeiten lagen, wenn man mehr oder weniger frommen Bräuchen und Handlungen, die aber nicht von der Kirche gutgeheißen wurden, besondere Segensmacht zuschrieb oder wenn man an sich erlaubte oder gar gebotene Handlungen ohne die rechte Intention ausführte. Wenn ein Moralist annahm, daß es mehr die Absicht, die „Meinung" einer Person sei, die Kritik verdiene, nicht so sehr die eigentliche Handlung, so erhob er eher den Vorwurf des Aberglaubens als den der Magie. Gewiß, es gibt Fälle, wo sich die beiden Begriffe überschneiden, aber sie sind nicht deckungsgleich.

Wenn die Gelehrten den Gebrauch von Formeln und Sprüchen verdammen, so meist mit der Begründung, daß es sich hier um *abergläubische* Praktiken handle. Die Autoren des *Malleus maleficarum* erheben den Vorwurf, daß manche Sprüche gefälschte Bibelzitate enthielten, gemeint ist wohl: apokryphe Materialien. Wenn aber jemand echte Stellen aus der Bibel abschreibe, so müsse er sich davor hüten, betonen die Autoren, eitle Hoffnungen auf die mechanische Handlung oder auf bestimmte rein äußerliche Charakteristika und Begleitumstände zu gründen, denn das hieße ja, daß er *in den Worten und Zeichen* Macht vermute; er solle aber seine Aufmerksamkeit auf *die Bedeutung* des Texts richten, nicht auf materielle Dinge, und im übrigen bei seinem Tun nur immer fest auf Gott vertrauen. Andere Schriftsteller, zum Beispiel Johannes von Frankfurt, urteilen über gesprochene oder geschriebene Segensformeln mit noch strengerer Entschiedenheit. Solchen Sprüchen seien (anders als Kräutern und Steinen) gar keine verborgenen Kräfte eigen, und sie seien (anders als die Sakramente) auch nicht Vermittler göttlicher Kräfte. Sie seien weder von der Bibel noch von einzelnen Heiligen empfohlen und auch nicht durch die Kirche legitimiert, und folglich seien sie entweder Dämonen- oder bloßes Menschenwerk. Bereits die wilde Vielfalt derartiger Formeln lasse sie verdächtig erscheinen: Verschiedene Menschen verwenden verschiedene Texte, und doch behaupten alle, daß nur der genaue Wortlaut den Erfolg sichere. Mit einiger Vehemenz attackiert John Bromyard (14. Jh.) einen weit verbreiteten Segensspruch, der so lautet: „Der Zauber der heiligen Maria machte ihren Sohn heil vom Biß der Elfen, vom Biß der Menschen und fügte Mund zu Mund und Blut zu Blut und passend Stück zu Stück, und das Kind wurde gesund." Der Autor ruft voller Empörung aus:

Welcher Christ könnte diese Worte anders als lügnerisch nennen und dem katholischen Glauben zuwider! Hat doch die Mutter Gottes nie und nimmer etwas so Gottloses getan! Wie könnten sie die Kraft haben, Mensch oder Tier zu heilen?[9]

Wenn Gebete etwas bewirken, betont er, so ist der Grund dafür in der Frömmigkeit und Tugendhaftigkeit des Beters zu suchen, nicht im Gebet. Wenn man Geschichten aus zweifelhaften Quellen oder magische Sprüche in Gebete einmengt, so macht man diese nur lästerlich und verbessert ihre Wirkkraft nicht im geringsten.

Es kommt natürlich bisweilen vor, daß Dämonen Menschen zu abergläubischen Handlungen anstiften, mögen auch diese selbst sonst in keiner Weise etwas Dämonistisches an sich haben. So betrachtet ist ja die Sünde generell „dämonisch", nämlich dämonischen Ursprungs, weil es die bösen Geister sind, die zur Sünde verleiten. Dies hat vermutlich Johannes von Frankfurt im Sinn, wenn er ein Argument zurückweist, das Verteidiger von Segenssprüchen bisweilen ins Feld führen: Da die Worte, die sie benutzten, heilig seien, könne doch die Rezitation dieser Worte nicht unheilig oder gar teuflisch sein. Aber, meint Johannes, eben diese scheinbar logische Rechtfertigung ist selber trügerisches Teufelswerk.

Der Wirrwarr, der sich aus dem Widerstreit verschiedener Konzeptionen und Definitionen des „Aberglaubens" ergab, ist sehr schön am Beispiel des Gerichtsverfahrens, in dem sich 1405 Werner von Friedberg zu verantworten hatte, zu studieren.[10] Der Mann wurde nicht eigentlich magischer Verbrechen angeklagt, man machte ihm vielmehr zum Vorwurf, daß er bestimmte Ansichten zur Magie und verwandten Dingen vertrete: daß Segenszauber erlaubt sei; daß dies schon aus der Tatsache hervorgehe, daß die Kirche selber Asche, Palmzweige und anderes mehr segne; daß man die Namen der „Magier", der Heiligen Drei Könige also, verwenden dürfe, um epileptischen Anfällen vorzubeugen; daß man den Satz „Et verbum caro factum est" („Und das Wort ist Fleisch geworden") rezitieren dürfe, um Teufelsspuk zu vertreiben. Werner wurde angezeigt, weil er alles dies in der Predigt behauptet hatte, und so wurde er denn vor ein geistliches Gericht zitiert und verhört. Der Richter fragte ihn an einer Stelle, ob er denn *abergläubische* Segenssprüche zitieren könne. Werner sagte, er wisse nur einen einzigen, und der laute: „Christus wurde geboren, Christus war verloren, Christus wurde wiedergefunden, möge er heilen diese Wunden, im Namen des Vaters und des Sohnes und des Heiligen Geistes." Ja, er selber habe schon einmal Gebrauch davon gemacht, und der Segen habe gewirkt. Der Richter fragte ihn, was er denn seinen Beichtkindern sage, wenn diese ihm bekannten, daß sie Segenszauber getrieben hatten. Der Angeklagte antwortete, daß er ihnen das erlaube, nur wenn Dämonen angerufen würden, verbiete er solche Praktiken.

Werner teilte bei aller Großzügigkeit doch eine Sorge seiner Zeitgenossen: auch er fürchtete, daß unverständliche Wörter, wie sie in zahlreichen Formeln vorkamen, Dämonennamen sein könnten. Während er in seiner Antwort zu diesem Problem Stellung nimmt, scheint ihm jedoch völlig entgangen zu sein, daß die Untersuchung sich außerdem auch noch auf das Gebiet der „abergläubischen" Praktiken erstreckt. Als der Richter ihn fragt, ob er denn abergläubische Segenssprüche kenne, zitiert er einen Spruch, der eigentlich gar nicht recht in diese Kategorie gehört – und gibt dann ganz treuherzig zu, daß er selbst diesen Segen angewandt hat. Bei der Frage nach seinem Verhalten als Beichtvater erweist er sich noch einmal als inkompetent, was den Komplex der *superstitio* angeht: Er versteht offenbar selber nicht, worin eigentlich die Sünde des Aberglaubens besteht, er kann folglich seine Pfarrkinder nicht so, wie es seine Pflicht wäre, leiten und unterweisen.

Der Richter jenes Priesters war, ähnlich wie Bernardino, von reformerischem Eifer beseelt. Viele Menschen im Spätmittelalter empfanden eine Reform der Kirche „an Haupt und Gliedern", eine gründliche Um- und Neugestaltung also, die auch das Papsttum nicht verschonte, als dringend notwendig. Indem diese Leute abergläubische Überzeugungen und Praktiken bekämpften, strengere Normen als bis dahin üblich durchzusetzen und so das religiöse Leben des Volks auf ein höheres Niveau zu heben versuchten, trugen sie ihren Teil zur Erneuerung der gesamten Christenheit bei. Diese Männer gingen ihr Werk bisweilen mit ziemlich grober Hand an. Sie hatten

oft wenig Verständnis und noch weniger Sympathie für die im Volk verwur-
zelten Bräuche, die sie auszurotten suchten. Sie waren von frommem Eifer
durchdrungen, die Christenheit zu reinigen, alles Irrige und Unorthodoxe in
Gedanken und Werken mußte verschwinden. Viele Reformer jener Zeit versuchten die Mißstände durch Aufklärung zu beheben, in Predigten, durch
Belehrung in der Beichte, in Schriften, die das Bildungsniveau des Klerus
heben sollten. Diese Erneuerer hatten einiges mit den Reformatoren des
16. Jahrhunderts gemeinsam, wenn auch Luther und Calvin ganz andere
Vorstellungen davon hatten, wie und wo der Hebel, der die Dinge zurecht-
rücken sollte, anzusetzen sei. Um die historische Bedeutung dieser reforma-
torischen Bemühungen richtig zu verstehen, müssen wir sie als Teil einer
breiten Reformbewegung im Spätmittelalter begreifen.

Das Programm der Neugestaltung war bisweilen nicht allein zu rigoros
und wenig verständnisvoll, sondern es konnte auch ganz speziell frauenfeindliche Züge annehmen. Viele Moralisten waren der Meinung, daß die
Frauen, da sie moralisch wie intellektuell schwach seien, sich besonders
leicht zu Magie und Aberglauben verleiten ließen. Ulrich Molitoris schließt
einen Traktat, in dem er des langen und breiten die Kräfte und Fähigkeiten
der Dämonen abhandelt, ziemlich unvermittelt mit einer eindringlichen
Mahnung an die Frauen, vor allem sie sollten nur immer wachsam sein und
sich vor den Nachstellungen des Teufels in acht nehmen. Reformeifer verbunden mit einer Neigung zur Misogynie ergab eine höchst gefährliche und
aggressive Geisteshaltung, die, wie wir im folgenden sehen werden, von
rücksichtslosem Fanatismus geprägt war. Selbst dort aber, wo der Eifer der
Reformer pervertierte, wurzelte er doch in einer Sehnsucht nach dem Guten,
einem Willen zum gottgefälligen Leben, den auch nüchtern denkende Christen des Spätmittelalters teilten.

Typische Muster in der Praxis der Strafverfolgung

Bei den meisten der frühmittelalterlichen Strafprozesse wegen Magie, von
denen wir Kunde haben, und bei überraschend vielen aus späterer Zeit spielen hochgestellte, prominente Personen des politischen Lebens eine wichtige
Rolle, sei es als Verteidiger, als Ankläger oder als Delinquenten. Der Grund
dafür ist relativ einfach: Derartige Sensationsprozesse, in die Leute aus der
feinsten Gesellschaft verwickelt waren, erregten auch das Interesse der Chronisten, und daher ist die Wahrscheinlichkeit, daß Zeugnisse davon bis in
unsere Zeit erhalten bleiben, wesentlich höher, als wenn normale Sterbliche
abgeurteilt werden. Gregor von Tours (ca. 540–594) erzählt in seiner *Historia Francorum* von Anklagen wegen magischer Machenschaften am Königshof des 6. Jahrhunderts. Königin Fredegund zum Beispiel, die ganz allgemein
im Verdacht der Zauberei stand, wurde beschuldigt, die Schwester vergiftet
und verhext zu haben, mit denen ein feindlicher König erschlagen worden

Abb. 19: Verbrennung der Templer.

war. Im Jahr 899, als Kaiser Arnulf an einem Schlaganfall starb, machte man zwei Leuten den Prozeß, weil sie angeblich den Herrscher behext hatten. Ähnliches ereignete sich 1028, als Wilhelm von Aquitanien nach schwerer Krankheit starb; dem Gericht legte man Lehmfiguren vor und überführte so eine Frau der Bilderzauberei. Wir sind bereits Fällen aus dem 9. und dem 12. Jahrhundert begegnet, wo Könige mit magischen Mitteln an der Erfüllung ihrer ehelichen Pflichten gehindert wurden. Die große Zeit der Sensationsprozesse wegen magischer Verbrechen aber brach Anfang des 14. Jahrhunderts an. Damals wurden etliche Personen angeklagt, weil sie angeblich magische Anschläge auf Papst Johannes XXII. und den König von Frankreich verübt hatten. Der Prozeß gegen die Templer in den Jahren 1307–1314 ist ein klassisches Beispiel für ein Verfahren, das aus komplexen politischen und religiösen Gründen angestrengt wurde. Dieser spektakuläre Fall hat sicher einiges dazu beigetragen, die allgemeine Furcht vor der Magie zu steigern. Im Verlauf des Prozesses, der vom Königshof aus dirigiert wurde, beschuldigte man die Mitglieder jenes Ritterordens unter anderem, sie erwiesen einem „Zauber-Kopf" kultische Reverenz, ja sogar einer Katze. Kö-

nig Philipp IV.(Reg. 1285–1314) verfolgte die Absicht, den Orden zu ent-
machten und aufzulösen, um in den Besitz des Vermögens zu gelangen. Papst
Clemens V. (Pont. 1305–1314) – der erste einer Reihe von französischen
Päpsten des 14. Jahrhunderts, die in Avignon residierten und mehr oder
weniger von den französischen Königen abhängig waren – hatte keine Möglichkeit, sich Philipps Vorhaben entgegenzustellen und den Orden wirksam
zu schützen. Einige Templer wurden zu lebenslanger Haft verurteilt, andere
verbrannte man auf dem Scheiterhaufen. Auf einer Buchillustration aus dem
15. Jahrhundert, die eine solche Hinrichtung zeigt, sind der König von
Frankreich und der Papst zu sehen, die dem Schauspiel beiwohnen (Abb. 19).
Das ist zwar historisch falsch, symbolisch aber durchaus korrekt, weil hier
die Affäre, bei der freilich noch mehr Faktoren in komplexer Weise zusam-
menwirkten, als die „gemeinsame Sache" jener beiden Autoritäten dargestellt wird.[11] Das Phänomen derartiger Verfahren, die in irgendeiner Weise
mit der großen Politik zusammenhängen, begegnet dem, der sich für die
Geschichte der Magie im Mittelalter interessiert, mit einiger Regelmäßigkeit
immer wieder. Wenn es auch in manchen Perioden gehäuft, in anderen sel-
tener auftritt, so scheint es doch für das Mittelalter insgesamt typisch zu sein.

Über die Praxis der Verfolgung von Zauberern aus niedrigeren Schichten
der Gesellschaft wissen wir sehr viel weniger, immerhin sind doch vereinzelte
schriftliche Quellen über Strafaktionen erhalten, Berichte, die Schlaglichter
auf die Situation zu verschiedenen Zeiten werfen. Die Bürger von Köln etwa
stürzten 1075 eine Frau von der Stadtmauer, weil sie angeblich Männer mit
ihren magischen Künsten behext hatte. In Gent riß man 1128 einer „Zauberin" die Eingeweide aus dem Leib und trug ihren Magen im Triumph
durch die Straßen der Stadt. Ein ganz eindeutiger Fall von Lynchjustiz, wo
ein aufgebrachter Volkshaufe „Gericht hielt", spielte sich 1090 in Vötting
ab, zu einer Zeit, da es wegen verschiedener Fehden und Rivalitäten zwischen den örtlichen Machthabern keine funktionierende Obrigkeit in jener
Region gab. Drei Frauen wurden der Hexerei verdächtigt, ihnen wurde vorgeworfen, sie hätten die Felder verwüstet. Man veranstaltete ein „Gottesur-
teil" und unterzog die Angeklagten der „Wasserprobe", die sie lebend über-
standen, woraus eigentlich zu folgern gewesen wäre, daß sie unschuldig
waren. Es half ihnen nichts: Man peitschte sie aus, um sie so zu einem
Geständnis zu bewegen. Sie blieben aber weiterhin verstockt, und so verbrannte die tobende Menge sie schließlich ohne Geständnis bei lebendigem
Leib.

Die Gerichte der Lehensherrn in den Dörfern und städtische Gerichtshöfe
waren in ihren Urteilen bisweilen wohl nicht weniger rigoros, aber die Verfahrensweise ließ doch in aller Regel kein derart hohes Maß an Willkür zu.
Was speziell die Gerichte von Feudalherren angeht, so haben wir nur sehr
spärliche Nachrichten davon, in welcher Weise und wie weit sie mit solchen
Dingen befaßt waren. Im späten 10. Jahrhundert in England wurden einmal
eine Witwe und ihr Sohn für schuldig befunden, Nägel in das Bild eines

Mannes gestochen zu haben. Die Frau wurde daraufhin ertränkt, der Sohn
konnte fliehen und verfiel der Acht. Allerdings stammt die Information aus
einer Quelle, die mit lehensrechtlichen Konsequenzen der Sache zu tun hat,
also nicht direkt aus den Prozeßakten – wir erfahren nicht einmal, welches
Gericht den Fall verhandelt hat.[12]

Es ist schwierig, genau anzugeben, wann städtische Obrigkeiten für die
Verfolgung von Verbrechen der Zauberei zuständig wurden. Es läßt sich
allgemein feststellen, daß ab dem 11. und 12. Jahrhundert, als die Städte
stetig an Größe und Bedeutung gewannen, immer mehr Kommunen weit-
gehende Autonomie erlangten und auch die Strafjustiz in eigene Regie nahmen, und es ist wahrscheinlich, daß Zauberei von Anfang an zu den Delikten
gehörte, die unter städtische Gerichtsbarkeit fielen. Caesarius von Heisterbach erzählt uns von einem jungen Kleriker in Soest, der sich, um das Jahr
1200 herum, tugendhaft den Verführungskünsten einer Frau widersetzt
hatte. Als sie ihn, um sich zu rächen, daraufhin anzeigte, er habe sie behext,
war es ein städtisches Gericht, das den jungen Mann als Zauberer verbrennen ließ. Bis ins späte Mittelalter hielten die Munizipalgerichte am sogenannten „Akkusationsverfahren" fest, an der Praxis, nur auf Antrag tätig zu
werden, dann, wenn eine *accusatio*, die Klage eines Betroffenen, einging – sie
entwickelten also keine eigene Initiative bei der Strafverfolgung. Ein Fall
wurde nur dann verhandelt, wenn eine beleidigte Partei Klage erhob, selbst
die Beweislast trug und für ihre Sache einstand. „Dafür einstehen" bedeutete
aber ein ganz konkretes Risiko: Wenn der Kläger nicht beweisen konnte, was
er behauptet hatte, so mußte er üblicherweise die Strafe auf sich nehmen, zu
der andernfalls der Beklagte verurteilt worden wäre. Wenn also etwa ein
Mann seine Nachbarin beschuldigte, sie habe sein Vieh verhext, und er
konnte dem Gericht gute Beweise dafür vorlegen, so wurde diese Frau zum
Tod verurteilt, kam der Richter jedoch zu der Überzeugung, daß die Anklage
grundlos sei, so wurde der *Kläger* exekutiert. Es leuchtet ein, daß dieses
Verfahrensprinzip die Strafverfolgung einigermaßen stark behinderte, speziell dann, wenn es sich um Verbrechen wie das der Zauberei handelte, wo
sichere, handgreifliche Beweise rar waren.

Im Hoch- und Spätmittelalter ging die Zuständigkeit für die Verfolgung
von Zauberern mehr und mehr in die Hände von Inquisitoren über. Im
frühen 13. Jahrhundert führte Papst Gregor IX. (Pont. 1227–1241) die Praxis ein, Bevollmächtigte zu ernennen, die den Auftrag hatten, Häretiker aus-
findig zu machen. Bis dahin hatte man diese Aufgabe der Jurisdiktion der
einzelnen Bischöfe überlassen, da aber die Gefahr der Ketzerei als immer
bedrohlicher empfunden wurde, hielt der Papst es für notwendig, die Effizienz der Episkopalgerichte zu erhöhen, indem er ihnen solche Spezialisten,
die nicht ortsgebunden waren und bei Bedarf anreisten, zur Seite stellte. Es
setzte sich nun eine neue Verfahrensweise durch: das Akkusationsprinzip
wurde vom „inquisitorischen" verdrängt. Das bedeutet, daß jetzt eine Institution auf den Plan trat, die es sich zur Aufgabe machte, in eigener Initiative

Nachforschungen anzustellen, die Strafverfolgung einzuleiten und den Prozeß durchzufechten, die also nicht darauf wartete, daß eine geschädigte Privatperson klagte und die Verantwortung und die Beweislast trug. Dem Inquisitionsrichter standen die Mittel der Einschüchterung und des Zwangs einschließlich der Folter zur Verfügung, um den Angeklagten zum Geständnis zu bewegen. (Alle diese Methoden setzten sich im Spätmittelalter auch bei den weltlichen Gerichten durch, diese folgten im wesentlichen dem Vorbild der kirchlichen Justiz.) Die Chancen der Anklage, eine Verurteilung durchzusetzen, wurden, um das mindeste zu sagen, durch alle diese Neuerungen sehr verbessert. Zwar gab es im Prozeßrecht durchaus Bestimmungen, die verhindern sollten, daß durch die Folter Unschuldigen Bekenntnisse abgepreßt würden, aber das war graue Theorie, die in der spätmittelalterlichen Rechtspraxis weitgehend in Vergessenheit geriet. Derart mit beträchtlichen Machtmitteln ausgerüstet, zogen Dominikaner und Franziskaner, die als Inquisitoren fungierten, durch die Städte und Dörfer und unterzogen das religiöse Leben der Bevölkerung einer Prüfung von bis dahin nie gekannter Gründlichkeit und Systematik.

Ein Ratgeber für Inquisitoren aus dem 13. Jahrhundert listet zahlreiche magische Praktiken auf, die dem Richter bei Verhören begegnen können: Experimente mit spiegelnden Oberflächen, Dämonenbeschwörung, Verfahren mit magischen Kreisen, Opferhandlungen, die böse Geister zu Gegenleistungen veranlassen sollen, Verwendung von Totenschädeln oder anderen Teilen menschlicher Körper bei Feindschafts- oder Liebeszauber, abergläubische oder blasphemische Bräuche und Überzeugungen, etwa die, daß die „Ägyptischen Tage" fatale Bedeutung hätten, auch „Besprechen" von Kräutern, „Taufen" von Bildern, Verwendung der Hostie, von Chrisam, von Taufwasser bei magischen Zeremonien und anderes mehr.[13] Man kann sich nach der Lektüre dieses Handbuchs sehr gut vorstellen, wie der Verhörrichter von einem Verdacht zum nächsten gelangte: Wenn der Inquisitor einmal damit angefangen hatte, die Liste durchzugehen, lag es nahe, alle die aufgeführten Punkte der Reihe nach zu überprüfen und abzuhaken, „nur der Vollständigkeit halber" sozusagen.

Schon kurze Zeit nach der Ernennung der ersten Inquisitoren stießen diese gelegentlich auf Fälle von Zauberei. Einem Inquisitor wurde 1245 in Le Mas Saintes-Puelles eine Frau vorgeführt, die angeblich Magie trieb. Sie hatte ihren Nachbarn Amulette verkauft, die man an die Kleider geheftet trug – vielleicht handelte es sich um eine Form von Liebeszauber –, und sie betätigte sich auch als Heilerin. Es gelang ihr allerdings, den Inquisitor davon zu überzeugen, daß ihr Tun nichts Ketzerisches an sich habe; sie bekannte im Verlauf des Prozesses, sie glaube selbst nicht daran, daß von ihrer Magie überhaupt irgendeine Wirkung ausgehe.

Fälle dieser Art, so war zu befürchten, konnten leicht die Energie der Untersuchungsrichter allzu sehr in Anspruch nehmen und sie von wichtigeren Geschäften abhalten. Darum ermahnte Papst Alexander IV. 1258 und noch einmal 1260 die Inquisitoren, ihre Kräfte nicht damit zu vergeuden, daß sie Vergehen der Magie verfolgten, es sei denn, es bestehe zugleich Verdacht auf Ketzerei. Um die nicht-ketzerische Magie sollte sich die an den einzelnen Orten jeweils zuständige Obrigkeit kümmern. Inquisitoren, die solche Fälle an sich ziehen wollten, mußten nun behaupten, daß magische Handlungen *immer* ketzerisch seien, und das normale Verfahren, argumentativ zu dieser Behauptung zu gelangen, bestand darin, zuerst die Magie auf die dämonistische Magie zu reduzieren und dann aufzuzeigen, daß jeder, der sich mit Dämonen einläßt, notwendigerweise häretische Vorstellungen von diesen Geistern hat. Es fiel Nicolaus Eymericus und anderen nicht schwer, zu zeigen, daß die *Nigromantie* ketzerisch war, weil hier ja den Dämonen Verehrung erwiesen wurde. Die Gelehrten bewältigten aber nicht minder erfolgreich die schwierigere Aufgabe, die darin bestand, auch die in der Volkstradition überlieferten magischen Techniken als dämonistisch und ergo ketzerisch darzustellen. Man gelangte zu dem Postulat, es gebe neben den gewissermaßen „theoretischen" Häresien, die sich in explizit formulierten Irrlehren äußerten, eine Form praktizierter Ketzerei, die lediglich im Verhalten von Menschen sichtbar werde. Solche Argumente bestimmten Johannes XXII. schließlich dazu, dem Rat verschiedener Theologen folgend, seine Inquisitoren offiziell zu ermächtigen, gegen Nigromanten und Magier aller Art vorzugehen.[14]

Einige der Prozesse des späten Mittelalters scheinen tatsächlich gegen Nigromanten, im engeren Sinn des Worts verstanden, geführt worden zu sein. Ein Fall, der 1323 vor einem geistlichen Gericht in Château-Landon verhandelt wurde, betraf eine Gruppe von Mönchen, Kanonikern und Laien, die sich zusammengetan hatten, um den Dämon Berich zu beschwören; sie hatten aus Katzenhaut Riemen geschnitten, die sie in einem Kreis um sich her auslegten. In Florenz verurteilte 1384 ein Inquisitor einen gewissen Nicolló Consigli wegen verschiedener magischer Verbrechen zum Tod. Er hatte unter anderem Beschwörungen und exorzistische Zeremonien ausgeführt und sogar einen vergeblichen Mordversuch unternommen, wobei er sich sympathetischer Verfahren bediente und Luzifer, Satan und Beelzebub anrief. Consigli besaß nigromantische Bücher, die der Inquisitor, wie damals üblich, verbrennen ließ.[15] Wir haben in diesen zwei Fällen keinen Grund, daran zu zweifeln, daß die Delinquenten wirkliche Nigromanten waren. Es scheint überhaupt im Spätmittelalter und speziell im 14. Jahrhundert relativ viele Verfahren gegen Kleriker, die Nigromantie trieben, gegeben zu haben.

Aber nicht immer waren die Dinge so unkompliziert. Inquisitoren und andere Richter, aufgeschreckt von der Erkenntnis, daß die Schwarze Magie in manchen Kreisen einige Bedeutung gewonnen hatte, neigten bisweilen dazu, auch jene Leute, die sich lediglich mit naturmagischen Künsten befaßten, als Dämonisten zu verfolgen. Ein bischöfliches Gericht in Sleaford klagte 1417 einen Mann namens John Smith an, der angeblich „nigromantische Künste und Zauberei" getrieben hatte, er sei „unerlaubter und ver-

botener Beschwörungen und Anrufungen böser Geister" schuldig. Das
klingt so, als hätte dieser Mann sich an schwarzen Künsten versucht, wie sie
etwa im Münchener Handbuch beschrieben sind. In Wirklichkeit aber hatte
er lediglich versucht, telepathisch-hellseherisch einen Dieb zu entdecken, der
in die Kirche des Orts eingebrochen war. Er hatte das magische Verfahren,
mit dessen Hilfe er diesen frommen Zweck zu erreichen hoffte, nur ein
einziges Mal angewandt, und er war auch keineswegs der Meinung, er tue
etwas Unerlaubtes, ja, er berief sich sogar auf die Apostel Petrus und Paulus,
die Ähnliches getan hätten, wenn auch nicht klar wird, welche konkrete
Handlung jener Heiligen er dabei im Sinn hatte.[16] In den vierziger Jahren des
14. Jahrhunderts stellte ein Inquisitor in Florenz fest, daß Leute Kräuter, die
als Heilmittel oder bei harmlosen magischen Experimenten verwendet wurden, „besprachen", und er verurteilte etliche Personen, darunter eine Witwe,
einen Mönch und einen Gemeindepfarrer, zu Geldstrafen. Als der Inquisitor
sich einen Arzt vornahm, weil dieser ein medizinisches Kräuterbuch gekauft
hatte, das angeblich „Nigromantisches" enthielt, gab das Opfer nicht klein
bei, sondern wehrte sich und widersprach dieser Beurteilung.[17] Da die Begriffe der magischen Künste wenig genau definiert waren und je nach den
Konnotationen, die bisher oder jener damit verband, recht verschiedene Bedeutungen annehmen konnten, neigten entschiedene Gegner, die Zweifel
oder Mißverständnisse erst gar nicht aufkommen lassen wollten, natürlich
dazu, immer gleich die stärksten Ausdrücke zu benutzen.

Selbst dann, wenn jemand wirklich unerlaubte Magie praktizierte, konnte
es doch vorkommen, daß er oder sie unbehelligt blieb, bis irgend jemand
beschloß, die Sache zum öffentlichen Skandal zu machen. Die verschiedensten Faktoren konnten dazu führen, daß es zu einer derartigen Entwicklung
kam. Wenn man überhaupt versuchen will, etwas Allgemeingültiges darüber
zu sagen, so vielleicht dies, daß am meisten gefährdet Leute waren, die als
böse oder doch unangenehme Nachbarn galten. Dorothea Hindremstein, die
sich 1454 vor dem Stadtgericht von Luzern verantworten mußte, ist ein gutes
Beispiel.[18] Die Mutter dieser Frau war einige Zeit vorher in Uri als Hexe
verbrannt worden, und Dorothea hatte nur durch die Flucht demselben
Schicksal entrinnen können. Sie hatte später schwören müssen, nie mehr
nach Uri zurückzukehren. Ihre Nachbarn in Luzern, ja sogar ihr Ehemann
waren überzeugt, sie habe von ihrer Mutter die Gabe geerbt, anderen Leuten
Schaden anzuhexen. Eine Nachbarin sagte beim Prozeß aus, ihr Kind habe
einmal mit dem Dorotheas gestritten und es geschubst, so daß es in den
Schmutz fiel. Die Angeklagte sei aus dem Haus gelaufen und habe wütende
Drohungen ausgestoßen, das Kind der Zeugin werde noch an sie denken.
Keine zwölf Stunden vergingen, da wurde das Kind schwer krank und mußte
drei Wochen lang zu Bett liegen. Wer konnte daran zweifeln, daß der Fluch
der Hexe gewirkt hatte? Ein anderer Nachbar sagte, er habe sich immer sehr
davor in acht genommen, in irgendeine Auseinandersetzung mit Dorothea
zu geraten, denn es sei ja allgemein bekannt gewesen, daß mit ihr nicht gut

Kirschen essen sei. Er erzählt aber auch, daß andere Leute sehr wohl mit ihr Streit gehabt und schon bald die Folgen gespürt hätten: Ein halbes Jahr lang sei einer krank gewesen, eine schöne Kuh starb, bei einem anderen habe eine Kuh Blut statt Milch gegeben. Und wie hatte Dorothea all dies gemacht? Der Mann wußte es nicht – überhaupt hatten die Zeugen ganz allgemein kaum konkrete Vorstellungen von den technischen Einzelheiten des Hexenwerks –, er hatte nur Angst, daß lauter schlimme Dinge geschehen würden, wenn man die Hexe und ihre Familie am Leben ließe. Weiter sagte er nichts, aus Furcht vor der Rache der Delinquentin.

Dorothea entsprach in zahlreichen Einzelheiten dem stereotypen Bild der „alten Hexe". Viele der Frauen, die wegen Zauberei verfolgt wurden, waren alt und ohne Familie oder doch ohne Unterstützung von seiten ihrer Familie. Ohne Zweifel waren es in der Regel Frauen, die, ähnlich wie Dorothea, wenig Talent und Neigung hatten, anderen Leuten angenehm zu sein, die vielmehr ihrer Umgebung feindlich gesinnt waren, sie als feindselig empfanden und sich so auch wirklich verhaßt machten.

Es scheint so, als habe die Häufigkei von Verfahren wegen magischer Verbrechen in der zweiten Hälfte des 14. Jahrhunderts deutlich zugenommen, vor allem in der Schweiz und Italien. Es könnte freilich sein, daß sich dieser Anstieg zum Teil einer optischen Täuschung verdankt: Im 14. und im 15. Jahrhundert verdrängte Papier mehr und mehr das teure Pergament, es wurde ganz allgemein mehr geschrieben als vorher, und darum besitzen wir aus dieser Zeit eine relativ große Menge schriftlicher Quellen verschiedener Art, die Einblicke in viele Bereiche des Alltagslebens und der Kultur eröffnen. Indes ist dies gewiß keine hinreichende Erklärung; alles spricht dafür, daß in jener Zeit auch wirklich die Menge der Prozesse und nicht allein die der Dokumente zugenommen hat. Der Übergang vom Akkusations- zum Inquisitionsverfahren bei der weltlichen Justiz machte diese Entwicklung möglich: Da nun eine gute Chance bestand, eine Verurteilung auch tatsächlich durchzusetzen, und da ein Informant nicht mehr gezwungen war, die Rolle des Klägers und das in jenem System damit verbundene Risiko zu übernehmen, kamen solche Fälle wesentlich öfter als früher zur Verhandlung.

Indes ist doch die Zunahme der Häufigkeit zu jener Zeit nicht derart deutlich ausgeprägt, daß man daraus auf eine einzelne Ursache, ein bestimmtes Ereignis etwa, das in kürzester Zeit die sozialen Beziehungen der Menschen in Europa von Grund auf veränderte, schließen dürfte. Man könnte zum Beispiel vermuten, daß die Große Pest oder andere Katastrophen des Spätmittelalters Verzweiflung, Mißtrauen, Feindschaft unter die Menschen säten, daß sich all die Gefühle des Unglücks und hilflosen Hasses in den Hexenprozessen entluden. Derartige Verbindungen sind jedoch nirgends herzustellen: Hexen werden in aller Regel nicht beschuldigt, die Pest verursacht zu haben. Es begann eher mit Verdächtigungen der Art, daß eine Person aus Bosheit Kinder krank gemacht, den Mann der Nachbarin verführt habe, schuld daran sei, daß die Kuh keine Milch mehr gebe, oder an irgendwelchen anderen Unglücksfällen und Mißhelligkeiten, wie sie zu allen Zeiten vorkommen können.

Diese Verfahren wegen magischer Verbrechen sind für sich genommen gewiß von einigem Interesse, noch größer und ernster aber ist ihre Bedeutung im Hinblick auf die folgende Zeit: Sie ebneten den Weg für die radikale, rücksichtslose Verfolgung, die bald darauf einsetzen sollte.

Die Anfänge der Hexenverfolgung

Bereits im 14. Jahrhundert ist eine Steigerung in der Zahl von Verfahren wegen Zauberei festzustellen, noch weit dramatischere Formen aber nahm diese Entwicklung im zweiten und dritten Viertel des 15. Jahrhunderts an, und zwar besonders in Frankreich, Deutschland und der Schweiz. Und es ist nicht allein so, daß *mehr* Prozesse geführt werden als jemals zuvor, sondern diese unterscheiden sich auch *qualitativ* von den meisten Verfahren früherer Epochen. Weit öfter als früher weiteten sich Untersuchungen von Einzelfällen zu großen „Säuberungs"-Aktionen aus: Der Richter oder Inquisitor gab sich nicht damit zufrieden, einen Delinquenten abzuurteilen, er rief vielmehr die Bevölkerung des Dorfs oder der Stadt auf, Zauberer aufzuspüren und alle, die nur irgend verdächtig waren, dem Gericht anzuzeigen. Es ging jetzt nicht mehr nur darum, in konkreten Fällen, wo man einen Rechtsbruch vermutete, die Gerechtigkeit wiederherzustellen, sondern man wollte das Dorf, die Stadt von allen Übeltätern „reinigen". Auch der Charakter der Anklagen, die erhoben wurden, war anders: Es genügte nicht, lediglich zu zeigen, daß die Angeklagten Bilderzauber getrieben oder magische Tränke gebraut hatten, sondern man versuchte jetzt außerdem nachzuweisen, daß sie satanische Riten ausgeführt hatten, daß sie quasi Anti-Christen waren. Man gab sich also nicht mehr mit dem Vorwurf des Schadenszaubers zufrieden, auch nicht mit der Behauptung, daß Zauberei immer, mochten auch Intentionen und Überzeugungen des Zauberers noch so harmlos sein, in irgendeiner Weise Dämonisches *impliziere*, sondern der Richter bot alles auf, um die Magier als zutiefst bösartige Verbrecher darzustellen, die sich mit diabolischen Mächten gegen die christliche Religion und alle Christenmenschen verschworen hatten. Die Vorstellung vom Zauberer, der diesem oder jenem unter seinen Mitmenschen, weil er ihm aus ganz bestimmten Gründen feindlich gesinnt ist, etwas Schlimmes antut, verschwand, und auf der Szene erschien ein Heer von Hexen, die nichts Geringeres im Sinn hatten als die Vernichtung des Christentums. Wenn im Spätmittelalter von „Hexerei" oder von „Hexenkünsten" die Rede ist, so hat der Sprecher dabei neben dem Schadenszauber und anderen magischen Aktivitäten oft auch noch etwas anderes im Sinn: Die Hexe oder der Hexer ist nicht nur eine Person, die *zaubert*, sondern auch eine, die pervers religiöse Riten zu Ehren des Teufels zelebriert, und zwar in Gemeinschaft mit anderen Hexen.

Wie Fälle von recht simpler und offensichtlich harmloser Magie benutzt werden konnten, um eine Welle fanatischer Hexenverfolgung auszulösen, wird aus einer Predigt des Bernardino von Siena aus dem Jahr 1427 deutlich. Der heilige Mann spricht hier über verschiedene Sünden der „Selbstüberhebung" *(superbia)* und in diesem Zusammenhang auch speziell über Segenszauber und Wahrsagerei. Wenn Leute solche Künste treiben, so sagt er, so werden sie Gott abtrünnig und verehren den Teufel. Sogar magische Abwehrmaßnahmen gegen fremden Zauber sind von Übel: Wer die Macht des Zaubers zu brechen weiß, der weiß sie auch zu benutzen. Wenn also solche Leute an ein Krankenbett treten und sagen, sie wollten den Patienten heilen, so soll man nur immer laut schreien: „Ins Feuer! Ins Feuer!"

Bernardino führt dann als Vorbild das Volk von Rom an, wo er ebenfalls gegen zauberische Praktiken gepredigt hatte. Zuerst dachten die Leute dort, er gehe in seinem Eifer doch etwas zu weit, aber dann habe er sie eindringlich gewarnt und sie darauf hingewiesen, daß jeder, der die Übeltäter nicht anzeige, sich ihrer Verbrechen mitschuldig mache, und siehe da: nach kurzer Zeit konnte man vielen Frauen den Prozeß machen. Eine war sogar ohne Folter geständig und gab zu, mehr als dreißig Kinder auf die Weise ermordet zu haben, daß sie ihnen das Blut aus dem Leib sog. Sechzig Kinder ließ sie am Leben, aber sie mußte dann jedesmal dem Teufel Opfer darbringen, um ihn wieder versöhnlich zu stimmen. Sie habe noch viele andere Menschen mit einem Zauberpulver umgebracht, darunter ihren eigenen Sohn. Sie habe auch Namen und Daten zu diesen Mordtaten geliefert, und es habe sich bei näherer Überprüfung gezeigt, daß sie die Wahrheit gesagt hatte. Neben verschiedenen anderen Zaubermitteln habe sie Kräuter benutzt, die am Johannistag oder am Himmelfahrtstag gesammelt wurden. Sie besaß auch übelriechende Salben. Damit pflegten sie und ihre Kolleginnen sich einzureiben und sich in Katzen zu verwandeln – zumindest erschien es ihnen selbst so, andere Leute freilich konnten keine Veränderung an ihnen bemerken. Mit Befriedigung erzählt Bernardino, daß diese Frau als Hexe verbrannt wurde. Allen übrigen, so meint er, sollte es genauso ergehen. Jeder aber, der eine Hexe kennt und sie nicht dem Inquisitor anzeigt, wird sich dereinst vor dem Jüngsten Gericht dafür verantworten müssen.[19]

Es war eine Kettenreaktion, die damals in Gang kam: Die Berichte von Prozessen, die irgendwo stattgefunden hatten, peitschten die Gemüter auf und lösten immer neue Verfolgungen aus. Die mündliche Überlieferung allein hatte bereits eine gewaltige Wirkung, dazu kam nun noch der Einfluß eifernder Schriften. Um die Mitte des 15. Jahrhunderts verfaßte ein anonymer Autor in oder unweit von Savoyen einen Traktat *Über die Irrlehren der Gazarii* („Gazarii" war der landesübliche Ausdruck für „Hexen").[20] Dieser Autor war vermutlich Inquisitor, jedenfalls hatte er Zugang zu Akten aus Inquisitionsverfahren. Er verstand das Hexenwesen als „Sekte", deren Anhänger in „Synagogen" zusammenkamen, um dort ungehemmt ihren Lastern und Lüsten, Grausamkeit, Völlerei und Geilheit, zu frönen. Leute, die sich verführen lassen, dieser Sekte beizutreten, werden in die Synagoge gebracht und dort dem Satan vorgestellt. Dieser pflegt die Gestalt einer schwarzen Katze anzunehmen, wenn er eine Versammlung seiner Anhänger besucht, manchmal erscheint er auch als Mensch, unterscheidet sich dann aber von den übrigen Teilnehmern durch irgendeinen körperlichen Defekt. Er unterzieht das neue Mitglied einer Befragung, dann läßt er es schwören, es werde der Sekte und ihrem Oberhaupt die Treue halten, sich bemühen, neue Anhänger zu werden, die Geheimnisse des Bundes nicht verraten, so viele Kinder erwürgen wie nur möglich und die Leichen in die Synagoge bringen, es werde ferner, immer wenn eine Versammlung angesetzt sei, in der Synagoge erscheinen, mit Eifer Männern Impotenz anhexen und so ihr Eheleben stören, alles Böse, das der Sekte oder einem ihrer Mitglieder geschehe, rächen. Der oder die Initiierte küßt dann zum Zeichen der Verehrung das Hinterteil des Satans. Dann findet ein großes Festmahl statt (Hauptgericht ist Kinderbraten), anschließend wird getanzt, es hebt ein allgemeines Kopulieren an, man setzt sich noch einmal zu Tisch, schließlich zelebriert man eine blasphemische Messe.

Den Mitgliedern der Sekte stehen Pulver und Salben zur Verfügung, mit denen sie allerlei Schaden anrichten. Wenn sie die Ernten vernichten wollen, so stopfen sie einen Katzenbalg mit verschiedenen pflanzlichen Materialien aus und legen ihn in eine Quelle, nach drei Tagen nimmt man das Ganze heraus, läßt es trocknen und zermahlt es zu Pulver. Man steigt an einem windigen Tag auf einen Berg, streut das Pulver übers Land als Opfer für den Teufel, der zum Dank dafür dann die Feldfrüchte verderben läßt. Eine Salbe aus dem Fett erdrosselter Kinder und Gift von Kröten und anderen Tieren bewirkt, daß jeder, der damit in Berührung kommt, qualvoll stirbt. Um an das nötige Fett und Fleisch von Säuglingen zu kommen, erwürgen die Hexen die Kleinen bei Nacht und tun dann so, als wären sie untröstlich über das Unglück; sie warten die Beerdigung ab und graben später die Leichen wieder aus. Manche Hexen haben gestanden, ihre eigenen Kinder und Enkel ermordet und aufgegessen zu haben. Bei alledem benehmen sich diese Ungeheuer so, als wären sie die frömmsten Christen, beichten regelmäßig und gehen oft zur Messe und zur Kommunion.

Dieser Traktat ist einer der frühesten Texte, die im Detail beschreiben, wie es beim „Teufelspakt" zugeht, einer Zeremonie, die in der Hexen-Mythologie eine herausragende Rolle spielt:

Wenn jemand in die Sekte aufgenommen wird, so schwört er den Treueid und erweist dem Teufel seine Verehrung; dann zieht dieser mit einem Instrument Blut aus der linken Hand dessen, der sich verführen ließ. Mit dem Blut schreibt der Teufel ein Vertragsdokument, das er selbst in Verwahrung nimmt.[21]

Die Prozesse inspirierten auch andere Autoren. Ein aufsehenerregendes Verfahren in Arras 1459–1460 endete damit, daß vierunddreißig Personen zu Kerkerhaft und zwölf zum Tod auf dem Scheiterhaufen verurteilt wurden.

Der zuständige Inquisitor preßte seinen Opfern Geständnisse ab, die detaillierte Beschreibungen des Hexensabbats enthielten. Es gab schon damals nicht wenige Leute, die mit Schrecken zusahen, wie die Dinge jeder Kontrolle entglitten, freilich auch genügend andere, die den Inquisitor in seinem heiligen Eifer, die Stadt von allen Bösewichtern zu säubern, noch weiter anfeuerten. Ein anonymer Traktat klagt, die Sekte der Hexen sei eine Bedrohung ohnegleichen für das Christentum, sie sei noch weit schlimmer als alle heidnische Götzendienerei. Auch den Theologen Johannes Tinctoris regte der Fall zu einer Abhandlung an; in einer Handschrift, die dieses Werk überliefert, finden wir auch eine frühe bildliche Darstellung eines Hexensabbats mit Hexen, die dem Satan in Gestalt eines Geißbocks Reverenz erweisen, andere reiten auf phantastischen haarigen Ungeheuern durch die Lüfte.[22] Das berühmteste Werk dieser ganzen Literaturgattung jedoch ist der *Malleus maleficarum*, der „Hexenhammer“, verfaßt im Jahr 1486 von den Inquisitoren Jacob Sprenger und Heinrich Institoris, ein Buch, das zum Teil auf Fällen beruht, die Institoris selbst in Prozessen verhandelt hatte.[23] Es waren aber nicht ausschließlich Inquisitoren und Theologen, die Sensationsberichte von Hexenprozessen verfaßten, auch ein weltlicher Richter aus der Dauphiné trug sein Scherflein bei, und zwar schon in den dreißiger Jahren des 15. Jahrhunderts.[24]

In das stereotype Bild der Hexe und der Hexerei sind Züge aus ganz unterschiedlichen Traditionen eingeflossen. Manche Merkmale sind der Volksüberlieferung entlehnt, etwa die Vorstellung von Tränken, die töten oder impotent machen oder sonst irgendeinen Schaden anrichten. Andere Dinge scheinen nigromantischen Handbüchern entnommen zu sein, so beispielsweise die Idee, Pulver als Opfer für den Teufel zu verstreuen. Es finden sich im Dunstkreis des Hexenwesens auch ganz spezifische Details, die wir aus der nigromantischen Kunst kennen. Das Münchener Handbuch schreibt an einer Stelle, man solle, wenn man auf einem durch Schwarze Künste herbeigezauberten Roß durch die Lüfte reitet, ein Kreuz schlagen, denn das Pferd sei in Wirklichkeit ein Dämon, und der werde durch diesen Segen erschreckt und zu rasender Eile angetrieben. Dort, wo das Buch von dem Trugbild einer festlichen Tafel spricht, das der Nigromant herbeibeschwören könne, sagt es, bei diesem Bankett seien tausend verschiedene Speisen aufgetischt, alle über die Maßen köstlich, je mehr man aber davon esse, desto hungriger werde man, denn das sei keine wirkliche Nahrung, sondern bloßer Schein. Beide Vorstellungen finden sich getreu abgebildet in Beschreibungen des Hexenwesens wieder.

Auch Motive aus sehr viel älterer Tradition wurden eingewoben, als man daranging, das Bild der „Hexe“ zu entwerfen und phantastisch auszustatten. Die Idee des „Teufelspakts“ geht auf die frühmittelalterliche Theophiluslegende zurück und auf die Theorie (die in der theologischen Literatur, etwa bei Thomas von Aquin, vertreten wird), daß manche magischen Wirkungen nur aufgrund einer Vereinbarung oder eines Vertrags zwischen dem Magier

und Dämonen zustande kämen und daß bestimmte Handlungen, die der
Magier vornimmt, in diesem Sinn symbolisch zu deuten seien. Schon den
verschiedenen Ketzergemeinschaften des Hochmittelalters hatte man regelmäßig vorgeworfen, sie hielten nächtliche Orgien unter der Leitung eines
Dämons ab – übrigens eine Beschuldigung, die man einst im Römischen
Reich gegen die Christen erhoben hatte. Wenn man diese konspirativ-laster-
haften Zusammenkünfte bzw. den Ort der Versammlung „Synagoge" und
vom späten 15. Jahrhundert an auch „Sabbat" nennt, so klingt darin ein
antisemitischer Unterton. Immer wieder wird behauptet, die Hexen flögen
durch die Lüfte, eine Vorstellung, die sich sowohl in folkloristischen Über-
lieferungen verschiedener Art wie auch in nigromantischen Quellen findet.
Daß diese Idee kein bloßes Hirngespinst war, bewiesen die Theologen mit
Hilfe der Bibel: Ein Engel trug Habakuk durch die Luft (Daniel 13 f.), und
das gleiche können die Dämonen tun, denn sie sind ja auch Engel, freilich
gefallene. Die Idee, daß Menschen Geschlechtsverkehr mit Dämonen (*incubi*
genannt, wenn sie als Männer erscheinen, in Frauengestalt heißen sie *suc-
cubi*) haben können, ist in vielen alten Quellen nachweisbar. Schon Merlins
Vater war ein Dämon, und auch jene „Söhne Gottes", die in Genesis 6,1 f.
„Töchter der Menschen zu Weibern nahmen", galten in der spätmittelalterlichen Exegese als *incubi*.

Theologen des 13. Jahrhunderts, darunter Thomas von Aquin, hatten
viele dieser Motive aufgegriffen und von allem Groben, Märchenartigen, das
ihnen anhaftete, geläutert, sie gewissermaßen „rationalisiert". Sie hatten
zum Beispiel erklärt, wie es möglich ist, daß der Geschlechtsverkehr mit
einem Inkubus zu einer Schwangerschaft führt: Der Dämon erscheint zuerst
in Frauengestalt einem Mann, von dem er den nötigen Samen empfängt,
dann wechselt er flugs die Gestalt und gibt als Mann diesen Samen weiter.
Andere Motive wurden etwa zur selben Zeit durch ähnliche Prozesse der
Verfeinerung und Rationalisierung umgestaltet, so etwa das des Teufelspakts, der die feudalistische Form der *Huldigung* annahm.

Von besonderer Bedeutung im Zusammenhang der Hexerei ist die Tatsache, daß es typischerweise *Frauen* sind, die hier zauberischer Machenschaften verdächtigt werden. Das klassische Beispiel einer offen frauenfeind-
lichen Abhandlung über Hexerei ist der *Malleus maleficarum*. Frühere
Schriften richten sich in der Regel nicht speziell gegen die Frauen und behaupten nicht, daß das Hexenwesen eine Domäne des weiblichen Geschlechts sei – der „Hexenhammer" und andere Texte in seinem Gefolge tun
dies wie selbstverständlich. Auch in der Praxis der Justiz ist festzustellen, daß
das Feindbild sich mehr und mehr auf die Gruppe der Frauen einengt. In den
Prozessen des 14. und 15. Jahrhunderts wurden doppelt so viele Frauen wie
Männer angeklagt, gegen Ende des 15. Jahrhunderts scheint der Anteil der
Frauen noch zugenommen zu haben, im Verlauf der folgenden Jahrhunderte
dann wurde das Mißverhältnis sehr viel größer. Diese Entwicklung mag bis
zu einem gewissen Maß damit zusammenhängen, daß Frauen in der Volks-

medizin, wo man mit Kräutern und Segenssprüchen arbeitete, eine bedeutende Rolle spielten, aber es gibt doch keinen Grund zu der Annahme, daß ausschließlich sie in ihrer Praxis verdächtige Verfahren benutzen. Man kann auch schwerlich behaupten, die Stilisierung der Hexerei als eine spezifisch weibliche Kunst sei aus der spätmittelalterlichen Tradition der okkulten Wissenschaften oder der Nigromantie herzuleiten, denn mit diesen Dingen befaßten sich in aller Regel Kleriker, also Männer, darin sind sich legendenhafte und andere Quellen vollkommen einig.

Letztlich muß die Ohnmacht der Frauen der Hexenverfolgung gegenüber im Zusammenhang mit ihrer generell schwachen Position in der Gesellschaft des Spätmittelalters (und, nebenbei bemerkt, auch der fast aller anderen historischen Epochen) gesehen werden. Das Bild der Frau in der Kultur jener Zeit war das eines Wesens von minderer Intelligenz und schwacher Willenskraft. Frauen hatten ganz einfach weniger Macht als Männer und konnten sich gegen den Angriff von Institutionen weniger gut zur Wehr setzen. Gewiß, für jeden Menschen, gleichgültig ob Mann oder Frau, war es überaus schwierig, in einem Prozeß wegen Hexerei einer Verurteilung zu entkommen, da auf substantielle Beweise kein Wert gelegt wurde und Geständnisse durch Einschüchterung, falsche Versprechungen oder durch die Folter erpreßt oder erlistet werden konnten, aber es war doch auch so, daß Zwangsmittel gegen Frauen, weil diese ganz allgemein als lügenhaft und als gefährlicher galten, häufiger und mit weniger Skrupeln als gegen Männer eingesetzt wurden. Eine frauenfeindliche Grundhaltung bestimmte das Verhalten der Strafverfolgungsbehörden, die „Erkenntnisse", die diese im Verlauf ihrer Aktionen gewannen, lieferten neue Argumente, die das vorgefaßte Feindbild bestätigten und vervollständigten. Sicher, frauenfeindliche Vorurteile allein führen noch nicht zur Verfolgung, aber sie lenken doch den Verdacht, fachen Leidenschaften an und sind, wenn andere Faktoren den Stein ins Rollen gebracht haben, sogleich zur Stelle, um Rechtfertigungsgründe zu liefern und Ermunterung zuzusprechen.

Persönliche Feindschaften, die Mißgunst oder besondere Interessen eines einzigen Menschen konnten bewirken, daß die Justiz auf den Plan trat. Eine alte Frau war vielleicht mit ihren Nachbarn zerstritten. Ein Mann suchte eine Entschuldigung für seinen Ehebruch und behauptete, er sei behext worden. Jemand lockte eine Hebamme in eine Falle und überredete sie, Aussatz mit dem Fett eines totgeborenen Kindes zu kurieren. Aus solchen Situationen heraus konnte der Anstoß kommen, jemanden wegen Hexerei anzuklagen. Wenn die Delinquentin weitere Leute beschuldigte, etwa um sich zu rächen, griff die Verfolgung immer weiter um sich. Die aufgebrachte Bevölkerung, die jene eine Hexe überführt glaubte, konnte sich nun erst recht bedroht fühlen und fordern, daß auch alle übrigen aufgespürt und abgeurteilt werden müßten.

So gab es denn eine Fülle von Verfahren, vor allem im zweiten und dritten Viertel des 15. Jahrhunderts. Weltliche Richter im Wallis verurteilten 1428 und noch einmal 1447 ganze Scharen von Menschen. In dem ersten Verfahren wurden mehr als hundert Leute beschuldigt, Mißernten verursacht und anderen Schadenszauber getrieben zu haben; alle, so wird berichtet, endeten auf dem Scheiterhaufen. Dieser Prozeß ist von besonderer Bedeutung, weil wir hier zum erstenmal dem vollständig ausgebildeten Stereotyp der Hexe begegnen: wir finden den Ritt durch die Lüfte, die Verwandlung von Menschen in Tiere, dazu die traditionellen Vorwürfe der Kinderfresserei und der Teufelsverehrung.[25] In der Dauphiné wurden von 1428 bis 1447 nicht weniger als hundertzehn Frauen und siebenundfünfzig Männer hingerichtet. Massenverhaftungen kamen an vielen Orten vor; meist leiteten weltliche Richter diese Aktionen, 1485 allerdings war es der päpstliche Inquisitor Heinrich Institoris, der in Innsbruck achtundvierzig Frauen und zwei Männer festnehmen ließ.

Die normale Entwicklung scheint so verlaufen zu sein, daß man eine einzelne Person, die verdächtig schien, einkerkerte und daß dann die Sache immer weitere Kreise zog. Es kam aber auch vor, daß man bereits *zu Beginn* eines Prozesses eine größere Anzahl von Delinquenten präsentieren konnte. Man fragt sich bei diesen Fällen, ob es sich hier nicht vielleicht in Wirklichkeit um ketzerische Gruppen handelte, gegen die der traditionelle stereotype Vorwurf der Teufelsverehrung erhoben wurde; man könnte auch an Kultgemeinschaften anderer Art denken, an Leute etwa, die irgendwelche dem Richter unverständliche Rituale des bäuerlichen Brauchtums ausführten und so der Hexerei verdächtig wurden. Es gibt gewiß etliche unklare Fälle, wo solchen und mancherlei anderen Spekulationen Tür und Tor geöffnet ist, aber bei Licht betrachtet, zeigt sich doch, daß dies allenfalls Ausnahmen von der Regel sein könnten. Überall dort, wo wir ausführlich oder bruchstückhaft Konkretes über Hintergründe und Begleitumstände von Prozessen erfahren, scheint unter dem häßlichen Klischee von der bösen Hexe doch immer irgendeine Form von Magie durch.

Wie aber, wenn dies so ist, soll man es erklären, daß die Verfolgung in der Mitte des 15. Jahrhunderts mit solcher Vehemenz „ausbrach" oder doch sehr stark eskalierte, und wie kam es zu der qualitativen Veränderung in den Verfahren, die den Charakter von „Säuberungsaktionen" annahmen und nicht mehr nur Rechtsbrüche einzelner Individuen bestraften, sondern in großen Treibjagden ganze Regionen nach Hexen durchkämmten? Gewisse Bedingungen, die diese Entwicklung möglich machten, entstanden erst im Lauf der Zeit; als wichtige Faktoren sind zu nennen: Das Inquisitionsverfahren, das bei den meisten Gerichten sowohl der kirchlichen wie der weltlichen Justiz das alte Akkusationsverfahren verdrängte; der „Typus" der Hexe, ein Feindbild, eine konkrete Vorstellung davon, was Hexen sind und was sie treiben, auch daß sie eine verschwörerische, sektenhafte Gemeinschaft sind, bildete sich aus; schließlich, und das ist der wichtigste Faktor, wurde der Verdacht (genährt auch von Geschichten über Nigromanten) allgemein, daß scheinbar harmlose magische Praktiken sich als schlimmes Teufelswerk erweisen könnten. Wenn dies die *notwendigen* Bedingungen waren, Voraussetzungen also, die jene Entwicklung *möglich* machten, was mußte hinzukommen, so könnte man nun fragen, um sie *Wirklichkeit* werden zu lassen, der „eigentliche" *Grund* also? Die Grenzen zwischen „Bedingungen", „Gründen" und „Anlässen" sind nicht immer ganz einfach zu bestimmen. Nach einer langen Trockenperiode ist ein Wald oder eine Stadt besonders stark durch Feuer gefährdet, ein Funke kann genügen, einen Brand auszulösen, der sich ausbreitet und alles vernichtet. Wenn alle Bedingungen für eine hysterische Hexenjagd gegeben sind, so mögen zufällig hereinbrechende Ereignisse dazu führen, daß die Dinge wirklich ihren Lauf nehmen, aber das ändert nichts daran, daß es für das Verständnis der Sache wichtiger ist, jene Konstellation von „Bedingungen" zu kennen als diese Ereignisse. Sobald aber die Entwicklung erst einmal in Gang gekommen ist, kann es sein, daß ihre Eigendynamik sie, zumindest über eine gewisse Zeit hin, weitertreibt und am Leben erhält.

Wenn wir denn trotz alledem nach Funken forschen wollen, die den Brand verursachten, so müssen wir uns jener machtvollen Bewegung zuwenden, die nach dem Konstanzer Konzil (1414–1418) ganz Westeuropa erfaßte und die eine Reform der Kirche an Haupt und Gliedern erstrebte. Der Wille zur Umgestaltung wurde gewiß von edlen Absichten geleitet, er war jedoch, wie wir im Fall des Bernardino gesehen haben, nicht frei von Fanatismus. Ein Reformtheologe wie Jean Gerson zielte vielleicht mit seinen Verdammungsschriften lediglich auf wirkliche Nigromanten, der Reformer Nicolaus Cusanus (1401–1464) mochte noch so aufgeklärte Ansichten äußern, etwa die, daß Frauen, die sich zu Praktiken der Hexerei bekannten, verrückt seien, aber nicht einmal Gelehrte dieses Rangs waren völlig immun gegen die Ängste ihrer Epoche, und weniger scharfsinnige Leute ließen sich erst recht von den herrschenden Strömungen mitreißen.[26] Die Hexenjäger waren eifernde „Idealisten", erfüllt vom heiligen Feuer der Begeisterung, aber mit einem getrübten, oder doch einseitig geschulten Wahrnehmungsvermögen. Wie es dahin kam, daß sie die Dinge nicht mehr mit klarem Blick wahrzunehmen vermochten, das ist eine lange Geschichte, und diese Geschichte zu erzählen ist die Absicht dieses Buchs.

Zusammenfassung

Wenn wir uns den Ort der Magie in der mittelalterlichen Kultur als einen Kreuzungspunkt von Linien und Straßen vorstellen, so müssen wir uns viele solcher Pfade denken, die in die verschiedensten Richtungen laufen. Wir haben einige dieser Pfade genauer erforscht als andere. Besonderen Wert haben wir auf die Unterscheidung zwischen der natürlichen bzw. naturwissenschaftlichen und der dämonischen bzw. dämonistischen Magie gelegt; jene gehört in die Geschichte der mittelalterlichen Wissenschaften, diese in

den Bereich des Religiösen. Die beiden Formen von Magie streng zu unterscheiden ist nicht eben leicht, von der Materie, mit der wir es zu tun haben,
durften wir keine Hilfestellung erwarten: Die Geschichte der mittelalterlichen Magie handelt ja zu einem nicht geringen Teil vom Streit verschiedener Auffassungen über eben dieses Problem. Die Ungebildeten neigten wohl
im allgemeinen dazu, die Magie als etwas Natürliches zu betrachten, die
Intellektuellen sahen sich vor die Wahl zwischen drei Konzeptionen gestellt:
Frühchristlichen Autoren zufolge war jegliche Magie (auch die im Volk überlieferten Praktiken) Dämonenwerk, unabhängig davon, ob der Magier selbst
dies wußte und wollte oder nicht; im 12. Jahrhundert dann, als Bildung und
Wissen aus der islamischen Welt nach Westeuropa einströmte, bekannten
sich immer mehr Intellektuelle, teils zähneknirschend, teils mit Enthusiasmus, zu der Überzeugung, daß viele magische Phänomene natürliche Ursachen hatten; das Aufkommen einer wirklich und auch ihrem eigenen Verständnis nach dämonistischen Nigromantie aber ließ alte Abneigungen
wiederaufleben und weckte bei vielen Gebildeten den Verdacht, daß Magie
vielleicht doch, auch dort, wo sie natürlichen Ursprungs zu sein schien, in
Wirklichkeit Teufelswerk sei.

Gewisse verwirrende Widersprüche entstanden in ganz bestimmten historischen Kontexten. Die frühmittelalterlichen Missionare, die gegen das keltische oder germanische Heidentum kämpften, predigten zwar gegen Zauberei aller Art, machten aber auch Zugeständnisse an die Kultur der Heiden
und erlaubten Praktiken, die nach den Kriterien spätmittelalterlicher Theoretiker als magisch oder gar als dämonistisch einzustufen wären. Einige Kon-
fusion bewirkte auch der Import arabischen Wissens, weil hier mehr oder
minder gleichzeitig zwei grundverschiedene Formen der Magie nach Europa
gelangten: In Gestalt der okkulten Wissenschaften, die auf einer neuen Metaphysik und Kosmologie gründeten, wurde die nicht-dämonistische Magie
salonfähig, aber auf demselben Weg gelangten auch erste Elemente einer
nigromantischen Kunst in den Westen, einer Kunst, welche die Magie insgesamt suspekt erscheinen ließ. Die magischen Wissenschaften wurden nun
einerseits höher geachtet als früher, andererseits mehr beargwöhnt, und so
waren denn seriöse Gelehrte, die sich mit der Astrologie oder mit anderen
magischen Künsten befaßten, gezwungen, sich von den Nigromanten, ihren
nicht gesellschaftsfähigen Vettern sozusagen, möglichst klar zu distanzieren.

Die wirklichen Opfer dieser Entwicklung waren diejenigen, die an naturmagischen Praktiken, wie sie im Volk überliefert waren, festhielten und die
sich nun plötzlich als Dämonisten diffamiert sahen. Die Prediger und die
Autoren von Verdammungsschriften wie auch jene Leute, in deren Händen
die Strafverfolgung lag, waren schließlich lauter mehr oder weniger Gebildete, und sie neigten dazu, das Tun der Magier aus dem einfachen Volk mit
den Kriterien der Akademiker zu beurteilen. Sie sahen sich mit der Gefahr
einer dämonistischen Magie, die es in Kreisen einer klerikalen Unterwelt
wirklich gab, konfrontiert und projizierten dieses Feindbild auch auf Ma-

gier, die ganz und gar harmlose Dinge trieben. In ihrem Bestreben, die Repression der populären Magie zu rechtfertigen und weiter zu verstärken, phantasierten sie nicht allein dämonistische Elemente in diese magischen Praktiken hinein, sondern sie glaubten endlich gar eine Verschwörung von Teufelsanbetern zu erkennen. Die Kluft zwischen Magiern und ihren Feinden war unüberbrückbar geworden, weil die beiden Gruppen nicht mehr ein und dieselbe Wirklichkeit wahrnahmen.

„Der größte Zauberer würde der sein, der sich zugleich so bezaubern könnte, daß ihm seine Zaubereien wie fremde selbstmächtige Erscheinungen vorkämen."[27] Wenn dieser Satz richtig ist, so sind die fanatischen Verfolger und Feinde der Magie und der Hexen, alle jene Theologen, Prediger, Juristen, Inquisitoren, selbst die größten Zauberer.

Anmerkungen

I Einführung

[1] Oswald von Zingerle, „Segen und Heilmittel aus einer Wolfsthurner Handschrift des XV. Jahrhunderts", *Zeitschrift für Volkskunde*, 1 (1891), S. 172–177, 315–324.

[2] Ayos meint das griechische *hagios*, „heilig". Dieses Wort (oder das lateinische *sanctus*) kommt oft mit zweimaliger Wiederholung in der christlichen Liturgie vor. Das „Tetragrammaton" ist ein heiliger Name Gottes in hebräischen Buchstaben (ohne Vokale geschrieben): „YHWH". *Rex* heißt „König", *pax* „Friede", *in Christo filio suo* bedeutet „in Christus, seinem Sohn", *nax* bedeutet gar nichts.

[3] Es handelt sich um das Manuskript Clm 849 (Bayerische Staatsbibliothek, München), fol. 3ʳ–fol. 108ᵛ. Eine knappe Abhandlung darüber bei Lynn Thorndike, „Imagination and magic: force of imagination on the human body and of magic on the human mind", in *Mélanges Eugène Tisserant*, 7 (Vatikanstadt: Biblioteca Vaticana, 1964), S. 356–358; ausführlich bei Richard Kieckhefer, *A Necromancer's Manual from the Fifteenth Century* (in Vorbereitung).

[4] Der Wiedehopf, ein Vogel mit einem auffälligen Federschopf, spielt eine bedeutende Rolle in der Magie und in den Volksbräuchen. Ulysse Aldrovandi beteuert in seiner *Ornithologia*, Bd. 2 (Bologna: Nicolaus Tebaldinus, 1634), S. 709, es sei nicht der rechte Ort, alle die abergläubischen Meinungen und Bräuche, die sich an diesen Vogel knüpfen, aufzuzählen – was er dann anschließend nichtsdestoweniger tut.

[5] Lynn Thorndyke, „Some medieval conceptions of magic", *The Monist*, 25 (1915), S. 107–139.

[6] Isidore de Séville, *Etymologies*, hrsg. von Peter K. Marshall u.a., Bd. 2, VIII. 9 (Paris: Les Belles Lettres, 1986).

[7] Das gilt nicht durchweg für das Kirchenrecht, das oft die beiden Begriffe trennt, allerdings nirgends eine präzise Definition gibt.

[8] *Picatrix: The Latin Version of the Ghāyat Al-Ḥakīm*, hrsg. von David Pingree (London: Warburg Institute, 1986), S. 5.

[9] J. G. Frazer, *Der Goldene Zweig, Eine Studie über Magie und Religion* (Frankfurt: Ullstein, 1977), Bd. 1, S. 17.

[10] Lucille B. Pinto, „Medical science and superstition: a report on a unique medical scroll of the eleventh-twelfth century", *Manuscripta*, 17 (1973), S. 12–21.

[11] William A. Lessa und Evon Z. Vogt, Hrsg., *Reader in Comparative Religion: An Anthropological Approach*, 4. Aufl. (New York: Harper & Row, 1979), S. 332–362.

II Das klassische Erbe

[1] R. G. Collingwood und R. P. Wright, *The Roman Inscriptions of Britain*, Bd. 1 (Oxford: Clarendon, 1965), S. 3–4.

² Campbell Bonner, *Studies in Magical Amulets, Chiefly Graeco-Egyptian* (Ann Arbor: University of Michigan Press, 1950), Nrr. 151 und 156.

³ *The Greek Magical Papyri in Translation*, PGM XVI, hrsg. von Hans Dieter Betz (Chicago: University of Chicago Press, 1986), S. 252.

⁴ *Die Naturgeschichte*, ins Deutsche übersetzt und mit Anmerkungen versehen von G. C. Wittstein, Bd. 6 (Leipzig: Gressner & Schramm, 1882), XXXVII.15, S. 252. Plinius spricht vom *adamas*, ein Name, der bisweilen auch andere Steine als den Diamanten bezeichnet.

⁵ Cicero, *Von der Weissagung*, übersetzt, eingeleitet und erläutert von Raphael Kühner (München: Goldmann, 1962).

⁶ *Die Enneaden des Plotin*, übersetzt von Hermann Friedrich Müller (Berlin: Weidmannsche Buchhandlung, 1880), IV.4.41, Bd.II, S. 82.

⁷ Lynn Thorndike, „The Latin Pseudo-Aristotle and medieval occult science", *Journal of English and Germanic Philology*, 21 (1922), S. 229–58.

⁸ Henry E. Sigerist, *Studien und Texte zur frühen Rezeptliteratur* (Vaduz: Topos, 1977 = unveränderter Neudruck der Ausgabe Leipzig: Barth, 1923), S. 30.

⁹ Lukan, *Der Bürgerkrieg*, lateinisch und deutsch von Georg Luck (Berlin: Akademie Verlag, 1985), VI.515–20, 540–43, S. 305.

¹⁰ Origines, *Acht Bücher gegen Celsus*, Ausgewählte Schriften aus dem Griechischen übersetzt, Bd. 2, 1.Teil (München: Kösel, Pustet, 1926), II.51, S. 167.

¹¹ *Ad uxorem*, II.5, zit. bei Stephen Benko, „Early Christian magical practises", *Society of Biblical Literature, Seminar Papers*, 21 (1982), S. 13.

¹² Pseudo-Clemens, *De virginitate*, I.10; zit. ebd.

¹³ Athanasius [Alexandrinus], „Leben und Versuchungen des heiligen Antonius", hrsg. von Nikolaus Hovorka (Wien/Berlin: Reinhold, 1925), Kap. 78 ff., S. 74 f.

¹⁴ Aurelius Augustinus, Vom Gottesstaat, vollst. Ausgabe Bd. 1, eingeleitet und übertragen von Wilhelm Thimme (Zürich: Artemis, 1955), Buch VIII-X, S. 411–571.

¹⁵ 8. Homilie über den Brief an die Kolosser, in: Johannes Chrysostomus, Ausgewählte Schriften nach dem Urtexte übersetzt, Bd. 8 (Kempten: Kösel, 1883), S. 452.

¹⁶ A. A. Barb, „The survival of the magic arts", in Arnaldo Momigliano, Hrsg., *The Conflict Between Paganism and Christianity in the Fourth Century* (Oxford: Clarendon, 1963), S. 110–125.

III Götterdämmerung

¹ Jacqueline Simpson, „Olaf Trygvason versus the powers of darkness", in: Venetia Newall (Hrsg.), *The Witch Figure* (London: Routledge, 1973), S. 178 ff.

² John T. McNeill und Helena M. Gamer, Übers., *Medieval Handbook of Penance* (New York: Columbia University Press, 1938), besonders S. 38–43, 198, 228 ff., 305 ff., 329–341, 349 ff.

³ Die Saga von Grettir Asmundarson, aus dem Altisländischen übersetzt von Rudolf Simek (Wien: Verlag Karl M. Halosar, 1981), Kap. LXIX, LXXVII-LXXX, S. 150, 165–172.

⁴ Vgl. H. R. Ellis Davidson, „Hostile magic in the Icelandic sagas", in: Venetia Newall (Hrsg.), *The Witch Figure* (London: Routledge, 1973), S. 37–38.

⁵ A. G. van Hamel, „Odinn hanging on the tree", *Acta Philologica Scandinavica*, 7 (1932–33), S. 260–88.

⁶ Kenneth Hurlstone Jackson (Hrsg.), *A Celtic Miscellany: Translations from the Celtic Literature*, verb. Aufl. (Harmondsworth: Penguin, 1971), S. 143–45, 164–65.

⁷ Carolus Plummer (Hrsg.), *Vitae sanctorum Hiberniae*, Bd. 1 (Oxford: Clarendon, 1910), S. CXXIX-CLXXXVIII.

IV Magie in der Volkstradition des Mittelalters

¹ Über Heiler aus geistlichem und weltlichem Stand, besonders in England, s. C. H. Talbot, *Medicine in Medieval England* (London: Oldbourne, 1967), und Stanley Rubin, *Medieval English Medicine* (London: Newton Abbot, 1974). Die Verhältnisse in Frankreich beleuchtet Danielle Jacquart, *Le milieu médical en France du XIIe au XVe siècle* (Genf: Droz, 1981).

² Ein Wort für „Arzt", das ähnlich auch in anderen alten germanischen Sprachen belegt ist. Es ist etymologisch unverwandt mit dem gleichlautenden englischen Wort *leech* „Blutegel", mit dem es später metonymisch (und/oder metaphorisch?) identifiziert wurde. Es ist aus einer Wurzel für „sprechen" hergeleitet und scheint also jemanden zu bezeichnen, der Krankheiten „bespricht". (Anm. d. Ü.)

³ G. Storms, *Anglo-Saxon Magic* (Den Haag: Nijhoff, 1948), S. 172–87. Storms nimmt an, es handle sich um einen *heidnischen* Priester, aber das ist doch recht unwahrscheinlich.

⁴ Irmgard Hampp, *Beschwörung, Segen, Gebet: Untersuchungen zum Zauberspruch aus dem Bereich der Volksheilkunde* (Stuttgart: Silberburg, 1961), S. 15–17.

⁵ Candida Peruzzi, „Un processo di stregoneria a Todi nel 400", *Lares: Organo della Società di Etnografia Italiana-Roma*, 21 (1955), Heft 1–11, S. 1–17.

⁶ Joseph Hansen, Hrsg., *Quellen und Untersuchungen zur Geschichte des Hexenwahns und der Hexenverfolgung im Mittelalter* (Bonn: Georgi, 1901), S. 79.

⁷ Gene A. Brucker, „Sorcery in early Renaissance Florence", *Studies in the Renaissance*, 10 (1963), S. 13–16.

⁸ Vern L. Bullough, *The Development of Medicine as a Profession: The Contribution of the Medieval University to Modern Medicine* (New York: Hafner, 1966).

⁹ *Acta sanctorum*, Mai, Bd. 2 (Paris/Rom: Palmé, 1866), S. 339.

¹⁰ Thomas Rogers Forbes, *The Midwife and the Witch* (New Haven: Yale University Press, 1966), S. 13–38.

¹¹ Bullough, *The Development of Medicine*, S. 104–105.

¹² Zu beiden Quellen vgl. Storms, *Anglo-Saxon Magic*.

¹³ Vgl. Storms, *Anglo-Saxon Magic*, S. 165.

¹⁴ Vgl. z. B. British Library, MS Harley 5294, fol. 43ᵛ⁻ʳ.

¹⁵ Jerry Stannard, „Magiferous plants and magic in medieval medical botany", *Maryland Historian*, 8 (1977), Nr. 2, S. 33–46.

¹⁶ Loren C. MacKinnery, „An unpublished treatise on medicine and magic from the age of Charlemagne", *Speculum*, 18 (1943), S. 494–496; vgl. A. A. Barb, „Birds and medical magic", *Journal of the Warburg and Courtauld Institutes*, 13 (1950), S. 316–322.

¹⁷ British Library, MS Harley 1585, fol. 74ʳ.

¹⁸ British Library, MS Sloane 3132, fol. 57ᵛ.

[19] Henry Ellis, „Extracts in prose and verse from an old English medical manuscript, preserved in the Royal Library at Stockholm", *Archaeologia*, 30 (1844), S. 397.

[20] Warren R. Dawson, Hrsg. und Übers., *A Leechbook or Collection of Medical Recipes of the Fifteenth Century* (London: Macmillan, 1934), S. 154–155.

[21] Ebd. S. 318–319.

[22] British Library, MS Sloane 783 B, fol. 214^v.

[23] Vgl. die Legende von Jesus, der für Maria Kräuter sammelt, in A. Vögtlin, Hrsg., *Vita beate virginis Marie et salvatoris rhythmica* (Tübingen: Litterarischer Verein in Stuttgart, 1887), S. 94–95.

[24] Hampp, *Beschwörung, Segen, Gebet*, S. 136–140.

[25] Lynn Thorndike, *The History of Magic and Experimental Science*, Bd. 1 (New York: Macmillan, 1923), S. 729 f. Ein anderes Gebet soll auf ein Stück Brot geschrieben werden, das dann zerbröselt und an die Schweine verfüttert wird: das schützt sie vor Übel.

[26] Klapper, „Das Gebet im Zauberglauben des Mittelalters, aus schlesischen Quellen", *Mitteilungen der schlesischen Gesellschaft für Volkskunde*, 9 (1907), Nr. 18, S. 5–41.

[27] Storms, *Anglo-Saxon Magic*, S. 155.

[28] H. P. Cholmeley, *John of Gaddesden and the Rosa medicinae* (Oxford: Clarendon, 1912), S. 48–52; Percival Horton-Smith Hartley, *Johannes de Mirfeld of St. Bartholomew's Smithfield: His Life and Works* (Cambridge: Cambridge University Press, 1936), S. 44.

[29] British Library, MS Sloane 962, fol. 9^v-10^r, und MS Sloane 963, fol. 15^r-16^v.

[30] Bodleian Library, Oxford, MS e Mus. 219, fol. 187^{r-v}.

[31] Max Siller, „Zauberspruch und Hexenprozeß: Die Rolle des Zauberspruchs in den Zauber- und Hexenprozessen Tirols", in Werner M. Bauer u.a., Hrsg., *Tradition und Entwicklung: Festschrift Eugen Thurnher* (Innsbruck: Institut für Germanistik, 1982), S. 129; Hampp, *Beschwörung, Segen, Gebet*, S. 125.

[32] Storms, *Anglo-Saxon Magic*, S. 197.

[33] Bodleian Library, Oxford, MS Wood empt. 18, fol. 32^r, 34^r; MS e Mus. 219, fol. 187^v. British Library, MS Sloane 3132, fol. 56^r; MS Sloane 3564, fol. 34^v–35^r, 37^{r-v}. Ellis, „Extracts in prose and verse", S. 396.

[34] British Library, MS Harley 1585, fol. 66^v.

[35] Bodleian Library, Oxford, MS e Mus. 219, fol. 186^v; MS Wood empt. 18, fol. 9^{r-v}.

[36] Storms, *Anglo-Saxon Magic*, S. 281; Bodleian MS Wood empt. 18, fol. 32^r.

[37] Keith Thomas, *Religion and the Decline of Magic* (London: Weidenfeld & Nicolson, 1971), Kap. 1; Curt F. Bühler, „Prayers and charms in certain Middle English scrolls", *Speculum*, 39 (1964), S. 270–278.

[38] Peter Browe, „Die Eucharistie als Zaubermittel im Mittelalter", *Archiv für Kulturgeschichte*, 20 (1930), S. 134–154, S. 138 f.

[39] British Library, MSS Sloane 3132 und 3564; Bodleian Library, MSS e Mus. 219 und Wood empt. 18.

[40] W. L. Wardale, „A Low German-Latin miscellany of the early fourteenth century", *Niederdeutsche Mitteilungen*, 8 (1952), S. 5–22, vgl. S. 11. Zum Schluß wird empfohlen zu schreiben: „amet lamet te misael", eine Folge von Wörtern, in der lediglich *amet* („sie möge lieben") und *te* („dich") einen Sinn ergeben. Dasselbe Manuskript bietet noch andere Mittel, die dazu taugen, sexuelle Lust zu steigern oder aber Leidenschaft zu unterdrücken.

[41] Thorndike, *History of Magic*, Bd. 1, S. 598, Anm. 1.

[42] John Brand, *Popular Antiquities of Great Britain*, hrsg. von W. Carew Hazlitt, Bd. 3 (London: Smith, 1870), S. 73.

[43] Hansen, *Quellen und Untersuchungen*, S. 44–47. Vgl. British Library, MS Sloane 3132, fol. 56ʳ.

[44] Dawson, *A Leechbook*, S. 328–329.

[45] W. L. Braekman, „Fortune-telling by the casting of dice: a Middle English poem and its background", *Studia Neophilologica*, 52 (1980), S. 3–29.

[46] Aldridge, *Johannes de Mirfeld*, S. 71.

[47] Roger A. Pack, „A treatise on prognostications by Venancius of Moerbeke", *Archives d'Histoire Doctrinale et Littéraire du Moyen Age*, 43 (1976), S. 311–322.

[48] St. John's College, Cambridge, MS E. 6. Vgl. auch Bodleian Library, MS e Mus. 219, MS Wood empt. 18 und MS Ashm. 1393; British Library, MSS Sloane 121 (eine überaus reichhaltige Quelle) und Sloane 3564.

[49] Kurt Volkmann, *The Oldest Deception: Cups and Balls in the 15th and 16th Centuries*, übers. von Barrows Mussey (Minneapolis: Jones, 1956).

[50] Wardale, „A Low German-Latin miscellany".

[51] Raleigh Morgan, Jr., „Old French *jogleor* and kindred terms: studies in mediaeval Romance Lexicology", *Romance Philology*, 7 (1954), S. 301–314; Melissa M. Furrow, Hrsg., *Ten Fifteenth-Century Comic Poems* (New York: Garland, 1985), S. 67–153.

V Magie in der höfischen Kultur

[1] Eine ganz ähnliche Karriere haben auch die Wörter „Glamour" und „Prestige" bzw. „prestigium". Beide bezeichnen ursprünglich ganz pejorativ das bloße „Blendwerk".

[2] Edward Peters, *The Magician, the Witch, and the Law* (Philadelphia: University of Pennsylvania Press, 1978), S. 110–137.

[3] Chrétien de Troyes, Erec et Enide/Erec und Enide, altfranzösisch/deutsch, übersetzt und herausgegeben von Albert Gier (Stuttgart: Reclam, 1987), V. 1988 ff., S. 115.

[4] Dieses und zahlreiche andere Beispiele bei DeLa Warr Benjamin Easter, *A Study of the Magic Elements in the Romans d'Aventure and the Romans Bretons* (Baltimore: Furst, 1906). Dieses Buch bietet einen Ausschnitt von Easters Dissertation (John Hopkins University), die ich ebenfalls herangezogen habe.

[5] Laura H. Loomis, „Secular dramatics in the royal palace, Paris, 1378, 1389, and Chaucer's ‚tregetoures'" *Speculum*, 33 (1958), S. 242–55.

[6] William Eamon, „Technology as magic in the late Middle Ages and Renaissance", *Janus*, 70 (1983), S. 175.

[7] Ebd., S. 176.

[8] O. M. Dalton, *Franks Bequest: Catalogue of the Finger Rings, Early Christian, Byzantine, Teutonic, Medieval and Later ... in the Museum* (London: British Museum, 1912), S. 142.

[9] John Lough, *Writer and Public in France, from the Middle Ages to the Present Day* (Oxford: Clarendon, 1978), S. 7–30.

[10] Gautier d'Arras, *Eracle*, Zll. 981–1132, hrsg. von Guy Raynaud de Lage (Paris: Champion, 1976), S. 31–36.

[11] Sir Thomas Malory, Die Geschichten von König Artus und den Rittern seiner

Tafelrunde [= *Le Morte d'Arthur*, deutsch], übertragen von Helmut Findeisen auf der Grundlage der Lachmannschen Übersetzung (Frankfurt a. M.: Insel, 1977), VII, 22–23, S. 290–292.
12 Chrétien de Troyes, *Perceval: The Story of the Grail*, übersetzt von Nigel Bryant (Cambridge: Brewer, 1982), S. 222–225.
13 Saul Nathaniel Brody, *The Disease of the Soul: Leprosy in Medieval Literature* (Ithaka, N. Y.: Cornell University Press, 1974).
14 Helen Cooper, „Magic that does not work", *Medievalia et Humanistica*, n.s., 7 (1976), S. 131–146.
15 *The Vulgate Version of the Arthurian Romances*, hrsg. von H. Oskar Sommer, Bd. 5 (Washington: Carnegie Institute, 1912), S. 120–124, 148–152.
16 George Cary, *The Medieval Alexander*, ed. D. J. A. Ross (Cambridge: Cambridge University Press, 1956).

VI Arabische Gelehrsamkeit und die okkulten Wissenschaften

1 S. J. Tester, *A History of Western Astrology* (Woodbridge: Boydell, 1987), S. 53. Über den Prozeß der Vermittlung arabischer Bildung und Kultur allgemein s. Charles S. F. Burnett, „Some comments on the translating of works from Arabic into Latin in the mid-twelfth century", *Miscellanea Mediaevalia*, 17 (1985), S. 161–171; Marie-Thérèse d'Alverny, „Translations and translators", in: Robert L. Benson und Giles Constable (Hrsg.), *Renaissance and Renewal in the Twelfth Century* (Cambridge, Mass.: Harvard University Press, 1982), S. 421–462; Dorothee Metlitzki, *The Matter of Araby in Medieval England* (New Haven: Yale University Press, 1977); und Tester, *History of Western Astrology*, S. 147–153.
2 Charles Burnett, „Adelard, Ergaphalau and the science of the stars", in: Charles Burnett, Hrsg., *Adelard of Bath: An English Scientist and Arabist of the Early Twelfth Century* (London: Warburg Institute, 1987), S. 133–146.
3 Bernard R. Goldstein und David Pingree, „Horoscopes from the Cairo Geniza", *Journal of Near Eastern Studies*, 36 (1977), S. 123–129.
4 J. D. North, *Horoscopes and History* (London: Warburg Institute, 1986), S. 96–107; vgl. auch ders., „Some Norman horoscopes", in: Burnett, Hrsg., *Adelard of Bath*, S. 147–162.
5 Hilary M. Carey, „Astrology at the English court in the later Middle Ages", in: Patrick Curry, Hrsg., *Astrology, Science and Society: Historical Essays* (Woodbridge: Boydell, 1987), S. 41–56.
6 Charles Homer Haskins, *Studies in the History of Mediaeval Science* (Cambridge, Mass.: Harvard University Press, 1924), S. 272–298.
7 Tester, *History of Western Astrology*, S. 196.
8 Helmuth Grössing und Franz Stulhofer, „Versuch einer Deutung der Rolle der Astrologie in den persönlichen und politischen Entscheidungen einiger Habsburger des Spätmittelalters", *Österreichische Akademie der Wissenschaften, Philosophisch-historische Klasse: Anzeiger*, 117 (1980), S. 267–283.
9 Carey, „Astrology at the English court", S. 50–53.
10 Hubert Pruckner, *Studien zu den astrologischen Schriften des Heinrich von Langenstein* (Leipzig und Berlin: Teubner, 1933), S. 73–85.
11 Tester, *History of Western Astrology*, bes. S. 129.

[12] Ausführlich dargestellt in: Wayne Shumaker, *The Occult Sciences in the Renaissance: A Study in Intellectuell Patterns* (Berkeley: University of California Press, 1972).

[13] Paola Zambelli, „Albert le Grand et l'astrologie", *Recherches de Théologie Ancienne et Médiévale*, 49 (1982), S. 155.

[14] Auf lateinisch lautet das Zitat normalerweise *Homo sapiens dominatur astris* oder *Sapiens dominabitur astris*, wobei *homo* hier wie auch sonst oft im mittelalterlichen Latein „Mann" und nicht „Mensch" meint.

[15] Theodore Otto Wedel, *The Mediaeval Attitude Toward Astrology, Particularly in England* (New Haven: Yale University Press, 1920), S. 79.

[16] Tullio Gregory, „La nouvelle idée de nature et de savoir scientifique au XIIe siècle", in: John Emery Murdoch und Edith Dudley Sylla, Hrsg., *The Cultural Context of Medieval Learning* (Dordrecht: Reidel, 1975), S. 193–218.

[17] Joseph Bernard McAllister, *The Letter of Saint Thomas Aquinas De Occultis Operibus Naturae Ad Quemdam Militem Ultramontanum* (Washington, D. C.: Catholic University of America Press, 1939).

[18] Frances A. Yates, *Giordano Bruno and the Hermetic Tradition* (London: Routledge, 1964), S. 60.

[19] Lynn Thorndike, „Traditional medieval tracts concerning engraved astrological images", in: *Mélanges Auguste Pelzer* (Louvain: Bibliothèque de l'Université, 1947), S. 217–273.

[20] Pingree, Hrsg., *Picatrix*.

[21] *Hermetis Trismegisti Tabula smaragdina*, in: Pyrophilus, *Das Fundament der Lehre vom Stein der Weisen* (Hamburg: König, 1736), Text lat. und deutsch, S. 28–31.

[22] Vgl. *Libellus de alchimia, ascribed to Albertus Magnus*, ins Engl. übers. von Sr.Virginia Heines (Berkeley: University of California Press, 1958), Kap. 38.

[23] *The Ordinall of Alchimy by Thomas Norton of Bristoll, Being a facsimile reproduction from Theatrum chemicum britannicum* (London: Arnold, 1928).

[24] D. Geoghegan, „A licence of Henry VI to practise alchemy", *Ambix*, 6 (1957), S. 10–17.

[25] Robert P. Multhauf, „John of Rupescissa and the origin of medical chemistry", *Isis*, 45 (1954), S. 359–367.

[26] J. R. Partington, „Trithemius and alchemy", *Ambix*, 2 (1938), S. 53–59.

[27] Dbs Frgfbnjs dfr Ppfrbtjpn kbnn ftwb sp bvssfhfn.

[28] St. John's College, Cambridge, MS E. 6, fol. 7^r–8^v (im Alphabet des Schreibers sind die Buchstaben j, k, v bzw. w nicht enthalten); Bodleian Library, MS Ashm. 1398, fol. 144^v. Vgl. Bodleian MS e Mus. 219, fol. 186^{r-v}. Zur mittelalterlichen Kryptographie allgemein s. Bernhard Bischoff, „Übersicht über die nichtdiplomatischen Geheimschriften des Mittelalters", *Mitteilungen des Instituts für österreichische Geschichtsforschung*, 62 (1957), S. 1–27, bes. S. 4. Von verschlüsselten Rezepten für Contraceptiva berichtet Horton-Smith Hartley, *Johannes de Mirfeld*, S. 44.

[29] Hartmut Beckers, „Eine spätmittelalterliche deutsche Anleitung zur Teufelsbeschwörung mit Runenschriftverwendung", *Zeitschrift für deutsches Altertum und deutsche Literatur*, 113 (1984), S. 136–145. Durch Runen verschlüsselt sind nicht allein jene Passagen, die von Praktiken explizit dämonistischer Magie handeln. Über ganz anderen Gebrauch von Runen s. Charles S. F. Burnett, „Scandinavian runes in a Latin magical treatise", *Speculum*, 58 (1983), S. 419–429.

[30] Gerhard Eis, „Von der Rede und vom Schweigen der Alchemisten", *Deutsche Vierteljahrsschrift für Literaturwissenschaft und Geistesgeschichte,* 25 (1951), S. 415–435.

[31] British Library, MS Sloane 3132, fol. 56ᵛ. Bodleian Library, MS e Mus. 219, fol. 186ᵛ überliefert ein ähnliches Verfahren, das den Wissensdurstigen immerhin dazu befähigt, die Sprache der Vögel zu verstehen: Man nehme das Herz eines Wiedehopfs (oder auch die Zunge eines Milans) und lasse es drei Tage und drei Nächte lang in Honig liegen, dann lege man es sich unter die Zunge.

[32] M. Gaster, zit. bei Lynn Thorndike, „The Latin pseudo-Aristotle and medieval occult science", *Journal of English and Germanic Philology,* 21 (1922), S. 248 f.

[33] William Godwin, *Lives of the Necromancers: or, an Account of the Most Eminent Persons in Successive Ages, Who Have Claimed for Themselves, or to Whom has been Imputed by Others, the Exercise of Magical Power* (London: Mason, 1834).

[34] Yates, *Giordano Bruno,* S. 1–19.

[35] Wir folgen hier weitgehend D. P. Walker, *Spiritual and Demonic Magic, from Ficino to Campanella* (London: Warburg Institute, 1958).

[36] Lynn Thorndike, *The History of Magic and Experimental Science,* Bd. 4, S. 529–543.

[37] Charles Zika, „Reuchlin's *De verbo mirifico* and the magic debate of the late fifteenth century", *Journal of the Warburg and Courtauld Institutes,* 39 (1976), S. 104–138.

[38] Walker, *Spiritual and Demonic Magic,* S. 45–53.

VII Nigromantie in der klerikalen Unterwelt

[1] *Frivolities of Courtiers and Footprints of Philosophers,* II. 28, ins Engl. übers. von Joseph B. Pike (London: Oxford University Press, 1938), S. 146 f.

[2] Speziell zum Münchener Handbuch s.o. Kap. 1, Anm. 3.

[3] Karl Manitius, „Magie und Rhetorik bei Anselm von Besate", *Deutsches Archiv für Erforschung des Mittelalters,* 12 (1956), S. 52–72.

[4] Peter Heath, *The English Parish Clergy on the Eve of the Reformation* (London: Routledge, 1969); A. Hamilton Thompson, *The English Clergy and Their Organization in the Later Middle Ages* (Oxford: Clarendon, 1947); Denys Hay, *The Church in Italy in the Fifteenth Century* (Cambridge: Cambridge University Press, 1977); Paul Adam, *La vie paroissiale en France* (Paris: Sirey, 1964).

[5] Bronisław Geremek, *The Margins of Society in Late Medieval Paris,* übers. von Jean Birrell (Cambridge: Cambridge University Press, 1987), S. 135–166.

[6] *Acta sanctorum,* März, Bd. 2 (Paris und Rom: Palmé, 1866), S. 49–50.

[7] Margaret Harvey, „Papal witchcraft: the charges against Benedict XIII", in: Derek Baker, Hrsg., *Sanctity and Secularity: The Church and the World,* Studies in Church History, 10 (Oxford: Blackwell, 1973), S. 109–116.

[8] Richard Perger, „Schwarzkünstler und Ordensmann: Aus dem Leben des Schottenpriors und Seitenstettner Abtes Benedikt (+1441)", *Wiener Geschichtsblätter,* 32 (1977), S. 167–76; Georgine Ververka, „Der merkwürdige Fall ‚Benedikt': Biographie oder Predigtmärlein?", ebd., S. 177–180.

[9] Gene A. Brucker, „Sorcery in early Renaissance Florence", *Studies in the Renaissance,* 10 (1963), S. 18–19.

[10] Robert-Léon Wagner, „*Sorcier*" et „*magicien*": *Contribution à l'histoire du vocabulaire de la magie* (Paris: Droz, 1939), S. 49, Anm. 2.

[11] British Library, MS Sloane 3556, fol. 1ᵛ.

[12] Hartmut Beckers, „Eine spätmittelalterliche deutsche Anleitung zur Teufelsbeschwörung mit Runenschriftverwendung", *Zeitschrift für deutsches Altertum und deutsche Literatur*, 113 (1984), S. 136–145.

[13] Marie-Thérèse d'Alverny, „Survivance de la magie antique" in: Paul Wilpert, Hrsg., *Antike und Orient im Mittelalter* (Berlin: de Gruyter, 1962), S. 159, 173.

[14] Lynn Thorndike, „Some medieval conceptions of magic", *The Monist*, 25 (1915), S. 123.

[15] Im *Picatrix* werden öfters magische Techniken, die nach unserem Verständnis in das Gebiet des Astralmagischen fallen, als „nigromantisch" bezeichnet. Eine saubere Unterscheidung der Begriffe ist wohl in lateinischen Texten leichter möglich als in arabischen.

[16] Adolph Franz, *Die kirchlichen Benediktionen im Mittelalter*, Bd. 2 (Freiburg i.B.: Herder, 1909), S. 567, Anm. 4.

[17] Der Gebrauch ungelehrter Namen für den Teufel und der ziemlich simple Charakter der Instruktionen überhaupt lassen den Herausgeber des Texts vermuten, daß dieser eher volkstümlicher als akademischer Tradition entstammt. Allerdings ist zu bemerken, daß auch nigromantische Texte, als deren Verfasser eindeutig nur gelehrte Kleriker in Frage kommen, oft Elemente der magischen Folklore einarbeiten.

[18] Aron Gurevich, *Medieval Popular Culture: Problems of Belief and Perception*, übers. von János M. Bak und Paul A. Hollingsworth (Cambridge: Cambridge University Press, 1988), S. 66 f.

[19] Thorndike, „Some medieval conceptions", S. 125.

[20] Trinity College, Cambridge, MS 0.8.29, fol. 179ᵛ–182ᵛ.

[21] British Library, MS Royal 17.A.XLII; vgl. Thorndike, *A History of Magic and Experimental Science*, Bd. 2, S. 283–289.

[22] Die Theologen von Paris, vielleicht mit Blick auf dieses Buch, verdammten 1398 die Annahme, mit Mitteln der Magie könne dieses Ziel erreicht werden, als Irrlehre.

[23] British Library, MS Sloane 121, fol. 90ᵛ–93ᵛ. Die verschlüsselten Wörter lauten *mxlkerem* und *xolkntbtem*, die für *mulierem* und *volintatem* (sic) stehen. Der Name des Engels könnte auch als „Abanuxtra" gedeutet werden, aber „Abamixtra" ist doch die wahrscheinlichere Lesart.

[24] *Caesarius von Heisterbach*, Deutsch von Ernst Müller-Holm [= Auswahl aus dem *Dialogus miraculorum*], (Berlin: Schnabel, 1910), v, Nrr. 1, 2, 3, S. 101–105.

[25] D. L. d'Avray, *The Preaching of the Friars: Sermons Diffused from Paris before 1300* (Oxford: Clarendon, 1985), S. 198–202.

[26] Die erste Lesart lautet: *Non, sta secure, venient inimici tui suaviter et subdentur tibi*, die zweite: *Non sta secure, venient inimici tui sua vi ter, et subdent ur tibi.* Hansen, *Quellen und Untersuchungen*, S. 79.

VIII Verbot, Verdammung, Verfolgung

[1] S. Paul Kristeller, Hrsg., *Holzschnitte im Königl. Kupferstichkabinett zu Berlin*, Ser. 2 (Berlin: Cassirer, 1915), S. 36 f. Die Zitate stammen aus I. Chron. 10,13; I

Kor. 10,20; Jes. 47,11–12; Johannes XXII., *Super illius specula;* einem kaiserlichen Erlaß; den Schriften des Augustinus; einer Verdammungsschrift über die Magie, 1398 von den Theologen der Pariser Universität verfaßt; Eccl. 13.

2 Hierzu und zum folgenden vgl. Joseph Hansen, *Zauberwahn, Inquisition und Hexenprozeß im Mittelalter, und die Entstehung der großen Hexenverfolgung* (München: Oldenbourg, 1900).

3 Ein solches „Gesetz" leitete er – in einigermaßen großzügiger Auslegung der Schrift – aus Joh. 15,6 ab.

4 Jacobus, *Omne bonum,* British Library, MS Royal 6.E.VI, fol. 396ᵛ–397ᵛ; vgl. MS Harley 275, fol. 149ʳ-153ʳᶠ·

5 Bert Hansen, *Nicole Oresme and the Marvels of Nature* (Toronto: Pontifical Institute, 1985).

6 G. R. Owst, „Sortilegium in English homiletic literature of the fourteenth century", in: J. Conway Davies, Hrsg., *Studies Presented to Sir Hilary Jenkinson* (London: Oxford University Press, 1957), S. 289.

7 Thomas von Aquin, *Summa contra gentiles,* III., S. 104–107.

8 Dieter Harmening, *Superstitio: Überlieferungs- und theoriegeschichtliche Untersuchungen zur kirchlich-theologischen Aberglaubensliteratur des Mittelalters* (Berlin: Schmidt, 1979).

9 Owst, „*Sortilegium*", S. 294–295.

10 Ich danke Robert E. Lerner, der mich auf diesen Fall hingewiesen hat. Der Text des Dokuments und eine Interpretation, die zu etwas anderen Ergebnissen kommt, bei Lerner, „Werner di Friedberg intrappolato dalla legge"; der Aufsatz wird in einem Sammelband mit Beiträgen zu einem Kolloqium erscheinen, das 1988 in Erice stattfand, hrsg. von A. Paravicini Bagliani und Jean-Claude Maire Vigueur (Palermo: Sellerio).

11 Malcolm Barber, *The Trial of the Templars* (Cambridge: Cambridge University Press, 1978); Peter Partner, *Murdered Magicians: The Templars and Their Myth* (Oxford: Oxford University Press, 1982).

12 Jane Crawford, „Evidences for witchcraft in Anglo-Saxon England", *Medium Aevum,* 32 (1963), S. 113.

13 C. Douais, „Les hérétiques du Midi au treizième siècle: cinq pièces inédites", *Annales du Midi,* 3 (1891), S. 377–379.

14 Anneliese Maier, „Eine Verfügung Johanns XXII. über die Zuständigkeit der Inquisition für Zaubereiprozesse", *Archivum Fratrum Praedicatorum,* 22 (1952), S. 226–246.

15 G. G. Coulton, Übers., *Life in the Middle Ages,* I (Cambridge: Cambridge University Press, 1928), S. 160–163. Gene A. Brucker, Hrsg., *The Society of Renaissance Florence* (New York: Harper & Row, 1971), S. 361–366.

16 Margaret Archer, Hrsg., *The Register of Bishop Philip Repingdon, 1405–1419,* 3 (Lincoln Record Society, 1982), S. 194–196 (lies: *vnica ... vice* statt: *vinca ... vite*).

17 Mariano da Alatri, „L'inquisizione a Firenze negli anni 1344/46 da un'istruttoria contro Pietro da l'Aquila", in: Isidorus a Villapadierna, Hrsg., *Miscellanea Mechior de Pobladura* (Rom: Institutum Historicum O. F. M. Cap., 1964), S. 233–235.

18 Joseph Hansen, Hrsg., *Quellen und Untersuchungen zur Geschichte des Hexenwahns und der Hexenverfolgung im Mittelalter* (Bonn: Georgi, 1901), S. 561–565.

19 Saint Bernardino of Siena, *Sermons,* hrsg. von Nazareno Orlandi, ins Engl. übers.

von Helen Josephine Robins (Siena: Tipografia Sociale, 1920), S. 163–176. Vgl. Richard Kieckhefer, *European Witch Trials: Their Foundations in Popular and Learned Culture, 1300–1500* (London: Routledge, 1976), S. 121 f., über diesen und ähnliche Fälle in Rom.

[20] Hansen, *Quellen*, S. 118–122.

[21] Ebd., S. 121.

[22] Ebd., S. 183–188. Die Abbildung des Hexensabbats in: Norman Cohn, *Europe's Inner Demons: An Enquiry Inspired by the Great Witch-Hunt* (New York: Basic, 1975), Tafel 1.

[23] Jakob Sprenger, Heinrich Institoris, *Der Hexenhammer*, übers. von J. W. R. Schmidt (München: Deutscher Taschenbuch Verlag, 1982).

[24] Pierrette Paravy, „A propos de la genèse médiévale des chasses aux sorcières: le traité de Claude Tholosan, juge dauphinois (vers 1436)", *Mélanges de l'Ecole Française de Rome: Moyen Age – Temps modernes*, 912 (1979), S. 333–379.

[25] Carlo Ginzburg, „The witches' sabbat: popular cult or inquisitorial stereotype?", in: Steven L. Kaplan, Hrsg., *Understanding Popular Culture: Europe from the Middle Ages to the Nineteenth Century* (Berlin: Mouton, 1984), S. 39–51.

[26] Françoise Bonney, „Autour de Jean Gerson: opinions de théologiens sur les superstitions et la sorcellerie au début du XVe siècle", *Moyen Age*, 71 (1971), S. 85–98; Carl Binz, „Zur Charakteristik des Cusanus", *Archiv für Kulturgeschichte*, 7 (1909), S. 145–153.

[27] Novalis (Friedrich von Hardenberg), zit. in: Jorge Luis Borges, „Sinnfiguren der Schildkröte", *Gesammelte Werke*, Bd. 5/I, Essays 1932–1936 (München und Wien: Hanser, 1981), S. 129.

Literaturhinweise

Allgemein

Cardini, Franco, *Magia, stregoneria, superstizioni nell'Occidente medievale* (Florenz: La Nuova Italia, 1979).
Carroll, David, *The Magic Makers: Magic and Sorcery Through the Ages* (New York: Arbor House, 1974).
Cavendish, Richard, *A History of Magic* (New York: Taplinger, 1977).
King, Frances, *Magic: The Western Tradition* (London: Thames & Hudson, 1975).
Thorndike, Lynn, *The History of Magic and Experimental Science*, 8 Bde. (New York: Macmillan und Columbia University Press, 1923–58).
Thorndike, Lynn, „Some medieval conceptions of magic", *The Monist*, 25 (1915), 107–39.
Wagner, Robert-Léon, „*Sorcier" et „magicien": Contribution à l'histoire de la magie* (Paris: Droz, 1939).

Antike

Griechische und römische Magie

Luck, Georg, Übers., *Arcana mundi: Magic and the Occult in the Greek and Roman Worlds: A Collection of Ancient Texts* (Baltimore: John Hopkins University Press, 1985).
Plinius, *Die Naturgeschichte*, ins Deutsche übersetzt und mit Anmerkungen versehen von G. C. Wittstein, 6 Bde. (Leipzig: Gressner & Schramm, 1881); bes. Bd. 5 u. 6 (= XXVIII–XXXVII).
Ptolemy [Claudius Ptolemaeus], *Tetrabiblos*, hrsg. und übers. von F. E. Robbins (Cambridge, Mass.: Harvard University Press, 1940).
Scott, Walter, Hrsg. und Übers., *Hermetica: The Ancient Greek and Latin Writings which Contain Religious or Philosophic Teachings Ascribed to Hermes Trismegistus* (Oxford: Clarendon, 1924 ff.).

Magie und Christentum

Augustinus, Aurelius, *Vom Gottesstaat*, vollständige Ausgabe Bd. I, eingeleitet und übertragen von Wilhelm Thimme (Zürich: Artemis, 1955), bes. Buch VIII–X, 411–571.
„The divination of demons", in: Roy J. Deferrari, Hrsg., *Saint Augustine: Treatises on Marriage and Other Subjects* (New York: Fathers of the Church, 1955), 415–40.
Barb, A. A., „The survival of the magic arts", in: Arnaldo Momigliano, Hrsg., *The Conflict Between Paganism and Christianity in the Fourth Century* (Oxford: Clarendon, 1963), 110–25.
Benko, Stephen, „Early Christian magical practices", *Society of Biblical Literature: Seminar Papers*, Nr. 21 (1982), 9–14.

Brown, Peter, „Sorcery, demons and the rise of Christianity: from late Antiquity into the Middle Ages“, in: Mary Douglas, Hrsg., *Witchcraft Confessions and Accusations* (London: Tavistock, 1970), 17–45; auch abgedruckt in: P. A. Brown, *Religion and Society in the Age of St. Augustine* (London: Faber & Faber, 1972), 119–46.

Jenkins, Claude, „Saint Augustine and magic“, in: E. Ashworthy Underwood, Hrsg., *Science, Medicine and History: Essays on the Evolution of Scientific Thought and Medical Practice written in honour of Charles Singer*, Bd. 1 (London: Oxford University Press, 1953), 131–40.

Kee, Howard Clark, *Medicine, Miracle and Magic in New Testament Times* (Cambridge: Cambridge University Press, 1986).

Remus, Harold E., „‚Magic or miracle‘: Some second-century instances“, *Second Century*, 2 (1982), 127–56.

Pagan-Christian Conflict Over Miracle in the Second Century (Cambridge, Mass.: Philadelphia Patristic Foundation, 1983).

Schoedel, William R., und Malina, Bruce J., „Miracle or magic?“, *Religious Studies Review*, 12 (1986), 31–9.

Thee, Francis C. R., *Julius Africanus and the Early Christian View of Magic* (Tübingen: Mohr, 1984).

Ward, John O., „Women, witchcraft and social patterning in the later Roman lawcodes“, *Prudentia*, 13 (1981), 99–118.

„Witchcraft and sorcery in the later Roman Empire and the early Middle Ages: an anthropological comment“, *Prudentia*, 12 (1980), 93–108.

Germanische und keltische Magie

Heidnisches in der christianisierten Gesellschaft

Chaney, William A., „Paganism to Christianity in Anglo-Saxon England“, *Harvard Theological Review*, 53 (1960), 197–217.

Crawford, Jane, „Evidences for witchcraft in Anglo-Saxon England“, *Medium Aevum*, 32 (1963), 99–116.

McNeill, John T., und Gamer, Helena M., Hrsg., *Medieval Handbooks of Penance* (New York: Columbia University Press, 1938).

Vogel, Cyrille, „Pratiques superstitieuses au début du XIᵉ siècle d'après le *Corrector sive medicus* de Burchard évêque de Worms (965–1025)“, in: *Etudes de civilisation médiévale (IXᵉ–XIIᵉ siècles): Mélanges offerts à Edmond-René Labande* (Poitiers: Centre d'Etudes Supérieures de Civilisation Médiévale, 1974), 751–61.

Nordische Magie

Bayerschmidt, Carl F., „The element of the supernatural in the sagas of Icelanders“, in: Carl F. Bayerschmidt und Erik J. Friis, Hrsg., *Scandinavian Studies: Festschrift for Henry Goddard Leach* (Seattle: University of Washington Press, 1965), 39–53.

Davidson, H. R. Ellis, „Hostile magic in the Icelandic sagas“, in: Venetia Newall, Hrsg., *The Witch Figure* (London: Routledge, 1973), 20–41.

Elliott, Ralph W. V., „Runes, yews, and magic“, *Speculum*, 32 (1957), 250–61.

Runes: An Introduction (Manchester: Manchester University Press, 1959).

Jarausch, Konrad, „Der Zauber in den Isländersagas", *Zeitschrift für Volkskunde*, n. S., 1 (1929–30), 237–68.
Lid, Nils, „The paganism of the Norsemen", in: W. Edson Richmond, Hrsg., *Studies in Folklore* (Bloomington: Indiana University Press, 1957), 230–51.
Scott, F. S., „The woman who knows: female characters of *Eyrbyggja Saga*", *Parergon*, n. S., 3 (1985), 73–91.
Simpson, Jacqueline, „Olaf Tryggvason versus the powers of darkness", in: Venetia Newall, Hrsg., *The Witch Figure* (London: Routledge, 1973), 165–87.

Keltische Magie

Ford, Patrick K., *Celtic Folklore and Christianity* (Santa Barbara: McNally & Loftin; Los Angeles: Center for the Study of Comparative Folklore & Mythology, 1983).
Gantz, Jeffrey, Übers., *Early Irish Myths and Sagas* (Harmondsworth: Penguin, 1981).
Henderson, George, *Survivals in Belief among the Celts* (Glasgow: Maclehose, 1911).
Loomis, C. Grant, *White Magic: An Introduction to the Folklore of Christian Legend* (Cambridge, Mass.: Mediaeval Academy of America, 1948).
Loomis, Roger Sherman, *Celtic Myth and Arthurian Romance* (New York: Columbia University Press, 1926).
Mac Cana, Proinsias I., *Celtic Mythology* (London: Hamlyn, 1970).
Plummer, Charles, Hrsg. und Übers., *Bethada náem nErenn: Lives of Irish Saints* (Oxford: Clarendon, 1922).

Die Volkstradition der Magie

Heilende und schützende Zaubermittel

Albert the Great, *Man and the Beasts: De animalibus (Books 22–26)*, übers. von James J. Scanlan (Binghamton, NY: Medieval and Renaissance Texts and Studies, 1987).
Barb, A. A., „Birds and medical magic", *Journal of the Warburg and Courtauld Institutes*, 13 (1950), 316–22.
Bonser, Wilfred, *The Medical Background of Anglo-Saxon England: A Study in History, Psychology, and Folklore* (London: Wellcome Historical Medical Library, 1963).
Browe, Peter, „Die Eucharistie als Zaubermittel im Mittelalter", *Archiv für Kulturgeschichte*, 20 (1930), 134–54.
Bühler, Curt F., „Prayers and charms in certain Middle English scrolls", *Speculum*, 39 (1964), 270–8.
Cameron, M. L., „Bald's *Leechbook*: its sources and their use in its compilation", *Anglo-Saxon England*, 12 (1983), 153–82.
Dawson, Warren R., Hrsg. und Übers., *A Leechbook or Collection of Medical Recipes of the Fifteenth Century* (London: Macmillan, 1934).
Geier, Manfred, „Die magische Kraft der Poesie: Zur Geschichte, Struktur und Funktion des Zauberspruchs", *Deutsche Vierteljahrsschrift für Literaturwissenschaft und Geistesgeschichte*, 56 (1982), 359–85.
Grendon, Felix, „The Anglo-Saxon charms", *Journal of American Folk-Lore*, 22 (1909), 105–237.

Hälsig, Friedrich, *Der Zauberspruch bei den Germanen bis um die Mitte des XVI. Jahrhunderts* (Leipzig: Seele, 1910).

Hampp, Irmgard, *Beschwörung, Segen, Gebet: Untersuchungen zum Zauberspruch aus dem Bereich der Volksheilkunde* (Stuttgart: Silberburg, 1961).

Jolly, Karen Louise, „Anglo-Saxon charms in the context of a Christian world view", *Journal of Medieval History*, 11 (1985), 279–93.

Klapper, Joseph, „Das Gebet im Zauberglauben des Mittelalters", *Mitteilungen der schlesischen Gesellschaft für Volkskunde*, 18 (1907).

MacKinney, Loren C., „An unpublished treatise on medicine and magic from the age of Charlemagne", *Speculum*, 18 (1943), 494–6.

Pinto, Lucille B., „Medical science and superstition: a report on a unique medical scroll of the eleventh–twelfth century", *Manuscripta*, 17 (1973), 12–21.

Poulin, Jean-Claude, „Entre magie et religion: recherches sur les utilisations marginales de l'écrit dans la culture populaire du haut Moyen-Age", in: Pierre Boglioni, Hrsg., *La culture populaire au Moyen-Age* (Montreal: Editions Universitaires, 1979), 121–43.

Radimersky, George, „Magic in the works of Hildegard von Bingen", *Monatshefte für deutschen Unterricht*, 49 (1957), 353–60.

Remly, Lynn L., „Magic, myth, and medicine: the veterinary art in the Middle Ages (9th–15th centuries)", in: Guy R. Mermier und Edelgard E. DuBrock, Hrsg., *Fifteenth-Century Studies*, 2 (1979), 203–9.

Sheldon, Sue Eastman, und MacKinney, Loren C., „The eagle: bird of magic and medicine in a Middle English translation of the *Kyranides*", *Tulane Studies in English*, 22 (1977), 1–20.

Stannard, Jerry, „Marcellus of Bordeaux and the beginning of medieval materia medica", *Pharmacy in History*, 15 (1973), 47–53.

„Magiferous plants and magic in medieval medical botany", *Maryland Historian*, 8 (1977), Nr. 2, 33–46.

„Greco-Roman materia medica in medieval Germany", *Bulletin of the History of Medicine*, 46 (1972), 455–68.

Storms, G[odfrid], Hrsg., *Anglo-Saxon Magic* (Den Haag: Nijhoff, 1948).

Stuart, H., „Utterance instructions in the Anglo-Saxon charms", *Parergon*, n.S., 3 (1985), 31–7.

Vaughan-Sterling, Judith A., „The Anglo-Saxon *Metrical Charms*: poetry as ritual", *Journal of English and Germanic Philology*, 82 (1983), 186–200.

Schadenszauber

Blöcker, Monica, „Wetterzauber: Zu einem Glaubenskomplex des frühen Mittelalters", *Francia*, 9 (1981), 117–31.

Crawford, Jane, „Evidences for witchcraft in Anglo-Saxon England", *Medium Aevum*, 32 (1963), 99–116.

Forbes, Thomas Rogers, *The Midwife and the Witch* (New Haven: Yale University Press, 1966).

Kieckhefer, Richard, *European Witch Trials: Their Foundations in Popular and Learned Culture, 1300–1500* (London: Routledge, 1976).

Siller, Max, „Zauberspruch und Hexenprozeß: Die Rolle des Zauberspruchs in den Zauber- und Hexenprozessen Tirols", in: Werner M. Bauer *et al.*, Hrsg., *Tradition und Entwicklung: Festschrift Eugen Thurnher* (Innsbruck: Institut für Germanistik der Universität Innsbruck, 1982), 127–54.

Tucker, Elizabeth, „Antecedents of contemporary witchcraft in the Middle Ages", *Journal of Popular Culture*, 14 (1980), 70–8.

Wahrsagerei

Braekman, W. L., „Fortune-telling by the casting of dice: a Middle English poem and its background", *Studia Neophilologica*, 52 (1980), 3–29.

Braswell, L., „Popular lunar astrology in the late Middle Ages", *University of Ottawa Quarterly*, 48 (1978), 187–94.

John of Salisbury, *Frivolities of Courtiers and Footprints of Philosophers*, übers. von Joseph B. Pike (Minneapolis: University of Minnesota Press; London: Oxford University Press, 1938). (Ein nicht geringer Teil des Buchs, I. 9 bis einschl. II. 28, erschöpft sich im wesentlichen in der Aufzählung und Verdammung verschiedener Wahrsagetechniken.)

Metham, John, *The Works of John Metham*, hrsg. von Hardin Craig (Early English Text Society, Original Ser., 132) (London: K. Paul, 1916). (Enthält auch eine Zusammenstellung spätmittelalterlicher englischer Traktate über Wahrsagerei.)

Owst, G. R., „*Sortilegium* in English homiletic literature of the fourteenth century", in: J. Conway Davies, Hrsg., *Studies Presented to Sir Hilary Jenkinson* (London: Oxford University Press, 1957).

Pack, Roger A., „A treatise on prognostications by Venancius of Moerbeke", *Archives d'Histoire Doctrinale et Littéraire du Moyen Age*, 43 (1976), 311–22.

Schmitt, Wolfram, „Das Traumbuch des Hans Lobenzweig", *Archiv für Kulturgeschichte*, 48 (1966), 181–218.

Thorndike, Lynn, „Chiromancy in medieval Latin manuscripts", *Speculum*, 40 (1965), 674–706.

Magische Trickkünste

Roy, Bruno, „The household encyclopedia as magic kit: medieval popular interest in pranks and illusions", *Journal of Popular Culture*, 14 (1980), 60–9.

Volkmann, Kurt, *The Oldest Deception: Cups and Balls in the 15th and 16th Centuries*, übers. von Barrows Mussey (Minneapolis: Jones, 1956).

Magie in der höfischen Kultur

Magier bei Hof

Hartung, Wolfgang, *Die Spielleute: Eine Randgruppe in der Gesellschaft des Mittelalters* (Wiesbaden: Steiner, 1982), bes. 9–20.

Kyeser, Conrad, *Bellifortis*, hrsg. und übers. von Götz Quarg (Düsseldorf: VDI, 1967).

Lindsay, Jack, *The Troubadours and Their World of the Twelfth and Thirteenth Centuries* (London: Muller, 1986).

Loomis, Laura H., „Secular dramatics in the royal palace, Paris, 1378, 1389, and Chaucer's ,tregetoures'", *Speculum*, 33 (1958), 242–55.

Ogilvy, J. D. A., „Mimi, scurrae, histriones: entertainers of the early Middle Ages“, Speculum, 38 (1963), 603–19.

Edelsteine und Maschinen

Ball, Sydney H., „Luminous gems, mythical and real“, Scientific Monthly, 47 (1938), 496–505.
Eamon, W., „Technology as magic in the late Middle Ages and Renaissance“, Janus, 70 (1983), 171–212.
Evans, Joan, Magic Jewels of the Middle Ages and Renaissance (Oxford: Clarendon, 1922).
Kitson, Peter, „Lapidary traditions in Anglo-Saxon England“, Anglo-Saxon England, 12 (1983), 73–123.
Marbode of Rennes, De lapidibus, hrsg. von John M. Riddle, übers. von C. W. King (Wiesbaden: Steiner, 1977).
Owings, Marvin Alpheus, The Arts in the Middle English Romances (New York: Bookman Associates, 1952), Kap. 4, 138–64, „The supernatural“.
Thorndike, Lynn, „De lapidibus“, Ambix, 8 (1960), 6–23.

Magie in der höfischen Dichtung

Bachman, W. Bryant, Jr., „,To maken illusion‘: the philosophy of magic and the magic of philosophy in the Franklin's Tale“, Chaucer Review, 12 (1977), 55–67.
Comparetti, Domenico, Virgil in the Middle Ages, übers. von E. F. M. Benecke (London: Sonnenschein, 1895).
Cooper, Helen, „Magic that does not work“, Medievalia et Humanistica, n. S., 7 (1976), 131–46.
Green, R. B., „The fusion of magic and realism in two lays of Marie de France“, Neophilologus, 59 (1975), 324–36.
Harf-Lancner, Laurence, Les fées au Moyen Age: Morgane et Mélusine: la naissance des fées (Genf: Slatkine, 1984).
Kretzenbacher, Leopold, Teufelsbündner und Faustgestalten im Abendlande (Klagenfurt: Verlag des Geschichtsvereines für Kärnten, 1968).
Luengo, Anthony E., „Magic and illusion in the Franklin's Tale“, Journal of English and Germanic Philology, 77 (1978), 1–16.
Mauritz, Hans-Dieter, „Der Ritter im magischen Reich: Märchenelemente in französischen Abenteuerromanen des 12. und 13. Jahrhunderts“ (Dissertation, Universität Zürich, 1970).
McAlindon, „Magic, fate and providence in medieval narrative and ,Sir Gawain and the Green Knight‘“, Review of English Studies, n. S., 16 (1965), 121–39.
Ménard, Philippe, „Chrétien de Troyes et le Merveilleux“, Europe, 60 (1982), 53–60.
Sherwood, M., „Magic and mechanics in medieval fiction“, Studies in Philology, 44 (1947), 567–92.
Spargo, John Webster, Virgil the Necromancer: Studies in Virgilian Legends (Cambridge, Mass.: Harvard University Press, 1934).
Whitaker, Muriel, Arthur's Kingdom of Adventure: The World of Malory's Morte Darthur (Woodbridge: Boydell, 1984).
Wood, Juliette, „Virgil and Taliesin: the concept of the magician in medieval folklore“, Folklore, 94 (1983), 91–104.

Arabische Gelehrsamkeit und die okkulten Wissenschaften

Allgemein

Hansen, Bert, *Nicole Oresme and the Marvels of Nature* (Toronto: Pontifical Institute, 1985).
„The complementarity of science and magic before the Scientific Revolution“, *American Scientist*, 74 (1986), 128–36.
„Science and magic“, in: David C. Lindberg, Hrsg., *Science in the Middle Ages* (Chicago: University of Chicago Press, 1978), 483–503.
Kibre, Pearl, *Studies in Medieval Science: Alchemy, Astrology, Mathematics and Medicine* (London: Hambledon, 1984).
McAllister, Joseph Bernard, *The Letter of Saint Thomas Aquinas De occultis operibus naturae ad quemdam militem ultramontanum* (Washington, DC: Catholic University of America Press, 1939).
Molland, A. G., „Roger Bacon as magician“, *Traditio*, 30 (1974), 445–60.
Shumaker, Wayne, *The Occult Sciences in the Renaissance: A study in Intellectual Patterns* (Berkeley: University of California Press, 1972).
Thorndike, Lynn, *The Place of Magic in the Intellectual History of Europe* (New York: Columbia University Press, 1905).
„The Latin Pseudo-Aristotle and medieval occult science“, *Journal of English and Germanic Philology*, 21 (1922), 229–58.

Astrologie und Astralmagie

Brown, J. Wood, *An Enquiry into the Life and Legend of Michael Scot* (Edinburgh: Douglas, 1897).
Clark, Charles, „The zodiac man in medieval medical astrology“, *Journal of the Rocky Mountain Medieval and Renaissance Association*, 3 (1982), 13–38.
Coopland, G. W., *Nicole Oresme and the Astrologers: A Study of His Livre de Divinacions* (Cambridge, Mass.: Harvard University Press, 1952).
Curry, Patrick, Hrsg., *Astrology, Science and Society: Historical Essays* (Woodbridge: Boydell, 1987).
d'Alverny, Marie-Thérèse, „Astrologues et théologiens au XIIᵉ siècle“, in: *Mélanges offerts à M.-D. Chenu* (Paris, 1967), 31–50.
Garin, Eugenio, *Astrology in the Renaissance: The Zodiac of Life*, übers. von Carolyn Jackson und June Allen (London: Routledge, 1983).
Gregory, Tullio, „La nouvelle idée de nature et de savoir scientifique au XIIᵉ siècle“, in: John Emery Murdoch und Edith Dudley Sylla, Hrsg., *The Cultural Context of Medieval Learning: Proceedings of the First International Colloquium on Philosophy, Science, and Theology in the Middle Ages – September 1973* (Dordrecht: Reidel, 1975), 193–218.
Grimm, Florence M., *Astrological Lore in Chaucer* (Lincoln, Nebr.: University of Nebraska, 1919).
Tester, S. J., *A History of Western Astrology* (Woodbridge: Boydell, 1987).
Thorndike, Lynn, „Traditional medieval tracts concerning engraved astrological images“, in *Mélanges Auguste Pelzer: Etudes d'histoire littéraire et doctrinale de la Scolastique médiévale offertes à Monseigneur Auguste Pelzer* (Louvain: Bibliothèque de l'Université, 1947), 217–73.

Michael Scot (London: Nelson, 1965).

Wedel, Theodore Otto, *The Mediaeval Attitude Toward Astrology, Particularly in England* (New Haven: Yale University Press, 1920).

Wood, Chauncey, *Chaucer and the Country of the Stars: Poetic Uses of Astrological Imagery* (Princeton, NJ: Princeton University Press, 1970).

Zambelli, Paola, „Albert le Grand et l'astrologie", *Recherches de Théologie Ancienne et Médiévale*, 49 (1982), 141–58.

Alchimie

Albertus Magnus, *Book of Minerals*, übers. von Dorothy Wyckoff (Oxford: Clarendon, 1967).

Libellus de alchimia, Ascribed to Albertus Magnus, übers. von Virginia Heines (Berkeley: University of California Press, 1958).

Eis, Gerhard, „Von der Rede und dem Schweigen der Alchemisten", *Deutsche Vierteljahrsschrift für Literaturwissenschaft und Geistesgeschichte*, 25 (1951), 415–35.

Ganzenmüller, W., *Die Alchemie im Mittelalter* (Paderborn: Bonifacius, 1938).

Holmyard, E. J., *Alchemy* (Harmondsworth: Penguin, 1957).

Multhauf, Robert P., „John of Rupescissa and the origin of medical chemistry", *Isis*, 45 (1954), 359–67.

Newman, W., „An introduction to alchemical apparatus in the late Middle Ages", *Technologia*, 6 (1983), 82–92.

Norton, Thomas, *The Ordinall of Alchimy by Thomas Norton of Bristoll, Being a facsimile reproduction from Theatrum chemicum britannicum* (London: Arnold, 1928).

Obrist, Barbara, *Les débuts de l'imagerie alchimique (XIVᵉ–XVᵉ siècles)* (Paris: Le Sycamore, 1982).

Partington, J. R., „Albertus Magnus on alchemy", *Ambix*, 1 (1937), 3–20.

„Trithemius and alchemy", *Ambix*, 2 (1938), 53–9.

Plessner, M., „The place of the *Turba philosophorum* in the development of alchemy", *Isis*, 45 (1954), 331–8.

Waite, A. E., Übers., *The Turba philosophorum or Assembly of the Sages, Called also the Book of Truth in the Art and the Third Pythagorical Synod: An Ancient Alchemical Treatise* (London: Redway, 1896; Repr. New York, 1976).

Geheimnisbücher

[Pseudo-]Albertus Magnus, *The Book of Secrets of Albertus Magnus: Of the Virtues of Herbs, Stones and Certain Beasts*, hrsg. von Michael R. Best und Frank H. Brightman (Oxford: Clarendon, 1973).

Eamonn, William, „Books of secrets in medieval and early modern science", *Sudhoffs Archiv*, 69 (1985), 26–49.

Manzalaoui, M., Hrsg., *Secretum secretorum: Nine English Versions* (Early English Text Society, Original Ser., 276 ff.) (Oxford: Oxford University Press, 1977 ff.).

„The pseudo-Aristotelian Kitab Sirr al-Asrar: facts and problems", *Oriens*, 23–4 (1974), 147–257.

Ryan, William F., und Schmitt, Charles B., Hrsg., *Pseudo-Aristotle, The Secret of Secrets: Sources and Influences* (London: Warburg Institute, 1982).

Schmitt, Wolfram, „Zur Literatur der Geheimwissenschaften im späten Mittelalter", in: Gundulf Keil und Peter Assion, Hrsg., *Fachprosaforschung: Acht Vorträge zur mittelalterlichen Artesliteratur* (Berlin: Schmidt, 1974), 167–82.

Magier der Renaissance

Arnold, Klaus, *Johannes Trithemius (1462–1516)* (Würzburg: Schöningh, 1971).
Brann, Noel L., *The Abbot Trithemius (1462–1516): The Renaissance of Monastic Humanism* (Leiden: Brill, 1981).
Copenhaver, Brian P., „Scholastic philosophy and Renaissance magic in the *De vita* of Marsilio Ficino", *Renaissance Quarterly*, 37 (1984), 523–54.
„Astrology and magic", in: Charles B. Schmitt et al., Hrsg., *The Cambridge History of Renaissance Philosophy* (Cambridge: Cambridge University Press, 1988), 264–300.
Couliano, Ioan P., *Eros and Magic in the Renaissance*, übers. von Margaret Cook (Chicago: University of Chicago Press, 1987).
Ficino, Marsilio, *Three Books on Life: A Critical Edition and Translation with Introduction and Notes*, hrsg. und übers. von Carol V. Kaske und John R. Clark (Binghamton, NY: Medieval and Renaissance Texts and Studies, 1988).
Shumaker, Wayne, „Johannes Trithemius and cryptography", in: Wayne Shumaker, *Renaissance Curiosa* (Binghamton, NY: Center for Medieval and Early Renaissance Studies, 1982), 91–131.
Vickers, Brian, Hrsg., *Occult and Scientific Mentalities in the Renaissance* (New York: Cambridge University Press, 1986).
Walker, D. P., *Spiritual and Demonic Magic, from Ficino to Campanella* (London: Warburg Institute, 1958; Repr. Notre Dame, Ind.: University of Notre Dame Press, 1975).
Yates, Frances A., *Giordano Bruno and the Hermetic Tradition* (London: Routledge; Chicago: University of Chicago Press, 1964). (Kap. 1–6)
Zika, Charles, „Reuchlin's *De verbo mirifico* and the magic debate of the late fifteenth century", *Journal of the Warburg and Courtauld Institutes*, 39 (1976), 104–38.

Nigromantie

d'Alverny, Marie-Thérèse, „Survivance de la magie antique", in: Paul Wilpert, Hrsg., *Antike und Orient im Mittelalter: Vorträge der Kölner Mediaevistentagungen 1956–1959* (Berlin: de Gruyter, 1962), 154–78.
Kieckhefer, Richard, *A Necromancer's Manual from the Fifteenth Century* (in Vorbereitung).
Manitius, Karl, „Magie und Rhetorik bei Anselm von Besate", *Deutsches Archiv für Erforschung des Mittelalters*, 12 (1956), 52–72.
Thorndike, Lynn, „Imagination and magic: force of imagination on the human body and of magic on the human mind", in *Mélanges Eugène Tisserant*, 7 (Vatikanstadt: Biblioteca Vaticana, 1964), 353–8.
Waite, Arthur Edward, *The Book of Black Magic and of Pacts, Including the Rites and Mysteries of Goëtic Theurgy, Sorcery, and Infernal Necromancy* (London: Redway, 1898).

Verbot, Verdammung, Verfolgung

Allgemein

Harmening, Dieter, *Superstitio: Überlieferungs- und theoriegeschichtliche Unter-suchungen zur kirchlich-theologischen Aberglaubensliteratur des Mittelalters* (Berlin: Schmidt, 1979).
Owst, G. R., „*Sortilegium* in English homiletic literature of the fourteenth century", in: J. Conway Davies, Hrsg., *Studies Presented to Sir Hilary Jenkinson* (London: Oxford University Press, 1957), 272–303.
Peters, Edward, *The Magician, the Witch, and the Law* (Philadelphia: University of Pennsylvania Press, 1978).

Die Hexenprozesse

Barber, Malcolm, *The Trial of the Templars* (Cambridge: Cambridge University Press, 1978).
Ben-Yahuda, Nachman, „The European witch craze of the fourteenth to seventeenth centuries", *American Journal of Sociology*, 86 (1980), 1–31.
„Problems inherent in socio-historical approaches to the European witch craze", *Journal for the Scientific Study of Religion*, 20 (1981), 326–38.
Blöcker, Monica, „Frauenzauber – Zauberfrauen", *Zeitschrift für schweizerische Kirchengeschichte*, 76 (1982), 1–39.
„Ein Zauberprozess im Jahre 1028", *Schweizerische Zeitschrift für Geschichte*, 29 (1979), 533–55.
Brucker, Gene A., „Sorcery in early Renaissance Florence", *Studies in the Renaissance*, 10 (1963), 7–24.
Camerlynck, Elaine, „Féminité et sorcellerie chez les théoriciens de la démonologie à la fin du Moyen Age: Etude du *Malleus maleficarum*", *Renaissance and Reformation*, n. S., 7 (1983), 13–25.
Cohn, Norman, *Europe's Inner Demons: An Enquiry Inspired by the Great Witch-Hunt* (London: Chatto, 1975).
Ginzburg, Carlo, „Présomptions sur le sabbat", *Annales*, 39 (1984), 341–54.
„The witches' sabbat: popular cult or inquisitorial stereotype?" in: Steven L. Kaplan, Hrsg., *Understanding Popular Culture: Europe from the Middle Ages to the Nineteenth Century* (Berlin: Mouton, 1984), 39–51.
Hansen, Joseph, Hrsg., *Quellen und Untersuchungen zur Geschichte des Hexenwahns und der Hexenverfolgung im Mittelalter* (Bonn: Georgi, 1901; Repr. Hildesheim: Olms, 1963).
Zauberwahn, Inquisition und Hexenprozeß im Mittelalter, und die Entstehung der großen Hexenverfolgung (München: Oldenbourg, 1900; Repr. Aalen: Scientia, 1964).
Harvey, Margaret, „Papal witchcraft: the charges against Benedict XIII", in: Derek Baker, Hrsg., *Sanctity and Secularity: The Church and the World*, Studies in Church History, 10 (Oxford: Blackwell, 1973), 109–16.
Hopkins, Charles Edward, „The Share of Thomas Aquinas in the Growth of the Witchcraft Delusion", Dissertation (Philadelphia: University of Pennsylvania, 1940).

Jones, William R., „Political uses of sorcery in medieval Europe", *The Historian*, 34 (1972), 670–87.

Kelly, H. A., „English kings and the fear of sorcery", *Mediaeval Studies*, 39 (1977), 206–38.

Kieckhefer, Richard, *European Witch Trials: Their Foundations in Popular and Learned Culture, 1300–1500* (London: Routledge, 1976).

Kors, Alan C., und Peters, Edward, Hrsg., *Witchcraft in Europe, 1100–1700: A Documentary History* (Philadelphia: University of Pennsylvania Press, 1978).

Lea, Henry Charles, *Materials Toward a History of Witchcraft*, hrsg. von Arthur C. Howland (Philadelphia: University of Pennsylvania Press, 1939).

Levack, Brian P., *The Witch-Hunt in Early Modern Europe* (London: Longman, 1987).

Maier, Anneliese, „Eine Verfügung Johanns XXII. über die Zuständigkeit der Inquisition für Zaubereiprozesse", *Archivum Fratrum Praedicatorum*, 22 (1952), 226–46; auch abgedruckt in: Anneliese Maier, *Ausgehendes Mittelalter: Gesammelte Aufsätze zur Geistesgeschichte des 14. Jahrhunderts* (Rom: Edizioni di Storia e Letteratura, 1967), 59–80.

Murray, Alexander, „Medieval origins of the witch hunt", *The Cambridge Quarterly*, 7 (1976), 63–74.

Nicholson, R. H., „The trial of Christ the sorcerer in the York Cycle", *Journal of Medieval and Renaissance Studies*, 16 (1986), 125–69.

Quaife, G. R., *Godly Zeal and Furious Rage: The Witch in Early Modern Europe* (New York: St. Martin's Press, 1987).

Rose, Elliot, *A Razor for a Goat: A Discussion of Certain Problems in the History of Witchcraft and Diabolism* (Toronto: University of Toronto Press, 1962).

Russell, Jeffrey Burton, *A History of Witchcraft: Sorcerers, Heretics, and Pagans* (London: Thames & Hudson, 1980).

Witchcraft in the Middle Ages (Ithaca, NY: Cornell University Press, 1972).

Sprenger, Jakob, und Institoris, Heinrich, *Der Hexenhammer*, übers. von J. W. R. Schmidt (München: Deutscher Taschenbuch Verlag, 1982).

Thomas, Keith, *Religion and the Decline of Magic* (London: Weidenfeld & Nicolson, 1971).

Wright, Thomas, Hrsg., *A Contemporary Narrative of the Proceedings against Dame Alice Kyteler, prosecuted for sorcery in 1324 by Richard de Ledrede, Bishop of Ossory* (London: Nichols, 1843).

Ziegeler, Wolfgang, *Möglichkeiten der Kritik am Hexen- und Zauberwesen im ausgehenden Mittelalter: Zeitgenössische Stimmen und ihre soziale Zugehörigkeit* (Köln: Böhlau, 1973).

Bildnachweise

1. British Library, MS Cotton Tiberius A.VII., fol. 70^r. Frauen mit Dämonen. Handschrift des 15. Jahrhunderts: John Lydgate, *The Pilgrimage of the Life of Man*.
2. British Library, MS Harley 5294, fol. 43^r. Ein Hund zieht eine Alraune aus der Erde. Handschrift des 12. Jahrhunderts, die ein *Herbarium*, angeblich von Dioscorides, enthält.
3a. British Museum, magische Gemme Nr. G241, Bildseite.
3b. British Museum, magische Gemme Nr. G231, Bildseite.
4. Bibliothèque Nationale, Paris, MS fr. 598, fol. 54^v. Circe mit Odysseus und seinen Gefährten. Handschrift des 15. Jahrhunderts.
5. Lunds Universitets Historiska Museum. Stabamulett von Lindholm. 6. Jahrhundert, aus Schweden.
6. Trinity College, Cambridge, MS O. 2. 48, fol. 95^r. Christus und Maria mit Kräutern. *Herbarium* des 14. Jahrhunderts, vermutlich niederländisch.
7. Ebd., fol. 54^v–55^r. Augustinus empfiehlt ein Kraut zur Austreibung von Dämonen; das Mittel zeitigt den gewünschten Effekt.
8. Bodleian Library, Oxford, MS Rawlinson D. 939, pt. 3, verso, rechts. Tafel für Zukunftsdeuterei mit Hilfe des Donners, 14. Jahrhundert.
9. Niedersächsische Staats- und Universitätsbibliothek, Göttingen, MS philos. 63, fol. 94^r. Zauberszene vor einer Burg. Handschrift des 15. Jahrhunderts: Conrad Kyeser, *Bellifortis*.
10a. British Museum, Ring Nr. 895. Aus Italien, 14. Jahrhundert.
10b. British Library, Additional MS 21,926, fol. 12^r. König Edward der Bekenner schenkt einem Bauern einen Ring. Handschrift des 13. Jahrhunderts.
11. Bibliothèque Nationale, Paris, MS fr. 122, fol. 137^v. Lancelot erlöst Gefangene vom Bann eines magischen Reigens. Französische Handschrift, datiert auf das Jahr 1344.
12a. Bibliotheek der Rijksuniversiteit Leiden, MS 537, fol. 79^r. Kampf des Wigalois mit Roaz dem Zauberer. Deutsche Handschrift, datiert auf das Jahr 1372.
12b. Fürstliches Zentralarchiv, Fürst Thurn und Taxis-Schloßmuseum, Regensburg, Cod. perm. III, fol. 135^r. Vergil zerbricht eine Flasche, in der Dämonen eingeschlossen sind. Deutsche Handschrift des 14. Jahrhunderts.
13a. British Library, Oriental MS 5565, fol. 47^v–48^r. Islamisch-arabisches Horoskop aus dem 12. Jahrhundert.
13b. British Library, MS Royal App. 85, fol. 2^r. Europäisches Horoskop aus dem 12. Jahrhundert, auf Latein.
14. British Library, Additional MS 10,302, fol. 37^v. Alchimistenlabor. Handschrift des 15. Jahrhunderts: Thomas Norton, *The Ordinall of Alchimy*.
15. Dom von Siena, Hermes Mercurius Trismegistus, Intarsienbild im Fußboden der Kathedrale, von Giovanni di Stefano, 15. Jahrhundert.
16. British Library, MS Sloane, fol. 51^v. Magischer Kreis. Handschrift des 15. Jahrhunderts.

17. British Library, MS Cotton Tiberius A.VII., fol. 42ʳ. Der Pilger begegnet einem Schüler der *Nigromantie*. Handschrift des 15. Jahrhunderts: John Lydgate, *The Pilgrimage of the Life of Man*.

18. Staatliche Museen Preußischer Kulturbesitz, Kupferstichkabinett, Berlin, Holzschnitt Nr. 183 (Schreiber Nr. 1870). (Photo: Jörg P. Anders.) Warnung vor den Gefahren der Hexerei, 15. Jahrhundert.

19. Bayerische Staatsbibliothek, München, Cod. gall. 369, fol. 337ᵛ. Verbrennung der Templer.

Index

Leben im Mittelalter

Aaron J. Gurjewitsch
Mittelalterliche Volkskultur
Aus dem Russischen übersetzt von Matthias Springer.
2., unveränderte Auflage. 1992. 417 Seiten. Leinen
Beck'sche Sonderausgaben

Aaron J. Gurjewitsch
Das Weltbild des mittelalterlichen Menschen
Aus dem Russischen übersetzt von Gabriele Loßack.
4. Auflage. 1989. 423 Seiten, 39 Abbildungen auf Tafeln. Leinen
Beck'sche Sonderausgaben

Hartmut Boockmann (Hrsg.)
Das Mittelalter
Ein Lesebuch aus Texten und Zeugnissen vom 6. bis 16. Jahrhundert
2. Auflage. 1989. 383 Seiten. Leinen

Hartmut Boockmann
Die Stadt im späten Mittelalter
2., durchgesehene Auflage. 1987. 357 Seiten,
521 Abbildungen. Leinen

Horst Fuhrmann
Einladung ins Mittelalter
4., durchgesehene Auflage. 1989. 327 Seiten,
45 Abbildungen. Leinen

Helmut Beumann (Hrsg.)
Kaisergestalten des Mittelalters
3., durchgesehene Auflage. 1991. 396 Seiten,
15 Abbildungen. Leinen

Verlag C. H. Beck München